数字档案资源生态安全研究

RESEARCH ON
THE ECOLOGICAL SECURITY OF
**DIGITAL ARCHIVAL
RESOURCES**

聂云霞 著

社会科学文献出版社
SOCIAL SCIENCES ACADEMIC PRESS (CHINA)

前　言

国家档案局原局长、中央档案馆原馆长杨冬权指出："档案安全始终是档案工作的生命线和底线，是档案部门的基本任务和第一要务。"在"变化和流动"的信息时代，数字档案资源渐趋成为档案资源形成和管理的主流资源。数字档案资源具有凭证、记忆、身份认同、社区能力构建等多元价值属性，是国家数字信息资源的核心资源，是影响各国国家信息化能力和国际竞争软实力的战略性因素。因此，数字档案资源安全至关重要，更是信息时代档案安全工作的重中之重。但我国数字档案资源安全深受"人—自然—社会"的生态存在及生态规律的影响与制约，存在国家规划与相关标准缺位、数字档案资源安全意识较低、数字档案资源建设不合理、技术支撑力量薄弱等诸多威胁数字档案生态安全的风险因子，严重影响我国档案生态系统的平衡、健康与可持续发展。

本书基于信息生态视域，以档案学、生态学、信息生态学、国家安全学相关理论为支撑，采用跨学科交叉研究的方法，指出数字档案资源生态系统的四个核心要素，即"数字档案资源本体—数字档案资源主体—数字档案资源技术—数字档案资源环境"，进而明确了数字档案资源主体安全、数字档案资源本体安全、数字档案资源技术安全、数字档案资源环境安全是数字档案资源生态安全研究的核心内容；阐述了四大核心内容之间是既相互作用、互为影响，又命运与共、协同发展的关系，认为数字档案资源本体安全是基本前提，数字档案资源主体安全是核心目标，数字档案资源技术安全是关键支撑，数字档案资源环境安全是根本保障；在对每一项核心安全内容进行解构性分析时，指出数字档案资源本体安全是指数字档案资源本身的安全，不仅涉及技术层面数字档案信息泄密、失真、污染等质量问题，还包含数字档案资源覆盖范围、建设内容、信息流转程度等非技术层面的问题；从数字档案资源数量、形式、内容、质量、分布等五方面提出了数字档案资源本体安全建设的总体标准，即数字档案资源数量适宜、形式规范、内容丰富、质量良好、分布合理。数字档案资源主体安全，侧重于探讨相关人的主观能动性对于数字档案资源安全的影响和效用，包括数字档案资源产生者安全、利用者安全、保管者安全和监管者安全等内容。本书基于信息生态位视角，提出数字档案资源主体安全与数字档案资源生态安全之间是对立统一的辩证关系；并从数字档案资源供给侧安全、需求侧安全、数字档案资源传播中的安全等层面，提出了一系列维护数字档案资源主体安全的举措。数字档案资源技术安全由数字档案资源安全基础设施、数字档案信息流转技术、数字档案信息安全技术三部分构成，其中基础设施是基础，信息流转技术是关键，信息安全技术是保障，三者共同为数字档案资源生态安全保驾护航。在对现阶段数字档案资源技术安全发展趋势、存在的问题进行分析的基础上，本书提出了安全作底、标准为基、以文化人、勇于创新等具有数字人文特色的数字档案资源技术安全保障之举；而在数字档案资源环境安全构筑中，着重从经济环境、法律环境、文化环境等多维度详细阐述了当前数字档案资源环境安全存在诸如档案资金链有效支出受限、数字档案司法救济渠道不畅通、数字档案资源文化环境变革等问题，并针对问题从数字档案资源生态安全高度，提出了环境安全相关建设措施和解决途径。

目　录

Contents

图目录

表目录

第一章

导论

　　"计算不再只和计算机有关，它决定我们的生存。"[①] 数字时代，人们工作、学习和生活的方式已悄然发生变化，各行各业都在为数字转型进行各种变革。档案界也发生着数字聚变，无论理论研究还是实际工作，几乎到了"无数字不档案"的地步。加之各国政府数字转型政策的驱动，数字档案资源数量激增，且渐趋成为主流的档案信息资源类型。随着网络技术和移动通信技术的普及和推广，数字档案资源产生者、利用者的角色定位变得较模糊，两者角色的自由互换和完美合体使国际档案界不得不再生"Produser"（产生利用者）作为档案界新事物的代名词。诸如此类现象正是新环境下档案工作的新鲜血液，是推动档案工作不断前进的新生动力。然而，数字档案资源其根本立足点是"档案"，是具有凭证、记忆、身份认同、社区能力构建等多元价值属性的国家数字信息资源的核心资源[②]，是影响各国国家信息化能力和国际竞争软实力的战略性因素。因此，数字档案资源安全问题至关重要。国家档案局原局长、中央档案馆原馆长杨冬权指出，"档案安全始终是档案工作的生命线和底线，是档案部门的基本任务和第一要务。确保档案安全，是党和人民对档案工作者的基本要求，是档案工作者的基本职责和天大责任"。但我国数字档案资源安全深受"人—自然—社会"的生态存在及生态规律的影响与制约，存在国家规划与相关标准缺位、数字档案资源安全意识较低、数字档案资源建设不合理、技术支撑力量薄

---

① 〔美〕尼古拉·尼葛洛庞蒂：《数字化生存》，胡泳译，海南出版社，1997。
② 安小米、白文琳、钟文睿、孙舒扬：《数字转型背景下的我国数字档案资源整合与服务研究框架》，《图书情报工作》2013 年第 24 期。

弱等诸多威胁档案生态安全的风险因子，严重影响我国档案生态系统的健康、可持续发展。数字转型背景下，由于国家数字档案资源管理突破了物理空间、存在形式等多方面的局限[①]，必然出现数字档案资源及其生态系统的多种本体论和认识论共存的崭新局面，导致数字档案资源生态系统及其安全问题更加复杂。这就要求突破原有数字档案资源安全研究的狭隘视角，基于更加宏观的信息生态视域，围绕"数字档案资源本体—数字档案资源主体—数字档案资源技术—数字档案资源环境"四个核心要素建立专门的数字档案资源生态安全系统，重构数字档案资源生态安全格局，全面研究和探索数字档案资源生态安全。

一　基本概念认知

概念是对事物特有属性的思维形式与表达，是人们认识事物的前提和基础。[②] 界定"数字档案资源"首先需要弄清何为"数字档案"。现有成果中学界关于"数字档案"的定义不尽相同，且大多数人认为数字档案就是电子档案。为避免歧义、统一表述、明确本研究范围、便于数字档案资源研究成果的有效传播，进一步厘清数字档案资源相关基本概念，实属必要。

（一）电子文件与电子档案

中共中央办公厅、国务院办公厅联合印发的《电子文件管理暂行办法》（以下简称《暂行办法》）规定，"电子文件，是指机关、团体、企事业单位和其他组织在处理公务过程中，通过计算机等电子设备形成、办理、传输和存储的文字、图表、图像、音频、视频等不同形式的信息记录"。需要指出的是，《暂行办法》的适用范围是机关、团体、企事业单位和其他组织，并不包含私人文件。而根据我国档案行业标准《电子档案管理基本术语》（GB/T 58 - 2014），电子文件"electronic document；electronic record(s)"是"国家机构、社会组织或个人在履行其法定职责或处理事务过程中，通过计

---

① 安小米、白文琳、钟文睿、孙舒扬：《数字转型背景下的我国数字档案资源整合与服务研究框架》，《图书情报工作》2013 年第 24 期。

② 聂云霞：《国家层面数字资源长期保存策略研究》，江西人民出版社，2016，第 7 页。

算机等电子设备形成、办理、传输和存储的各种形式的信息记录"，电子档案〔electronic record(s)；archival electronic record(s)〕则是"具有参考和利用价值并归档保存的电子文件。电子档案由内容、结构和背景组成"。很显然，《电子档案管理基本术语》的适用范围包含了私人文件和私人档案。中国人民大学冯惠玲教授等人认为，"电子档案是指由计算机生成并主要在计算机中使用的档案文件"。[①] 虽然对于电子文件和电子档案的定义和范围尚存在争议，但仔细辨析后不难发现，"电子文件"和"电子档案"所记录和表达的内容实则是一致的，只是在归档环节之后，电子文件就成了电子档案。

在电子环境中，文件和档案的界限本就十分模糊，加之电子文件的法律效力尚未得到社会的全面认可，故业界似乎也并未将电子文件和电子档案做严格区分，譬如武汉大学刘家真教授将电子文件和电子档案进行并列界定时认为，"电子文件与电子档案是以数字形式进行记录的，并可为电子计算机所处理"。[②] 而国际上，特别是英语语种国家，"electronic record(s)"所表达的意思包含了电子文件和电子档案两者在内，间接认可了将"电子文件""电子档案"视为同体。《电子档案管理基本术语》中对于"电子档案"的英文表示也有"electronic record(s)"。因此，为了兼顾习惯用法，本书从广义的大文件概念视角，将电子文件和电子档案视为同义词理解。

（二）电子档案与数字档案

从字面上看"电子档案"和"数字档案"的表述确有不同，电子档案包含了模拟信号方式和数字信号方式两种形式的档案；数字档案只包含以数字信号方式存在的档案。但两者并无本质区别，只是表达内容的侧重点不同："数字"侧重档案的逻辑属性，"电子"侧重档案的物理属性。随着信息技术的发展，未来档案管理将超越时空界限，突破物理属性的束缚，更多强调其逻辑归属[③]，因此本书中将"电子档案"和"数字档案"亦理解为同义词。

关于"数字档案"的概念也有多种界定。《档案工作基本术语》（DA/

---

① 冯惠玲、张辑哲主编《档案学概论》，中国人民大学出版社，2006，第18页。
② 刘家真：《电子文件管理导论》，武汉大学出版社，1999，第119页。
③ 王茹熠：《数字档案信息安全防护对策分析》，黑龙江大学硕士学位论文，2009，第7页。

T1-2000）规定，档案是"国家机构、社会组织或个人在社会活动中直接形成的有价值的各种形式的历史记录"。基于此，中国人民大学刘越男教授认为，数字档案就是数字形式的档案。① 国家档案局原局长、中央档案馆原馆长杨冬权也对"数字档案"进行了定义。他认为"数字档案"是以数字信号记录的文件或档案，它是在数字设备及环境中生成与传输，以数码形式存储于特定载体之上，必须依赖于专用设备和软件才能读取的一种记录。② 还有研究指出，"数字档案"是指利用现代信息技术形成的，对国家和社会组织具有保存价值的，经过归档整理后，依赖于计算机系统存储，可在网络上传输利用，以数字代码记录的文字、图像、声音等不同形式的历史记录。③

本书认为在"档案"认知基础上将"数字档案"理解为"数字形式的档案"比较简洁明了，便于记忆。需要说明的是，随着数字时代的到来，越来越多的数据成为大数据分析的原始基础，这就意味着"数据"将成为文字、图像、声音等原始记录形式之外新的数字档案类型。

（三）数字档案资源

"数字档案资源"有广义和狭义两种界定。广义的数字档案资源是指与数字档案产生、保管、利用等数字档案全生命周期相关的人、财、物等资源的总和；狭义的数字档案资源是指办公自动化条件下形成的电子文件归档后形成的数字档案资源和档案馆（室）藏传统载体档案数字化后形成的数字档案资源。④ 无论是从广义角度还是从狭义角度去界定"数字档案资源"，数字时代背景下其共同的特点都是：体量大、形式多、内容全、分布广。本书主要基于狭义视角探讨数字档案资源生态安全问题。

为进一步明确研究对象和研究范畴，本书从产生方式的角度，将数字档案资源分为原生型数字档案资源和转化型数字档案资源（下文也称其为

---

① 刘越男：《地方政府数字档案集中管理模式研究》，中国人民大学出版社，2016，第1页。
② 杨冬权：《以对历史负责的态度，确保数字档案安全——在国际档案圆桌会议上的专题发言》，《中国档案》2010年第10期。
③ 王茹熠：《数字档案信息安全防护对策分析》，黑龙江大学硕士学位论文，2009，第7页。
④ 李明华：《中国的数字档案资源建设》，《中国档案报》2016年9月15日，第3版。

"两型"数字档案资源)。"原生型数字档案资源"一般是指办公自动化（OA系统）条件下直接生成的电子文件归档后形成的数字档案资源，也包括OA系统之外的，形成和保存于网络、PC端（个人电脑）、移动终端等电子设备的个人或网络数字档案资源（详见图1-1）。在全球政府数字转型战略的推进下，国际国内原生型数字档案资源逐渐成为增量数字档案资源的主角。

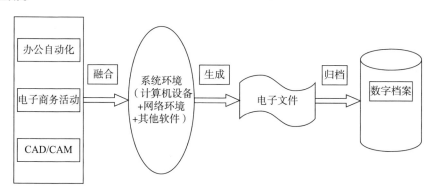

图1-1 原生型数字档案资源形成过程

所谓"转化型数字档案资源"，是指档案馆（室）藏传统载体档案数字化后形成的数字档案资源，其诞生之初并非数字形态，而是从现有的模拟信号、纸本形态等借助计算机、扫描仪、数码相机、缩微CIM装置等硬件设备和相应软件使其转换为数字化的档案信息，如国家档案馆将存量纸质档案通过档案数字化处理后，就形成了数字化的档案信息，属于转化型的数字档案资源（详见图1-2）。

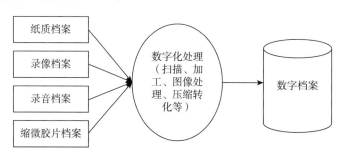

图1-2 转化型数字档案资源形成过程

（四）信息生态与生态安全

生态学是连接科学和社会的桥梁。[①] 由于信息技术的发展，万物互联逐渐成为常态。在信息技术驱动下，"生态"一词逐渐超越生物学、环境保护的边界线，融入各行各业，"生态+"成为人们观察和研究事物的一种思维方式。虽然生态学和信息科学之间关系密切，但将这两者进行直接关联性研究，进而提出信息生态学概念的相关研究直到 20 世纪中期还没有出现。现有研究成果中，对生态学概念的借鉴最早出现在传播学领域。加拿大的媒介理论家和哲学家马歇尔·麦克卢汉（H. Marshall Mcluhan）于 20 世纪 60 年代提出"媒介生态"一词。[②] 美国社会科学家威尼博格（Weinberg G. M.）是世界上最早进行信息生态伦理领域的研究者之一。1971 年，他在其著作《计算机程序编写心理学》一书中，从现代信息技术对社会伦理产生影响的角度，探讨了信息生态中的伦理问题。[③] 1989 年在丹麦哥本哈根举行的"信息与质量"研讨会上，德国学者拉卡普罗（Rafael Capurro）在其发表的《信息生态学进展》中最早正式提出了"信息生态"这一术语，讨论了信息污染、信息平衡、数字鸿沟等问题，对信息生态进行了初步的研究。[④] 只是拉卡普罗仅提出了"信息生态"这一说法，并没有对"信息生态"做具体而明确的界定。直到 1998 年，美国学者博尼·纳迪（Bonnie A. Nardi）在《信息生态学》一文中才明确指出，信息生态是由某一环境下的人、行为以及价值和技术共同构成的有机整体。[⑤] 此后，2007 年美国学者凯伦·贝克

[①] 被誉为美国生态学之父的著名生态学家 E. P. Odum 于 1997 年出版了《生态学——科学和社会的桥梁》一书。

[②] 转引自 Lum, Casey M. K. , "Introduction: Intellectual Roots of Media Ecology," *The New Jersey Journal of Communication*, No. 1, 2000, pp. 1 - 7。

[③] Weinberg, C. M. , *The Psychology of Computer Programming*, Van Nostrand Reinhold Company, 1971.

[④] Rafael Capurro, "Towards an information Ecology," Contribution to the NORDINFO International Seminar "Information and Quality," Royal School of Librarianship, Copenhagen, No. 8, 1989, pp. 23 - 25.

[⑤] Bonnie A. Nardi, "Information Ecologies," *Reference User Services Quarterly*, No. 4, 1998, pp. 49 - 50.

（Karen S. Baker）和杰弗里·鲍克（Geoffrey C. Bowker）撰文指出，信息生态提供了一种在多维情景下思考数据、知识生成以及信息流问题的概念框架。[1] 2012 年彼得·卢卡斯（Peter Lucas）在《信息生态的涌现》一书中，认为当前电脑设备无处不在，这些设备互相联系起来，形成一个比互联网更大、更复杂的网络，即信息生态。[2]

可见，不同学科、不同领域、不同学者对于信息生态都有不尽相同的阐述和认知。基于信息生态发展态势，在学习和借鉴已有研究观点并结合本书研究视角的基础上，本书比较认可将"信息生态"界定为"信息人与其周围信息环境的相互关系，涉及信息人、信息、信息环境之间的相互影响和相互作用的关系"。[3] 随着大数据时代的到来，信息安全、人与信息环境之间的协调、可持续发展引起国际国内普遍关注。2020 年 5 月 28 日第十三届全国人大三次会议通过的《中华人民共和国民法典》中，将"人格权"独立成编（第四编），更加唤醒公众对隐私权和个人信息保护、信息生态环境安全及信息生态治理的高度重视。

生态安全[4]是 20 世纪后半叶提出的概念，有广义和狭义两种理解。广义的"生态安全"以国际应用系统分析研究所提出的定义为代表：生态安全是指在人的生活、健康、安乐、基本权利、生活保障来源、必要资源、社会秩序和人类适应环境变化的能力等方面不受威胁的状态，包括自然生态安全、经济生态安全和社会生态安全，组成一个复合人工生态安全系统；狭义的生态安全是指自然和半自然生态系统的安全，即生态系统完整性和健康的整体水平反映。需要指出的是，本书主要基于广义生态安全的视角。

2014 年 4 月 15 日，我国中央国家安全委员会第一次会议召开，明确将生态安全纳入国家安全体系，标志着生态安全正式成为国家安全的重要组成部分。[5] 数字时代，人们已经不可能脱离信息而正常生产、生活。信息权

---

① Karen S. Baker, Geoffrey C. Bowker, "Information Ecology Open System Environment for Data Memories, and Knowing," *Journal of Intelligent Information Systems*, No. 1, 2007, pp. 127 - 144.
② Peter Lucas, *Trillions: Thriving in the Emerging Information Ecology*, Wiley, 2012.
③ 靖继鹏、张向先主编《信息生态理论与应用》，科学出版社，2017，第 1 页。
④ 肖笃宁等：《论生态安全的基本概念和研究内容》，《应用生态学报》2002 年第 3 期。
⑤ 岳跃国：《生态安全是国家安全重要组成》，《中国环境报》2014 年 4 月 17 日，第 1 版。

利已然成为信息时代人们必要的一项基本权利。随着信息技术的发展和网络环境的普及，信息行业也成为影响国计民生的重要领域。而与此同时，信息污染、信息鸿沟、隐私泄露、信息不对称等信息生态问题也随之而来。而在网络空间，信息犯罪不仅损害组织、个人利益，还严重威胁国家安全。网络信息安全问题越来越严重，也越来越受重视。2019 年 12 月 15 日，国家互联网信息办公室发布了《网络信息内容生态治理规定》。该规定可谓信息时代"信息生态" + "生态安全"在政策法规层面完美融合的鲜明代表。

信息安全无小事。大数据时代，信息生态安全同政治安全、经济安全、军事安全一样，都是事关国家大局、影响国家安全体系构建的重大议题。在"大、智、物、移、云"等新技术环境下，可以毫不夸张地说，没有信息生态安全，就没有国家总体安全，因此对信息生态安全进行系统研究具有积极且重要的现实意义。

（五）数字档案资源生态安全

上文说到，生态安全指在人的生活、健康、安乐、基本权利、生活保障来源、必要资源、社会秩序和人类适应环境变化的能力等方面不受威胁的状态。以此概念为基，数字档案资源生态安全则是指在数字档案信息全生命周期内数字档案资源本体、主体、技术和环境等方面不受威胁，数字档案资源生态系统的核心要素之间和谐共处、协同发展的健康状态。

数字档案是一种具有原始记录性特质的信息资源，随着社会信息化进程的加快和政府数字转型政策的实施，其与国家机构、社会组织和个人之间的相互关系，与复杂信息环境之间的交织与关联，其在国家安全、社会稳定、经济建设等方面的战略性作用，决定了研究数字档案资源不可能局限于档案学领域、限定在档案管理行业，而必须突破现有思维，将其置于更宏观的总体国家安全观视域和更广阔的信息生态学领域，才能更全面、更系统、更准确理解数字档案资源生态安全的内涵，才能制定更加科学的数字档案资源生态安全策略。

二 研究背景与研究意义

（一）研究背景

1. 国际背景

"数字转型"指机构向无纸化管理与服务方式过渡的社会转型发展过程，主要体现在电子政务、电子商务、数字出版等多个方面。综观全球，数字转型已成为发达国家提高其信息化能力的重要方式之一。2011 年 7 月，澳大利亚为提高政府工作效率，由其国家档案馆专门制定了《政府数字转型政策》（Digital Transition Policy），要求政府以数字方式形成、保存和管理机构文件，由以纸质为基础的文件管理方式向以数字信息为主的文件管理方式转变。该政策规定，2015 年之后数字方式生成的文件将只能以数字格式移交国家档案馆，为此高层管理部门需对数字转型提供必要的资源和培训支持，政府部门间需增强文件管理的合作，该政策对各文件形成机构、国家档案馆和澳大利亚政府信息管理办公室（AGIMO）提出了具体要求。[①]
2012 年 8 月 24 日，美国奥巴马政府提出 2019 年 12 月 31 日前联邦政府将实现无纸化办公，为此美国档案文件管理署（NARA）制定了《文件管理指令》（Managing Government Records Directive），2019 年将全面实施电子化格式移交和接收永久性电子文件，要求政府机构要以电子化方式管理文件，确保政务活动透明、效率提高和问责落实；一般组织机构要指定专门的高级官员（Senior Agency Official，SAO，必须获得 NARA 的文件管理培训证书）负责对满 30 年的永久性电子文件进行识别并移交 NARA；每个机构必须开展文件管理培训，确保电子文件归档，并要采用自动化技术进行文件管理，将文件管理要求嵌入云架构、联邦信息技术系统和商业化信息服务产品。[②]

[①] NAA，Digital Transition Policy，http：//www. naa. gov. au/records – management/digital – transition – policy/.

[②] White House，Managing Government Records Directive，http：//www. whitehouse. gov/sites/de-fault/files/omb/memoranda/2012/m – 12 – 18. pdf.

2. 国内背景

无论是美国无纸化办公的目标，还是澳大利亚政府机构文档管理的全面数字化，归根结底都是在社会政治、经济、文化、科技等领域发生了重大的变化且新发展给各行各业带来的新局面、新态势的背景下，以数字档案资源长久安全为旨归制定的国家顶层策略。由于各国经济社会发展实际情况有所差异，研究我国数字档案资源生态安全，理应基于我国本土社会发展实际，并结合档案学、信息生态学、计算机科学等信息资源管理相关理论和实践进展，进行全面、系统而深入的论证。进入 21 世纪特别是党的十八大以来，我国数字档案资源理论和实践也呈现新局面。

第一，"数字国家建设"被纳入国家战略规划。

当今世界，信息技术创新日新月异，以数字化、网络化、智能化为特征的信息化浪潮蓬勃兴起。我国网民数量、网络零售交易额、电子信息产品制造规模已居全球第一，一批信息技术企业和互联网企业进入世界前列，形成了较为完善的信息产业体系。信息技术应用不断深化，"互联网＋"异军突起，经济社会数字化网络化转型步伐加快，信息化在现代化建设全局中领航作用日益凸显。随着世界多极化、经济全球化、文化多样化、社会信息化深入发展，全球治理体系深刻变革，加快信息化发展、建设数字国家已经成为全球共识。《国家信息化发展战略纲要》指出，到 2020 年，我国信息化核心关键技术部分领域达到国际先进水平，网络化协同创新体系全面形成，电子政务支撑国家治理体系和治理能力现代化坚实有力，信息化成为驱动现代化建设的先导力量。在此纲要指引下，《"十三五"国家信息化规划》在具体分析了我国信息基础设施建设、信息生态体系形成、网络经济新业态、电子政务发展、社会信息化水平、网络安全保障、网络空间交流与合作等方面的发展现状后，展望了 2020 年发展愿景："数字中国"建设取得显著成效，信息化发展水平大幅跃升，信息化能力跻身国际前列，具有国际竞争力、安全可控的信息产业生态体系基本建立。信息化全面支撑党和国家事业发展，促进经济社会均衡、包容和可持续发展，为国家治理体系和治理能力现代化提供坚实支撑。

《"十四五"全国档案事业发展规划》详尽地分析了当前我国档案事业发展环境与面临的挑战，制定了档案管理现代化的发展目标：完善档案信息化发展保障机制；主动融入数字经济、数字社会、数字政府建设，推动档案全面纳入国家大数据战略，在国家相关政策和重大举措中强化电子档案管理要求，实现对国家和社会具有长久保存价值的数据归口各级各类档案馆集中管理；加强电子文件归档和电子档案移交接收；加速数字档案馆（室）建设；推进档案信息资源共享平台建设，推动国家、地区档案信息资源共享平台一体化发展。

当前，我国电子政务、电子商务、数字出版业、远程数字医疗、网络在线教育和网络社区构建等各行各业在信息技术和"互联网＋"思维积极影响下正稳步发展，国家信息化政策、规划纲要的出台，将进一步推动全方位、立体化的国家数字网络格局全面形成。

第二，公众档案意识的持续增强。

1794 年法国穑月七日法令，被认为是档案的人权宣言，该法令规定"每个人都享有利用档案的权利"。① 我国 1987 年 9 月《中华人民共和国档案法》的颁布，标志着我国公民利用档案的法定权利得到认可和保障，公民在持有介绍信、身份证明等条件下可以利用已开放的档案。20 世纪 90 年代，出于知青返城、工龄核算、国企改革等原因，我国各地相继涌现利用档案的热潮。不管何种理由的利用，均是公众档案意识觉醒的体现。

2008 年 5 月 1 日《政府信息公开条例》的实施又使公众的档案意识得到进一步强化。② 综合档案馆作为法定的政府信息公开场所，吸引了众多的公众走近档案、走进档案馆。在公民社会和信息化建设浪潮影响下，档案信息化建设也衍射到学校、企业和家庭。企业档案信息化、家庭档案、民生档案的建设在我国各地也初见成效，例如江西省档案馆"档案进高校"活动、沈阳市家庭档案建设等亲民活动的开展，进一步拉近了档案与公众的距离。

此外，由于档案取证的重要性涉及个人信息的保管、交通事故的处理、银行业务的变更、全国征信系统的建立健全等诸多领域，因此公众在日常的工作、学习和生活中逐渐养成了自觉存档的习惯。由被动地享有权利去

---

① 王改娇：《公民利用档案权利研究》，世界图书出版公司，2012，第 3 页。
② 张林华：《论我国公民信息权意识的嬗变》，《档案学通讯》2014 年第 6 期。

利用档案，到主动地保存档案形成档案思维，不得不说是一个重大跨越。

第三，档案价值的重新发现。

我国知名档案学者覃兆刿先生在其"档案双元价值观"中提出，档案是工具价值和信息价值的统一体。档案双元价值观是辩证且对立统一的，档案工具价值强调对社会负责，档案信息价值强调为社会服务①，二者的结合也是档案双元价值观的意义所在。

档案的产生是与人类初衷相一致的，即作为一种控制工具，承担着建构记忆和维护记忆整体性、凭证性的责任，这就决定了档案在维权追责、信用监管、社会危机消弭等方面必然受到重视。社会秩序的重构对档案工具价值的发挥提出了要求。档案信息产生于社会实践，也必将服务于社会实践。档案信息为公众的求证、教育、休闲等提供凭证与资源。档案信息价值的发挥还有赖于档案信息有效性的实现，这涉及档案信息的主动公开与公众档案意识的普遍增强两方面的共同努力。信息时代，信息的价值日益为公众所认同，倘若档案馆仍固守"多封闭、少开放"的传统思想，不顺应信息公开的大势，档案馆的真正价值将受到质疑。公众档案意识的觉醒将有助于档案利用传统思想的"解冻"。档案作为一种社会公共资源，在日益民主化、公开化的社会中，已成为公民自主争取的对象，档案工作者有责任也有义务保障公民信息获取权的实现。

第四，数字档案资源建设受到高度重视。

党的十七届六中全会通过《中共中央关于深化文化体制改革、推动社会主义文化大发展大繁荣若干重大问题的决定》（以下简称《决定》），提出了建设社会主义文化强国的战略目标。②《决定》强调了公共文化服务的重要性，指出应加强档案馆、图书馆、博物馆等公共文化机构的资源建设，加快资源数字化转型，扩大信息传播的有效覆盖面，最大限度实现数字资源的整合与共享。我国数字档案资源建设应抓住文化强国战略的历史机遇，推动公共数字档案资源的整合与共享，深挖数字档案资源在提升国家文化软实力进程中的潜能。

---

① 转引自聂云霞《档案价值新论：档案双元价值观的逻辑内涵与实践体认》，《档案与建设》2010年第6期。

② 茅蕾：《试论文化强国战略目标下的档案文化建设与档案事业》，《山东档案》2014年第3期。

社会学家认为记忆的恢复需要借助外来的原始材料（即档案），档案能与其他交流手段一道，维持记忆的世代相传。[①] 信息时代，数字记忆成为记忆资源的新类型，改变了传统的承载、保存、再现、分享模式。文化部提出实施的"中国记忆"项目，大力推进了我国数字档案资源的建设，各地档案部门在开展的"城市记忆工程"中彰显了数字档案资源丰富而鲜活的数字记忆魅力。

2013 年 10 月 10 日，全国数字档案馆（室）推进大会在江苏太仓召开，会议强调数字档案资源建设对数字档案馆生态系统构建的重要意义，提出加强数字档案馆（室）的硬件、软件建设，提升数字档案馆（室）的抗风险能力，共同参与全国开放档案共享平台的建设等几大要求，涵盖数字档案资源建设的各个环节。2014 年，中办、国办印发《关于加强和改进新形势下档案工作的意见》，并下发到县级以上各级党委、政府。此外，档案工作比较普遍地被列入各级党委、政府的工作报告、五年规划、专项规划、年度计划之中，有的还被列入年度考核中。[②] 而数字档案资源建设受到高度重视，这意味着对数字档案资源生态安全提出了更高的要求。

第五，档案安全体系建设受到高度重视。

在我国，档案安全工作历来受重视。档案开放与鉴定工作中"双套制""重保管，轻鉴定"等保守思想的根深蒂固，从某种程度上讲就是"谨慎"而"异化"的档案安全管理理念。然而这些做法主要体现在档案保管和利用的环节，并没有形成一个档案安全体系。

档案安全是档案部门的基本任务和第一要务，是档案工作的底线，是档案事业的根基。随着计算机和网络通信技术的普及，档案工作面临着复杂的内外部环境，档案安全风险日益增多，档案安全成为关注的焦点。2010年 12 月，国家档案局原局长、中央档案馆原馆长杨冬权在全国档案安全体系建设工作会议上提出要建立确保档案安全保密的档案安全体系，以推动全国档案事业安全发展、协调发展、可持续发展。2014 年，中办、国办印发《关于加强和改进新形势下档案工作的意见》，进一步强调要"建立健全

---

① 冯惠玲：《档案记忆观、资源观与"中国记忆"数字资源建设》，《档案学通讯》2012 年第 3 期。

② 杨冬权：《怎样认识档案工作新常态》，《中国档案报》2015 年 10 月 12 日，第 3 版。

确保档案安全保密的档案安全体系"。2014年2月27日，中央网络安全和信息化领导小组成立，该领导小组通过完善顶层设计和决策体系着眼国家安全和长远发展，统筹协调涉及经济、政治、文化、社会及军事等各个领域的网络安全和信息化重大问题，研究制定网络安全和信息化发展战略、宏观规划和重大政策，推动国家网络安全和信息化法治建设，不断增强安全保障能力。数字档案资源是国家重要战略资源，将档案信息安全融入国家网络安全体系，将从整体上提升档案安全体系建设的层次和质量。

第六，新媒体、新技术的广泛应用。

新媒体主要指以数字技术和互联网为基础，以互动性为主要特征，具有信息传播功能的新兴媒体形态。[①] 新媒体凭借其传播过程非线性和互动性强的特点，迅速成为档案信息资源建设的新生力量。

微信、微博作为主流的社交网络平台和信息交流平台（简称"微"平台），在公众中有着巨大的影响力。档案界也顺应"微"平台发展的火热态势，纷纷建立并开通运行微博、微信，作为档案宣传、档案信息传播与服务的新阵地。以档案微信公众号为例，根据清博大数据网站的统计数据，截至2018年10月28日，我国现有省市级档案局（馆）微信公众号84个，区县级档案局（馆）微信公众号38个，高校档案馆及相关微信公众号25个，其他档案微信公众号（城建、学会、杂志及个人等）27个。[②] 譬如，"金山记忆""兰台之家""档案那些事儿"等档案微信公众号在社会上有着广泛的知名度和影响力，特别是各省市级综合档案馆微信公众号的运行，如"江苏档案""杭州档案"，为提升档案机构亲民形象、促进档案信息传播和档案信息社会化服务产生了积极作用。

此外，手机移动终端应用（App）也成为档案工作、档案信息服务与传播的新阵地。2014年12月，国家档案局原局长、中央档案馆原馆长杨冬权在全国档案局长馆长会议上的讲话中提到，要有网络思维特别是移动网络

---

① 中国档案学会主编《建设与文化强国相匹配的"档案强国"论文集》，中国文史出版社，2014，第120~134页。
② 赵雪芹、吴明晏：《基于推文内容的档案微信公众号传播策略研究——以我国省市级档案公众号为例》，《档案管理》2019年第4期。

思维，善于利用网络开展工作，给传统档案工作插上网络这一现代翅膀。①
在可移动技术与移动网络思维的双重推动下，档案部门通过档案手机短信、
档案 WAP、档案 App、档案微信公众号等形式纷纷开展移动数字档案信息
服务。如上海市浦东新区档案局开发的浦东档案 App，集档案利用、业务督
导、教育培训、行政办公、档案资讯传播等功能于一体，实现了档案工作
从"线上"到"掌上"的延伸，是档案部门运用移动"互联网＋"思维探
索并优化档案治理服务的成功实践。②

新技术方面，以云计算、大数据技术、人工智能及各类移动应用程序
在移动互联网的运用为代表。譬如基于 HTML5③ 的轻应用④，将众多原本由
App 提供的功能整合到一个应用平台当中，无须下载安装，只需以浏览网页
的方式，就能体验到完整的应用服务。轻应用的出现，避开了传统 App 的
"红海"，为数字档案资源传播提供了全新的选择。而云计算、云存储技术
的应用和普及，也为新技术环境下我国档案部门与时俱进地发展拓宽了空
间，如江西省实施大数据工程建设档案云中心，开展档案大数据开发与远
程共享。⑤

（二）研究意义

档案安全是档案工作的生命线，研究和确保数字档案资源安全是新形
势下我国档案工作的重心。数字技术和网络环境下，开展数字档案资源安
全研究，不能再局限于传统物理环境或人和档案的二维思考模式，而应站

---

① 杨冬权：《在全国档案局长馆长会议上的讲话》，《中国档案》2013 年第 1 期。
② 杨继东、周向雨：《"浦东档案" App 正式上线，打造一站式服务平台》，上海档案信息网，http：//www. archives. sh. cn/bbdt/201801/t20180105_43581. html。
③ HTML5 是构建以及呈现互联网内容的一种语言方式。HTML5 允许程序通过 Web 浏览器运行，并且将视频等目前需要插件和其他平台才能使用的多媒体内容也纳入其中，用户通过浏览器就能完成任务。此外，用户还可以访问以远程方式存储在"云"中的各种内容，不受位置和设备的限制。
④ 轻应用是无须下载、即搜即用的全功能 App，既有媲美甚至超越 native App 的用户体验，又具备 web App 的可被检索与智能分发的特性，将有效解决优质应用和服务与移动用户需求对接的问题。
⑤ 曾勤生：《江西实施大数据工程建设档案云中心》，《中国档案报》2017 年 8 月 3 日，第 1 版。

在更加广域的、立体的视角全面探索数字档案资源安全所关联的因素，建立科学的风险防范策略和数字档案资源安全体系。"信息生态学"为数字档案资源安全研究提供了最佳视野，更加契合具有交互性、试验性、动态性①的数字档案资源环境。鉴于此，以"数字档案资源生态安全"为目，基于我国数字档案资源生态安全现状及存在的主要问题，进行科学、系统地研究具有重要的理论意义和实际意义。

1. 理论意义

第一，对数字档案资源生态安全进行深入、系统的研究，是对档案生态系统研究的深化与发展，为科学、全面建构档案安全体系提供了理论参考；第二，从生态学角度探讨数字档案资源安全问题，为档案学理论研究提供了新视角，把"信息人—数字档案资源—信息环境—信息技术"构成一个有机联系体，有利于档案学相关问题的全面、深入解决，可避免或减少相关问题研究的孤立化、片面性现象；第三，将生态学、信息科学等运用于档案学研究，彰显了档案学理论研究的巨大张力，将有效促进相关学科之间理论和方法的融合，有助于跨学科问题的深入研究，拓展现有理论研究视域，丰富档案学、信息管理学等理论研究成果。

2. 实际意义

数字档案资源安全是档案安全体系建设的重要内容，是构建国家数字记忆、国家安全体系的重要保障。第一，开展数字档案资源安全研究，对数字档案资源生态安全进行评估，能全面掌握数字档案资源安全状况，有利于全面制定和实施数字档案资源风险管理战略；第二，探讨数字档案资源生态安全相关政策法规的建立健全，有利于唤醒人们对当前数字档案资源生态安全专门法律法规缺位的深入思考；第三，系统研究数字档案资源生态安全的核心要素，将有助于数字档案资源和谐生态环境的构建，有利于档案部门社会亲民形象的塑造，促进档案生态系统的健康、可持续发展。

---

① Duranti, L., Thibodeau, K., "The Concept of Record in Interactive, Experiential and Dynamic Environments: The View of InterPARES," *Archival Science*, Vol. 6, No. 1, 2006, pp. 13 – 68.

三 研究基点

新形势背景下，我国档案事业在档案法制建设、档案馆库建设、档案资源建设、档案信息化建设、档案开发利用及服务民生等方面取得了新进展，机关、团体、企业事业单位以及城市社区和农业农村档案工作全面发展[1]，这些都为档案生态系统的健康可持续发展，特别是数字档案资源生态安全的进一步发展奠定了基础。然而，在看到成绩和机遇的同时，还应清楚地认识到我国数字档案资源生态安全存在一些突出问题。这些问题的客观存在，成为本书研究的主要基点。

第一，档案数字化率相对较低，全国档案数字化发展不平衡。

档案数字化是数字档案资源建设的重要内容之一。这里的"档案数字化"主要针对的是存量档案数字化。存量档案数字化是影响和制约我国数字档案资源生态安全的前置性条件和基础性因素。当前，我国档案资源总体数字化程度仍相对较低，而且全国数字化水平呈现非均衡发展的态势，主要表现为东西部档案馆馆藏档案数字化率差距较大。例如我国东部经济发达省份江苏省，该省档案资源总体数字化率相对较高。如江苏省太仓市档案馆早在 2015 年馆藏档案数字化率就已达到 100%[2]，而中西部欠发达地区，如 2017 年甘肃省兰州市的区县档案馆馆藏档案数字化率的目标仅为 50%。[3] 我国档案数字化"鸿沟"的存在，与《"十四五"全国档案事业发展规划》提出的到 2025 年，档案管理数字化、智能化水平得到提升，建立以档案数字资源为主导的档案资源体系；市地级以上国家档案馆全部具备电子档案接收能力，电子档案在档案资源体系中占比明显提升；中央和国家机关传统载体档案数字化率达到 80%，中央企业总部传统载体档案数字化率达到 90%，全国县级以上综合档案馆应数字化档案数字化率达到 80%

---

① 《全国档案事业发展"十三五"规划纲要》，中华人民共和国国家档案局，http://www.saac. gov.cn/daj/xxgk/201604/4596bddd364641129d7c878a80d0f800.shtml。

② 《档案数字化方便查阅 苏州市举行"档案在你身边"活动》，太仓人才网，http://www.tcrcsc. com/news_12779.html。

③ 张建平：《年内兰州区县档案馆馆藏档案数字化率达 50%》，甘肃人民网，http://gs.people. com.cn/n2/2017/0321/c183283-29885706.html。

等系列目标还存在较大差距。

第二，数字档案资源总体质量不高。

数字档案资源是数字档案生态系统中的核心生态因子，数字档案馆如果没有丰富、优质的数字档案资源作为支撑，就会成为技术的俘虏，无法体现数字档案馆的真正价值。[①]

从我国综合档案馆数字档案资源建设总体情况看，其还存在一些问题，主要体现在：一是数字档案资源质量参差不齐。各档案馆对数字档案的鉴定和传统载体档案数字化没有统一、严格的标准，或未认真执行，加之归档元数据标准规范化程度不高，导致进馆的数字档案质量有高有低。从人类发展长远角度看，这些质量欠佳的数字档案资源在单套制、单轨制成为必然的管理趋势下，将严重影响未来档案信息传递的准确性，造成"一失足成千古恨"的遗憾。二是数字档案资源来源结构严重失衡。在来源结构中，公共数字档案资源较多，私营企业或平民私有数字档案资源较少。受过去"国家档案观"影响，我国档案馆主要收藏党政机关形成的文书档案[②]，其来源主体主要指向党政机关、国有企业、事业单位和其他具有公共性质或承担公共职能的机构和组织。[③] 而当下虽处于"国家模式"向"社会模式"转型阶段，但总体来看非公共数字档案资源"空缺"现象仍旧突出。而数字档案资源来源结构上的缺陷，将直接影响数字档案利用的广度、深度和效度。三是各级各地档案馆各自为政，惯于从自身资源建设狭隘视角出发，而不从全局出发去开展数字档案资源建设，因此档案信息资源重复建设较多，档案同质化现象严重，极大地浪费了人力、物力和财力。

第三，数字技术发展存在短板。

在高新技术的支持下，档案部门与信息用户实现了实时对话，馆际资源达到了无缝链接。但技术是一把"双刃剑"，过快的技术更迭是对档案馆资金投入及人才储备的巨大挑战。

技术的运用需要相应的软硬件设备与之配套，计算机终端的安装和数据库、软件的购买以及档案数字化外包业务的展开都需要大量的资金。一

---

① 金波：《论数字档案信息资源建设》，《档案学通讯》2013 年第 5 期。
② 张斌、徐拥军：《档案事业：从"国家模式"到"社会模式"》，《中国档案》2008 年第 9 期。
③ 加小双：《档案资源社会化：档案资源结构的历史性变化》，浙江大学出版社，2019，第 26 页。

般来说，基层档案馆由于档案馆规模和档案数量的限制，争取到的国家专项资金和地方财政支持十分有限，因而不得不在某些项目上"缩水"，影响数字档案资源建设的质量。数字档案馆的系统更新与技术更新不同步会带来一系列的安全隐患，信息技术条件下存在的数据窃听、电磁泄漏、电力中断、载体损坏等都会降低数字档案馆的抗风险能力。技术人才的缺失使数字档案馆维护数字档案安全、完整、可用、可靠的能力受到质疑，也无法在门户网站建设、数据库建设等方面取得突破。另外，各地档案管理系统中文件保存格式不同、著录标准各异等非标准化现象也给数字档案资源整合、馆际交流互动造成困难。而从我国信息化发展总体水平看，信息技术产业生态系统不完善，自主创新能力不强，数字核心信息技术往往受制于人，这些都是数字档案资源生态安全的重大隐患。

第四，数字档案资源安全法制建设仍需加强。

2020 年 6 月 20 日新修订的《中华人民共和国档案法》（以下简称"新《档案法》"）的颁布对数字档案工作来说可谓是"及时雨"。新《档案法》设立了"档案信息化建设"的专门章节，其中多处涉及数字档案。一是规定各级人民政府应当将档案信息化纳入信息化发展规划，保障电子档案、传统载体档案数字化成果等档案数字资源的安全保存和有效利用。二是明确电子档案法律效力，规定不得仅因为电子档案采用电子形式而否认其法律效力，具有法律效力的电子档案可以以电子形式作为凭证使用。三是对档案信息化内容做了具体规定：国家鼓励机关、团体、企业事业单位和其他组织推进电子档案管理信息系统建设；有条件的档案馆应当按照规定建设数字档案馆；国家推进档案数字资源跨区域、跨部门共享利用。新《档案法》作为档案界的基本法和顶层立法，能够设立专章对数字档案及数字档案资源的安全进行规制，足见该问题的重要性和紧迫性，标志着数字档案资源安全法制建设向前迈进了一大步。

新《档案法》颁布之前，在数字档案工作领域，我国已颁布了一系列有关电子文件归档与管理、电子档案移交与接收、传统载体数字化、数字档案馆（室）建设等管理规范和技术标准，规范并引导各级各类档案馆（室）运用现代信息技术对数字档案信息进行采集、存储、管理，并通过各种网络平台提供公共档案信息服务和共享利用。如在管理规范方面，国家档案局制定了《电子公文归档管理暂行办法》（2003 年）、《电子文件管理暂行办法》（厅字［2009］39 号文件）《数字档案馆建设指南》（2010 年）、《电子档案移交与接收办法》（2012 年）；在技术标准方面，国家档案局发布了《纸质档案数字化技术规范》（2005 年）、《缩微胶片数字化技术规范》（2009 年）、《档案信息系统运行维护规范》（2014 年）等技术标准，为数字档案资源建设提供了标准化指引。[1] 从长远看，新《档案法》及已颁布实施的标准或规范为保障数字档案资源长期保存和长效利用奠定了一定的法律和制度基础。但随着信息技术的迅猛发展，数字档案资源的采集种类、保存范围、保管主体、保存方式等也在发生着变化，特别是电子邮件、网页信息、社交媒体记录等新生数字资源在工作生活中扮演着愈发重要的角色，数字档案资源的安全问题更加突出。反观国外，"棱镜门"事件后，欧美各国针对新形势、新技术的发展相继制定或修订了网页信息归档、社交媒体记录归档、电子邮件管理等具体领域的法律法规。如 2014 年 9 月 17 日，美国国会通过了针对电子邮件、电子档案的使用和保管有关的《联邦档案责任法案》。虽然当前我国在数字档案资源安全法制建设资源中有了实质性进步，但较之国外，我国《档案法》中有关数字档案资源安全的相关条款仅是指导性的、方向性的规定，即使有强制性，但若用于指导实践，还缺乏一定的可操作性。而现有的标准或规范大多也是推荐性标准，很大程度上影响了标准和规范的执行范围和执行效果。对公众而言，这就意味着数字档案资源在管理或利用等环节中若出现纠纷，仍可能出现无法可依的局面，对数字档案资源相关权益人造成损失；对档案部门（属于公权力部门）而言，因"法无授权则不可为"，或导致一些具有重要保存价值的数字档案资源未采集、未保存等诸多问题，影响数字档案资源的完整性，无法满足利用者的信息需求。在云环境和政府数据开放利用总体趋势下，数字档案资源安全将面临更多泄露隐私、泄露国家秘密或商业秘密、侵犯知识产权等方面的威胁，因此仍需要进一步加强数字档案资源安全法制建设，特别是应依据新《档案法》尽快制定或修正、修订相应的行政法规、部门规章、规范性文件、地方性法规等，并及时出台相关法律法规的实施办法、司法

---

① 李明华：《中国的数字档案资源建设》，《中国档案报》2016 年 9 月 15 日，第 3 版。

解释等，以便加强法律法规的可操作性和实际执行效果。

第五，数字档案资源生态安全所依赖的信息环境欠佳。

信息是构成世界的三大要素之一（其余两大要素为物质、能量）。随着信息时代的到来，在云计算、物联网、大数据、人工智能、5G等新兴技术赋能背景下，信息经济在国民经济发展中占据着越来越重要的地位。信息是生产力要素，已经成为不争的事实。然而，信息经济兴盛的背后，信息环境也发生了巨大变化。当前，总体信息环境存在信息泛滥、信息垄断、信息犯罪、信息污染、信息过载、数字鸿沟等问题。而在一些突发性公共危机事件中，信息环境则演变得异常复杂。面对严峻的信息环境，加强信息安全及信息生态治理，既重要且紧迫。

新技术环境下，数字档案资源来源广、类型多、数量大、价值高、内容丰富，数字档案资源生态安全不可能脱离现实信息环境而孤立存在。而当前复杂多变的信息环境，对加速数字档案资源生态安全研究形成了"倒逼机制"。

四　研究内容

数字档案资源生态安全是指数字档案全生命周期内数字档案资源本体、主体、技术和环境之间和谐共处、协同发展的健康状态。本书遵循"提出问题—分析问题—解决问题"的基本思维逻辑，侧重如下内容。

（1）数字档案资源生态安全相关的基础理论问题，回答数字档案资源生态安全"是什么""为什么"等基本问题（如相关概念、研究背景和研究意义等）。

（2）国内外数字档案资源生态安全相关研究现状分析。通过调研国内外数据库中与数字档案资源生态安全相关的现有研究成果，进一步梳理出数字档案资源生态安全研究的演进路径，分析总结出现有研究成果与本研究主题设想上的区别或不足，进一步论证数字档案资源生态安全研究的重要性和必要性。

（3）数字档案资源生态安全的基础理论支撑与核心内容。"数字档案资源生态安全研究"具有典型的跨学科特征，借助相关学科基础理论的支撑能够更深刻理解研究问题的出发点，加强研究论证的力度。研究中，根据选题相关学科背景，将信息生态和信息生态学基本理论、信息生态圈理论、信息集群理论、信息生命周期管理理论、全面风险管理理论、档案保护与档案管理理论等作为基础支撑性理论，根据泛在网络环境下，人、信息、技术和环境四大核心要素，将数字档案资源生态安全研究的核心内容分为数字档案资源本体安全、数字档案资源主体安全、数字档案资源技术安全、数字档案资源环境安全等方面；主要阐述数字档案资源生态安全是什么、有哪些内容。

（4）数字档案资源本体安全。数字档案资源是数字档案资源生态安全的客体和根本研究对象，是本研究得以开展的支点，更是相关安全策略的终极目标。本书将围绕数字档案资源本体安全的构成、本体安全建设的准则，探讨数字档案资源本体安全建设的相关策略；旨在说明数字档案资源生态安全"与谁有关""由谁来建设""为谁服务"等相关问题。

（5）数字档案资源主体安全。数字档案资源本体安全得以建设、持续保障，都得益于数字档案资源主体的各种努力。网络环境下，凡是能够上网的人，几乎都能成为数字档案资源主体。可见，数字档案资源主体安全问题异常复杂：既需要界定主体类型、明确相应主体的责任，又需要在动态的、互动的网络环境下思考各相关主体的权益保护，并以此推动数字档案资源主体生态位优化。数字档案资源主体类型因划分角度多元而多样，从数字信息流转过程和数字信息生命周期看，数字档案资源主体根据其身份和角色的不同，主要分为数字档案资源产生者、数字档案资源保管者、数字档案资源监管者、数字档案资源利用者四大类。这四种主体角色并不是固定不变的，而是在一定条件下可以相互转换。因此从不同的主体出发，思考基于信息生态位优化的数字档案资源主体安全是数字档案资源整体生态安全能否实现的关键问题。

（6）数字档案资源技术安全。科学技术是第一生产力。信息技术是数字档案资源生态安全的重要保障。本书从技术功能视角将数字档案资源技术安全解构为数字档案资源安全基础设施、数字档案信息流转技术、数字档案信息安全技术三部分。这些技术以功能为主线，其中基础设施设备是基础，信息流转技术是关键，信息安全技术是保障，共同为数字档案资源生态安全提供技术支持。本书既有对国外信息技术研究成果的理论梳理，也有国内数字档案管理实践中信息技术应用的代表性案例介绍，并提出了现阶段数字档案资源技术安全保障的相关举措；回答了数字档案资源技术安全应该"如何做"的问题。

（7）数字档案资源环境安全。数字档案资源环境安全则是数字档案资源本体、数字档案资源主体和数字档案资源环境和谐与共、可持续发展的重要量度，是促进数字档案信息有序流转、推进档案生态系统健康运行的有效保障。就数字档案资源环境安全而言，主要有经济环境、法律环境、技术环境、文化环境、数字档案资源本体环境等社会性环境因素。在本体环境和技术环境论证基础上，特别强调了经济环境、法律环境和文化环境对于数字档案资源生态安全环境打造的重要性，论证中同时观照了国家宏观层面与档案管理中观层面的经济、法律和文化环境现实，就各自的安全环境营造设计了相应的策略；进一步回答了数字档案资源生态安全应该"如何做"的问题。

五　国内外研究现状综述

为全面了解国内外"数字档案资源生态安全"主题的研究现状，本书采用文献计量方法，分别以生态安全、信息生态安全、数字档案资源安全为主题从中外文文献数据库中搜集数据，对 2015～2019 年的相关研究成果进行关键词聚类、关键词词频分析，共词、引文等网络分析和知识图谱分析；通过发现"生态安全"这一生态学概念进入档案领域的演进路径，了解数字档案资源生态安全研究现状，为数字档案资源生态安全进一步研究奠定基础。

需要说明的是，主要选择 2015～2019 年的数据样本，原因包括但不限于：第一，信息技术迭代式发展日新月异，选取 2015～2019 年研究成果加以分析，旨在尽量减少技术发展与理论探讨相脱节的现象出现；第二，近五年是新兴技术高速发展时期，如云存储、大数据、AI、VR、区块链、人工智能、社交媒介等技术都是代表，这些技术与数字档案安全工作关系紧密；第三，2015～2019 年跨越我国"十二五"规划和"十三五"规划，其间生态文明、文化强国、数字经济、政府数字转型、网络信息安全、国家信息化建设、《档案法》修改、数字档案馆建设、"两微一端"等相关政策法规、文化战略、新经济业态等为数字档案资源安全提供了新的社会环境；第四，选取 2015～2019 年的相关数据样本既减少了分析中的数据冗余度，又与本书研究内容更为贴近，更能增强本研究论证的说服力。

（一）国内研究现状

对国内文献的调研，主要查询了 2015～2019 年中国知网（CNKI）全文数据库。该数据库为世界上全文信息量规模最大的数字图书馆，学术资源覆盖面广，其研究成果基本可以代表国内相关领域研究现状。此次检索中，数据库检索策略为"主题"＝"数字档案"或"数字档案信息"或"电子档案"或"电子文件"且"安全"或"生态安全"。检索结果如表 1-1 所示。

表 1-1　中国知网（CNKI）中文检索结果（截至 2019 年 7 月 4 日）

检索式	检索结果	数据精炼/选取依据
主题包含"数字档案"或 "电子档案"或"电子文件"	49727 条	全领域
主题包含"数字档案"或"电子档案" 或"电子文件"且含"安全"	4608 条	全领域
主题包含 "信息生态"	1728 条	全领域，2015～2019 年共有 715 条开放数据
主题包含 "生态安全"	336 条	信息科技领域，2015～2019 年共有 169 条数据

1. 生态安全研究

从表 1-1 可以看出，2015～2019 年来，现有国内研究成果中信息科技领域对于"生态安全"的研究最为突出，具体研究情况见表 1-2。

表 1-2　国内生态安全研究关键词

关键词	频次	年份	关键词	频次	年份
网络安全	23	2015	信息生态	2	2017
生态安全	19	2014	大数据技术	2	2017

续表

关键词	频次	年份	关键词	频次	年份
信息安全	15	2016	网络生态	2	2016
网络空间安全	4	2016	网络安全技术	2	2016
生态系统	4	2015	云安全	2	2018
生态体系	4	2018	数字档案资源	2	2017
数字化转型	3	2018	物联网	2	2018

可以看出，在信息科技领域，国内对生态安全的研究体现出生态安全概念与信息安全、网络安全、网络生态等概念在大数据、物联网、数字化转型技术背景下的融合；且对信息生态安全的关注与新技术的发展基本保持同步。这种同步充分体现在学者对生态安全的研究不同尺度的包容。遵循自然生态方面从个体、种群到生态系统，人类生态方面从个人、社区、地方到国家，这为既有个人，又有社区、组织和国家参与的数字档案资源生态安全研究提供了良好的借鉴路径。生态安全的分析一般围绕生态系统的功能分析—演化状况监测—胁迫因子分析—生态平衡期望值的设定—系统演化的预测和预警及其调控对策等。①

相应的，在档案资源生态系统里，也可从档案资源生态安全评价、预警、监控、政策等基本内容入手，构建档案资源生态文明。根据档案资源生态安全影响因子与社会经济文化持续发展之间的关系，划定档案资源生态安全的界线，建立一系列安全评价指标，进行档案资源生态安全的评价；档案资源生态安全预警就是在分析档案资源生态环境影响因素及其影响的基础上，通过探求档案资源生态环境变化规律，预测档案资源生态环境的未来变化趋势，为档案部门进行资源生态环境治理、保护等工作时提供决策参考；档案资源生态安全行政管理包括确保档案资源生态安全的政策和法律法规、管理措施、手段、方法等的制定以及机构、制度建设等内容。②

2. 信息生态安全研究

表 1-3 为信息生态领域 2015～2019 年主要聚类中心关键词以及与信息

---

① 肖笃宁、陈文波、郭福良：《论生态安全的基本概念和研究内容》，《应用生态学报》2002年第3期。

② 丁家友、聂云霞：《数字档案资源生态安全的演进路线探析》，《档案学研究》2016年第2期。

生态安全相关的主要关键词频次信息。

表1-3 国内信息生态领域关键词

关键词	频次	中心度	年份	关键词	频次	中心度	年份
信息生态	161	0.35	2015	商务系统	14	0.02	2015
信息生态链	85	0.39	2015	信息生态理论	14	0.03	2015
信息生态系统	65	0.36	2015	新媒体	13	0.03	2016
图书馆	31	0.17	2015	信息生态环境	12	0.02	2015
影响因素	27	0.09	2015	网络舆情	11	0.03	2017
网络信息生态链	27	0.11	2015	数字图书馆	11	0.04	2015
信息生态位	22	0.14	2015	系统动力学	10	0.03	2015
高校图书馆	20	0.09	2015	评价指标	8	0.01	2017
大数据	19	0.05	2015	微博	8	0.03	2015
电子商务	18	0.06	2015	生态链	8	0.01	2015
信息生态学	16	0.11	2015	信息素养	7	0.01	2016
生态系统	16	0.10	2015	优化策略、运行机制、信息流转、供应链	7	—	2015

从表1-3中可以看出，国内对信息生态的研究仍然主要围绕信息生态系统的构建，2015～2019年来越来越重视在图书馆特别是高校图书馆中的实践应用。具体体现在两个方面，一方面体现为与大数据、电子商务、网络舆情、新媒体、区块链等新技术在新信息环境下的融合；另一方面则主要表现为图书馆、档案馆在数字档案模型构建、移动阅读等方面应用信息生态链和生态位理论展开的影响因素及评价指标体系研究，为这些机构情节信息服务提供运行机制和动力机制的优化策略。

按照学者 Zastrow 等对社会生态系统基本类型的划分，微观系统、中观系统和宏观系统分别对应的个体、小规模群体和大规模机构组织，其正常运作都离不开相关信息的有效组织与系统管理。[①] 这恰恰印证了2015～2019年来国内对这一问题的研究涉及的自媒体（个体微观系统），金融、会计服

---

① Charles H. Zastrow, K. Karen, Kirst Ashman, *Understanding Human Behavior and Social Environment* (6th edition), Thomson Brooks/Cole, 2004, pp. 8 – 24.

务（中观系统）和政府开放数据及危机管理（宏观系统）三个层次应用的现状。

从表1-3中可以看出，国内对信息生态的研究遵循着信息生态系统—信息生态环境—信息生态位—信息生态链这样一条从概念提出，到宏观研究框架，再到微观层次的分析阐述以及实践中的具体应用（图书馆等具体的信息管理领域）的发展路径。在这个发展过程中，信息生态安全的研究也从最开始的简单的生态学概念（信息污染、信息垃圾）或管理学概念（信息垄断）移植过渡到数字鸿沟、信息生态平衡、信息生态失衡，再到实际的网络信息生态等应用领域；但整体上是围绕着信息生态和信息生态系统这两个核心聚类中心展开的，也就是说信息生态和信息生态安全在向图书、情报、档案领域进行移植和应用时，依然需要围绕着这两大概念和主题展开。

从自然生态到信息生态概念的介入与过渡，必不可少地要涉及人类社会生态系统。现代社会生态理论认为，人类社会是由一系列相互联系的因素构成的功能整体，是一个以人为主体，各种生态系统持续互动的有机组织体，也是一个充满物质循环、能量流动和信息传递的生态系统。[①] Charles 等按照人的主体地位，将社会生态系统分为三种基本类型：微观系统、中观系统和宏观系统。微观系统是指处于社会生态环境中的单个个体；中观系统是指小规模的群体，包括家庭、职业群体或其他社会群体；宏观系统是指比小规模群体更大一些的社会系统，包括文化、社区、机构和组织。这三种系统相互作用、相互制约，并总是处于多维互动的情境中。

袁烨等将信息生态的研究概括为信息生态概念的产生、信息生态学的内涵、信息生态系统的失调、信息生态系统的构建、信息生态链、信息生态环境等几个方面。[②] 其中，信息生态概念、信息生态系统的构建与失调、信息生态链和信息生态环境这几项内容都为探讨数字档案资源生态安全提供了良好的切入视角。

3. 数字档案资源安全研究

从图1-3可以看出，国内2015~2019年对于数字档案资源安全的研究

---

① 丁鸿富等：《社会生态学》，高等教育出版社，1993，第5页。
② 袁烨、王萍：《信息生态理论研究成果述略》，《情报科学》2009年第7期。

占整个数字档案资源研究的比例基本趋于稳定，表明学界对这一问题的研究和关注已相对比较成熟，这一问题也在随着信息技术的迭代而不断发展。

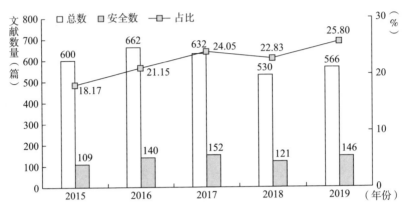

图1-3　数字档案资源安全研究分布及变化趋势

通过对共词和引文网络的构建和分析，发现学科研究领域演进的关键路径以及关键的节点文献，探讨学科热点和前沿，阐述学科研究领域演进的潜在动力机制。① 详细信息见表1-4，表1-5为与数字档案资源安全相关的次中心类关键词信息。

表1-4　数字档案资源安全高频关键词

关键词	频数	中心度
数字档案	144	0.2
数字档案馆	87	0.2
信息安全	66	0.1
档案管理	43	0.33
档案	35	0.13
数字档案资源	28	0.14
数字化	28	0.07
档案安全	27	0.13

① Chen, C., "Cite Space II: Detecting and Visualizing Emerging Trends and Transient Patterns in Scientific Literature," *Journal of the American Society for Information Science and Technology*, Vol. 57, No. 3, 2006, pp. 359-377.

关键词	频数	中心度
信息化	22	0.05
电子档案	21	0.11
安全	20	0.1
数字档案室	20	0.06
档案信息资源	18	0.06
档案信息	18	0.08
安全管理	17	0.04
电子文件	15	0.07

表 1-5 数字档案资源安全次中心类关键词

关键词	频次	关键词	频次
"互联网+"		网络技术	
信息安全保障体系	5	灾难恢复	
档案登记备份		云技术	
安全防护		档案异地备份	
数据备份		信息化环境	
网络安全		数据存储	
安全保障体系	4	数据库	
档案保护		数字	2
智慧档案馆		现状	
保障体系		安全风险	
档案防灾		互联网	
安全保密		系统架构	
标准体系		发展趋势	
国家重点档案	2	数字化过程	
异质备份		安全方案	
档案保管		管理系统	

通过关键词的中心度可以得出结论,2015~2019 年来国内对于数字档案资源安全的研究紧紧围绕数字档案管理展开,具体政策和策略是以数字档案馆和数字档案室的建设为主要突破口,"国家档案局"作为核心关键词

说明在档案宏观政策层面的力度较大，也因此主要关键词多集中于电子文件、数字化、档案安全等概念框架性词汇上。

表 1 - 5 的次中心类关键词则表明，学界对数字档案资源生态安全的研究在继承档案安全保管这一传统理念和策略基础上，也在不断开拓创新；既有档案保护、保管、登记备份、档案防灾、异质备份、灾难恢复等传统手段，又有结合"互联网 +"、数据存储、智慧档案馆等新理念与技术手段，探讨网络环境和新技术背景下的档案安全标准体系、安全方案及其发展趋势等问题。

从研究力量看，从事数字档案资源生态安全相关主题的研究人群集中在各级档案馆、档案局以及高校与档案学专业相关的院系。2015～2019 年，中国人民大学安小米、武汉大学周耀林、上海大学金波、南昌大学聂云霞等高校学者在数字档案资源生态安全研究方面表现突出，发表相关论文都在 5 篇以上。国家在政策和科学研究资助方面也大力地扶持和引导，2015 年国家档案局科技项目计划共 112 项，其中保护技术 12 项，信息化 58 项，其中很多项目涉及新技术环境下的档案资源安全问题，如"云环境下的档案信息安全体系构建研究"等，其中"海量数据离线存储系统研究"和"重大自然灾害中档案安全保护研究"分别获得档案优秀科技成果一等奖和三等奖。2015～2019 年国家档案局相关项目信息见表 1 - 6。

表 1 - 6　2015～2019 年国家档案局科技项目简况

单位：项

年份	项目总数	保护技术项目数量	信息化项目数量	代表性项目
2015	112	12	58	云环境下的档案信息安全体系构建研究
2016	93	14	58	档案信息安全的风险与防范策略
2017	91	15	47	数字档案及重要档案异地备份管理模式研究
2018	92			国家电子档案自主可信长期保存存储系统建设和标准体系编制
2019	87			量子密钥技术在数字档案资源安全中的应用研究

从研究主题看，对数字档案资源技术安全的关注度日益提高。数字档

案资源是现代信息技术的产物，随着新兴技术的不断涌现，针对数字档案资源技术安全的研究成果也不断增加。

在国内现有研究成果中，相关文献从2002年开始关注这一主题，如图1-4所示。以"主题＝数字档案"并且"主题＝安全"为检索条件进行模糊匹配，在中国知网（CNKI）数据库内进行检索，共得到主题相关的文献1229篇（截至2020年7月5日）。信息时代，数字档案工作更加依托于信息技术的发展，加之数字档案与各行各业之间的渗透也逐渐增加，国内学者对这一领域的关注度逐年攀升，研究成果逐渐增多。

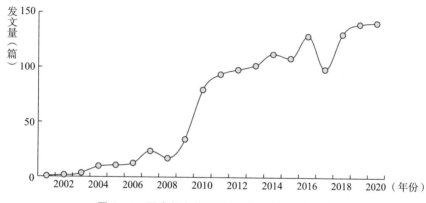

图1-4 国内数字档案资源技术安全研究成果

通过对国内该领域研究趋势、共词分析、研究层次、研究力量等方面的可视化分析，发现国内对数字档案安全的研究至少包括但不限于数字档案的内容、实体、系统、网络、应用和管理六方面。从图1-5相关研究关键词分布中可以看出，这些研究成果主要分布于基础研究领域（信息化、信息安全、安全管理、安全保障、安全体系、保障体系），行业和职业指导研究领域（数字档案馆、档案数字化、网络化、异地备份、长期保存），以及工程技术研究领域（大数据、云计算、数字水印、数字处理）三个研究领域。

在基础研究领域，陈永生等学者认为，数字档案的形成、保存和利用过程中都应当采用适当的技术手段来保证档案信息的安全[1]；在档案工作实践部门，档案工作人员讨论网络环境下数字档案信息化应用过程中的安全

① 陈永生等：《电子政务系统中的档案管理：安全保障》，《档案学研究》2015年第4期。

解决方案和技术手段的研究①，探讨数字档案安全保存和利用中的备份和异地存放、迁移、保密等构成的信息安全体系研究②，强调从技术安全控制、安全管理控制、人才培养三个方面构建安全保障体系的研究③，探讨数字档案信息安全保障体系构建的研究④，重点从加密算法、数字签名、数字证书、QR（Quick Response）码技术几个方面展开的对保障数字档案系统安全技术基础的研究⑤，从安全预防、安全评估、安全管理、安全治理四个方面展开的对数字档案信息安全保障的研究⑥，以及数字档案信息的安全防护对策研究⑦，数字档案信息的安全评估与风险应对研究⑧，从风险评估、等级保护、应急响应、灾难备份四种管理制度出发展开的档案信息安全保障体系构建研究⑨，从数字档案信息形成过程中的完整、真实和准确性保护以及存储和利用三个大环节展开的数字档案信息安全全程保护研究⑩等。从研究

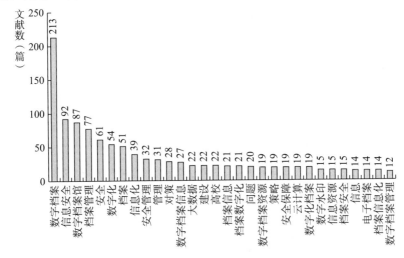

图 1-5　国内数字档案资源技术安全研究关键词分布

① 薛四新、王玉、孙宇华：《数字档案安全应用研究》，《档案学研究》2003 年第 5 期。
② 王晖：《数字档案的安全保存和利用》，《数字与缩微影像》2006 年第 4 期。
③ 方国庆：《数字档案信息安全保障体系建设中的问题与策略》，《机电兵船档案》2010 年第 5 期。
④ 张勇：《数字档案信息安全保障体系研究》，苏州大学硕士学位论文，2007。
⑤ 付裕：《数字档案系统及其安全机制研究与实现》，东华大学硕士学位论文，2011。
⑥ 步玉双：《数字档案信息安全保障研究》，黑龙江大学硕士学位论文，2015。
⑦ 王茹熠：《数字档案信息安全防护对策分析》，黑龙江大学硕士学位论文，2009。
⑧ 姜亚超：《数字档案信息安全评估研究》，郑州大学硕士学位论文，2012。
⑨ 吴晓琴：《我国数字档案安全保障体系构建与实施研究》，《兰台世界》2013 第 11 期。
⑩ 王玥：《数字档案信息全程安全保护研究》，黑龙江大学硕士学位论文，2013。

成果和研究内容看，在基础研究领域中，数字档案信息安全引起了更多档案管理实践部门人士的关注。

行业和职业指导研究领域的研究包括从数字档案资源收集、保管、利用角度展开的对数字档案资源通信和存储过程中的技术手段以及配套的管理和法制手段研究[①]，对数字档案系统的权限控制、信息内容可识性和可恢复性等内容安全的具体实践要求研究[②]，对视频档案数字化过程中的硬件造型及环境、采集标准、迁移平台等方面的安全技术研究[③]，从档案数据级容灾和档案应用级容灾两个层面展开的档案数据及档案应用灾备策略及技术研究[④]等。

偏重工程技术的研究包括：适用于保护馆藏档案原件的安全与完整的数字档案转存缩微胶片技术[⑤]，从数字档案安全管理、安全服务提供商、数据容灾等层面展开的云计算环境下的数字档案资源安全研究[⑥]，解决图像乱置、扰动等问题的数字档案水印保护技术及具体算法研究[⑦]，数字档案中的图像与文本压缩加密技术研究[⑧]等。

从上述三个研究领域的相关研究中可以看出，档案信息安全保障制度和相关技术的发展始终根植于整个宏观数字环境下信息安全保障相关制度与技术的发展。图 1-6 是我国数字档案信息安全制度和规范层面以及由此产生的安全技术的发展历程。2014 年"两办"印发的《关于加强和改进新形势下档案工作的意见》（中办发〔2014〕15 号）更明确提出"建立健全确保档案安全保密的档案安全体系"。可见，确保档案安全已成为新形势下档案工作的底线。

---

① 谭大方：《数字档案资源安全保障体系构建研究》，天津师范大学硕士学位论文，2016。
② 李忠丹：《浅析数字档案信息安全及实践要求》，《科技与企业》2016 年第 5 期。
③ 李宏明、罗亚利、陈坚：《视频档案数字化过程中的安全策略研究》，《档案与建设》2016 第 3 期。
④ 刘念、齐巍、李名选、王丽华：《数字档案信息容灾备份策略研究》，《机电兵船档案》2015 年第 6 期。
⑤ 马跃福：《数字档案转存缩微胶片技术应用——古籍抢救和保护》，《数字与缩微影像》2015 第 4 期。
⑥ 胡少逸：《数字档案资源在云计算环境下的安全探讨》，《兰台世界》2015 年第 32 期。
⑦ 陶如意、李仕、张章：《图像水印保护技术在信息安全领域开发中的应用》，《电子技术与软件工程》2016 年第 1 期。
⑧ 焦阳、赵嵩：《一种安全灵活的数字档案压缩与加密方案》，《档案管理》2016 年第 5 期。

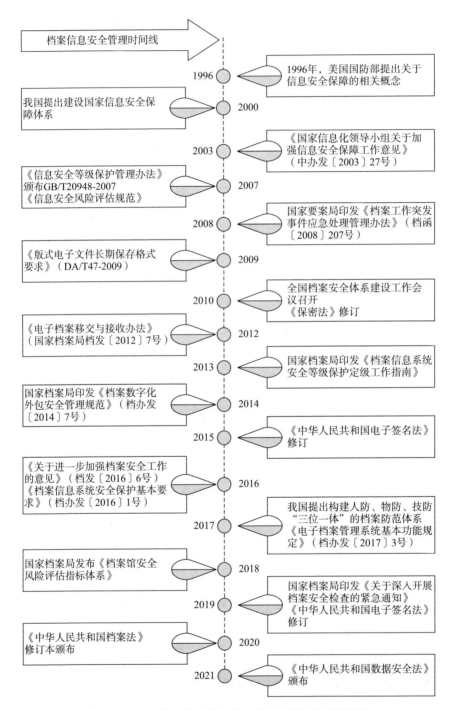

图 1-6 我国数字档案信息安全制度和规范的发展历程

（二）国外研究现状

在国外，随着数字技术的普遍应用和电子文件的大量出现，数字档案资源安全越来越受到关注，如美国成立了"美国国家信息基础设施顾问委员会"，制定了《确保网络空间安全的国家战略》，美国国家档案与记录管理局（NARA）专门设立了"信息安全预见办公室"负责国家信息安全分类系统等方面的总统政策与预见工作。有关数字档案资源安全的研究成果也较多，如有人从信息技术角度研究并提出为网络档案信息安全建立一个数字共同体①，有人从法律视角探讨现有数字环境下制定新的数字档案资源安全法规的必要性②，有人从数字档案资源管理者和利用者之间存在的"数字鸿沟"探讨数字档案资源利用的安全问题③，有人还论及数字档案馆建设过程中的数字档案信息的安全问题④，等等。可见，国外相关研究视角多元。

本书选取外文文献数据库中比较有代表性的、资源相对丰富的 WOS 核心合集（含 SCIE、SSCI、A&HCI、CPCI 数据库）作为调研和检索范围，数据库检索策略为"主题 = digital archives" OR"主题 = electronic records" OR"主题 = digital resource" OR"主题 = digital collections" OR"主题 = virtual archives"，"主题 = information ecology"，"主题 = ecological risk" OR"主题 = ecological assessment" OR"主题 = ecological security" OR"主题 = ecosystem assessment"，检索时间为 2015～2019 年。检索结果中，与本书主题相关的外文文献数量如表 1-7 所示。

---

① Erwin, P., "Building a Digital Commons for Cyber Security Resources," *Grey Journal*, Vol. 2, No. 3, 2006, pp. 140 – 145.

② Smedinghoff, T. J., "The New Law of Information Security: What Companies Need to Do Now," *Computer and Internet Lawyer*, Vol. 22, No. 11, 2005, pp. 9 – 15.

③ Albrechtsen, E., Hovden, J., "The Information Security Digital Divide Between Information Security Managers and Users," *Computers & Security*, Vol. 28, No. 6, 2009, pp. 476 – 490.

④ Craig, G. R., "Digital National Security Archives," *Current Reviews for Academic Libraries*, Vol. 44, No. 4, 2006, pp. 625 – 626.

表1－7　Web of Science 检索和数据精炼结果（截至 2019 年 7 月 4 日）

检索式	检索结果（篇）	精炼依据（年份、学科）
主题：digital archives or electronic records or digital resource or digital collections or virtual archives	50824	2015～2019
主题：information ecology	6293	2015～2019
主题：ecological risk OR 主题：ecological assessment OR 主题：ecological security OR 主题：ecosystem assessment	740	2015～2019，在社会学、心理学、管理学、经济学等人文社会科学领域内精炼

1. 生态安全研究

2015～2019 年来，国外对生态安全的研究内容主要包括危害评价（Hazard）、暴露分析、受体分析（Receptor）和风险表征。[1] 其中，美国 EPA[2]、美国国际研究委员会（NRC）[3] 以及众多致力于生态风险评价研究的科学家[4]对风险测度的定量化技术和评价方法给予了高度重视，对于生态系统健康问题也有所关注[5]；此外，他们提出的表征生态健康程度的指数公式：HI＝系统活力×组织结构水平×系统恢复力[6]，非常明确地表达了生态健康的构成要素，也是一个重要贡献。

为更清楚地了解国外生态安全研究的侧重点，图 1－7 以"关键词"为索引，构建了国外生态安全研究的中心关键词网络。从图 1－7 可以看到，现有研究主要聚焦于生态系统的短暂评估、生态系统有效性和生态系统服务等几个方面。在检索时，虽然已对学科进行限定，但从图 1－8 和表 1－8

---

[1] Yu, K. J. , "Landscape Ecological Security Patterns in Biological Conservation," *Acta Ecologica Sinica*, Vol. 19, No. 1, 1999, pp. 8–15.

[2] EPA, Ecological Assessment of Hazardous Waste Sites, EPA600/3–89/013, 1989.

[3] Bascietto, J. J. , "A Framework for Ecological Risk Assessment: Beyond the Quotient Method," in Newman, M. C. and Strojan, C. L. eds. , *Risk Assessment: Logic and Measurement*, Michigan: Ann Arbor Press, 1998, pp. 11–22.

[4] Rapport, D. J. , "Evaluating Landscape: Lntegrating Social Goals and Biophysical Process," *Journal of Environmental Management*, Vol. 53, 1998, pp. 1–15.

[5] Boughton, D. A. , Smith, E. R. , O'Neill, R. V. , "Regional Vulnerability: A Conceptual Framework," *Ecolsyst Health*, Vol. 5, 1999, pp. 312–322.

[6] Costanza, R. , Norton, B. G. , Haskell, B. D. , *Ecosystem Health: New Goal for Environmental Management*, Washington DC: Island Press, 1992.

所示的相关研究成果学科分布来看，心理学、行为科学、商业与经济等学科是该领域研究成果主要集中的人文社会科学学科，生态学、环境科学等自然科学领域紧随其后。这反映出生态学和生态安全等相关理论向其他学科扩散和渗透的趋势进一步加快，各种交叉研究成果的数量持续增长。表1-8中筛选的这些关键词基本可以证明前方所述的从自然生态到社会生态

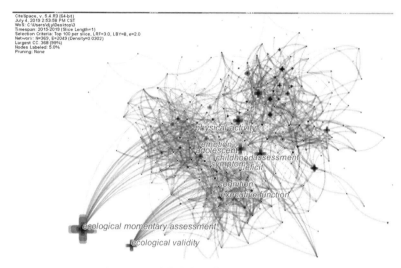

图1-7 国外生态安全研究关键词网络

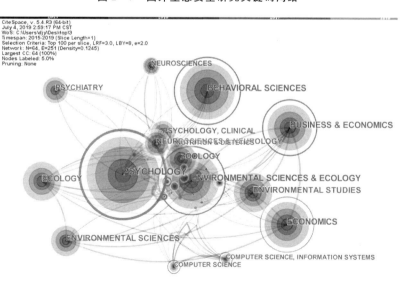

图1-8 国外生态安全研究主要学科分布

过渡的观点，也提醒我们在进行数字档案资源生态安全研究时可以参考或借鉴计算机科学、管理学、行业科学等相关学科研究成果、研究视野、研究方法等，开展如安全影响因素分析、生态系统服务、社会支持、用户行为及数字档案资源生态系统模型分析等具体研究。

表 1-8   国外生态安全研究分布领域及关键词信息

学科领域	文献数量	关键词	频次
心理学（psychology）	297	ecological momentary assessment（生态瞬时评估）	108
环境科学与生态学（environmental science & ecology）	231	risk（风险）	59
行为科学（behavioral sciences）	227	behavior（行为）	57
商业与经济学（business & economics）	189	ecological validity（生态效力）	54
经济学（economics）	188	model（模型）	52
环境研究（environmental studies）	163	ecosystem service（生态系统服务）	47
生态学（ecology）	158	management（管理）	44
环境科学（environmental sciences）	128	predation risk（捕食风险）	37
神经科学与神经病学（neurosciences & neurology）	100	executive function（执行职能）	36
精神病学（psychiatry）	96	conservation（保护）	36
计算机科学（computer science）	94	evolution（进化）	31
社会科学－其他议题（social sciences – other topics）	29	sustainability（可持续性）	30

2. 信息生态安全研究

在信息生态安全方面，2015～2019 年国外学者主要从微观生态系统应用的角度，探讨了社会文化空间构建[①]，学校内部图书馆员与教工之间的生

---

① Agibalova, E., Barkova, E., Ivleva, M., "Information Ecology in Structuring Sociocultural Space of Modern Society," *Proceedings of the 2017 2rd International Conference on Contemporary Education, Social Sciences and Humanities*, 2017, pp. 1146 – 1150.

态协作关系①等。这延续了国外学者对信息生态环境的技术、组织、文化、人员、政策和基础设施等要素的观点。② 在技术方面，有学者认为应从网络、数据库、访问控制、数据转换等方面展开对信息生态系统内部共享的研究；从不同个人、群体或组织对待信息的态度和处理信息的方式解决信息生态系统文化要素协作的问题。③

图1-9为国外信息生态安全研究的关键词网络，表1-9为详细的关键词信息以及主要研究力量的分布。

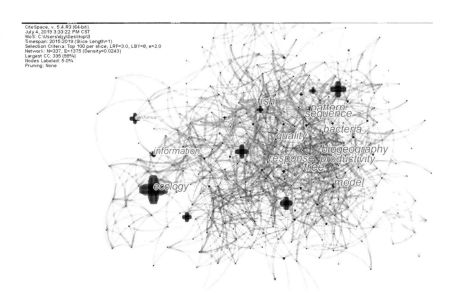

图1-9　国外信息生态研究关键词网络

①　Perrault, A. M., "The School as an Information Ecology: A Framework for Studying Changes in Information Use," *Librarians and Educators Collaborating for Success: The International Perspective*, 2016, p. 161.

②　Malhotra, Y., "Information Ecology and Knowledge Management: Toward Knowledge Ecology for Hyperturbulent Organizational Environments," *Encyclopedia of Life Support System*, Oxford UK: UT-VESCO/Eolss Publisher, 2002.

③　Baker, K. S., Bwker, G. C., "Information Ecology: Open System Environment for Data, Memories and Knowing," *Journal of Intelligent Information Systems*, 2005.

表1-9　国外信息生态研究力量及关键词信息

国家或地区	文献数量	关键词	频次
美国	208	ecology（生态学）	118
英国	89	diversity（多样性）	65
澳大利亚	79	biodiversity（生物多样性）	50
法国	76	evolution（进化）	42
德国	75	conservation（保护）	41
西班牙	53	pattern（模式）	32
加拿大	48	community（社区）	25
荷兰	41	dynamics（动力学）	25
瑞士	40	information（信息）	24
瑞典	35	model（模型）	21
意大利	34	management（管理）	18
巴西	30	environment（环境）	17
丹麦	28	ecosystem（生态系统）	15
中国	27	behavior（行为）	13

从表1-9可以看出，国外人文社会科学领域对信息生态的探讨美国仍独占鳌头，英、澳、法、德等发达国家表现抢眼，中国学者在这一领域也有一定的贡献。从关键词的角度可以发现，2015～2019年国外对信息生态和信息生态安全的研究主要集中在信息多样性、信息环境、模型、动力机制、用户行为模式等方面，关注信息生态的自我演化与用户行为、信息保管等要素之间的关联。

3. 数字档案资源安全研究

表1-10为2015～2019年来国外数字档案安全研究的详细信息，包括研究力量的分布、学科领域的分布以及关键词频次和高引作者的排序信息。

从研究力量分布来看，2015～2019年这一主题国外的研究仍以英语系国家为主，哈佛大学尤其是哈佛大学医学院和其他一些医疗机构对该领域的细分领域——医学文件与档案的生态安全贡献突出；从文献来源来看，主要集中在医学领域、档案学领域以及一些医学、信息学交叉学科领域内的期刊；文献具体学科领域分布状况也证明了这一点，文献贡献量第一和

表 1-10　国外数字档案资源安全研究

序次	国家或机构	文献数量	学科领域	论文数量	关键词	频次	被引作者	被引次数
1	美国	284	计算机科学 （computer science）	211	electronic health record （电子健康档案）	100	Bates, D. W.	42
2	英国	77	医疗保健科学与服务 （health care sciences & services）	115	safety （保险）	90	Blumenthal, D.	26
3	中国	37	医疗信息学 （medical informatics）	100	care （护理）	72	Koppel, R.	25
4	澳大利亚	32	普通内科 （general & internal medicine）	71	system （系统）	60	Singh, H.	23
5	加拿大	32	医学 （medicine）	64	Impact （影响）	38	Sittig, D. F.	22
6	布里格姆妇女医院	26	药理学和药学 （pharmacology & pharmacy）	41	risk （风险）	34	Ash, J. S.	20
7	哈佛医学院	24	公众科学 （public）	39	security （安保）	32	Jha, A. K.	19
8	德国	21	信息科学与图书馆学 （information science & library science）	30	information （信息）	28	Classen DC	18
9	哈佛大学	20	医疗政策与服务 （health policy & services）	27	electronic medical record （电子病历）	26	World Health Organization	18
10	意大利	19	临床神经学 （clinical neurology）	26	record （记录）	25	Kaushal, R.	16
11	印度	18	神经科学与神经病学 （neurosciences & neurology）	26	information technology （信息技术）	24	Gandhi, T. K.	16
12	西班牙	17	外科学 （surgery）	24	mortality （死亡率）	21	Moher, D.	15
13	荷兰	17	工程学 （engineering）	23	medical record （病历）	19	Chaudhry, B.	14

第二的作者都是医学领域内的高产和高被引学者，贡献量第三和第四的作者主要研究数字医疗档案，属于档案与医学的交叉研究，此外还包括世界卫生组织（WHO）署名的相关研究成果；但排名第一的学科是计算机学科，这说明该领域的研究仍然主要集中在信息科学的近邻学科中。关键词频次也反映出 2015~2019 年相关研究主要集中于医疗档案安全和相关信息科技问题。国外研究者甚至还专门针对医疗档案资源安全问题收集分析了 25 份相关期刊，总结归纳了 20 种具体的医疗档案资源安全保障技巧。[①]

总体来看，国外对电子文件和数字资源保存的理论与实践研究已经形成了一套相对独立且完整的体系，主要特征是以计算机科学和图书情报科学为基础，强调在具体领域（特别是医疗领域）的应用与技术发展。例如北欧联合体的国家档案馆，联合组建工作组着手研究电子档案的长期存取与信息保护问题；美国保护与存取委员会和研究型图书馆小组共同组建了一个数字信息档案化特别工作组，负责调研与推荐能确保数字档案长期存取的方法；澳大利亚国家档案馆、澳大利亚国家信息服务委员会、澳大利亚国家保护办公室、澳大利亚电影录音档案馆为指导电子格式信息的管理而建立了一个特别工作组 PADI（保护数字信息存取），这些实践都取得了阶段性成果并有一系列的后续发展，甚至在这方面还形成了专门的相关方面的研究文献目录。

从研究主题看，国外对数字档案资源技术安全的关注度也越来越高，充分说明了信息技术的发展对数字档案工作影响重大，尤其是对数字档案资源安全保障的重要性。国外相关研究也主要围绕档案信息安全立法、管理和技术保护等相关方面的理论与技术实践这两个层次展开。[②] 有学者将档案数据保护分为检索、保护、管理和维护四个阶段[③]，也有灾后档案恢复[④]

---

① Kruse, C. S., Smith, B., Vanderlinden, H., et al., "Security Techniques for the Electronic Health Records," *Journal of Medical Systems*, Vol. 41, No. 8, 2017, p. 127.
② 王兴娅、颜祥林：《基于 LISA 数据库的国外数字档案资源保存与安全研究动向分析》，《档案与建设》2012 年第 2 期。
③ Peter Mitteregger, "Top Ten Tips to Data Security," *Records Management Bulletin*, No. 143, 2008, pp. 24-25.
④ Kinley Levack, "By the Book: The Recovery Effort at Tulane University," *EContent*, Vol. 31, No. 5, 2008, pp. 16-17.

与拯救①的经验可以借鉴，有数字档案格式转换方面的研究②，影响数字档案内容安全的档案载体转换与迁移研究③，使用磁盘阵列进行数字档案备份与介质更换的研究④，数字档案的水印、可靠性鉴别等权限验证研究⑤，以及信息安全风险评估研究⑥等。

（三）国内外研究现状述评

虽说"三分技术、七分管理"，但随着大数据时代的到来，技术因素逐渐成为档案安全保障的主导性驱动力，特别是在全球数字转型及电子文件单轨制、单套制逐步推行的大背景下，"技术决定论"或有一定的片面性，然而高度重视信息技术在数字档案资源生态安全中的作用，无疑是正确且重要的。

数字档案资源安全的范围包括但不限于数字档案的内容、实体、系统、网络、应用和管理六个层次，以此形成对应的宏观、中观和微观档案信息安全技术。相关技术的其他信息如表 1-11 所示。

表 1-11 主要档案信息安全技术发展简况（截至 2020 年 12 月）

技术名称	中国知网最早刊发期刊/时间	档案学领域较早来源/作者/时间	档案学领域关注周期
异地备份	《邮电商情》/1996 年	《中国档案》/曾少雄/1999 年	21 年
数据迁移	《微计算机应用》/1989 年	《浙江档案》/林嫒/2000 年	20 年
数据加密/信息加密	《通信保密》/1979 年	《档案学通讯》/胡勇/1995 年	25 年
数字签名	《通信保密》/1979 年	《档案》/张文友/1999 年	21 年

---

① Hamilton, S., "Gallopers and Guano: Rescuing the Archive of the Wellington Racing Club," *Archifacts*, October 2008 to April 2009, pp. 101 - 112.

② Kulovits, H., Rauber, A., Brantl, M., et al., "From TIFF to JPEG2000? Preservation Planning at the Bavarian State Library Using a Collection of Digitized 16th Century Printings," *D - Lib Magazine*, Vol. 15, No. 11/12, 2009.

③ Ernst, W., *Digital Memory and the Archive*, University of Minnesota Press, 2013.

④ Harris, S., "Keeping Data Safe," *Research Information*, No. 38, 2008, p. 26.

⑤ Eschenfelder, K. R., Agnew, G., "Technologies Employed to Control Access to or Use of Digital Cultural Collections: Controlled Online Collections," *D - Lib Magazine*, Vol. 16, No. 1/2, 2010.

⑥ Smith Robin, "Playing the Numbers Game and Winning!" *Records Management Bulletin*, No. 145, 2008, pp. 8 - 10.

续表

技术名称	中国知网最早刊发期刊/时间	档案学领域较早来源/作者/时间	档案学领域关注周期
数字水印	《中国印刷》/1997 年	《档案与建设》/佚名/1999 年	21 年
数字证书	《电子出版》/1997 年	《档案学通讯》/易丰/1999 年	21 年
介质转换/载体转换	《计算机与图书馆》/1983 年	《贵州档案》/袁国华/1999 年	21 年
格式转换	《电子计算机参考资料》/1972 年	《四川档案》/金玺铭/1988 年	32 年
档案恢复	《档案工作》/1981 年	《档案工作》/1981 年	39 年
档案拯救	《秘书之友》/1999 年	《秘书之友》/1999 年	21 年
磁盘阵列	《微计算机信息》/1991 年	《浙江档案》/成纯/2002 年	18 年
风险评估	《外国经济参考资料》/1983 年	《黑龙江档案》/杨瑛/2003 年	17 年
缩微胶片	《激光与光电子学进展》/1972 年	《档案学通讯》/刘凤志/1980 年	40 年
技术仿真	《现代雷达》/1985 年	《图书馆理论与实践》/程雪梅/2005 年	15 年
QR 码	《铁道学报》/1986 年	《办公自动化》/沈晶/2007 年	13 年
入侵检测	《水声译丛》/ N. Ahmed,方之炳/1980 年	湘潭大学/郑庆胜/2004 年	16 年
防火墙	《通信保密》/1995 年	办公自动化国际会议/邱晓威/2000 年	20 年
区块链	安徽大学/赵龙妹/2015	《中华医学图书情报杂志》/黄永刚/2016	4 年
量子通信加密	第八届全国量子光学学术报告会/ 1998	《数字与缩微影像》/向禹/2015	5 年
DNA 硬盘/DNA 存储	河北工业大学/2003	无	

资料来源：中国知网。

由此可见，当前数字档案资源技术安全视域的研究焦点仍然集中在信息存储载体（磁性载体）保护及其衍生技术方面，对于信息内容安全保护以及新兴的信息技术，比如 DNA 硬盘、区块链技术等前端技术的研究还相对薄弱。

参考著名的摩尔定律，计算机处理器的能力和磁盘驱动器存储容量的发展每隔 18 个月就翻一番；而据市场调研机构 IDC 的数据，过去几年，全球数据维持着平均 58% 的年增长率，预计未来全球数据总量年增长率也将维持在50%左右。① 人类信息产生、处理能力的急剧扩张，也必然要求数字信息安全技术的快速跟进。而表1-11显示，各种数字档案信息安全技术的关注周期平均超过15年，这在一定程度上反映了档案领域信息安全技术研究发展的滞后和缓慢，且围绕新兴信息安全技术的研究成果在研究总量中并不多见。但数字档案、数字档案安全注定与信息技术不可分离，从事数字档案资源生态安全研究应摒弃保守思想和过度保护的意识，具备前瞻性思维，更加关注新兴信息安全技术的研发和应用，以便提前布局。例如利用区块链技术构建大数据时代以用户为中心的信息共享、交易加密传输网络，或者利用DNA存储技术提升数字档案信息的存储密度、寿命及数据压缩效率，以及利用量子通信技术全面提升档案信息传递过程中的信息真实性与可靠性等，都是当前值得关注的方向。

总之，从国内外现有研究成果看，数字档案馆向智慧档案馆发展，是未来档案事业重要的发展方向。决定其发展方向的重要因素之一就是数字档案资源生态安全影响因素及其应用发展的成熟与否。这既取决于数字档案资源主体、数字档案资源本体等档案生态系统内在要素的配置，也受制于政策、法规、资金、技术、管理等多种因素的综合作用。国内外在数字档案资源保存、利用和服务安全的方面研究较多，并在一些研究层面已经形成一定的研究体系，但总体而言，大多是从宏观的政策、法规、标准体系方面的研究或者从具体的数字资源长期保存、监护、信息技术等微观管理或操作层面的探讨；从整个档案生态系统和信息生态学视角对数字档案资源载体、信息、环境等综合安全的研究还相对缺乏。因此本书拟从生态安全的概念入手，探寻"自然界生态安全—社会生态—信息生态—数字档案资源生态"之间的移植借鉴路径以及过渡发展过程中的内在逻辑，进而构建数字档案资源生态系统，阐述数字档案资源生态安全的基本概念，探索影响数字档案资源生态安全的风险因素以及数字档案资源生态安全的评估指标体系，寻求数字档案资源生态安全监测与预警的实现路径，从而构建包含数字档案资源本体、数字档案资源主体、数字档案资源技术、数字档案资源环境四位一体的数字档案资源生态安全综合解决方案。

① 《中国大数据技术与服务市场2013-2017年预测与分析》，IDC，https://www.idc.com.cn/。

第二章
数字档案资源生态安全的基础理论与核心内容

　　随着信息技术的发展，数字档案资源体量大、形式多、内容广的特征愈发明显。在庞大而复杂的信息生态圈，数字档案资源只有与各类信息集群和谐相处，才能保证其局域框架内的整体生态安全。而整体数字档案资源生态安全是由其部分生态要素安全协同构筑的。本研究围绕信息生态系统"人、信息、技术和环境"四大核心要素，在相关理论观照下，系统探讨数字档案资源安全、数字档案资源相关人安全、数字档案资源环境安全、数字档案资源技术安全等主干问题，以兹为全面构建数字档案资源生态安全体系提供参考。

一　数字档案资源生态安全相关的基础理论

　　"数字档案资源生态安全"的主题涉及档案学、社会学、管理学、信息生态学、计算机科学等多个学科，了解相关学科理论，进行跨学科思考，多视角论证，有利于研究的深入、全面开展。

（一）信息生态和信息生态学

　　1997年，美国著名学者托马斯·达文波特（Thomas H. Davenport）和劳伦斯·普鲁萨克（Laurence Prusak）在其合著的 *Information Ecology* 一书中，首次将生态学研究的理论引入信息管理领域①，并提出了"信息生态"的概

---

① 刘红：《信息生态理论研究评价》，《图书馆学研究》2012年第14期。

念，极大地拓展了信息管理领域的研究思维。研究数字档案资源生态安全，必然也离不开信息生态相关理论的指导。

"信息生态"的概念有很多种。我国学者陈曙在1995～1996年连续发表3篇关于信息生态的文章①，他认为信息生态是信息、人、环境之间相互关系的总和。信息生态研究的是信息、人、环境之间的相互影响和相互作用，具有整体性、人文性和平衡性。进而，陈曙指出整个生态系统包括生物环境与非生物环境的生成、演变和发展规律。此后，"信息生态"的概念逐渐被我国学术界认可和接受。

随着学界对"信息生态"关注热度的增加，专门研究和探讨信息生态现象和规律的学科——"信息生态学"也由此产生。信息生态学（information ecology）位于生物科学发展的金字塔顶端，为人类生存环境问题指出了信息科学研究方向。关于"信息生态学"的概念，理论界普遍公认的是1997年托马斯·达文波特与劳伦斯·普鲁萨克的定义，"信息生态学是指对组织内部信息利用方式产生影响的各个复杂问题采取整体的观点，显示在许多同现象的相互作用时必须利用系统观来分析问题"。② 在我国，最先提出"信息生态学"并对其定义的是生态学家张新时院士③，他以自然生态系统为研究对象，强调运用信息技术对自然生态系统进行建模并加以分析。张新时院士认为信息生态学不仅具有信息科学与信息理论的现代理论优势，而且继承和发展了生态学的传统理论，强调对人类、生态系统及生物圈生存攸关问题的综合分析研究、模拟与预测，并着眼于未来的发展与反馈作用。卢剑波在其论著《信息生态学》中对信息生态学也做了类似的界定。从我国早期相关定义可以看出，最初信息生态学是侧重于利用信息技术来研究生态学的一门学科。随着信息生态学研究的逐步深入，更多学者从系统角度构建信息管理的系统环境。陈曙④、薛纪珊⑤、田春

---

① 陈曙：《信息生态的失调与平衡》，《情报资料工作》1995年第4期；陈曙：《信息生态失调的剖析》，《山东图书馆季刊》1995年第4期；陈曙：《信息生态研究》，《图书与情报》1996年第2期。

② 转引自刘红《信息生态理论研究评价》，《图书馆学研究》2012年第14期。

③ 转引自宋天华、李春海《信息生态研究分析》，《现代情报》2009年第8期。

④ 陈曙：《信息生态研究》，《图书与情报》1996年第2期。

⑤ 薛纪珊：《信息生态与信息开发》，《学会》2001年第12期。

虎①等均认为，信息生态学是研究人类生存的信息环境、社会及组织（企业、学校、机构）与信息环境相互作用的过程及其规律的科学，也是人类用以指导、协调信息社会自身发展与整个自然界（自然、资源与环境）关系的科学。②

信息生态学研究从"生态"的高度来审度人类的信息活动，追求信息、人、信息环境多种因素的协同发展和动态平衡，从而"突破"了传统信息管理研究的单纯技术维度和效益诉求，最终为构建以和谐为取向的信息生态环境提供理论支持。③随着网络技术的普及、泛在信息环境的形成和发展，人、信息、技术和环境等要素之间的相互关系将在信息生态中更加复杂，信息生态学必将成为数字时代信息管理领域的一种新范式。数字档案资源生态安全涉及自然生态系统和社会生态领域的人、信息、技术、环境等众多因素的相互作用、相互影响，信息生态学研究的新范式为此研究提供了更为开阔的视域。

（二）信息生态圈理论

信息生态圈理论包括信息生态位、信息生态链、信息生态种群、信息生态系统和信息生态环境五个方面。

围绕信息生态位，学者娄策群较早进行了相关研究，并形成了较为系统的研究成果。他认为"生态位"就是指生物在环境中占据的特定位置，即在特定时期的特定生态系统中，生物与环境及其他生物相互作用过程中所形成的相对地位与作用。④信息生态位则是人类社会活动中最基本的生态位，是"有信息需求且参与信息活动的个人和社会组织在由其他信息人、信息内容、信息技术、信息时空、信息制度等信息环境因子构成的信息生态环境中所占据的特定位置"。⑤信息生态位的基本内容包括信息生态位的维度、宽度、重叠、分离、形成与变化六个方面。⑥在一定条件下，信息生

① 田春虎：《信息生态问题初探》，《情报杂志》2005年第2期。
② 靖继鹏、张向先主编《信息生态理论与应用》，科学出版社，2017，第7页。
③ 傅荣贤：《信息生态学研究的两个基本路径及其反思》，《图书与情报》2010年第4期。
④ 娄策群等：《信息生态系统理论及其应用研究》，中国社会科学出版社，2014，第71页。
⑤ 娄策群：《信息生态位理论探讨》，《图书情报知识》2006年第5期。
⑥ 娄策群：《信息生态位理论探讨》，《图书情报知识》2006年第5期。

态位上述六方面均可能发生变化，呈现出较强的动态性，所以一般而言，信息生态位并不是恒定的。一般来说，格局大、综合竞争力较强的信息主体的信息生态位较高；反之亦然。

信息生态位侧重于各信息生态基本要素的位置变化，各要素之间存在一定的竞合力，信息生态链则强调了多种信息生态要素之间的横向关联性。信息生态链存在于特定的信息生态中，其中包含了信息、信息人、信息技术和信息环境等信息生态核心要素，是信息生态得以存在的集中体现。信息流转，即信息的流动与转换，是信息生态链的重要内容，且因信息流转过程中受到时间、空间、流程或环节等因素影响，因此，信息生态链具有空间结构、时序变动和管理等特征。① 在数字档案资源生态链中，数字档案资源产生者、传递者、利用者是数字档案资源生态链节点要素不可或缺的信息主体，数字档案信息产生者是数字档案信息流转的源头，数字档案资源传递者是指向数字档案资源生态链下游节点即数字档案资源利用者传递数字档案信息的信息主体，而承担数字档案信息传递角色的主要为数字档案馆（室）。数字档案资源传递者是数字档案资源流转的关键节点，上承数字档案信息产生者，下接数字档案信息利用者。数字档案资源利用者是数字档案资源生态链的下游节点，是数字档案信息流转所需服务的根本对象。

信息生态链是线性信息生态要素的流转，不同的信息生态链所处的信息生态群落不尽相同。信息生态群落是一个覆盖了生物学和信息学的综合性概念，从系统论角度看，它是指由相关的信息资源及信息人在信息技术、信息政策等特定信息环境和区域内集聚形成类似自然生态群落的组织形态，是介于宏观信息社会和微观个体信息生态系统之间的中观信息生态系统；从种群特征看，在特定时间、空间、信息技术、信息政策等信息环境下，由相关的信息资源和具有直接或间接关系的信息种群，通过一定规律形成相互作用、具有一定结构并发挥特定功能的复合体，被称为"信息生态群落"，又称"信息群落"。② 此概念观照下的信息生态群落是一个动态的、呈

---

① 韩刚、覃正：《信息生态链：一个理论框架》，《情报理论与实践》2007 年第 1 期。

② 李北伟、靖继鹏、王俊敏等：《信息生态群落演化机理研究》，《图书情报工作》2010 年第 10 期；李红梅、娄策群等：《信息生态群落初探》，《图书情报工作》2011 年第 12 期。

现为螺旋状的演化过程。

信息生态群落之间相互依存，动态发展，共同建构于信息生态系统中。生态系统是在一定的时空范围内，生物之间以及生物群落与其环境之间，通过物质、能量和信息的流转和循环而相互联系、相互作用所形成的一个统一整体。[①] 信息生态系统则是信息人与信息生态环境相互联系、相互作用而形成的具有信息流转和信息共享等功能的有机整体。[②] 据此界定可以看出，信息人是信息生态系统中的主体，是信息生态学的关键性因素。人通过对信息的获取、开发、利用，能动性地改变自己、改变信息环境乃至整个社会。从这个角度分析，信息生态系统或可被理解为：围绕信息人的主观能动性和满足信息人信息诉求过程中，形成的信息人、信息、信息技术和信息环境等要素之间相互作用、互相影响的有机整体。该统一体表现出时空承接性、动态适应性、内外共生性、自校平衡性和遗传变异性[③]等多种特征，使信息生态系统的进化、平衡过程也显得异常复杂。而分属于不同层级、不同类型的档案馆，其本身就是一个档案生态群落。

信息生态系统的存在不是孤立的，其必然与一定社会空间内的信息要素和非信息要素存在相互影响、相互依存的关系，并由此形成以信息需求为中心，通过信息产出、信息保管与信息服务等环节表征的信息生态环境。依据社会空间层次不同，信息生态环境有宏观、中观和微观之分。如信息政策、信息法规、信息技术、信息基础设施建设等，都是信息生态环境的具体表现因子。

（三）信息集群理论

信息集群是在信息共享的基础上生发的一个全新理念。"集群"（cluster）的界定概念有多种，但公认的"集群"概念是美国哈佛商学院波特教授（M. Porter）提出的产业集群（industrial cluster），即在某一特定区域下的一个特定领域，存在一群相互关联的公司、供应商、关联产业与专门化的制度和协会，两者因具有共性和互补而联系在一起。"cluster"主要用于

---

① 娄策群等：《信息生态系统理论及其应用研究》，中国社会科学出版社，2014，第35页。
② 娄策群等：《信息生态系统理论及其应用研究》，中国社会科学出版社，2014，第35页。
③ 刘志峰：《基于生命周期理论视角的信息生态系统研究》，《科技管理研究》2009年第4期。

描述在某一特定产业中，大量联系密切的企业以及相关支撑机构在空间上集聚而形成的强劲、持续竞争优势的现象，并极力强调地理群聚现象对于生产力和创新能力的意义。①

北京大学王缉慈教授指出，"集群"（cluster）概念已经成为我国区域经济和科技发展的新思维和政策工具。② 且"集群"概念已被我国理论和实践部门所接受，并被广泛应用于金融、旅游、文化、通信、高新技术产业等众多领域。而随着社会信息化的深入发展，"集群"理论与方法也越来越多地被运用到信息领域，衍生出"信息集群"（information cluster）的概念。在信息领域，"信息集群"是指基于信息技术的资源和应用聚集成一个协同工作的整体，构成一个类似生物有机体的信息群落，发挥强劲、持续信息竞争优势的服务网络。③ 对集群中各类型的数据进行统一处理，避免不必要的冗余，为用户提供统一、透明的界面，从而实现数据共享；或者，也可将信息集群的本质看作对信息资源程序化、共享化、协调化，拓宽集群资源应用领域，挖掘信息价值的管理过程。

信息集群的概念提出之后，国内出现了各种空间组织形式的信息集群，但是类型均比较单一，主要局限于某一领域之内，例如图书馆、档案馆的信息集群，或者某类资源的信息集群，例如地质资料、旅游资源等。数字转型背景下，数字档案资源逐渐成为我国档案资源的主流形式，成为国家数字信息资源的核心资源。④ 随着"互联网+"和泛在信息环境的渐趋成型，"三馆融合"⑤、加强国家档案局与文化部管辖的公共文化机构之间的合作⑥，促进公共数字文化资源整合与共享，成为时代所需、社会所需。

---

① 涂中群：《区域图书馆：集群概念与创新模式构造》，《南通大学学报》（哲学社会科学版）2005 年第 4 期。
② 王缉慈：《解开集群概念的困惑——谈谈我国区域的集群发展问题》，《经济经纬》2006 年第 2 期。
③ 叶宏伟等：《图书馆信息集群研究》，《中国图书馆学报》2008 年第 1 期。
④ 安小米、白文琳等：《数字转型背景下的我国数字档案资源整合与服务研究框架》，《图书情报工作》2013 年第 24 期。
⑤ "三馆融合"一般指档案馆、图书馆、文化馆将其拥有的馆藏信息资源进行整合共享、融合发展。
⑥ 唐义：《文化部和国家档案局合作：加强公共数字文化资源整合力度的迫切需求》，《图书情报知识》2016 年第 4 期。

而信息集群重点强调集群机构之间的协调与合作以及资源的共建共享，在集群区内各专业细分的信息机构之间协同创新，相互支持，这将有利于各种新思想、新观念、新技术和新知识在集群内部快速传播，由此形成知识的溢出效应，极大地增强各个信息机构的创新能力，降低技术创新的成本。[①] 因此，将信息集群理论引入公共数字文化资源整合，构建公共数字文化服务机构的信息集群，探讨数字档案资源集群建设中存在的问题和障碍，是数字档案资源生态安全研究不可忽视的方面，为数字档案资源生态安全研究提供了又一新的思路和方法。

（四）信息生命周期管理理论

人类社会在利用信息中发展，而在信息的利用过程中，人们逐渐认识到信息像其他生物一样是有生命的，同样经历着从产生到消亡的生命周期。著名的信息资源管理专家霍顿（F. W. Horton）于 1985 年提出信息生命周期（Information Lifecycle）的概念，并将其解释为信息运动的自然规律，它一般由信息需求的确定以及信息资源的生产、采集、传播、处理、存储和利用等阶段组成。[②]

在信息社会中，信息同能源、物质一样，成为人类社会赖以生存的三大资源之一。受制于社会环境、信息环境以及信息自身生命周期的变换，处于不同生命阶段的信息价值实现呈现出明显的非均衡性特征。如何对信息生命周期各阶段进行有效的干预和管理，在信息流动过程中实现信息最大价值成为研究者新的研究方向。"信息生命周期管理"（Information Lifecycle Management，ILM）正是基于这种学理背景应运而生的。

2002 年，"信息生命周期管理"作为信息生命周期管理的一种信息模型被提出，随后被国内外各领域所关注（详见表 2 - 1、表 2 - 2），掀起了一股研究热潮。对其内涵的界定也莫衷一是，但其核心内容是要在信息生命周期的不同阶段，根据信息价值的不同而采取不同程度的管理策略，使信息能在信息生命周期的每一个阶段均能以最低的成本获得信息的最大

---

① 肖希明、李硕：《信息集群理论和公共数字文化资源整合》，《图书馆》2015 年第 1 期。

② 转引自霍国庆《企业战略信息管理》，科学出版社，2001，第 34 页。

效益。①

表 2 - 1　国外信息生命周期模型研究情况

提出者	内容	评述
Oracle 公司	包括信息创造、获取、存储、转换、索引、管理、清理、分布、发布、检索与维护 11 个步骤	提出信息管理完全内容周期；内容细致；更多运用于企业，较少考虑政府层面
惠普公司	包括信息捕获、归档、保护与处理	更多运用于企业
JISC Info Net 公司	三阶段模型：信息获取、分类存储、审核处理	流程复杂，适合时效性较强的组织
美国国家医学图书馆	包括信息处理、转换、提供入口、使用、更新与保存	以医学信息为对象
IBM 公司	包括识别、获取、组织、管理、利用与保存	更多适用于企业
加拿大政府	文档与信息生命周期管理期阶段模型包括信息管理规划、信息收集制造、信息组织、信息利用与传递、信息维护与保护、信息部署、信息评价	对政府的运用具有局限性，更多考虑单独一个部门的情况，尚未涉及信息更新等问题
澳大利亚政府	引入信息互操作框架，提出分阶段信息生命周期模型，包括计划、创造与搜集、组织与存储、接入、使用和维护	指明每个阶段的基本原则

资料来源：黄静、周锐《基于信息生命周期管理理论的政府数据治理框架构建研究》，《电子政务》2019 年第 9 期。

表 2 - 2　国内学者信息生命周期模型研究情况

作者	时间	主要观点	评述
何俊等	2007 年	根据信息应用层级进行划分，构建信息生命周期管理分层模型	尚未考虑信息各生命周期特征
栗湘等	2006 年	基于技术基础维和软硬件层级，构建生命周期管理层次模型，其中纵向包括存储层、管理层和应用层，横向按照时间顺序包括创建、采集、组织、存储、利用与清理六个部分	将生命周期管理运用层和各阶段相结合，但未涉及技术层面，为我国后续研究提供借鉴
常培等	2007 年	基于技术角度构建信息生命周期管理立方体模型 C - ILM，主要包括基础维、软硬件层次结构维与信息生命周期维	实用性较强

① 陈全平：《信息生命周期管理研究》，《山东图书馆学刊》2010 年第 5 期。

续表

作者	时间	主要观点	评述
白中英等	2008 年	基于信息生命周期管理理论构建 TD – ILM 三维模型，实现了技术、信息周期与信息运用的有机结合	确保各阶段数据价值的发挥，是一种较为全面的理论与方法
朱晓峰等	2005 年	基于生命周期方法，构建政府信息资源生命周期管理思想，构建了链状、环状以及矩阵型三类模型	适用于政府数据资源管理

　　资料来源：黄静、周锐《基于信息生命周期管理理论的政府数据治理框架构建研究》，《电子政务》2019 年第 9 期。

　　信息生命周期管理理论认为，信息存在不同的生命阶段，而在不同的生命阶段，其价值表征与管理方式都各有侧重。因此需要根据不同阶段的信息特征开展有针对性的研究和科学管理，以期实现最佳的管理效果与最低的管理成本"双赢"的局面。

　　随着信息技术的发展，电子文件大量产生并广泛应用。电子文件是一种依托于信息技术产生，并在相应信息环境中运转的特殊信息，和其他形式的信息一样，电子文件也有其自在的生命周期。电子文件在其产生、流转到最终归档保存或者销毁的生命历程中，不同的生命阶段对应着不同的管理主体与属性，并呈现出不同的管理方式与手段要求，因此电子文件长期保存实践必然离不开信息生命周期管理理论的指导。

　　在"存量数字化""增量电子化"方针指导下，我国数字档案资源越来越丰富，越来越多的电子文件通过在线归档系统成为原生型数字档案资源，并在我国各项事业发展中起着越来越重要的作用。

　　数字档案资源生态安全是档案生态系统研究的重要内容之一，涉及数字档案资源自身安全及其所处环境安全两方面，关联数字档案资源的产生、积聚、传递、开发、利用等多个环节。[①] 因此信息生命周期管理视域下的数字档案生态安全问题，同样需要关注数字档案资源的本体安全及其运行、保管和利用环境的安全，需要针对数字档案资源的不同生命阶段进行安全妥善管理。

---

　　① 吕元智：《数字档案资源体系的语义互操作实现研究》，《档案学通讯》2013 年第 5 期。

在数字档案资源的各个生命阶段（详见图2-1），安全问题始终是最根本、最重要的管理主题。

图2-1　数字档案资源生命周期

从数字档案资源产生阶段看，传统载体档案数字化和原生型电子文件归档是数字档案资源的两种最主要类型。在网络时代，数字档案资源还扩充到具有重要保存价值的网络信息资源的采集、归档，以及电子数据、数据库等新型数字档案资源。档案管理部门在数字档案资源创建后一般会对其进行相关属性的描述，而这个阶段的安全风险也是"致命性"的。因为一旦数字档案资源在产生源头就出现信息篡改、泄密，内容不完全、不准确，载体损坏，格式不标准等安全问题，那么后期任何有效的安全措施都无法"亡羊补牢"。所以，数字档案资源安全警钟需要"从头开始"，持续鸣响。

从数字档案资源积聚阶段看，"积聚"是数字档案资源集中管理保管阶段，此阶段的数字档案资源安全问题，主要是指数字档案资源的存储安全，主要关注数字档案资源的存储载体安全、软硬件设备运维安全和库房日常管理安全等内容，档案保管机构应将数字档案安全视为常态化工作任务，绝不能"三天打鱼，两天晒网"。

从数字档案资源传递环节看，数字档案传递过程是数字档案信息流转过程中最容易被忽视、最容易遭到安全威胁的环节。档案工作人员的疏漏、技术的失误以及黑客攻击、人为破坏等因素导致数字档案资源丢失、泄露、被篡改极易发生。因此，在数字档案资源传递过程中，需要提高档案工作人员的安全意识以及相关信息技术的保障。如随着量子技术的发展和利用，近来就有人思考运用量子通信技术实现对保密级档案信息的传递。[①]

从数字档案资源开发、利用阶段看，档案资源的有效开发是档案资源

---

① 许德斌、裴友泉：《运用量子通信技术实现档案（保密）信息传递的构想》，《档案学研究》2019年第5期。

利用的前提。在开发过程中关注开放档案信息是否涉密，是否涉及侵犯他人隐私、商业秘密、国家秘密等问题，也同样需要运用安全思维，缜密分析和科学判断，在发挥档案部门数字档案资源优势、深度开发利用、精准开发利用的同时，树立安全风险意识，确保数字档案资源安全。

数字档案资源生态安全问题，在不同阶段对应不同的内容焦点与工作重点，但每个阶段都必须针对其所处阶段的不同特点分别制定科学、合理的策略以确保数字档案资源的整体安全。信息生命周期管理的有关理论既有助于分周期、分阶段地分析、研究数字档案资源安全风险、安全隐患，也有利于从整体和全局着眼探索和制定我国数字档案资源生态安全策略。

（五）全面风险管理理论

"风险"是指相对于某一主体（当事人、决策者）及其预期目标而言，一个由外因、内因和综合效应三个要素共同构成的动态因果过程。[1] 为了更好地达到主体预期，主体会采取措施以减少过程中的不确定因素，简而言之，就是"风险管理"。风险管理一直都贯彻落实在公众行为中，个人、社会组织乃至国家都在培育应对风险的能力，以预防损失、降低损失和弥补损失。

网络环境下，社会经济和各项事业的发展促使"风险管理"成为关注焦点。"风险管理"一词在20世纪被提出，并随着社会环境、经济技术等因素的发展变化，由最初零散与任意逐步趋向整合与规范，即由传统风险管理阶段转型到现代风险管理阶段，以及发展到现在较为成熟的全面风险管理阶段。[2] 在现代风险管理阶段后期，强调将金融风险管理中的价格、偏好和概率三要素综合起来进行系统和动态的决策，从而实现对风险的全面控制的整体管理风险理论逐渐成熟。面对新时代复杂的社会环境与潜在的风险，全面风险管理理论被提出并在多变的社会动荡中被广泛认同。如何将"全面风险管理"切实有效地应用到企业运营中也成为管理者们热议的话题。

---

① 谢志、刚周晶：《重新认识风险这个概念》，《保险研究》2013年第2期。
② 严复海、党星、颜文虎：《风险管理发展历程和趋势综述》，《管理现代化》2007年第2期。

2004 年 10 月，"发起机构委员会"（Committee of Sponsoring Organiza-tion）正式发布了《全面风险管理—整合框架》，该框架将"全面风险管理"定义为一个过程，它由一个企业的董事会、管理当局和其他人员实施，应用于企业战略制订并贯穿于企业各种经营活动之中，目的是识别可能会影响企业价值的潜在事项，管理风险于企业的风险容量之内，并为企业目标的实现提供保证。① 此后，对于全面风险管理的研究不断深入，全面风险管理理论也得到了更大的发展。

与信息技术相伴而来的是海量信息的"爆发式"增长态势。信息作为现代社会人类赖以生存的三大资源之一，其重要性不言而喻。身处信息社会，人类对信息的认识和研究也在不断深入，跨学科、跨行业研究成为常态，信息生态学在此学术背景下得以建立。

信息生态学主要是在发展中借鉴生态学理念结合信息发展规律来分析、处理信息发展中出现的问题以期达到信息与社会的和谐相处。信息生态系统是信息生态学研究的重要内容。信息生态系统认为信息与信息社会环境、信息人构成了一个不可分割的系统。信息人、信息以及信息环境三要素在系统中不断进行信息交流与信息循环。② 在信息系统中，不同类型的信息人，即信息生产者、信息处理传播者和信息利用者，会不断进行信息传递活动等信息行为形成信息生态链。③ 信息人、信息以及信息环境在信息系统中都有自身的生态位以进行信息流转，发挥自身作用。

数字档案是重要的记录人类社会发展的信息存在。随着云计算、大数据和移动通信技术的发展，在国家数字转型政策的推动下，数字档案资源逐渐成为档案主流资源。数字档案资源在信息时代的风险从数字档案资源的产生一直伴随着数字档案资源的全过程，包括数字档案资源的实体安全和信息内容安全。在档案生态系统中，数字档案资源在其生态链产生、传播、利用等环节以及在信息生态位中均可能出现不同程度、不同类型的安全问题，这些不确定又随时可见的安全问题自然催生了开展数字档案资源

①　张琴等：《风险管理理论沿袭和最新研究趋势综述》，《河南金融管理干部学院学报》2008第 5 期。

②　王云梅：《信息生态系统及其有效机制的构建》，《图书馆工作与研究》2010 年第 2 期。

③　韩刚、覃正：《信息生态链：一个理论框架》，《情报理论与实践》2007 年第 1 期。

生态安全研究的必要，也亟待引入全面风险管理理论开展相关研究和论证。

全面风险管理理论认为，一个公司的风险来自很多方面，比如，一个保险公司可能会面对需求变化、利率变化、资产价格变化等带来的种种不同风险，最终对公司产生影响的不是某一种风险，而是所有风险联合作用的结果，所以只有从公司整体角度进行的风险管理才是最有效的。[①] 因此，将全面风险管理理念贯穿于数字档案资源生态安全研究，牢固树立数字档案资源全过程风险管理意识，科学研究、严密构建数字档案资源安全体系，实为必要。

（六）档案保护与档案管理理论

数字档案是数字时代的必然产物，是一种有别于传统档案资源的新型档案。当下在各国文件管理数字转型背景下，文件管理的数字转型已成为世界范围内文件档案领域的普遍共识和发展大势。[②] 数字档案资源已经成为增量档案资源的主流形式，因此数字档案资源安全理所当然地成为档案保护理论与档案管理理论探讨的内在要求。

形成于 20 世纪 60 年代的档案保护技术学是一门研究档案制成材料损毁规律及科学保护档案技术方法的学科，其任务是最大限度地延长档案的寿命。而档案保护说到底就是为了保证档案的实体安全和信息安全。在档案保护半个多世纪的发展历程中，档案保护研究逐渐从各个层面展开，尤其是在信息技术的推动下，学界不仅对档案保护技术学赖以存在与发展的知识基础和理论框架进行了全面的总结和梳理，还将目光转移到新材料、新技术、新设备的研究当中。1994 年，国务院发布《中华人民共和国计算机信息系统安全保护条例》后，档案信息系统的安全问题引起学界的重视。[③] 20 世纪末，随着电子文件数量的猛增，电子文件长期保存与数字档案信息

---

① 张琴等：《风险管理理论沿袭和最新研究趋势综述》，《河南金融管理干部学院学报》2008 第 5 期。

② 冯惠玲等：《文件管理的数字转型：关键要素识别与推进策略分析》，《档案学通讯》2017 第 3 期。

③ 朱开宪：《学习计算机信息系统保护条例 重视档案信息系统安全》，《黑龙江档案》1995 年第 5 期；盛明华、芮国强：《档案管理自动化系统安全管理的原则和结构初探》，《档案与建设》1996 年第 4 期。

的安全保护问题也成为档案保护领域关注的焦点，同样是新时期档案安全体系建设的核心内容之一。档案安全体系建设背景下，档案保护工作面临更多新问题、新特点，档案保护的范围也扩大到接收、整理、保管、利用等各个环节的"全程保护"。① 因此研究数字档案资源生态安全，档案保护领域的理论和方法不可少。

档案管理理论是在档案收集、整理、鉴定、保管、统计、编目、检索、提供利用、编研等档案管理一系列流程中形成一套理论、原则与方法。② 电子文件的大行其道，文件生命周期理论、文件连续体理论、前端控制与全程管理等理论思想的出现，对档案管理理论造成巨大影响。而科学管理是维护档案完整、安全的前提和基础，基于此，数字档案资源生态安全研究离不开档案管理理论的指导。

数字时代，档案管理将围绕电子文件的归档、长期保存与可信利用、安全保密的技术与方法展开。政府网站、电子邮件、微信、微博等新媒体的"电子文件"的出现，在归档范围、价值鉴定、保管期限划分、文件内容及其结构和元数据的捕获等方面对传统档案管理的理念、技术和方法形成挑战。此外，电子文件长期保存与可信利用，尤其是对新型电子文件的长期保存策略是档案管理要面对的重要议题。更何况，从文件生命周期理论看，电子文件从形成到销毁或永久保存，其整个生命周期都存在安全问题。因此，需要在电子文件整个生命周期内进行档案安全管理，既要保证重要电子的完整性，又要警惕保管、利用过程中的篡改、泄密、隐私保护、防火防盗等。

上述几种学术理论中，对数字档案资源生态安全研究而言，"档案保护和管理理论"是基础，其他的则为良好借鉴。由于"数字资源生态安全"的研究主题涉及面太广，除了上述提及的几种之外，譬如前端控制理论、信息本体论等也能够对本主题研究产生积极指导意义。但由于篇幅所限未能尽述，仅就与本选题相关度最大的几种理论简要述之。

---

① 赵鹏：《从档案安全体系建设的角度看档案保护》，《中国档案》2010 年第 6 期。
② 周耀林：《档案安全体系：理论阐释与框架构建》，中国档案学会、浙江省档案学会编《档案安全体系建设理论与实践》，中国文联出版社，2016，第 59 页。

二 数字档案资源生态系统的核心要素

生态系统是在一定的时空范围内，生物之间以及生物群落与其环境之间，通过物质、能量和信息的流转和循环而相互联系、相互作用所形成的一个统一整体。信息生态系统则是信息人与信息生态环境相互联系、相互作用而形成的具有信息流转和信息共享等功能的有机整体。[①] 数字档案资源生态系统是信息生态系统的子系统。解析信息生态系统核心要素，是确定数字档案资源生态系统核心要素的理论前提。

（一）信息生态系统的核心要素

信息生态系统是信息人与信息生态环境相互联系、相互作用而形成的具有信息流转和信息共享等功能的有机整体。信息生态系统本身非常复杂，包括多个子系统。在选择子系统时主要遵循以下标准：具有宏观性、普适性且对档案系统能够产生重要影响或互动的社会系统要素。以该标准为指导，最终确立的信息生态系统四个核心要素分别是信息人（主体）、信息本体（客体）、信息技术、信息环境（详见图 2-2）。

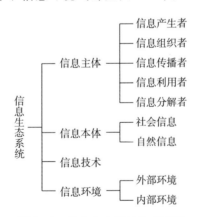

图 2-2 信息生态系统构成要素

一是信息主体。在信息生态系统这个有机体中，信息人显然是主体要

---

① 娄策群等：《信息生态系统理论及其应用研究》，中国社会科学出版社，2014，第35页。

件，其在信息流转和信息共享过程中，对信息生态系统发展具有主导作用。由于信息人可以是普通的自然人，也可以是组织或机构，为了表达上的准确并避免理解上的偏差，本书倾向用"信息主体"来称谓"信息人"。由于信息生态系统是从人类的信息环境视角来考察的社会生态系统，是社会生态系统的一个重要组成部分，因此社会性是信息生态系统的鲜明属性之一。这也决定了信息主体是一个社会概念，而非自然概念。

　　根据在信息生态系统中的作用，信息主体可分为信息形成者（产生者）、信息组织者、信息传播者、信息利用者（消费者）和信息分解者。信息形成者主要是指零次信息，原创性的一次、二次信息的形成者；信息组织者是指借助一定的方法使信息有序化，便于用户查询和使用的专业性组织、机构或个人；信息传播者是指通过一定的信息通道，实现信息传播的各种媒体和技术领域的组织、机构或个人；信息利用者是指有一定的信息需求，并通过有偿或间接有偿的方式利用信息的组织、机构或个人；信息分解者是指将过时的、错误的、虚假的、不健康的、不安全的信息及时删除，或者通过一定的自动处理机制，使上述信息出现在用户的搜索结果中的组织、机构或个人。[①]维持信息生态系统的正常运转，每一类型的信息主体都不可或缺。

　　二是信息本体。信息主体在与信息生态环境相互联系、相互作用过程中，无论是进行信息流转还是开展信息共享，都是以"信息源"或信息本体之存在为前提要件。换言之，没有信息，信息流转也好，信息共享也罢，都犹如无源之水、无本之木。信息并非事物本身，而是表征事物，并由事物发出的消息、情报、指令、数据、信号等组成。事物的复杂性决定了其所发出的信息必然形式多样、内容丰富、来源广泛。信息是客观存在。信息来源于物质，与能量亦有密切关系。但信息既不是物质本身，也不是能量。生态系统中，信息是能引起生物生理、生化和行为变化的信号，信息传递是生态系统的基本功能之一，没有信息的生态系统是不可想象的，如候鸟的迁飞、鱼类的洄游、生物间关系的协调等都离不开信息。生态系统中，生物与环境、生物与生物通过一系列信息取得联系，生物在信息的影

---

① 靖继鹏、张向先：《信息生态理论与应用》，科学出版社，2017，第20、21页。

响下做出相应的反应及行为变化。生态系统各要素在信息影响下，各居其位、各司其职，以保证生态系统有条不紊，保持生态平衡。社会生态系统中，人类信息具有知识的秉性，能给人们提供关于事物运动状态的知识。所以，信息是重要的社会资源，往往以文字、图像、图形、语言、声音等形式表现出来，可以被采（收）集、加工、更新、传输和共享。信息是现实世界物质客体间相互联系的形式，而系统是普遍联系的事物存在的形式，所以有系统必有信息，信息是系统控制的基础，是系统组织程度或有序程度的标志。[①] 信息不仅是整个信息生态系统中维持、运行和发展的基础要素，还对信息主体之间的相互作用充当"黏合剂"角色。因此，信息可谓信息生态系统之本体要素。

三是信息技术。20 世纪 50 年代以来，计算机技术的发明与应用，将人类带入新科学技术革命时代，而信息和通信技术则是最耀眼的新技术。信息与通信技术的发展，带来信息载体"电子化"的实现，计算机技术与互联网技术、通信技术之间的渗透、融合更是将人类推向了信息化和网络化时代。信息技术是用于管理、开发和利用信息资源的技术设备及其相应的使用方法与操作技能。

一方面，信息技术的发展促使电子化、数字化信息本体海量形成，一方面信息技术为信息主体采集、加工、组织、开发、利用信息本体提供了更多便捷、更多跨越时空的可能。信息技术一头连接信息本体的形成，对信息本体形成的质量、数量发挥着关键性作用；另一头支撑着信息主体各种信息行为的完成，对信息行为完成的进度、效果起着决定性作用。信息技术本是信息环境必不可少的组成部分，之所以将其单独作为一个核心要素进行分析，主要是为了更加凸显在信息时代、数字化生存背景下，信息技术对于信息生态系统平衡发展的极度重要性。

四是信息环境。在自然生态系统中，环境一般是指某一特定生物体或生物群体以外的空间及直接、间接影响该生物体或生物群落生存的一切事物的总和。[②] 这里的"环境"包括大气、水、土壤等特定生物体或生物群体

---

① 曹凑贵、展著：《生态学概论》，高等教育出版社，2015，第 213 页。
② 靖继鹏、张向先：《信息生态理论与应用》，科学出版社，2017，第 44 页。

之外的物质因素，也包括特定生物体或生物群体内部的物质因素。环境因中心事物的不同而不同，且随中心事物的变化而变化。因此，自然生态系统视阈下的环境不是一成不变的。与自然生态系统相比，隶属于社会生态系统的信息生态系统，其信息生态环境除了包含自然环境中的大气、水、土壤等物质因素之外，还包含了社会生态系统所特有的观念、制度、伦理、文化、行为准则等非物质因素。根据本书前述信息生态、信息生态圈的相关理论可知，信息生态具有较强的动态性，因此，信息生态研究须以一定的信息时空为界。而在社会信息生态链之中，人际的信息交流是人类最基本的信息需求。[①]故将信息生态系统视域下的"信息环境"界定为：信息主体内部及信息主体之外的直接或间接影响信息主体生存和发展的各种物质的和非物质的要素之和。对信息主体而言，信息环境就有内部环境和外部环境之分了。影响信息主体生存和发展的各种内部物质和非物质的要素总和就是内部环境，对信息主体生存和发展起着重要影响的各种外部物质和非物质因素之和就是外部环境。而从环境因素的层次、规模、范围划分，信息环境又可分为宏观环境、中观环境和微观环境。信息环境是社会环境的一部分，是伴有人类参与或加工痕迹的一种人工环境，它体现了自然、社会、科学技术之间交互作用的复杂关系。信息环境主要由信息基础设施、信息资源、信息技术和信息政策与法规等部分组成。信息基础设施是信息环境的基础与支撑，包括通信系统、计算机系统、网络系统、信息产业建设、信息市场建设、信息服务建设等。信息环境的优劣可直接反映一个国家或地区的信息化水平并影响人们的信息消费与生活质量。[②]

在我国现有研究成果中，虽然大多数学者认为，信息生态系统由信息、信息人和信息环境三要素相互组合而构成。[③]但本书认为，信息主体与信息环境其他要素之间的信息交流离不开信息本体与信息技术发展状况的影响，且在信息时代，信息本体的发展因更多受制于信息技术的发展呈现出更加复杂的特征。因此，将信息技术从信息环境中剥离出来作为独立的核心要素加以阐释，更加符合技术驱动背景下信息生态系统的研究。进而，将信

①　靖继鹏、张向先：《信息生态理论与应用》，科学出版社，2017，第21页。
②　靖继鹏、张向先：《信息生态理论与应用》，科学出版社，2017，第21页。
③　娄策群等：《信息生态系统理论及其应用研究》，中国社会科学出版社，2014，第6页。

息生态系统四个核心要素确立为——信息本体（客体）、信息人（主体）、信息技术、信息环境，也更加彰显了数字语境下信息生态研究中技术要素的至关重要性。

（二）数字档案资源生态系统的核心要素

在"具有宏观性、普适性且对档案系统能够产生重要影响或互动的社会系统要素"的标准指导下，书中将信息本体（客体）、信息人（主体）、信息技术、信息环境作为信息生态系统的四个核心要素进行了相关分析。数字档案资源生态系统内属于档案生态系统，是信息生态系统的重要组成部分。观照信息生态系统的概念，数字档案资源生态系统可界定为：数字档案资源主体与数字档案资源生态环境相互联系、相互作用而形成的具有数字档案信息流转和数字档案信息共享等功能的有机整体。因此，数字档案资源生态系统也必然包含信息本体（客体）、信息人（主体）、信息技术、信息环境等核心要素，只是这些对应的核心要素所覆盖的范围更加聚集于数字档案资源生态系统内，特指数字档案资源本体、数字档案资源主体、数字档案资源技术、数字档案资源环境。

1. 数字档案资源本体

前文在对"数字档案资源"概念进行界定时谈到，数字时代背景下，数字档案资源具有体量大、形式多、内容全、分布广等共同特征。所谓体量大，即在政府数字转型、档案信息化建设等战略影响下，数字形式的档案资源总体数量呈现井喷之势。一方面，在数字档案馆建设推进下，传统载体档案资源数字化工作不断取得突破。以我国为例，截至 2019 年底，全国各级国家综合档案馆馆藏数字档案 119.3 万 GB，馆藏档案数字化副本 1407.8 万 GB[①]，江西省赣州市档案馆、湖北省江陵县档案馆等多地馆藏档案数字化率达到 100%。[②] 另一方面，数字记忆研究蔚然成风，私人档案在档案资源体系中合理地位逐步确立，在互联网技术、大数据技术、社交媒

---

① 《2019 年度全国档案行政管理部门和档案馆基本情况摘要（二）》，国家档案局，https://www.saac.gov.cn/daj/zhdt/202009/23bee44fdf594f048619334774968c7d.shtml。

② 《江西赣州市档案馆 全面完成馆藏档案数字化》，《中国档案报》2020 年 4 月 6 日，第 2 版；《馆藏档案数字化率达 100%》，搜狐网，https://www.sohu.com/a/240925591_100163027。

体技术等信息技术的推动下，原生型数字档案资源数量急剧增加（暂未收集到官方确切统计数据）。所谓形式多，是指在海量的、呈几何级增长的数字档案资源中，不仅包括结构化数据（即"行数据"，存储在数据库里，可以用二维表结构来逻辑表达实现的数据），也包括非结构化数据，如各类报表、图片和音频、视频信息等。所谓内容全，主要指数字档案资源内容大到国家大政方针，小到平民家庭账本、聊天记录，无所不及。所谓分布广，主要侧重说明无论是在国内还是在国外，无论是在经济发达地区，还是在经济欠发达地区，只要是计算机技术、网络技术、通信技术所及之处，都有数字档案资源的存在。

2. 数字档案资源主体

依据在信息生态系统中的作用，信息主体可分为信息形成者（产生者）、信息组织者、信息传播者、信息利用者（消费者）和信息分解者。与信息主体划分略有不同，根据数字档案资源全生命周期里各个环节相关的多元主体及其在数字档案资源生态系统中的作用，数字档案资源主体主要包括但不限于数字档案资源形成者（产生者）、保管者、利用者和监管者。但在社会生态系统中，信息主体往往具有复杂的社会性，数字档案资源主体明确定位也具有复杂性。具体来说，即数字档案资源主体在一定条件下，其身份具有"易变性"或"可转换性"，进而出现双重身份或多重身份。比如，网络环境下，个人往往以数字档案利用者身份居多，但由于私人建档、家庭建档热的兴起，个人也同时是私人数字档案资源的产生者。

3. 数字档案资源技术

"在数字时代，不管你在哪个行业，颠覆都不是从内部出现的，而是从外部推动的，内因并不是主要的原因。"①数字化生存时代，这句话似乎更适用于档案系统。在档案领域，档案的形成、整理、保管、鉴定、开发、利用等诸环节中，凡是能够扩展数字档案资源主体信息器官功能的技术设备及其相应的使用方法与操作技能都可被称为"档案技术"或"信息技术"。按照功能的不同，数字档案技术可以分为数字档案信息形成技术、获取

---

① 《未来 20 年的技术趋势，离不开这 12 个关键词》，搜狐网，https://www.sohu.com/a/131566
051_464033。

（采集）技术、存储技术、检索技术、传播技术、安全技术等。无论是档案数字化、电子文件单套制，还是数字档案馆建设、基于社交媒体的档案社会化服务，无一不是档案工作因技术倒逼、由外而内所生发的典型实践。因此，在档案业界，"技术为王"的理念至今仍有一定的影响。数字档案资源本身就是计算机技术和通信技术发展的衍生物，因此，数字档案资源本体的形成、采集、保管、开发利用等都离不开技术的支撑与涵养。

4. 数字档案资源环境

数字档案资源主体之间在进行档案信息流转、档案信息共享的过程中，一方面需要借助相关技术的支撑，另一方面还受制于时空、经济、文化、制度等条件的规约。换言之，在一定时空之下，数字档案资源主体、本体和技术之间的相关作用、相互影响有其独特的环境，即数字档案资源环境。具体来说，数字档案资源环境，是指数字档案资源主体内部及数字档案资源主体之外的、直接或间接影响数字档案资源主体生存与发展的各种物质的和非物质的要素之和。

一般而言，数字档案资源主体内部直接或间接影响数字档案资源主体生存与发展的各种物质的和非物质的要素之和用"内部环境"表示，数字档案资源主体外部直接或间接影响数字档案资源主体生存与发展的各种物质的和非物质的要素之和用"外部环境"表示。就内部环境而言，主要涉及数字档案资源本体、数字档案技术、数字档案文化等要素；而外部环境则主要包括但不限于经济环境、社会环境、法律环境、技术环境。数字档案资源环境要素中，技术要素具有一定的交叉性，既在外部技术环境中，也包含于内部数字档案技术要素中。处于内外部不同环境之下的技术要素既有联系，又有区别。在技术力量、社会需求、市场需求等复杂因素的作用下，外部技术环境发展变化较快，新旧技术更迭周期相对较短，而内部数字档案技术因技术力量有限、管理机制约束等在新兴技术运用方面往往滞后于外部技术环境的发展。但内部数字档案技术毕竟是要服务于社会的，在业务上需要与社会各行各业交流或对接。作为特殊的数字档案资源，依托相关技术保障数字档案资源安全是开展一切业务活动的基础。此外，在数字档案资源社会化服务方面，也需要利用先进技术与时俱进地拓展业务。比如数字档案馆建设、档案"远程查档，近端出证"、数字档案资源共建共享等。

只是内部数字档案技术很少是由档案系统内部独自研发，而主要是依据数字档案资源实际发展情况，对现有外部技术进行结合性、改进性应用。

唯物史观认为，自然环境对社会生态系统的发展具有重要影响。自然环境提供社会生产和生活资料的来源，影响生产部门的布局、产业结构的调整及其发展方向，通过对生产发展的影响，直接或间接影响社会发展，加速或延缓社会发展的总体进程。因此研究数字档案资源环境，决然不能回避对自然环境这个重要外部因素的探讨，如地震、洪水、海啸、泥石流等自然灾害对数字档案工作的影响。但需要特别说明的是，本书因主要基于社会生态系统视角去分析和研究数字档案资源环境，自然环境健康及其对数字档案资源的影响虽有涉及，但并没有将其作为重点论证的内容。

三　数字档案资源生态安全的核心内容

数字档案资源本体、数字档案资源主体、数字档案资源技术、数字档案资源环境是数字档案资源生态系统的核心四要素，研究数字档案资源生态安全也必然围绕这四个核心要素展开，即数字档案资源主体安全、数字档案资源本体安全、数字档案资源技术安全、数字档案资源环境安全。每个核心安全要素在数字档案资源生态安全中的功能和作用、各安全要素之间的相互关系及其对数字档案资源生态安全的影响，就构成了数字档案资源生态安全研究的主要内容。

（一）数字档案资源本体安全

2014 年初，习近平总书记在中央网络安全和信息化领导小组第一次会议讲话中指出，信息资源日益成为重要生产要素和社会财富，信息掌握的多寡成为国家软实力和竞争力的重要标志。2013 年波及全球多个国家的"棱镜门"事件，说到底就是一场国家级的信息资源攻防战。美国这样的超级大国都如此重视信息资源，不惜投入大量人力物力，足以见得在日新月异的信息社会，信息资源意味着发展机遇和战略制高点。[①] 数字档案资源是

---

① 冯惠玲：《重视"信息资源"的战略价值》，《人民日报》2014 年 10 月 23 日，第 5 版。

数字时代一种特殊的信息资源，它禀赋了信息资源一般的属性和特点，同时又具有真实、完整、可靠的特质。如同一般的信息资源既可以创造产业价值，也可以与传统产业融合一样，数字档案资源的大量出现正在改造着传统信息生产和管理流程，优化着信息资源家族的配置，并且间接产生对物质资源和能量资源的迭代效应。

数字档案资源是数字档案资源生态安全的客体和根本研究对象。为突出"数字档案资源"在数字档案资源生态安全研究中的源头性、根本性和基础性地位，本书中将其表述为"本体"。上文说到，数字档案资源体量大、形式多、内容全、分布广，从产生方式角度可划分为原生型数字档案资源和转化型数字档案资源。那么，数字档案资源安全自然可以分解为原生型数字档案资源安全和转化型数字档案资源安全。此外，数字档案资源本体安全还涉及"两型"数字档案资源无缝整合的安全。从本体论角度分析，本体往往会随时间而演进，容易受制于技术环境和主体知识能力，特别是在开放式的网络环境下，数字档案资源本体安全与数字档案资源建设过程息息相关。

当前，在全球政府数字转型战略的推进下，国际国内原生型数字档案资源逐渐成为增量数字档案资源的主角。因此，保证原生型数字档案资源安全是今后数字档案资源生态安全的重中之重。原生型数字档案资源一头关联着电子文件生成端，另一头关联着电子档案保存端，通过"归档"架桥，实现了由电子文件到电子档案的完美转型。数字时代，网络档案信息资源也逐渐引起社会广泛关注，电子邮件、网页档案信息、个人即时信息、社交媒体记录等成为原生型数字档案资源的新生力量，使原生型数字档案资源的来源更为复杂和采集范围更为广泛，由此也带来了更大的安全风险。因此，在对原生型数字档案资源的获取、选择过程中需要认真地甄别、筛选，保证档案信息来源的真实性、可靠性，保证信息来源的"绿色""环保""无污染"。[①] 只有在电子文件形成安全和归档过程安全的前提下，才能进一步保障原生型数字档案资源的真实性（来源）、可靠性（内容）、完整性（形式）和可用性（获取），即原生型数字档案资源安全所要实现的

---

① 王小军：《档案信息传播中的信息生态研究》，南昌大学硕士学位论文，2010，第15页。

目标。

在国家信息化战略整体推进下，档案信息化工作进展较快且成效显著。例如，数字档案馆（室）建设快速推进。全国多地启动数字档案馆建设，上百家机关单位和中央企业参与数字档案室建设试点。不少地方将数字档案馆建设列入本地档案事业发展"十三五"规划，浙江提出"十三五"期间 11 个设区的市要全部建成国家级数字档案馆，全省建成 20 个国家示范数字档案馆。全国档案数字化工作进展也较为顺利。中国第一历史档案馆、中国第二历史档案馆数字化工作成效显著，解放军档案馆、部分中央和国家机关档案室、部分市县档案馆馆藏档案已全部数字化，数字化全文识别取得重要进展。[①]

在看到档案信息化成绩的同时，必须清醒认识到我国档案工作中存在的危及档案安全的各种风险，如管理不善导致的档案虫蛀霉变、档案丢失被盗、意外损毁，管理不严或工作失误导致档案被篡改、替换、数据损毁或信息泄密等档案安全事故近年来仍有发生。[②] 根据《全国档案事业发展"十三五"规划》相关内容，未来我国仍将继续推进档案资源的"存量数字化"战略，以进一步积累和丰富数字档案资源，提高物理载体形式的档案资源开发利用程度。因此在档案数字化战略实施过程中，档案安全万不可松懈。在开展档案数字化工作之前，由于数字化对象已归档入库保存较长时间，且有些物理形态的馆藏档案资源本身保存状况就不太好，如存在载体老化、字迹模糊、胶片档案影像层脱落等问题。这就要求在档案数字化过程中，不仅要保障馆藏档案信息内容的安全，也要保证馆藏档案实体的安全。这也就是说，转化型数字档案资源安全重点在于做好"转化过程"的风险控制，尽量减少档案数字化过程中的安全隐患。

然而，原生型数字档案资源和转化型数字档案资源虽然最终都被归入数字档案资源之列，只是，由于形成路径、保存格式、版本规范等的差异，两者在数字档案资源融合过程中，或将出现格式不兼容、检索不识别、系统不支持等质量问题，因此在"两型"数字档案资源融合过程中，格式标

---

① 李明华：《在全国档案局长馆长会议上的工作报告》，《中国档案》2018 年第 1 期。
② 李明华：《在全国档案安全工作会议上的讲话》，《中国档案报》2017 年 6 月 22 日，第 1 版。

准、著录规范、存储要求、完整性校对、数字档案管理系统安全性检测等都是数字档案资源本体安全工作的内容。

（二）数字档案资源主体安全

"人文是信息生态的明显标志，基于人文的生态研究所强调的是人，人位于信息生态的重心位置。"[①] 而数字档案资源生态安全研究的终极目的就是满足人类对于数字档案信息的需求，契合了马斯洛需求层次理论对于人的价值定位和人格发展境界：人类在满足了生理、安全、社交、尊重需求之后，必然会通过产生信息、获取信息、保管信息、利用信息等方式实现自我价值，直至自我超越的价值。[②] 信息人只有与信息生态环境高度适应，才能满足其信息需求，并实现社会活动主体和社会信息环境之间的和谐。[③] 但和谐信息生态的构建，依旧建立在信息生态安全的基础上，特别是信息人的安全。信息主体的安全不能因高度关注信息生态客体的安全而遭到忽视。数字档案资源主体的安全，主要指与数字档案资源生命周期各个环节相关的多元主体，包括数字档案资源产生者安全、利用者安全、保管者安全和监管者安全。譬如，对数字档案资源利用者个人信息安全的探讨，基于数字档案资源产生者、保管者角度商讨数字档案资源安全人才培养问题等，都应是数字档案资源主体安全研究需要关注的内容。

需要说明的是，这里"数字档案资源主体"的安全，不涉及自然人自身生命财产安全，而是指自然人或相关组织、机构在数字档案资源全生命周期内的意识、素质、能力等"软实力"要求，侧重于探讨相关人的主观能动性对于数字档案资源安全的影响和效用。

（三）数字档案资源技术安全

信息技术和网络技术的发展，将人类的生存空间拓展到更为广阔的"第五空间"——"网络空间"。在领先技术的赋能之下，数字化、网络化

---

① 陈曙：《信息生态研究》，《图书与情报》1996 年第 2 期。
② 辣子基金：《马斯洛需求层次理论还有第六层》，《发现》2017 年第 10 期。
③ 娄策群、赵桂芹：《信息生态平衡及其在构建和谐社会中的作用》，《情报科学》2006 年第 11 期。

不仅极大地改变、便利着人类的生产、生活方式，并且将人类的思维方式也向前推进到"互联网＋"和 AI（artificial intelligence，人工智能）模式。"信息技术和通信技术革命影响了档案工作的所有方面，这一点已被人们普遍接受。"① 信息化要发展，安全是前提。数字档案资源本身是因信息技术的发展而出现的一种新型信息资源，因此探讨数字档案资源安全必然离不开技术安全的主题。一般而言，数字档案资源技术安全分为两个方面，一是数字档案资源硬件技术安全，二是数字档案资源软件技术安全。

虽然技术安全分类较为简单，但要做好数字档案资源硬件技术安全和软件技术安全工作，为数字档案资源生态安全提供双重保障，却是多年来国际国内档案界、信息界乃至各国政府部门都在努力思考的重要话题。从技术功能视角分析，数字档案资源安全技术主要由数字档案资源基础设施、数字档案信息流转技术、数字档案信息安全技术三部分构成，这三者是数字档案资源技术安全的整体，任一部分都不能单独发挥作用；基于技术范围来看，数字档案资源技术安全由数字档案资源微观技术安全和宏观技术安全构成，其中网络基础设施、数字档案信息流转平台和数字档案信息管理系统等都属于宏观技术因子，每一项宏观技术安全因子的发展所需的支撑技术就是数字档案资源微观技术。

（四）数字档案资源环境安全

数字档案资源环境，是指数字档案资源主体内部及数字档案资源主体之外的、直接或间接影响数字档案资源主体生存与发展的各种物质的和非物质的要素之和。数字档案资源环境安全，则是指数字档案资源主体内部及数字档案资源主体之外的各种物质的和非物质的要素之和的整体安全。数字档案资源环境有内外之分，数字档案资源环境安全自然也涵盖数字档案资源内部环境安全和外部环境安全两部分。具体来说，数字档案资源外部环境安全，主要包括自然环境健康、经济环境有序、社会环境良好、法律环境规范；数字档案资源内部环境安全，主要包括数字档案资源建设合理、数字档案技术保障有力、数字档案文化多元发展等。数字档案资源环境安全的

---

① 杨安莲：《论档案信息资源开发的内涵》，《浙江档案》2005 年第 9 期。

构筑，需要着重加强经济环境、法律环境、数字档案资源本体环境、技术环境、文化环境的培育，同时加强自然灾害的常态化防控，针对地震、洪水、海啸、泥石流等自然灾害，认真研究和制定积极有效的应对措施，杜绝或尽最大可能减少自然环境因素对数字档案安全造成的不利影响。

四 数字档案资源生态安全核心内容的相互关系

数字档案资源主体安全、数字档案资源本体安全、数字档案资源技术安全、数字档案资源环境安全是数字档案资源生态安全研究的核心内容，这四个核心安全内容之间既相互作用、互为影响，又命运与共、协同发展（详见图 2 - 3）。数字档案资源本体安全是基本前提，数字档案资源主体安全是核心目标，数字档案资源技术安全是关键支撑，数字档案资源环境安全是根本保障。

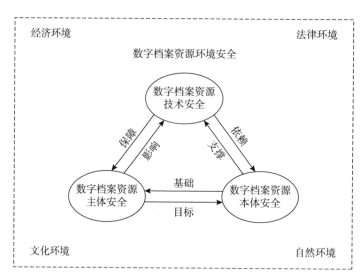

图 2 - 3　数字档案资源生态安全核心内容及其相互关系

（一）数字档案资源本体安全是前提条件

数字档案资源生态系统是基于数字档案资源本体提出的，没有数字档案资源本体，数字档案资源生态系统如同"无源之水、无本之木"。数字档案资源是数字档案资源主体间信息流转与信息共享的纽带，没有数字档案资源本体安全，数字档案资源主体间的相互作用就会因数字档案资源本体缺陷，无法实现数字档案信息正常流转，无法开展数字档案资源共建共享；进而，也就无所谓数字档案资源主体安全、技术安全和环境安全了。因此，数字档案资源生态安全研究必须以数字档案资源本体安全研究为前置条件，就一定的时代背景、技术背景和社会背景下的数字档案资源概念、分类、形式、特征、质量、内容、分布等详细了解、把握数字档案资源本体安全建设的准则，明确数字档案资源本体安全建设思路，以促进数字档案资源主体间的信息流转与信息共享，推动数字档案技术不断改进，为数字档案资源环境安全奠定坚实的物质根基。

可见，数字档案资源是数字档案资源生态安全研究的根本对象，数字档案资源本体安全是数字档案资源生态安全的前提和基础。

（二）数字档案资源主体安全是核心目标

在信息生态系统诸要素中，信息主体具有其他生物或种群无可比拟的最完善、最先进的信息处理能力。信息主体与信息生态系统其他要素之间的关系，是信息生态问题的核心。在数字档案资源生态系统中，唯一具有主观能动性的要素是数字档案资源主体，该主体是数字档案生态系统的中心。从数字信息流转过程和数字信息生命周期看，数字档案资源主体根据其身份和角色的不同，其相关主体涉及数字档案形成者、保管者、利用者、监管者，且各主体之间在一定条件下能够相互转换，或者说同一个主体可以有多种角色表达。

"人"或者相关主体是档案工作存在和发展的根本动力，数字档案资源主体的多元性、主观性及数字档案工作的终极目标，决定了数字档案资源主体安全是数字档案资源生态安全研究的核心目标。只有确保数字档案主体安全，才能保证数字档案资源本体的正常、有序建设，数字档案技术才能得以推广、应用，数字档案资源环境才能存续并得以不断改造。而数字档案主体安全也不能孤立发展，需要建立在数字档案资源本体安全基础上，需要数字档案技术的支撑，需要受制于数字档案资源环境的影响。数字档案资源主体的主观能动性在数字档案资源生态安全中有很多的可能性发挥，与数字档案资源本体、技术、环境都有着不同程度的交叉，但无论其发展方向如何，必将是以数字档案资源主体安全为终极目标。

（三）数字档案资源技术安全是关键支撑

数字档案是信息技术的产物，其产生、保管、利用等终其一生都离不开信息技术的支撑。信息技术的发展日新月异，但信息技术也会给数字档案资源安全造成一定的威胁。发挥信息技术的优势、探讨和解决数字档案资源技术风险和技术漏洞，是数字档案资源生态安全研究不可规避的任务，也是数字档案资源生态安全的关键支撑。

2020 年 5 月在"全国科技工作者日"到来之际，习近平在给袁隆平、钟南山、叶培建等 25 位科技工作者代表的回信中提到"科技是战胜困难的有力武器"。[①] 数字档案资源主体开展数字档案信息流转和信息共享必须要借助一定的技术工具，采用一定的技术手段，才能实现对数字档案资源本体的识别、获取、整理、保管、传递、利用、反馈。比如数字档案信息检索，至少需要计算机技术、检索技术、数据库技术等才能完成。网络环境下，数字档案技术不仅对数字档案资源主体信息行为有着越来越重要的影响，其对数字档案资源本体、数字档案资源环境同样有着越来越重要的作用。随着新兴技术的迅猛发展，如大数据技术、新媒介技术等的应用和普及，海量数据归置、社交媒介信息归档等新型数字档案资源不断涌现，使数字档案资源本体更加丰富、多样。而数字档案资源环境，在新兴技术影响之下，也呈现动态发展之势，经济环境、法律环境、文化环境乃至自然环境都随之变化。如果说"环境因科技而改变"，实不为过。因此，数字档案技术安全是数字档案资源生态安全的根本保障，只有数字档案技术安全了，才能够最大限度地保障数字档案资源本体安全，最大限度地维护数字档案资源主体安全，最大限度地支撑数字档案资源环境安全。

（四）数字档案资源环境安全是根本保障

数字档案资源是社会环境中的特殊产物，其"出生"就自带社会属性。

---

① 《习近平：科技是战胜困难的有力武器》，中国新闻网，http://backend.chinanews.com/gn/2020/05－30/9198945.shtml。

社会环境对数字档案资源生态安全有着重要影响。其中，经济环境、法律环境、技术环境、文化环境等环境因子对数字档案资源生态安全的影响尤为突出。简单理解，只有社会经济运行稳定，才会有相对充足的资金配比用于档案信息化建设，数字档案工作才能有更多经费支撑；在依法治国、依法治档的大环境下，数字档案生态安全才能得到坚强有力的法律保障，进而有序发展；云计算、云存储、区块链等新兴技术的发展和应用，拓宽了数字档案工作的空间，加速了数字档案资源共建共享进度，强化了数字档案的可信程度；文化强国战略的实施，进一步增加了数字档案资源开发利用的深度、广度和力度。除了社会环境之外，自然环境也会对数字档案资源生态安全产生直接或间接影响，比如地震及其带来的洪水、泥石流等次生灾害对数字档案存储载体的损坏程度较高。

在数字档案资源生态系统中，数字档案资源环境因子，不是孤立存在的，也不是静止不动的。换言之，数字档案资源环境的存在，需要以数字档案资源本体的存在为前提，以数字档案资源主体的相互作用、相互关联为引导，以数字档案技术的运行和支持为发展。数字档案资源本体、数字档案资源主体、数字档案技术共同作用于数字档案资源环境中，只有实现了数字档案资源环境安全，才能为数字档案资源本体安全、数字档案资源主体安全、数字档案技术安全等其他生态安全因子创造相对安宁的"避风港"。也只有在相对安全的环境中，数字档案资源本体建设才不会受技术短板、资金供给、法制建设、人才培养等因素的困扰，才能在来源上更加广泛，在形式上更加多样，在内容上更加丰富，在数量上更加庞大，在分布上更加合理；数字档案资源主体之间的相互联系、相互作用，才能更加和谐、更加融洽；数字档案技术的更新换代与安全体系构建才能更加顺畅、更加完整。因此，数字档案资源环境安全是数字档案资源生态安全的根本保障。

第三章

数字档案资源本体安全的建设

数字时代，特别是在变化的、流动的、开放式的网络环境下，数字档案资源本体呈现出体量大、形式多、内容全、分布广等显著特征，多元化的产生主体、分布式的存储格局，在丰富数字档案资源的同时，也带来重复建设、信息失真、信息损坏、"信息污染"等数字档案资源质量问题。根据数字档案资源本体现状，研究数字档案资源本体安全，是数字档案资源生态安全的根本内容，对数字档案资源开发利用具有重要意义。

一　数字档案资源本体安全的构成

数字档案资源本体安全是指数字档案资源本身的安全，不仅涉及技术层面数字档案信息泄密、失真、污染等质量问题，还包含数字档案资源覆盖范围、建设内容、信息流转程度等非技术层面的问题。数字时代，根据社会背景和技术环境总体发展状况，数字档案资源本体安全可从数字档案资源数量、数字档案资源形式、数字档案资源内容、数字档案资源质量、数字档案资源分布五方面进行科学分析。

（一）数字档案资源数量

数字档案资源数量及其变化是指在一定的时间、一定的范围内数字档案资源的总量及其受外在环境的影响产生的变化。

随着国家档案数字化战略的进一步实施，数字档案资源数量变化较快，中国第一历史档案馆、中国第二历史档案馆数字化工作成效显著，解放军档案馆、部分中央和国家机关档案室、部分市县档案馆馆藏档案已全部数字化，各级档案馆数字档案资源的比例均有大幅提高，全国数字化档案资源达 2243 万 GB，数字化全文识别取得重要进展。[①]而由于电子文件"单套制""单轨制"还没有在全国范围内普遍执行，也就意味着每一年仍将有大量传统物理载体档案进馆，仍将需要对其进行档案数字化操作。随着电子文件"单套制""单轨制"的逐步落地实施和全面推广，原生型数字档案资源量（尚无相关权威数据，但可以肯定的是原生型数字档案资源统计单位将不再以"卷""件"为单位计量）在政府数字转型战略推进下，必将以几何级增长。以我国市级档案馆——天津市档案馆为例，截至 2016 年，其馆藏数字档案数据总量约 30T。[②]而我国档案数字化工作的模范单位——江苏省太仓市档案馆早在 2010 年其数字化档案存储备份基地的存储容量就有 18T，其中包括了 419 万条数字目录和 3356 万页的数字档案。[③]从全国范围来看，截至 2015 年底，在已建的 632 家全国各级国家综合档案馆的数字档案馆中，保存包括文书类、数字录音录像、数码照片在内的馆藏原生型数字档案达 6897.4TB。[④]

未来，在我国数字档案馆测评指标体系中，国家档案局将把传统档案数字化数量比例作为"一票否决"的硬指标，旨在通过这个"指挥棒"来引导全国各级档案馆（室）从拼设备转向拼内容，推动传统载体档案数字化工作快速进展。[⑤]此举措的推广实施，必将促进档案数字化工作大步前进。

（二）数字档案资源形式

数字档案资源形式是指数字档案资源的载体形态和表现形式。无论是原生型数字档案资源还是转化型数字档案资源，最终都是以数字化形式展

---

① 李明华：《在全国档案局长馆长会议上的工作报告》，《中国档案》2018 年第 1 期。

② 根据 2017 年 4 月北京召开的"iTrust 网络环境中文件与档案信任国际研讨会"天津市档案局长方昀《档案馆作为可信第三方维护和保全电子文件的实例研究》的报告整理。

③ 《局（馆）介绍》，江苏太仓市档案局，http://www.tcda.net.cn/art/2010/10/8/art_7421_94091.html。

④ 王忻、史书：《"数"说发展 "图"现进步》，《中国档案报》2017 年 8 月 14 日，第 1 版。

⑤ 杨冬权：《在全国数字档案馆（室）建设推进会上的讲话》，《中国档案》2013 年第 11 期。

现，并存储在磁介质、光介质、胶片等非纸质载体介质上。

国家档案局发布的《档案工作基本术语》（DA/T1-2000）中指出综合性数字档案馆数字档案资源来源和采集范围主要有四个方面。

第一，由电子文件归档直接而来。主要有两种方式：一是网络在线移交接收，即将需移交的电子文件档案通过网络直接传输到档案馆（室），或加工后传输到档案部门规定的地址中，并存储在档案馆本地载体的过程。二是介质移交接收，即将电子档案存储在一定的介质上移交给档案馆（室），也称卸载式移交接收。网络移交既可实时进行，也可与介质移交一样，按照档案馆接收周期定期移交。由于介质移交有一定的周期性，为了及时将可以公开的电子文件和电子档案向社会各界提供利用，数字档案馆可以实时地通过网络在线接收各立档单位的电子文件/档案。

第二，由传统载体转化而来。通过多媒体技术、数据库技术、数据压缩技术、网络技术等手段，将现存各种载体档案进行数字化处理，形成转化型数字档案资源，并将其整合到相应的档案信息数据库中。

第三，有档案性质的行业、专题信息资源库。除了上述档案文件之外，各种具有档案性质的政府和行业信息及专题资源库也是数字档案馆资源建设的重要采集内容。一方面通过网络在线采集网络上现有的各种信息资源库，如国土信息资源库、人口统计数据库等；另一方面根据社会需求，采购一些全文光盘数据库补充数字档案馆数字资源建设的不足，如《中国科技文献数据库》《中国科学文献数据库》等。

第四，互联网上其他具有档案价值的信息。为充分发挥数字档案馆作为知识库群的作用，互联网上其他零散、无序的具有档案价值的信息也是数字档案馆采集的对象。例如，各网站的历史照片、新闻报道、网页、统计数据、历史事件的声像资料等。把有档案价值的网络信息下载到本地，经过一定的整理、组织、加工、成为本地有序化的现实资源。

《档案共同宣言》写到，"档案是行政管理、文化与思维活动的唯一可靠证据"，"档案全面地记录了人类活动的各个领域；档案的生成形式多种多样，包括纸质、电子、声像及其他类型"。[①] 数字时代，数字档案资源表

---

① 《档案共同宣言》，《中国档案》2010年11月18日，第3版。

现形式更为多样。当前，我国进馆的电子文件类型包括文本、图像、音频、视频、程序、数据库等多种形式，其覆盖范围远远超过了《电子文件归档与管理规范》规定的通用格式，而且每一种存在形式又有不同的表现或存储格式。如常见的文本文件格式包括 WPS、DOC、TXT 等，常见的图像文件格式包括 BMP、JPG、PNG 等，数据文件主要包括电子表格文件和数据库文件两类，电子表格文件指由 Excel 等电子表格制作软件生成的、用于记录或计算各种数据的文件；数据库文件则是按照一定数据结构来组织、存储和管理数据的"仓库"，即结构化文件。

随着 Web 2.0 技术的发展和普及、网民数量的增加、用户生成内容（User Generated Content，UGC）模式和社交媒体平台的广泛渗透、移动互联网的快速崛起、大数据时代的到来，人们的生活、工作、学习和思维也在发生变革[1]，以微信、微博及博客等为典型代表的社交媒体成为人们工作和生活不可或缺的部分。[2] 在"大档案"和"社会记忆"概念影响下，网络环境下的档案外延不断拓展。其中，社交媒体档案成为近几年来业界关注的焦点。社交媒体信息，也有人称之为"社交化媒体档案""档案社会化媒体信息"，是指社会化媒体中具有归档价值或与具体档案工作相关的信息。一方面，社交媒体档案信息适用社会化媒体的一般特征和规律，如 UGC 创作模式、去中心化、异源性、开放性、互动性、六度分割（小世界效应）、三度影响力等[3]；另一方面，相比传统档案管理，社交媒体档案也表现出了较为鲜明的特征，如信息鉴定复杂化、信息来源泛在化、信息内容碎片化、数据结构异化等。此外，大数据背景下，数据作为一种特殊的资源成为大数据技术优势发挥的基础，越来越多的数据该如何归档，如何在归档过程中保证数据的真实性、完整性、可用性和安全性，档案部门能否以数据保存为抓手进一步充实数字档案资源体系，进一步完善数字档案资源结构。这些问题的解决对于数字档案资源建设意义重大，对于新时期档案事业的发展也影响深远。

当下还有一类新生数字档案群体，即个人数字档案，也是数字时代数

---

① 黄永勤：《档案社会化媒体信息资源整合框架研究》，《档案学通讯》2016 年第 4 期。
② 张江珊：《美国档案信息公开社交媒体策略研究》，《档案学研究》2014 年第 4 期。
③ 黄永勤：《档案社会化媒体信息资源整合框架设计研究》，《档案学通讯》2016 年第 4 期。

字档案资源集群不可忽视的一部分。网络环境下，随着社会经济的发展、民主程度的进步和文化水平的提升，去中心化、崇尚个性、体现参与感和存在感成为很多现代人的内心写照。于是，互联网、各种电子设备终端留下了很多反映其成长、传播其知识、见证其情义的文档、图像、音频、视频、邮件、网页等数字文件，极大地丰富了数字信息内容，一定程度上满足了社会个体自我实现价值的需求。而于社会而言，这些个人数字文件又是数字时代人类文化遗产和社会记忆的重要组成部分。鉴于此，将个人在社会实践活动中产生的且归属于个人的、具有保存价值的原生型或转化型数字文件进行归档保存后，就成为个人数字档案。个人数字档案真实记录了不同性别、不同种群、不同年龄、不同知识结构等社会各个层面、不同个体的活动信息，是真实社会生活的丰富再现，是社会记忆不可或缺的重要组分。

（三）数字档案资源内容

信息世界，内容为王。"内容"是与"形式"相对应的概念，内容为体，形式为用。档案信息内容与档案形式统一于档案资源本体中。任何时代、任何载体、任何形式的档案价值体现，归根结底在于档案信息内容。档案信息内容是档案工具价值和档案信息价值的具体表达。就数字档案而言，数字档案可以文字、图像、音频、视频等多种形式依托计算机读取设备而呈现，但不论以何种形式展现，决定数字档案价值的核心要素必然是数字档案的视听内容。

根据档案内容性质，馆藏档案一般可分为立法档案、行政档案、军事档案、外交档案、经济档案、科技档案、文化档案、艺术档案、宗教档案等多种类别。从档案利用者视角看，非专业档案人士大多难以掌握档案馆具体的档案分类法，不知道"档号"的具体指代意思，而是习惯于根据自己所需档案信息内容进行主题词或关键词检索。特别是在数字档案资源检索平台，根据内容主题检索，有助于不同专业、不同人群从不同角度检索利用档案，以增加档案检索的全面性。

网络环境下，技术驱动型社会发展范式较为明显。人们在对数字技术依赖性不断增强的同时，充分利用数字技术、网络技术的跨时空便捷优势，创造了虚拟社群档案、社交媒体记录档案、网页档案等新型档案，其分类更为细化，覆盖内容更为全面，更加尊重"个人"的存在，更加彰显档案信息服务"以人为本"的宗旨。因此，在上述档案内容类别中，每一类别又得以细化或拓展，并体现出较强的时代气息，比如名人档案、口述历史档案、城市流动人口档案、农村林权档案、非物质文化遗产档案、地方方言语音数据库、学生体质健康档案、企业诚信档案等，反映出档案内容的强大张力，是数字档案"体、用"结合的良好范例。随着数字技术的发展、社会经济的发展、民主程度的进步，数字档案资源形式的多样性为多元化的数字档案内容提供了更为鲜活、立体的展示平台，数字档案内容张力逐步得到凸显。

（四）数字档案资源质量

"数字档案资源质量"分解开来，就是数字档案资源质和数字档案资源量。此两者关系密切，互为影响。一般而言，"量"产生在前，"质"讨论在后。随着信息技术、网络技术的发展，数字档案信息量越大越庞大。空间存储数字档案信息的容量和密度要求也不断提高，从纸张到缩微胶片，从磁带、磁盘到激光光盘，从电子管元件到大规模集成电路，单位空间的信息存储量不断增大；不仅绝对空间档案信息容量增大，而且相对空间的档案信息容量也在不断增大。与此同时，信息的传播速度也在加快，从古代的人传马送，到近代的电报电话，再到现代的光纤、卫星和量子通信，使"远在天边"的信息即刻就到"眼前"，万里之遥犹如近在咫尺，时空均被浓缩。

由此看来，信息技术所能改变的往往只是档案信息量。但不可忽视的是，档案信息量的猛增对档案信息质产生越来越多的威胁。特别是数字环境下，"信息过载""信息爆炸"所产生的"信息污染"，导致数字档案资源整体质量下降，即"量变产生质变"，严重影响数字档案信息的传播与利用。质量是品质的保证。数字档案资源质量是档案社会服务能力、数字档案资源开发利用程度、档案馆社会形象塑造等方面的保证。高品质的数字档案资源是维护档案馆公信力的关键因素。从人类历史发展的角度看，数字档案资源的质量对后世获取可靠的档案信息影响更为深远。

随着 Web 2.0 时代的到来，信息资源产生主体多元、角色互换频繁，很多社会个体也参与到数字档案资源的产生和管理工作中。因此，来源各异的数字档案资源，一方面丰富了档案资源的内容、形式，增加了档案总体数量，另一方面也形成了参差不齐的数字档案资源质量，造成了信息用户在利用信息时的不便。对原生型数字档案资源而言，其质量问题主要出现在生成或存储、采集格式不统一，造成后期档案利用时因格式不兼容等而产生无法识别、无法读取的困难。此外，当下数字档案资源采集或归档范围主要集中在政府部门、大型企业、事业单位等社会主流或相对强势的"体制内"领域，并未完全覆盖到社会弱势群体或社会边缘人群等"体制外"社群，如城市社会流动人口、进城务工人员、留守儿童、空巢老人、农村贫困人口等。由"体制内外"共同构建的社会全貌只由"体制内"档案资源来反映，很明显现有档案资源所反映的社会活动、形成的社会记忆是残缺不全的，带有一定的片面性，不能真实反映我国社会发展的全貌。

转化型数字档案资源质量问题则主要表现在档案数字化过程中操作不当、数字化设备配置较弱等主客观因素带来的档案信息显示模糊、信息内容遗漏、著录不规范（著录偏差）、信息顺序混乱等情况。随着档案数字化外包业务的逐渐推广，数字档案资源的质量问题、安全问题成为档案部门需要控制和监管的重点。从 2013 年起，国家档案局就要求各省档案局在每年年底对各省直机关档案室和各地各县档案馆的档案数字化工作进度进行通报，旨在以通报为手段，鞭策各级档案馆（室）加快档案数字化进展。[1]可见，档案数字化实质是一项长期的、影响深远的质量工程，在某种程度上真可谓"一劳永逸"。

（五）数字档案资源分布

数字档案资源作为生产要素、无形资产和社会财富，其分布状况将影响数字档案生态链的健康运行和社会信息化整体进程。陈永生教授在对我国档案实体信息资源地区分布状况分析后，指出各地区档案信息资源的分布受到地方政治、经济、文化发展的重要影响，档案实体分布的失衡现象

---

① 杨冬权：《在全国数字档案馆（室）建设推进会上的讲话》，《中国档案》2013 年第 11 期。

客观存在。① 然而数字化形式决定了数字档案资源的分布形态必然有别于受制于地理位置的传统实体档案的分布。网络环境下，数字档案馆和数字档案资源获取平台的建设为数字档案信息空间的合理分布提供了最佳途径。而均衡性分布将更加有利于数字档案资源综合效益的全面发挥、公民信息权利的全面实现。

数字档案馆（室）建设是推动档案信息化建设的有力抓手，是衡量数字档案资源建设水平、档案工作现代化程度和档案强国建设进度的重要标准。截至 2019 年底，通过省级及以上档案行政管理部门认证的数字档案馆有 325 个。② 截至 2020 年 10 月，国家级数字档案馆共 56 家③，全国示范数字档案馆（室）共 45 家。④ 从馆藏数字档案资源看，截至 2019 年底，馆藏电子档案 119.3 万 GB，其中，数码照片 39.6 万 GB，数字录音、数字录像 35.9 万 GB，馆藏档案数字化副本 1407.8 万 GB。⑤ 2016 年，全国平均档案数字化率仅占我国国家综合档案馆馆藏量的 20% 左右（这是能查阅到的最新官方数据）。⑥ 从上述数字看，无论是国家级数字档案馆还是全国示范数字档案馆的数量相比于我国数字档案馆建设总量，占比较小，体现出数字档案馆建成数量与实际数字档案馆建设数量之间的差距；从馆藏电子档案类型来看，文书类电子档案占到馆藏电子档案的一半以上⑦，科技档案、专门档案等占比不到一半，体现出数字档案资源结构建设不均衡。此外，在馆藏数据中，并未看到对于数据档案的统计数据，在一定程度上又折射出大数据时代档案部门在数字档案资源采集对象中的不均衡对待。而就已建成的数字档案馆地区分布来看，其主要集中在我国经济较为发达的省份，

---

① 陈永生：《档案信息资源地区分布状况分析——我国档案信息资源分布状况及均衡配置研究之一》，《浙江档案》2008 年第 8 期。

② 《2019 年度全国档案行政管理部门和档案馆基本情况摘要（二）》，国家档案局，https://www.saac.gov.cn/daj/zhdt/202009/23bee44fdf594f048619334774968c7d.shtml。

③ 《最新！"国家级数字档案馆"名单》，融安特，http://www.bjroit.com/news/589-cn.html。

④ 《最新！全国示范数字档案馆（室）名单》，融安特，http://www.bjroit.com/news/391-cn.html。

⑤ 《2019 年度全国档案行政管理部门和档案馆基本情况摘要（二）》，国家档案局，https://www.saac.gov.cn/daj/zhdt/202009/23bee44fdf594f048619334774968c7d.shtml。

⑥ 李明华：《中国的数字档案资源建设》，《中国档案报》2016 年 9 月 15 日，第 3 版。

⑦ 根据 2017 年度全国档案行政管理部门和档案馆基本情况摘要相关数据整理分析得出。

如江苏省。但即便是江苏省，也只有5A级数字档案馆、室各3个，4A、3A级数字档案室各4个。[①] 由此放大到全国范围，数字档案馆（室）建设状况并不乐观。

从数字档案资源分布层次和馆藏档案数字化率看，在中央、省、市、县级档案馆中分别有中央档案馆馆藏中央档案（1949～1966年）、北京市档案馆、江苏太仓市档案馆、内蒙古伊金霍洛旗档案馆、湖北十堰市档案馆等作为馆藏档案全部数字化的先进典型，但相比于2020年全国各级综合档案馆馆藏传统载体档案数字化率80%的目标，我国馆藏档案数字化率总体仍然偏低。档案数字化是数字档案资源均衡性分布与共享的基础性前提，当前我国在各地区虽然均有档案数字化工作的领先者，但从全国范围来看，档案数字化工作由于受地方政治、经济、文化发展等因素的影响较大，数字档案资源地区分布"失衡"：经济相对发达地区数字档案资源丰裕，经济欠发达地区数字档案资源相对贫瘠。综合档案馆馆藏档案数量在一定程度上可以代表所在地区数字档案资源的建设水平，以2017年省、直辖市级综合档案馆馆藏数量为例，数据显示经济相对发达地区如北京、上海、浙江、江苏等综合档案馆馆藏数量明显高于青海、甘肃等经济欠发达省份（详见表3-1）。而且，由于我国城乡二元经济结构模式的存在，乡镇、农业农村档案工作尽管保持发展的步伐，但一直处于档案信息化建设大潮的边缘地带，农业农村档案工作也鲜有被纳入社会信息化整体规划中，因此城乡档案工作水平差距很大，城乡档案信息资源分布"失衡"现象严重。[②]

表3-1　2017年部分省级综合档案馆馆藏数量

省市	数据年份	馆藏档案数量
北京市	2017	827.7万卷
上海市	2017	1467.25万卷
江苏省	2017	2159万卷

① 杨冬权：《在全国数字档案馆（室）建设推进会上的讲话》，《中国档案》2013年第11期。
② 陈永生：《档案信息资源地区分布状况分析——我国档案信息资源分布状况及均衡配置研究之一》，《浙江档案》2008年第8期。

省市	数据年份	馆藏档案数量
浙江省	2017	3506 万卷
		147 万册
甘肃省	2017	1101 万卷
青海省	2017	2139373 卷
		324724 册

注：数据来源于上述省份、直辖市 2017 年统计年鉴。

正如国家档案局原局长李明华指出，虽然我国档案事业发展取得了显著成绩，档案工作基础和软硬件环境都有很大加强和改善，但发展不平衡的问题仍比较突出。[①] 从纵向看，档案工作越往基层越薄弱，尤其是到了乡镇和农村，档案工作仍面临很多困难和问题。从横向看，中西部地区与东部发达地区之间，同一个省份的不同地市、区县之间，都存在不同程度的差距。这些差距既存在于馆库设施、档案设备等方面，也体现在档案接收、整理、保管、利用等基础工作的规范化、现代化程度等软件方面。毋庸置疑，当前我国档案事业发展不平衡的现象必然会影响数字档案资源的建设。

二　数字档案资源本体安全建设的标准

数字档案资源本体安全是数字档案资源生态安全的根本。数字档案资源本体安全建设只有在一定的要求和标准之下推进，才能保证其正确方向。根据数字档案资源生态安全总目标和社会信息需求的现状，数字档案资源只有数量适宜、形式规范、内容丰富、质量良好、分布合理，才能最佳地维护其在信息生态系统的生态位，最大限度地保障其在档案生态系统内的健康、可持续发展。换言之，在数量、形式、内容、质量和分布五方面对数字档案资源建设提出要求，实则为数字档案资源本体建设提供了指引，为各项数字档案资源本体安全建设确立了分目标，可有效避免数字档案资源建设的盲目性。因此，数字档案资源数量适宜、形式规范、内容丰富、

---

① 李明华：《在全国档案局长馆长会议上的工作报告》，《中国档案》2018 年第 1 期。

质量良好、分布合理，既是五大建设准则，也是五大建设目标。

数字档案资源数量适宜，是指数字档案资源的数量应与数字档案资源生态系统的信息流转能力相适应，要求数字档案资源数量不高于数字档案资源生态主体和数字档案资源技术设施的流转能力。因为数字档案资源生态主体和数字档案资源技术设施的流转能力是有限的，单位时间内信息流转的数量有限，如同网络宽带一样，单位时间内如果网络信息流转超出带宽的承载负荷，就会造成网络瘫痪。如果数字档案资源数量超过数字档案资源生态主体和数字档案资源技术设施信息流转能力的上限，就会出现数字档案资源的结构性剩余，造成人力、财力和物力的浪费，导致数字档案资源生态系统信息流转效率降低，甚至发生数字档案资源生态系统崩溃等连锁反应。因此，数量适宜的数字档案资源一方面是数字档案资源数量及变化速度要与数字档案资源生态主体信息加工（如档案数字化）、信息传播、信息利用能力相适宜，另一方面数字档案资源数量及其变化速度应与数字档案资源技术设施的信息处理和传播能力相适宜。

数字档案资源形式规范，是指数字档案资源标准化程度要高，数字档案资源异构程度较低。数字档案资源异构程度低即要求数字档案资源的表现形式、表达方式类型适当，数字档案资源格式规范且有较强的向上、向下兼容性。数字档案资源产生者的多元化特征在丰富数字档案资源类型的同时，也带来了数字档案资源严重异构化的问题，给数字档案资源收集、保管和利用带来极大不便，但又不能实现数字档案资源形式的完全统一。所以，为降低数字档案资源异构程度、方便数字档案资源生态系统的信息流转，实施数字档案资源形式的标准化措施是一种有效的补救措施。也就是说，数字档案资源标准化程度高，要求不同内容性质的数字档案资源表现形式、表达方式、信息格式等均须有相应的国际、国家或地方标准，且数字档案资源生态主体执行意识高、执行力度强、执行机制完善。

数字档案资源内容丰富，要求数字档案资源内容能充分满足数字档案信息利用者的合理需求，没有或尽可能少地出现信息缺失现象。数字档案资源体量较大、内容多样，其内容横向覆盖至政治、经济、科技、文化、卫生等领域，纵向延伸到人类有文字记载的远古时期。尽管如此，现有数字档案资源内容并不能满足数字档案资源利用者的信息需求，即出现数字档案资源的结构性短缺问题[1]，最终导致数字档案资源生态系统的信息流转效率降低，降低数字档案资源利用者的潜在利用需求。这就要求在数字档案资源建设过程中要重视小学科、新事物、弱势群体等相关资源的收集（采集），完善数字档案资源内容结构。

数字档案资源质量良好。美国著名质量管理专家朱兰博士从顾客的角度出发，提出了产品质量就是产品的适用性，即产品在使用时能成功地满足用户需要的程度。[2] 美国质量管理专家克劳斯比从生产者的角度出发，曾把质量概括为"产品符合规定要求的程度"；美国的质量管理大师德鲁克认为"质量就是满足需要"；全面质量控制的创始人菲根堡姆认为，产品或服务质量是指营销、设计、制造、维修中各种特性的综合体。[3] 可见，"质量"所包含的内容较为丰富。从信息服务角度而言，数字档案资源也可被看作一种特殊的"产品"。从产生者角度而言，质量良好的数字档案资源要符合数字档案资源"生产"流程要求、存储规范要求；从保管者角度而言，数字档案资源载体无故意损害、信息内容无丢失和泄露、可正常识读和转换，是数字档案资源质量良好的基本要求；从利用者角度而言，数字档案资源质量良好要求真实、可靠、完整、可获取、无"污染"（指有害信息和无用信息混入数字档案资源群，影响真正有价值数字档案资源的使用和价值发挥，而数字信息"污染"源主要指自动采集的无用或有害的网络信息资源）。随着时间、地点、社会需求和信息竞争等因素的变化，数字档案资源质量也将发生变化，呈现出一定的动态性。

虽然数字资源体量巨大，但并不是所有的数字资源都是数字档案资源，只有在一定的标准、要求、范围内的数字资源，经归档后才是数字档案资源（何况数字资源本身也不是无穷尽的）。所以数字档案资源同物质资源和能量资源一样，具有稀缺性。数字档案资源的稀缺性，决定了数字档案资源分布必然会出现失衡现象，即出现数字档案资源在地域、空间、载体等

---

[1] 王新才、聂云霞：《信息剩余与信息短缺：政府信息公开中的悖论解析》，《情报科学》2014 年第 1 期。

[2] 转引自李德伟《质量与品质》，新浪博客，http://blog.sina.com.cn/s/blog_1a1bcadd50102zceo.html，2019 年 11 月 19 日。

[3] 徐晓晖：《客户定义质量——通过客户的眼光看待质量改进》，《重发科技》2014 年第 2 期。

方面的不协调、不平衡、不对称，产生"信息富集""信息贫集"现象，造成更大的"信息鸿沟"，出现更多的社会问题。研究数字档案资源分布的规律和特征可以提高数字档案资源开发、管理和利用率，并依据这些规律对数字档案资源进行组织、规划、协调、配置和控制。

数字档案资源分布合理，要求一定范围内的数字档案资源分布既符合集中与分散规律，又能避免分布失衡现象。然而，集中与分布是信息分布的基本规律。一定范围内的，不同地域、不同组织、不同个人之间的数字档案资源分布不可能也没必要绝对均衡。因此设定数字档案资源"合理分布"的标准，旨在避免出现"信息剩余"（一定区域内，机构或个人的信息存储量超过了自身的信息需求和信息开发利用能力，信息资源得不到充分利用）和"信息短缺"（一定区域内，机构或个人的信息存储量小于其信息需求和信息开发利用能力，难以就近获得所急需的信息）两种极端。如果出现数字档案资源分布失衡，则不仅意味着数字档案资源分布与数字档案资源生态主体需求和能力的失衡，也说明因数字档案资源的过分集中与过于分散，数字档案资源开发利用效能不高。

三　数字档案资源本体安全建设思路

"数量适宜、形式规范、内容丰富、质量良好、分布合理"是我国现阶段数字档案资源本体建设应遵循的五大准则。根据每条准则的内容和要求，在具体的数字档案资源本体安全建设中，可从数字档案资源流转能力、标准体系、采集范围、质量品质、科学分布等层面科学设计，灵活运用各种机制，达到数字档案资源本体安全的目标。

（一）加强数字档案资源流转能力

1. 数字档案资源流转

上文在论及信息生态圈理论时谈到了信息生态链，并指出信息生态链存在于特定的信息生态中，强调信息、信息人、信息技术和信息环境等信息生态核心要素之间的横向关联性，是信息生态得以存在的集中体现，而信息流转是信息生态链的重要内容，换个角度说，信息生态链实质为信息流转链。① 在数字档案生态链中，信息流转则是指数字档案信息的流动与转换。数字档案信息流动是指数字档案信息在不同信息主体间的传递过程，描述了数字档案信息空间位置变化或者数字档案信息本源载体的位置变化。

数字档案信息流动分为横向传递和纵向传递，纵向传递是指数字档案信息从其产生者到其传递者［主要指数字档案馆（室）］、从数字档案馆到利用者之间的传递；横向传递是指数字档案生态链的同一节点内不同的信息产生者之间、不同的数字档案馆之间、不同的信息利用者之间的信息传递。出于产生目的、保存价值、归档要求等诸多原因，数字档案信息产生者之间的传递一般发生较少。在横向信息传递中，不同档案馆或数字档案馆（室）之间，因数字档案资源收集范围、收集类型、档案馆规模等不尽相同，无法满足数字档案信息利用者的需求，因此数字档案馆（室）之间开展数字档案信息的传递，既能丰富数字档案馆（室）的馆藏资源，促进数字档案馆馆藏资源建设，又能提升数字档案信息服务质量。如通过数字档案资源馆际共享、区域档案信息资源共享等，开展异地查档、跨馆出证等就属于数字档案信息横向传递的代表性举措。

信息转化是指信息内容或形式的转换与变化，该转化或通过计算机系统来完成，或通过人脑对信息进行加工处理来完成。② 在数字档案生态链中，数字档案信息产生、数字档案信息利用是数字档案信息转化的主要环节。比如数字档案信息转移保存到缩微胶卷，或通过档案数字化流程后而形成的数字化档案资源，这些都是从形式上引起的数字档案信息的变化。而数字档案信息通过信息利用者的大脑吸收、加工之后，或将生成附加值更高的其他信息或物质成果，则属于档案信息内容上的转化。

数字档案信息通过数字档案信息的产生，数字档案信息产生者向数字档案馆的传递，数字档案馆的信息接收、鉴定、保存、开放，数字档案信息从数字档案馆传递到档案利用者，档案利用者利用吸收数字档案信息等环节后，就实现了由数字档案信息产生者传递到最终的数字档案信息利用者、档案利用者反馈信息到数字档案信息开放互动平台的全部信息流转过

---

① 娄策群、周承聪：《信息生态链：概念、本质和类型》，《图书情报工作》2007 年第 9 期。

② 娄策群等：《网络信息生态链运行机制研究：信息流转机制》，《情报科学》2013 年第 6 期。

程。其中，由数字档案信息产生者传递到最终的数字档案信息利用者是正向流转（详见图3-1），档案利用者反馈信息到数字档案信息开放互动平台则是数字档案信息的反向流转。

而无论是数字档案信息，还是其他任何一种信息，其信息流转都必然建立在一定的信息数量基础上，因此信息流转能力与信息数量关系密切，且在一定范围内、一定条件下呈现出正相关关系。也就是说，在数字档案资源流转能力上限范围内，在信息技术发展和信息需求常态下，数字档案资源数量适宜，其流转能力较强。反之，如果流转能力较强，则说明数字档案资源数量较适宜。

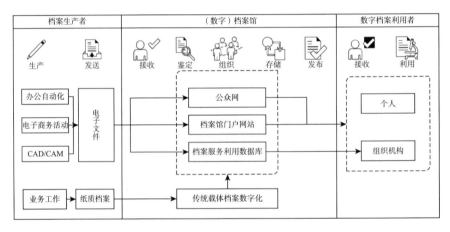

图3-1　数字档案信息正向流转

2. 数字档案资源流转能力的提升

（1）基于数字档案信息流转源头

数字档案信息产生/形成是数字档案信息流转的源头。一般认为，数字档案形成的两种基本途径分别是电子文件归档后形成数字档案（如图1-1所示）和传统载体档案经档案数字化处理后成为数字档案（如图1-2所示）。

电子文件是国家机构、社会组织或个人在社会活动中直接生产的数字形态的原生信息，电子文件经"归档"环节后直接保存在数字档案馆成为数字档案。从数字档案产生主体看，其常态化的业务活动中产生的电子文件数量一般较为稳定（这也是在"双套制""双轨制"档案管理制度下，档案馆建设中档案库房容量预测与计算的重要参考数据）。但随着政府数字转型政策的逐步贯彻实施，原生型数字档案将成为增量数字档案资源的重头。我国在"增量电子化"方面，2016 年国家档案局发布的《电子文件归档与电子档案管理规范》（GB/T 18894-2016），进一步就电子文件的术语和定义、形成、积累、归档、保管、利用、统计等工作做了明确规定。国家档案局大力推进企业电子文件归档和电子档案管理工作，全面实施新修订的《会计档案管理办法》，推行电子会计档案无纸化。2017 年初，商务部、中央网信办、国家发改委联合印发《电子商务"十三五"发展规划》和《促进电子商务发展三年行动实施方案（2016~2018）》，将企业电子文件归档和电子档案管理工作纳入国家电子商务发展中长期规划。[①] 而在地方，为加速政府数字转型和加强数字档案资源建设，浙江省建立了"一键归档、单套保存、一站查询"的行政审批电子文件归档管理模式，是对"双套制""双轨制"的有力突破和大胆创新；湖北省则率先在省直机关实现电子文件在线归档工作。[②] 这些政策和措施的实施，在规范电子文件归档和推动电子档案管理标准化的同时，进一步扩大了原生数字档案资源的归档范围，拓宽了数字档案资源来源渠道。未来，国家档案馆还应加强对个人数字档案资源、网页数字档案资源、社交媒体记录、数据档案等新兴原生型数字档案资源的捕获、采集和接收力度，这些新兴数字档案资源将是国家数字档案资源总量增加的有益补充。

　　传统载体档案经档案数字化处理后成为数字档案资源形成和产生的另一重要路径，这一路径的完成实质是一场模数转换的过程，即将保存在纸质、胶片等介质上的文字、图片、音频、视频等模拟信号转变为数字信号，进而生成数字档案的过程。开展传统载体档案数字化工作意义重大：第一，是确保传统载体档案安全的保障。传统载体档案在数字化后，在后续的档案整理、编目、查阅等诸环节中都将以数字档案信息为主，而原始档案将进行封存管理，最大限度地减少了主客观环境因素对原始档案的损害，最

---

① 蔡盈芳：《企业电子文件归档管理工作纳入国家电子商务发展中长期规划》，《中国档案报》2017 年 2 月 13 日，第 1 版。

② 刘迅：《全国数字档案馆建设将提速》，中国信息产业化网，http://www.cnii.com.cn/informatization/2017-01/09/content_1812034.htm。

大限度地提高了实体档案的安全系数。从档案安全角度看，将传统载体档案数字化，实质是以数字化技术保障档案安全。第二，是实现档案精细化、自动化管理的基础。2008 年，国家档案局实施"数字化带动"策略，旨在通过数字化能全面提升档案馆（室）各项工作水平。因为在数字化之前，传统载体档案必须在计算机上进行文件级编目，逐卷、逐件、逐页地编号，修复破损档案等一系列精细化管理和自动化工作，既是对档案管理状况的摸底调查，又是档案管理整体水平的大幅提升的过程。第三，是实现为人民群众便捷服务的最好途径。网络环境下，数字化档案信息能够满足社会利用者远程利用、多人异地同时利用档案信息的需求，还能将分布式存储的数字档案资源逻辑整合，助推数字档案资源开发利用，能最大限度地实现档案价值。第四，是传统档案馆（室）向现代档案馆（室）转型升级的标志。我国国家档案局在发布的数字档案馆测评指标体系中，把传统档案数字化数量比例作为"一票否决"的硬指标。简单地说，传统载体档案数字化是衡量档案馆是否现代化的关键。第五，是档案馆（室）同社会上其他部门无缝对接的现实需求。全社会无纸化办公和网络信息传输大背景下，传统载体档案只有经过档案数字化后，才能实现与利用需求单位的对接，档案馆才能真正融入现代社会。第六，有利于节省和解放档案馆人力资源。短期来看，档案数字化一次性所耗费的人力资源虽然较多，但从长远看，档案数字化所带来的便捷几乎是"一劳永逸"的，极大地减少了库房调卷、倒卷，档案统计等日常管理工作中的人员需求。

"十三五"期间，我国大多数档案馆都在紧锣密鼓地开展传统载体档案数字化工作，且已经取得较大成绩，如中国第二历史档案馆以及辽宁、安徽、福建、山东、南京等省市档案馆全年档案数字化量均超 1000 万画幅。国家电力投资集团已完成公司所有纸质档案数字化工作。[1]《"十四五"全国档案事业发展规划》明确要求，加强国家档案数字资源规划管理，逐步建立以档案数字资源为主导的档案资源体系。大力推进档案资源"增量电子化""存量数字化"方针，中央和国家机关传统载体档案数字化率达到

---

① 《刘迅：全国数字档案馆建设将提速》，中国工信产业网，http://www.cnii.com.cn/informatization/2017－01/09/content_1812034.htm.

80%，中央企业总部传统载体档案数字化率达到90%，全国县级以上综合档案馆应数字化档案数字化率达到80%。[①] 数字档案资源数量的增加，将有力推动数字档案馆（室）建设。然而，在数字档案馆（室）建设中，必须坚持"内容为王"的方针，不能只注重数字化软硬件系统的建设，而忽视对数字档案信息内容的积累，进而出现无内容的数字档案馆（室）"空壳"，这对于数字档案信息流转是不利的。

2017年2月9～10日，在2017年ACA@UBC第九届国际研讨会上[②]，来自美国国家档案与文件管理署（NARA），加拿大国家图书档案馆（LAC）、哥伦比亚省政府文件管理处、阿尔伯塔省档案馆、曼尼托巴大学真相与和解研究中心等部门的学者、专家和实践工作者汇聚加拿大英属哥伦比亚大学，以"模拟信号文件的管理"（Managing the Analogue）为主题，集中探讨了视频、音频、缩微胶卷等模拟信号文件的收集、鉴定、著录、利用、保管与保护的问题。模拟信号文件的管理之所以引起国际前沿的关注，主要原因在于模拟信号文件产生时间久远，受外在环境因素的影响，其保存现状堪忧，亟待将模拟信号文件转换为数字文件。我国各地各类型档案馆（室）都存在一定的以模拟信号记录的档案，特别是如声像档案馆等专门档案馆（室）保存的模拟信号档案资源更多。比如中国唱片总公司（以下简称"中唱"），成长于大中华唱片公司、百代唱片公司、胜利唱片公司等旧中国唱片工业时代，在其60多年的发展历程中，中唱接收了新中国成立前的大量唱片模板，积累了模拟录音时代大量的唱片金属模板和母版磁带，共有金属模板13万块（其中新中国成立前的模板4.5万块）、母版磁带4.7万条，其中不乏梅兰芳、周璇、胡蝶等著名艺人的唱片。[③]

在我国档案信息化建设过程中，在加速纸质档案数字化的同时，更应及时抢救这些生成方式较为特殊、保存载体更为脆弱、保管环境要求更严格的模拟信号档案。档案数字化是开展传统载体档案保护的重要手段之一，

---

① 《"十四五"全国档案事业发展规划》，国家档案局，https://www.saac.gov.cn/daj/yaow/202106/899650c1b1ec4c0e9ad3c2ca7310eca4.shtml。

② 闫静：《模拟信号文件如何管理?》，档案那些事儿，https://mp.weixin.qq.com/s/k-t-3FO5AOZGod1E2vXGiw，2017年2月13日。

③ 根据2015年数字记忆国际论坛暨第六届中国电子文件管理论坛上，中国唱片总公司董事长周建潮发言资料整理。

在继续推进国家重点档案保护与开发过程中，可将以模拟信号记录方式所产生的档案列为专门项目，划拨专门经费，组织专门技术人员，以项目管理的方式开展模拟信号档案的抢救、修复和数字化工作。然而，不论是传统纸质档案数字化，还是传统非纸质档案数字化，都要制定严格的档案数字化方略，特别是要给出档案数字化率完成的具体时间表。例如，为了促进传统载体档案数字化工作，国家档案局从 2013 年开始，每年年底对副省级市以上档案馆和中央国家机关档案室的档案数字化进展情况〔主要是传统载体档案当年完成数字化数量（画幅）、约占馆藏传统载体档案总量的百分比这两个数据〕在全国范围进行通报并排序，以此鞭策各级档案馆（室）加大数字化工作力度。① 如果通报形式有利于档案数字化推进，还可以将通报对象逐步扩大到地级市、县级市，并按照档案数字化进展和完成的具体情况指定相应的奖惩措施，或能进一步加速档案数字化进程。

数字档案信息产生后，其产生者或形成者需按照《电子文件归档与电子档案管理规范》（GB/T 18894–2016）等相关规定进入归档环节，即将符合要求的数字档案信息向数字档案馆移交，这就完成数字档案信息由其生产者向数字档案馆传递的过程。但需要说明的是，此传递过程只针对电子文件归档后所形成的数字档案，不包含经档案数字化加工后的数字档案信息。因为档案数字化加工的对象本身就已经是档案，数字化加工处理仅仅改变了档案信息的呈现或保存方式，具体的档案信息内容并未更改，故不需要再重新归档。

从数字档案信息流传过程看，数字档案信息产生者完成了向数字档案馆的传递后，则进入数字档案馆对数字档案信息的鉴定、保存、开放环节，这个阶段对数字档案资源总体数量的增减并无影响，但关系到数字档案信息的开放利用。数字档案信息开放程度越低，从数字档案馆传递到档案利用者的信息量就越少，所以即便是档案资源数字化率已经达到 100%，但其开放程度较低的话，数字档案信息流转能力依然低。用经济学视角分析，就是需要在数字档案信息供给侧进行改革，加强数字档案信息开放力度，才能最大限度地满足社会档案信息需求侧。以社会档案信息需求为导向，

---

① 杨冬权：《在全国数字档案馆（室）建设推进会上的讲话》，《中国档案》2013 年第 11 期。

加大非涉密数字档案信息的开放范围、开放力度、开放渠道，具体可采取以下措施。

第一，加强文化科技类数字档案信息的开放力度。《中华人民共和国档案法实施办法》（1999 年颁布，最新的《档案法实施办法》还未颁布）第二十条第三款规定"经济、科学、技术、文化等类档案，可以随时向社会开放"，特别是科技类数字档案信息，其价值发挥具有较强的时效性。尽早开放科技类数字档案信息，就能在最佳时间最大限度地发挥档案信息价值。而文化类数字档案信息作为文化强国建设"母资源"，如能提早开放，则对于增强社会文化内涵、丰富民族文化底蕴、抑制低俗文化传播等方面具有重要作用。

第二，进一步扩大数字档案信息的开放范围。随着我国社会民主的进步和公民知情权日益提升并得到满足，人事档案信息本人阅档权的获取引起了社会各方面的关注。此外，在不侵犯患者隐私权的前提下，逐步开放医疗数字档案信息，不仅有利于社会公众学习或掌握一般的疾病特征、提前预防和治疗疾病，还能为医疗专家提供病情分析的大数据库，宏观了解疾病发生和传播的人群、规律，做好疾病预警，减少治疗时间、费用和社会恐慌。

第三，拓宽数字档案信息开放的渠道。网络环境下，做好数字档案信息开放工作，要充分利用信息技术带来的便利，不仅要在档案信息网上可以查找并链接到本地所有已开放数字档案信息，还应建立网站信息导航系统，与本地之外的其他数字档案馆网实现跨库、跨馆、跨地区无障碍共享数字档案信息，构建纵横交错的立体数字档案信息共享空间。当然，酒香也怕巷子深。档案馆应借助传统主流媒介，如广播、电视、报纸和现代新兴社交媒体，如博客、微博、微信等广泛宣传数字档案信息成果，向社会公众主动推送已开放数字档案信息的主题和内容，并做好即将开放数字档案信息的预告，甚至以专题形式，运用微电影、微视频、微动漫等多种方式进行系列宣传，吸引公众眼球，以提高数字档案信息利用率。比如国家档案局（馆）制作的 365 集专题网络视频《档案天天看——邓小平档案系列》，全年点击量达 2000 多万次。天津、厦门、成都等各地档案馆开通微博或微信，主动发布档案信息。青岛市档案馆与中新社联合拍摄电视片

《一战与青岛》，摄制微电影《寻找逝去的记忆》。利用"国际档案日""档案周"等主体活动日集中开展档案征文，展览，讲座，开放日，咨询，档案进校园、进社区等宣传活动①，在对已开放数字档案信息进行宣传的同时，还能提高社会档案意识。

数字档案馆积极构建立体化的宣传网络，其目的就在于将数字档案信息从数字档案馆传递到档案利用者，完成数字档案信息的正向流转过程。从信息流转角度看，这个环节对于数字档案资源数量的影响并不是很明显，因为数字档案馆做好以开放数字档案信息的开放工作后，档案利用者一般就能被动地接受对现有资源的利用。然而，档案利用者也有其主动作为的时刻，即数字档案信息利用者利用吸收数字档案信息后，能主动反馈相关信息到档案产生者，完成数字档案信息的反向流转过程。在数字档案信息服务社会的过程中，档案利用者的信息反馈是极为重要的，一方面，可以了解社会公众对数字档案信息服务工作的总体评价，改进工作中的不足；另一方面，档案部门能够根据档案利用者的反馈信息，对档案利用者进行深度分析，了解档案利用者的知识、年龄、兴趣等信息内容，主动推送个性化信息，科学利用"长尾效应"②吸引新的档案利用者。进而，通过数字档案信息的反向流转，优化数字档案资源质量。

（2）基于数字档案信息流转动力

动力，包括外部推动力、牵引力和内部驱动力，是一切力量的来源。数字档案信息流转也需要动力。其中，国家信息化政策法规是外部牵引力，信息技术发展是外部推动力，而数字档案生态链中信息主体的信息需求和利益需求则是数字档案信息流转的内部动力。信息需求是拉动数字档案信息流转的直接的、主导性动力，利益需求则是促成信息流转的间接的、次生性动力（由主导性数字档案信息需求动力衍生出的对综合效益的追求）。

---

① 杨冬权：《在全国数字档案馆（室）建设推进会上的讲话》，《中国档案》2013 年第 11 期。
② "长尾效应"，英文为 Long Tail Effect。"头"（head）和"尾"（tail）是统计学名词。正态曲线中间的突起部分叫"头"；两边相对平缓的部分叫"尾"。从人们需求的角度来看，大多数的需求会集中在头部，被称为流行：而分布在尾部的需求是个性化的、零散的、小量的需求。而这部分差异化的、少量的需求会在需求曲线上面形成一条长长的"尾巴"，所谓"长尾效应"就在于它的数量，将所有非流行的市场累加起来就会形成一个比流行市场还大的市场。"长尾效应"的根本就是强调"个性化"、"客户力量"和"小利润大市场"。

在数字档案信息流转过程的不同阶段，动力的来源有不同。因此，在不同的信息流转节点，有不同的信息主体，每个节点信息主体的信息需求也有所不同，其中数字档案信息利用者的信息需求是数字档案信息流转最直接的、最主要的动力，是数字档案信息产生者和利用者利益需求的具体体现（如图 3 - 2 所示）。

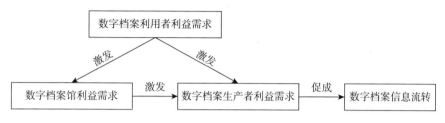

图 3 - 2 数字档案利用者利益需求动力传导过程

人类是具有社会性的高等级物种，人类的社会需求是研究社会发展问题的最基本的出发点和最终归宿，是推动一切社会发展和进步的根本动力，是永不停歇、永无止境的动力。[①] 同时，人类的社会信息需求是激发信息动机的原动力，并最终外化为寻求信息的行为。[②] 对数字档案信息产生者和数字档案馆而言，其利益需求在于满足和获得数字档案信息流转的社会效益和经济效益，是促成数字档案馆上承数字档案信息产生者、下接数字档案信息利用者，完成数字档案信息流转的主要因子。

但对于数字档案信息利用者而言，其利益需求直接触动其产生数字档案信息需求，进而促成数字档案信息流转。档案利用者基于某种目的产生的档案信息需求，并实施档案信息获取、利用行为是数字档案信息流转的根本动力，也是数字档案馆传递数字档案信息给数字档案利用者、为利用者提供最佳信息服务的终极目标。档案利用者具有较强的主观能动性，其利用需求因利用主体不同而不同，且即便是同一主体在不同时间、节点等也有不同的信息需求。而随着社会环境的变化，档案利用者对数字档案信息的内容、形式、服务水平等也将有新的需求。由于数字档案信息的共享性，又促进了数字档案信息在不同信息主体间发生信息流转，产生新的信

---

① 钟义信：《社会动力学与信息化理论》，广东教育出版社，2007，第 10 页。

② 党跃武、谭祥金：《信息管理导论》，高等教育出版社，2006，第 127 ~ 128 页。

息需求（如图 3 – 3 所示）。

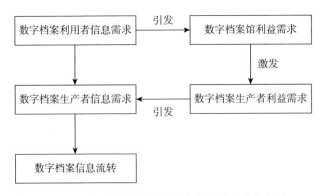

图 3 – 3　数字档案信息利用者信息需求动力传导

　　数字档案信息利用者的信息需求有主动和被动之分，主动的档案信息需求基于利用者自身知识结构、年龄层次、信息素养、工作类型等因素共同作用，常常以满足个人兴趣、科学研究、休闲娱乐等为目的。显然，主动的档案信息需求对于数字档案信息流转能力的挑战更大，因为数字档案馆更难以把握主动信息需求的规律，无法量化数字档案馆提供信息服务所产生的经济效益和社会效益，难以让数字档案馆的利益需求推动数字档案信息的流转。然而，档案信息利用者主动的档案信息需求却更能体现数字档案馆的吸引力和存在价值。为了满足档案利用者主动的个性化档案信息需求，对数字档案馆信息鉴定、保存、开放、编研、数据分析等方面的能力要求更为严格：不但能够全文检索，还能根据检索主题推送相关内容链接和资源导航服务，最后还能根据档案信息利用者的浏览历史、检索偏好，利用数据分析出利用者的专业、爱好、业余时间等，从整体上了解档案利用者的群体状况，积累档案信息传递的更多经验。随着档案数字化率的提高，档案部门也将有更多的人力、物力和财力投入数字档案信息内容的开发利用，满足数字档案信息利用者个性化的信息需求必将成为未来数字档案馆服务能力提升的关键着力点。

　　被动的档案信息需求是档案利用者源于工作、生活、学习等方面的具体要求，寻求档案信息作为证据、证明，去解决具体问题，如学历证明、工龄计算、法院证据等。长期以来，被动的档案信息需求是档案价值发挥的主要形式，满足被动式的信息需求是档案信息服务的主要目的。"中国首部真正意义上的信息化法律"——《中华人民共和国电子签名法》（2019年修正）自 2005 年实施以来已被广泛应用于电子商务领域。2016 年 1 月 10日，在 InterPARES iTrust 第三次会议上，来自档案局（馆）、学界和企业界的专家、学者围绕电子文件凭证性问题，基于《电子签名法》、《关于办理刑事案件收集提取和审查判断电子数据若干问题的规定》、《最高人民法院关于适用〈中华人民共和国民事诉讼法〉的解释》、《最高人民法院关于适用〈中华人民共和国刑事诉讼法〉的解释》、《电子文件管理暂行办法》、GB/T 26162.1－2010、DA/T 2000－1、DA/T58－2014 等相关法律法规和标准规范，就电子数据和电子文件概念的界定，以及电子数据和电子文件在真实性、完整性等方面的比较研究进行了多维度讨论，旨在通过对电子文件和电子数据相关基础理论问题的探讨与对接，进一步推动电子数据、电子文件等在司法实践中更好、最大限度地发挥其价值和功效。当下，电子文件在网络安全、信息技术和管理制度等多维保障之下，其安全性基本可控，现已广泛应用于我国党政机关、企事业单位的 OA 系统就是较好的例证。信息安全是国家安全体系建设的重要内容。当前及未来，在积极全面贯彻落实我国总体国家安全观进程中，电子文件、电子数据、电子档案的整体安全将会得到更多保障，数字档案资源流转将更加安全、顺畅。

鉴于我国人口流动日益频繁和城镇化建设步伐加速的现状，档案利用者经常被要求到异地查档、跨馆查档，浪费了大量的人力物力。为减少档案利用者查档的时间成本、经济成本，当前我国已有江苏、浙江、上海等多地档案馆推出了民生档案异地查档、跨馆出证的便民服务，成为数字档案信息"横向传递"的最佳实践。而"异地查档、跨馆出证"能够实施的关键就在于数字档案信息能跨越时空限制，实现远程利用。这一举措不仅方便了档案利用者，满足了档案利用者的信息需求；更是档案信息服务理念、服务思路的重大创新。而从信息流转角度看，又加速了数字档案馆的数字档案信息向档案信息利用者的传递，档案利用者信息需求的满足和信息服务的反馈又是对数字档案馆信息服务的鼓励和鞭策，有利于加强数字档案馆数字档案资源建设，从整体上推进数字档案信息流转能力。诚然，精准满足档案利用者被动式信息查询服务是数字档案馆责无旁贷的义务，但数字档案馆完全被动式地接受信息检索，显然只能处于数字档案资源建设初期阶段。可以设想，未来数字档案资源建设将在数量适宜的基础上，朝着专题化、系列化、可视化趋势发展，在满足档案利用者被动式信息需求之外，还能通过数据智能分析技术向档案利用者主动推送与其相关的数字档案信息服务，让被动的、"一次性"的档案利用需求变为长期的档案信息需求自觉，实现数字档案信息的高效、可持续流转。

任何事物的发展都是内外部因素共同作用的结果。数字档案信息流转固然离不开信息需求和利益需求两大内部动力，但也需要外部国家信息化政策法规的引导和信息技术发展的支撑。国家信息化政策法规是数字档案信息流转的"风向标"和"紧箍咒"。一方面，政策法规能为数字档案信息流转指明发展方向，另一方面数字信息流转又要遵守相关政策法规内容，不能逾越。具体体现在，根据国家相关法律法规或国家行业规章制度，档案部门应在其职能范围内积极开展数字档案资源建设和开发利用；在国家相关法律法规观照下，档案利用者享有对已开放数字档案信息的获取、利用权。如新《档案法》第二章第十条规定了各级各类档案馆的职能，中央和县级以上地方各级各类档案馆，是集中管理档案的文化事业机构，负责收集、整理、保管和提供利用各自分管范围内的档案。新《档案法》第三章第十三条、第十四条、第十五条规定了档案必须定期向档案机构、档案工作人员或档案馆移交的内容和注意事项，第三章第二十四条专门对以委托方式开展档案整理、寄存、开发利用和档案数字化等内容进行规定。第四章第二十七条对档案开放年限做了具体规定，第二十八条特别规定"档案馆应当通过其网站或者其他方式定期公布开放档案的目录，不断完善利用规则，创新服务形式，强化服务功能，提高服务水平，积极为档案的利用创造条件，简化手续，提供便利"。在新《档案法》的保障和要求之下，档案馆开展数字档案资源建设和数字档案信息服务就成为有法可依的强制性法律行为，有利于出现数字档案信息由其产生者向数字档案馆传递、数字档案馆向档案利用者传递的联动效应。

要实现档案信息流转，除了赋予和规定档案部门的责权之外，还需要对档案部门服务对象——档案利用者进行规约。如新《档案法》第四章第二十八条第二款规定"单位和个人持有合法证明，可以利用已经开放的档案。档案馆不按规定开放利用的，单位和个人可以向档案主管部门投诉，接到投诉的档案主管部门应当及时调查处理并将处理结果告知投诉人"。第二十八条第三款规定"利用档案涉及知识产权、个人信息的，应当遵守有关法律、行政法规的规定"。类似规定一方面显示了档案利用者合法权益不容侵犯，另一方面也说明档案利用者在违法利用档案后必须担负相应的责任。这样，从信息流转上游节点——数字档案信息产生者，到下游节点——数字档案信息利用者，法律法规都从基本法律层面做了明确规定，成为数字档案信息流转过程中一道道不可逾越的"警戒线"。

档案信息政策法规的建设，还体现在我国重大的战略规划中。《全国档案事业发展"十三五"规划》（以下简称《"十三五"规划》）指出，"十二五"期间，通过严格贯彻国家档案局第8、9、10号令，加强了对国家档案资源的管控，初步形成覆盖人民群众的档案资源体系，我国档案资源配置逐渐优化。在档案开发利用方面，全国各级综合档案馆开放档案约1.3亿卷（件），公开出版编研资料6080种、21亿字；举办特色展览、拍摄电视文献专题片、利用网络平台提供档案信息查询和推送档案公共产品。《"十三五"规划》还制订了2020年档案资源多样化的发展目标，要求"依法管理档案资源，各级国家机关、团体、企业事业单位档案实现应归尽归、应收尽收；档案资源更加齐全完整、丰富多元，覆盖人民群众的档案资源体系更加完善"。这些成果的取得和目标的制订，无不说明了国家政策法规对数字档案资源建设、数字档案信息流转的有力牵引。总之，科学制定的政策法规都会有一定的针对主体和规约范围，都会对数字档案信息流转的速度、范围、效果等产生一定的积极影响。

然而，政策的落地、数字档案信息的产生都离不开信息技术的支撑和推动。计算机的产生和档案数字化技术的发展，极大地增加了"两型"数字档案资源总量；信息整合与集成管理技术催生了数字档案馆；网络技术的发展和普及为数字档案信息各节点间的传递提供了虚拟平台；新媒体技术的出现不仅拓展了数字档案信息的来源和类型，加速了数字档案信息从数字档案馆向档案信息利用者之间的传递，还提高了档案信息利用者向数字档案生产者、档案利用者向数字档案馆反向流转的速率。总之，信息技术与数字档案信息流转相伴相生。

（3）基于数字档案信息流转安全

信息技术在增强数字档案信息流转能力的同时，也不能忽视其带来的技术风险和安全隐患。进一步讲，信息技术发展与数字档案信息流转安全紧密联系。档案安全是档案工作的生命线。数字档案信息安全是数字档案信息真实性、可靠性、完整性和可用性的根本保障。在数字档案生态链的每一个节点及节点间的传递都可能存在信息流转的安全隐患。比如原生型数字档案信息的产生，一方面，电子文件产生系统在向数字档案馆系统传递过程中，存在人为故意删改、信息内容泄露或非法复制的风险；另一方面，数字档案馆在接收电子文件时，移交的电子文件存储格式混乱会造成数字档案信息无法识读，使其彻底沦为电子"死档"。再如，数字档案馆向数字档案信息利用者传递过程中，会出现档案信息被拦截或泄密的隐患，即电子文件归档、存储阶段的安全就意味着再无风险。档案信息在网络传递、传输、传播过程中，由于网络内部控制脆弱，突破了网络安全的内部物理隔离制，文件传输过程中出现很多链接影响了信息的可靠性[1]；网络"黑客"利用安全漏洞植入非法程度进而盗取传输中的信息，比如近年来频发的电信诈骗案件就属此类安全事件。

换个视角看，信息技术在发展，黑客技术、病毒技术也没停止其前进的脚步。因此在数字档案信息流转过程中，既要充分利用信息技术带来的便利，也需要警惕信息技术存在的隐患；既要做好每一个数字档案信息流转节点的安全工作，也要注意节点之间信息传递的安全保障。唯其如此，才能保证数字档案信息流转的健康、可持续开展。

（二）完善数字档案资源标准体系

"标准"是衡量人或事物的准则。标准包括概念标准、技术标准、质量标准、评估标准等多方面。在数字档案信息流转中，数字档案信息产生、存储的标准不一、格式不同而导致流转不畅的问题时有发生。在原生型数字档案信息层面，电子文件形成者在文件生成或保存格式选择中，没有严

---

[1] 《网络信息传输的安全威胁与防护措施》，豆丁网，https://www.docin.com/p-1777634318.html。

格根据电子文件形成格式标准执行；不同的数字档案馆在采集、捕获网络信息时随意使用标准。在转换型数字档案信息层面，依托于市场化外包的方式开展的档案数字化，往往根据档案数字化竞标方提供的档案数字化格式标准来实施。这些标准往往具有鲜明的地方特色、行业特色，与国家标准和国际标准存在一定的差异，由此形成的数字档案信息只能在有限的空间范围内使用。这样，无论进行数字档案信息的纵向传递，还是将之与其他地方数字档案信息进行横向传递，都会出现因格式不一或格式不兼容而无法辨识的问题，无法完成数字档案信息的正常流转。

公务活动中产生的、具有保存价值的电子文件是原生型数字档案信息的主要来源，2016年国家档案局根据信息技术发展水平，适时修订并颁布了《电子文件归档与电子档案管理规范》（GB/T 18894－2016）（该标准在2017年3月1日强制实施）。在《电子文件归档与管理规范》（GB/T18894－2002）基础上对电子文件的术语和定义、形成、积累、归档、保管、利用、统计等作了更为明确的规定，该标准的颁布和实施为数字档案"增量电子化"的标准化实施打了"一剂强心针"，将有效减少和把控电子档案格式混乱的问题。除国家层面强制性规范和制度约束之外，电子文件管理推进联盟[①]先后两次组织基础软件厂商对相关软件设计OFD格式互操作特性进行了互操作测试，旨在规范各参与单位对文档格式的理解和实现，以确保一致性，为后期开展标准符合性测试、更好地服务联盟各行业应用打下良好基础。据悉，电子文件管理推进联盟还将持续开展类似活动，并将测试范围扩大到电子印章和应用开发接口互通等方面。[②]

对于馆藏"存量数字化"的档案数字化工作，《纸质档案数字化技术规范》（DA/T31－2017）针对纸质档案数字化的主要技术要求、数字化过程

---

① 2016年11月22日，电子文件管理推进联盟在北京正式成立。该联盟在国电联办、工信部、国家标准委指导下，由电子文件管理领域有关科研机构、企业、高等院校以及用户单位共同发起，主要以贯彻落实电子文件管理国家战略、聚合产业力量推进电子文件标准在各领域落地应用、提升我国电子文件管理水平为宗旨，努力将电子文件管理的思想和理念不断在更多领域推向深入，促使电子文件管理更好地服务于政府管理和社会运转，为国家治理能力和治理体系现代化提供支撑。

② 《电子文件联盟组织厂商进行第二次互操作测试》，https://mp.weixin.qq.com/s/vNuqYc9YluZcI8I3R8WNSA。

中采用的设备、纸质档案的数字化加工处理及数字化成果的管理等方面做出了详细要求。直至现在，在纸质档案数字化过程中，该规范依然是各级各类型档案馆遵照的标准。当下，无论是电子商务、电子公务，还是信息发布、文件交换、档案管理等都需要呈现效果固定的电子文档，即"版式文件"（又被称为"数字纸张"），比如国际通用的版式文档 PDF 格式。2016 年 10 月 14 日（世界标准日），国家标准化管理委员会发布了基于我国自主知识产权技术的国家标准《电子文件存储与交换格式版式文档》（GB/T 33190 - 2016，以下简称"OFD"），解决了我国电子文件可管、可控和长期保存的问题，从国家顶层解决了我国电子公文、电子档案显示和存储格式等问题，进一步保障了我国电子文件（尤其是特殊的、涉及国家安全领域的）流转的安全。

然而，数字档案资源不仅包含了公务活动中产生的电子文件和纸质档案数字化后的数字档案信息，其外延还包含了内容更为丰富的私人数字档案信息、网页类档案信息、社交媒体记录信息、传统非纸质类档案（主要是模拟信号档案信息）数字化后等多样化类型，囿于产生主体的多元化、数字档案信息生成的失控性（现有标准对于私人档案形成并无强制性），现有的相关标准或规范不足以完全覆盖数字档案信息的所有类型。因此，补充、增加或制订上述新型数字档案信息归档与管理规范，建立健全数字档案信息标准体系，是增强数字档案信息流转能力的前置性基础，是保障数字档案资源生态安全的必要内容。另外，OFD 虽然已经在软件支持功能、支持国内特殊的密码管理规范等方面以及系统优化等方面达到了国际优秀软件的水准，但 OFD 只是新近发布的国家推荐性标准，并非强制性标准，还缺乏全面推行此标准的生态环境，且在中文字体的匹配方案等方面仍存在短板，需要在试点求证中进一步完善后大范围推广。

（三）扩大数字档案资源采集范围

档案是载体材料和信息内容的"结合体"。无论是传统载体档案还是数字档案，正是因为有了档案信息内容，才有了其保存、流转和传承的价值。因此，数字档案信息流转归根结底是数字档案信息内容的流转。数字档案信息内容的多寡、覆盖面的大小、辐射人群的多少，直接影响档案信息利用者对数字档案信息关注的持久性，直接影响数字档案信息流转能力的提升。而数字档案信息内容的丰富程度很大程度上与数字档案资源采集范围关联密切。

然而，在当前我国数字档案馆（室）建设实践中，存在一种不良倾向：注重数字化软硬件系统的建设，忽视数字内容的积累，忽视传统载体档案的数字化，导致在先进的软硬件系统中缺少数字信息内容。就好比高速公路已经建好了，但路上没有车或车很少。因此，让先进的数字档案馆（室）系统真正起到实效，关键在于建设中坚持以"内容为王"，重视数字档案信息内容的积累，重视传统载体档案数字化工作。[①]

数字档案馆（室）作为数字档案生态链中的中间节点，起着承上启下的"桥梁"作用。现阶段，我国数字档案馆数字档案资源多来源于政府机关、大型企事业单位的办公自动化系统经归档后进入数字档案馆（室）系统，或来自将政府机关、大型企事业单位已经归档的传统载体档案经数字化后形成的数字档案资源，这些数字档案资源是我国数字档案资源的主体。数字转型背景下，数字档案资源已经成为国家战略资源，是国际综合竞争力和国家软实力的重要表征。为进一步加强和改进数字档案资源建设、明确档案馆收集档案范围、做好档案保密与开放利用工作，我国国家档案局先后颁布实施了《机关文件材料归档范围和文书档案保管期限规定》（2006年国家档案局令第8号）、《各级各类档案馆收集档案范围的规定》（2011年国家档案局令第9号）、《企业文件材料归档范围和档案保管期限规定》（2012年国家档案局令第10号）。这些规定的颁布和实施对于丰富现阶段我国档案资源、规范档案管理、保障档案安全、促进档案开放利用起到了重要作用，但这些规定中所涉及的归档单位、归档材料范围、档案馆收集范围等内容并未涉及所有类型的档案资源，比如新媒体中的网页信息、电子邮件、社交媒体记录信息等，又譬如社区档案、少数民族档案、私人档案资源的归档与收集范围等。而这些最能给予社会弱势群体、边缘人群身份感、存在感、归属感、认同感的档案信息，恰是社会包容、公平民主、组织关怀、和谐发展的具体呈现。

---

① 杨冬权：《在全国数字档案馆（室）建设推进会上的讲话》，《中国档案》2013年第11期。

从数字档案信息流转看，社会弱势群体、边缘人群档案信息需求的"搁置"，将不利于数字档案信息中下游流转和档案信息反向流转的顺利开展；社区档案、私人档案、网页档案、新媒体档案信息的归档与收集的缺位，将影响数字档案信息中上游节点信息流转的开展，进而影响整个数字档案生态链的正常流转。

2010 年，美国国会图书馆与美国 Twitter 公司签约，将保存全美 Twitter 中的"推文"，并以此作为"文化档案"的一部分。美国国家档案局（NA-RA）首席档案官劳伦斯·布鲁维尔 2016 年 11 月 16 日还签发了一份题为"当选总统过渡小组有关材料档案管理指导"的备忘录，引起美国社会对当选总统"推文"存档的热议。随着"云计算""云存储"技术的纵深发展，个人数字存档（Personal Digital Archiving）成为国内外关注的焦点，美国国会图书馆在其官网上开辟了"数字保存"博客主页，于 2007 年开始为用户提供"个人存档"的技巧，并发起个人数字存档运动，以此作为国家数字信息技术设施和保存运动的重要内容，自 2010 年开始每年还有"个人存档日"活动。① 2010 年，我国沈阳市档案局建立了家庭档案网，旨在为公众提供在线咨询、经验交流。②

此外，有"活历史""活资料"之称的"口述档案"建设近年来也受到国际档案界的重视。新加坡国家档案馆于 2011 年设立"iRemember SG Fund"（我记得新加坡基金）③，向社会各阶层、各领域发出"招募令"，请社会各界人士到档案馆以讲述故事、分享故事的方式，制作音频、视频材料等口述历史档案；档案馆口述历史项目工作人员还到社区、学校等场合就专门专题采访相关人士，多方面保证口述历史档案的真实性和完整性。这种"请进来、走出去"，通过故事联动你我的方式将新加坡口述历史项目打造成"全民记忆"的亲民活动，大大推动了口述历史档案资源的建设。

---

① 王新才、徐欣欣：《国外个人数字存档的实践经验及其启示》，《信息资源管理学报》2016 年第 4 期；Ashenfelder, M. , "The Library of Congress and Personal Digital Archiving," in Hawkins, D. T. ed. , *Personal Archiving：Preserving Our Digital Heritage*, New Jersey：Information Today, 2013, pp. 31 – 45。
② 荆绍福：《沈阳市家庭档案工作纪实》，沈阳出版社，2013，第 70～73 页。
③ http://www. iremember. sg/index. php/about/.

而 2013 年智利则创立了大学生学生会档案馆的口述档案[①]，并成立了由历史学家、档案工作者、视听团队组成的跨学科专门团队，以填补相关书面记录和可视化记录来源的不足，消除档案的隐蔽性，并对所形成的口述档案进行永久保存和长期利用。我国各地档案馆在口述历史档案方面也做出了积极努力。2006 年，天津市档案馆就开始建立"口述档案"，2011 年实施"天津城市记忆"工程后，又在 2014 年启动了天津方言语音建档工程的建设，通过数字化的形式把天津方言录制下来，并建立了系统的天津方言语音档案数据库，形成的音频、视频等数字档案总容量超过 2.5TB。[②]

《全国档案事业发展"十三五"规划纲要》已明确将"研究制定重要网页资源的采集和社交媒体文件的归档管理办法"作为提升电子档案管理水平的重要工作内容。这说明国家层面已经认识到数字档案资源收集和采集范围适当外扩的重要性，也反映出数字档案资源采集范围具有较强的张力。建设覆盖人民群众的档案资源体系是我国数字档案资源建设的总体目标和方向，档案资源的覆盖面有多广，关键在于数字档案资源收集、采集的范围有多大、类型有多少。当前我国数字档案资源覆盖面有一定拓展，但仍旧不是很全面，未来应坚持以人为本、全民记忆为理念，坚持对归档和采集范围内的档案资源"应归尽归""应收尽收"，在数字档案资源接收和采集的机构与人群、数字档案内容、数字档案类型等方面进一步扩大资源覆盖面。数字档案资源覆盖面广，是数字档案资源丰富性的具体表现，是社会多样性的集中反映，是提升数字档案信息流转能力的内在要求，也是确保数字档案资源本体安全的根基。此外，数据档案虽是一种新型档案资源，但其作为大数据时代无可替代的优势资源，既对现实社会具有重要的参考、决策作用，也是未来见证、回顾大数据时代社会发展的主要依据。因此，针对数据档案资源的采集，档案部门应提前布局、主动作为，积极与各地大数据局沟通协商、共同探讨数据资源采集、存储、保管和利用中的相关问题。

---

① 《关于声像档案工作的通讯》，https://mp.weixin.qq.com/s/YPIEacVTCYMM7XkyvyCPyA。

② 《天津方言语音建档工程正式启动》，天津档案网，http://www.tjdag.gov.cn/tjdagsjz/dayw5/zjjsgz/fyjd65/5740794/index.html。

（四）提升数字档案资源整体质量

"质量"最初是物理学中量度物体惯性大小的物理量，后被沿用到社会学、经济学等领域用来表示事物的优劣程度和数量。"质量"可以分解为"质"和"量"，"量"是基础和前提，"质"是目标和状态。良好的数字档案资源本体质量是数字档案资源本体安全的重要基石。而数字档案资源本体质量的优劣，决定于数字档案资源的数量、形式、内容等多因素的共同作用。当前，"两型"数字档案资源都存在一定程度的质量问题。

存量馆藏档案数字化是数字档案资源的重要分支。而档案数字化质量优劣是转化型数字档案资源价值发挥的直接影响因素，亟待重视。档案数字化质量是指档案数字化过程及其结果满足档案用户要求的程度，主要针对数字档案的形式规范。在档案数字化过程中进行质量控制主要是指通过对人员、机械（设备）、材料和方法和环境等方面的管理和调控，提升数字档案的整体满意度。但在我国当下的档案数字化工作中，鉴定不足、控制不够、元数据不全等问题的存在，导致在档案数字化过程中档案泄密、损毁档案、存储格式不兼容等事件时有发生，严重影响档案数字化工作的整体质量，也阻碍了数字档案资源开发利用的进程和效果。因此在档案数字化过程中实施质量控制十分必要。六西格玛管理是质量管理的核心模式，其管理流程可归纳为 DMAIC，即定义（Define）、测量（Measure）、分析（Analyze）、改进（Improve）、控制（Control）等多个环节（如图 3-4 所示）。将六西格玛管理的 DMAIC 运用于档案数字化质量控制中，探讨档案数字化质量控制的新思路，具有积极意义。

从图 3-4 中可以看出，档案数字化质量控制流程的五个环节是环环相扣的，档案数字化管理侧重强调档案模数转换过程中前期的质量控制。为了保证档案数字化项目的顺利进展，需要尽可能准确地完成流程的每个环节，减少返工的发生，流程中每个阶段并不一定只能向前进展，若发现前一个环节有问题时可以返回补充完善，然后再继续前进。此外，每个环节都有具体的技术与工具支撑，通过全程质量控制、全面质量检查等方法来确保数字化质量。鉴于六西格玛管理对档案数字化质量控制的观照，可将六西格玛管理 DMAIC 思维和方法通过试验、试点、逐步推广的方式应用到档案数字化工作质量控制中。此外，还要在六西格玛管理的基础上实施具体管理措施，从前期调查、领导工作的落实、技术人才的任命、档案数字化目标的确定以及档案工作人员的培训等方面推进六西格玛管理的实施，为档案数字化质量控制工作铺路，进一步优化数字档案资源馆藏质量和结构。

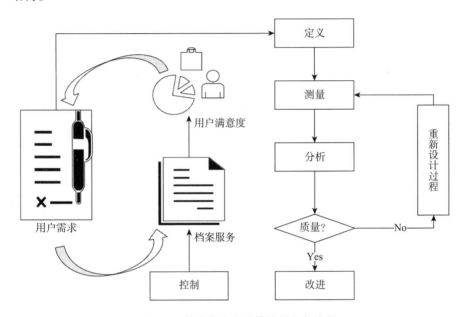

图3-4　档案数字化质量控制业务流程

资料来源：刁羽《六西格玛管理在地方高校图书馆应用的研究》，《科技情报开发与经济》2011年第21期。

原生型数字档案资源存在一定的质量问题。一定数量、形式规范、内容丰富的数字档案资源集中在一起，并不意味着这些数字档案资源整体质量必然优良，因为从我国数字档案资源建设现状看，还存在很多质量方面的问题，应深剖缘由，采取有效措施加以解决。

第一，减少资源"同质化"。在已经建成的数字档案馆中，一方面，政府文件性质的数字档案资源占较大比重，且政府机构档案内容重复保存率特别高，也就是说，几乎每一级档案馆都能找到相同内容的政府发文；另一方面，各地档案馆特别是综合型档案馆没有太多特色资源，如果排除地名，数字档案资源内容相似程度很高。如此，虽然减少了档案利用者在不同档案馆之间的选择性困难，却也在一定程度上阻碍了档案文化价值、休闲价值的发挥，增加了档案利用者的获取成本，难以通过现有资源吸引潜在档案利用者，也不利于档案馆可持续、可发散效应的形成。内容重复的数字档案资源，不仅重复占用了数据存储空间，还影响不同档案数据库之间数据的集中整合，导致档案数据转换误差产生；而缺乏特色的、千篇一律的数字档案资源类型，必然缺乏对于潜在档案利用者的吸引力。因此，消除同质化现象，必须加强档案数据库、数字档案馆之间的协同与合作，寻求跨馆、跨地区、跨行业数字档案资源整合、共享之道；加强富有时代特色、地域特色、民族特色、文化特色的针对性、可用性、实用性数字档案资源的收集和采集，让每一个档案馆都有其"招牌"资源。比如当前可将民生数字档案资源、社区数字档案资源建设作为抓手，不断丰富馆藏，吸引社会公众关注、参与数字档案资源建设，为数字档案信息健康流转续航。

第二，清除"垃圾数据"。① 随着我国档案信息化的推进，各级各类档案馆数字档案管理系统、档案数据库也得到快速发展，极大提高了档案管理现代化水平、档案信息服务效率和数字档案信息流转效能。然而随着档案数据库应用的深入开展，"垃圾数据"成为数字档案馆建设中的新问题，影响档案数据库的健康运行和高效服务。"垃圾数据"包括运行于前台用户计算机的"档案信息管理系统"和运行于后台服务器上的"数据库系统"两部分，而后台数据库系统的"垃圾数据"是问题产生的重点。一般来说，档案数据在数据库系统中以二维数据表格形式存储，表格由行与列构成，如 Excel 就是最简单、最常见的档案数据库。其中每一行是一条记录，保存一份档案的信息；每一列是一个字段，表示档案的某一项著录信息的含义及类型。当某条记录（某份档案数据）不符合既定的构成规则时，如出现语法错误、逻辑错误、全角与半角符号混用、内容重复等类似数据，就会对数据库系统和档案信息管理系统运算结果的正确性产生不良影响，进而成为档案"垃圾数据"，导致系统运行不稳定、检准率降低、分析不客观等问题。"垃圾数据"的产生主要与档案产生者节点相关。因此，在数字档案

---

① 张健：《档案数据库中"垃圾数据"问题研究》，《档案学通讯》2014 年第 2 期。

资源建设中，特别是在数字档案著录环节，要采用统一的数据格式标准，避免全角、半角字母和符号混用产生的隐性"垃圾数据"，构建以标准体系为基础的档案数据库质量控制体系①；加强不同档案数据库之间的数据无缝整合，在研发新系统时，应依据统一的数据格式标准，强化和升级数据录入和批量导入模块，综合运用程度自动判断、纠错和提醒功能，保障入库档案数据格式规范。

第三，降低"信息污染"。数字档案"信息污染"不同于档案"垃圾数据"，前者基于档案利用者角度而言，是指有害信息和无用信息（特别是自动采集的网络信息资源）混入数字档案资源群，影响真正有价值数字档案资源的利用，而后者则定位于档案保管者视角，针对档案数据库中不合规的、内容重复的现象而言。因此，这里的"信息污染"立足于档案利用者，主要指网络环境中数字档案信息污染。"信息污染"是在全球信息化、网络化背景下产生的一种新的污染形式，指信息资源中混入干扰性、欺骗性、误导性信息的现象。② 数字环境下，虚假信息、淫秽信息、病毒信息、盗版信息等充斥网络，并呈现出干扰性、异化性（是人们在利用网络技术发展之便利时产生的次生、负面效应）、可控性（信息人的主观识别和决策能力对信息污染有重要影响，如管理得当则能减少或控制信息污染程度）、隐蔽性和扩散性、不可消除性（虽然信息污染大小程度可控，但出于主客观原因只能将其控制在最小范围内，而不能彻底消灭，因为许多主客观因素制约使其持续存在成为可能）等多种复杂特征，以致人们对数字信息真假难辨，最终导致决策失误、经济损失或身心健康等问题。③

在美国新闻史上，大众传播媒介搞信息传播垄断，故意制造煽动性的虚假新闻，竟然引发了一场美西战争。2016 年，特朗普和希拉里在美国总统竞选中，也出现了诸如特朗普与俄罗斯之间关系的诸多传闻，使当选总统特朗普在其执政后对美国主流媒体一直持有怀疑态度，甚至一度拒绝美国主流媒体参加重要会议的采访和报道。因社会个人立场、观点的不同，对人与事物的描述和评价也包含大量伪劣、不真实信息，甚至为传播某种

---

① 钱毅：《档案数据库质量控制的内涵与策略》，《档案学通讯》2015 年第 6 期。
② 邱五芳：《信息污染、信息服务业与图书馆的功能定位》，《图书杂志》1995 年第 2 期。
③ 李键菲：《基于信息生态链的信息污染防控研究》，山西大学硕士学位论文，2011，第 15 页。

信息或观点，制作假图片、假视频。然而，多年后留存在网络上的虚假、伪劣信息会给后人理解和认识当时的历史造成欺骗和误导。

1996 年，美国互联网企业家布鲁斯特·卡尔创建了被称为"时光回溯机"的互联网档案馆（Internet Archives），定期收录并永久保存全球网站上可被抓取的信息，旨在将互联网上的存档信息提供给希望检索的人；同时还是一个记录保存了数十亿网页的非营利性数字信息资源档案库，面向全球用户免费公开其收集到全部互联网信息。20 多年来，已有 5000 多亿页网络信息被捕获收集下来。通过"网络爬虫"（Crawler）或者"蜘蛛"软件，进入各个网页及其相关链接并对其归档。[①] 通过电脑进入互联网档案馆，用户可浏览不同时期的历史网页。随着互联网网页信息越来越多，这些归档及未来待归档的网页档案其内容真实性如何，是否会因其中隐蔽性的虚假、伪劣信息扼杀人们对于真实性的代名词"档案"的信任度，显然值得商榷。然而，当人们越来越多地通过 Facebook、Twitter、Ins、YouTube、微信等在线方式记录、更新自己的生活，当搜索网页已成为一种查询信息的习惯，当网页信息已经成为信息生态链不可缺少的内容，为网络世界的记忆备份、存档就成为一种必要。

为了减少和控制污染信息的产生、传播，必须采取技术和管理相结合的防控举措。在技术方面，可通过信息过滤技术将网页信息与用户需求进行匹配计算，根据信息过滤的预定条件，如经过滤层的关键词、URL 的双重过滤后，屏蔽无用或有害信息，还可通过参考信息污染三层防控模型在信息主体和信息生态链流通环节进行防控。[②] 此外，加强数字签名技术、用户口令、数字证书等技术预防信息失真，加强人工智能识别技术在网页信息筛选和保存方面的应用；在管理方面，信息人应加强信息综合素养能力的培养，树立正确人生观、价值观，提升自控、自律、自我调节水平，自觉抵制和消除有害信息的干扰和危害。法规制度方面，制定网络信息空间秩序和信息污染相关法律法规，通过法律强制力量，规约信息行为，防控信息污染。

---

① 杨太阳：《外国档案工作：为网络世界的记忆存档》，《中国档案报》2017 年 3 月 16 日，第 3 版。

② 黄晓斌：《网络信息过滤原理与应用》，北京图书馆出版社，2005。

（五）促进数字档案资源均衡分布

针对实体档案分布失衡，陈永生教授指出根据档案自身特点和形成机制，协调地区档案分布失衡的现实对策是保证已生成档案的全面收集、已收集档案的快速传播、已进入传播信道的档案信息的合理布局和优化配置。[①] 实体档案是存量馆藏档案数字化的根源，但我国档案实体分布失衡现象的客观存在，决定了数字档案资源均衡分布的"先天性"痼疾。

为了最大限度减少和避免因档案实体分布在地区和城乡两个维度的"先天性""失衡"对数字档案资源均衡分布产生"连带"影响，就需要充分利用信息技术和网络技术削减数字档案资源在网络空间和信息内容的分布"失衡"。

1. 顶层设计

构建国家顶层数字档案资源整合共享平台。全国性共享平台的建设，是缓解当前我国数字档案资源分布、利用"结构性"失衡局面，实现我国数字档案资源共享的基础和前提。《全国档案事业发展"十三五"规划纲要》明确提出，要加快档案共享服务平台建设，实施国家数字档案资源融合共享服务工程，建立开放档案资源社会化共享服务平台。2019 年 3 月，国家档案局原局长李明华表示，2019 年国家档案局将启动全国档案查询利用服务平台建设，最终实现全国范围内的一网查档。[②] 但由于一些难点和问题仍有待解决和完善，截至 2021 年 6 月 30 日，全国档案查询利用服务平台并未完全投入正常运行。在《"十四五"全国档案事业发展规划》"档案信息化强基工程"专栏中，"全国档案查询利用服务平台建设项目"被专门提及，而且要求"从国家、地区多层面一体推进档案信息共享利用工作，建设以全国档案查询利用服务平台为支撑、档案查询'一网通办'的全国档案信息共享利用体系"。[③] 由此可见，国家对于建设全国性档案资源整合共

① 陈永生：《档案信息资源地区分布状况分析——我国档案信息资源分布状况及均衡配置研究之一》，《浙江档案》2008 年第 8 期。

② 李明华：《在全国档案局长馆长会议上的工作报告》，《中国档案》2019 年第 4 期。

③ 《"十四五"全国档案事业发展规划》，国家档案局，https://www.saac.gov.cn/daj/yaow/202106/899650c1b1ec4c0e9ad3c2ca7310eca4.shtml。

享平台决心巨大。有理由相信，在国家政策、先进技术等强力因素支撑和推进下，该平台在不久将会开通和运行，届时将会有效降低因开放数字档案资源分布不均造成的"信息孤岛""信息鸿沟""信息不对称"等现象。然而，国家层面开放档案共享平台的建立只是数字档案资源整合共享的开始，未来还应在档案资源总量上继续增加、档案资源类型上不断丰富，比如扩充对更多档案类型（如音频、视频、图像、文本、开放数据等）的支持，并尽快实现全文检索。

2. 内部共享

建立国家级档案系统内数字档案资源共享数据库。针对数字档案信息内容均衡分布，构建国家层面档案系统内部数字档案资源共享数据库，主要面向各级各类国家档案馆，针对未开放数字档案资源在档案系统内根据特定需求提供"限制性"检索和利用。这里的"限制性"检索和利用是指各地各类型国家档案馆在数字档案资源建设过程中，根据国家数字档案资源共享数据库的授权，不对外提供未开放档案（包括档案案卷目录和档案信息内容）的服务，但可以查询已归档的档案数据库目录，以减少数字档案资源建设中的"同质化"现象，走"以内容为王"、覆盖面更广的差异化发展路线。

3. 跨界融合

将数字档案资源融入公共数字文化服务体系。档案资源是文化建设的"母资源"，但出于保存分散、技术标准不一等多种原因，已开放的数字档案文化资源仅在相对封闭的档案系统内循环，极大地影响数字档案资源文化价值属性的全面发挥。随着"互联网＋"和泛在信息环境的渐趋成型，及贯彻党的十八届三中全会审议通过的《中共中央关于全面深化改革若干重大问题的决定》的有关要求，中共中央办公厅、国务院办公厅印发了《关于加快构建现代公共文化服务体系的意见》，要求2020年基本建成覆盖城乡、便捷高效、保基本、促公平的现代公共文化服务体系。① 因此，整合数字档案文化资源，使其真正融入公共数字文化资源体系中，既能满足社

---

① 《关于加快构建现代公共文化服务体系的意见》，http：//www.cacanet.cn/detail_politrid.aspx？lawid＝8816。

会公众"一站式"获取公共数字文化资源、瞬间跨越知识边界的文化需求①，又能充分实现数字档案资源的价值。而当前，最为紧迫的是做好组织协调管理和技术标准工作。在组织协调方面，可在现有行政管理体制下，成立由国家档案局和文化部共同领导的公共数字文化资源协调小组，主要负责规划、管理和指导对应层级公共数字文化资源的整合实践。在技术标准方面，统一技术标准，尤其是制定统一的、开放式的公共数字文化资源元数据标准。

需要补充说明的是，数字档案资源本体安全包括数字档案信息安全和数字档案信息载体安全两个不可分割的部分（虽然有学者认为数字档案信息可以脱离载体而独立存在，但本书认为"载体"只是一个相对的概念，"云"也可以被视为一种特殊载体，所以数字档案信息不可能离开一定的载体而呈现）。上述有关数字档案资源数量、形式、内容、质量、分布五方面主要侧重于数字档案信息安全的内容分析层面，这也是数字档案资源生态安全研究的主体对象。虽然载体安全是数字档案信息安全的前提和基础，但随着材料科学、制造技术和云存储技术的发展，更为优质的新型记录载体或以"云"为代表的非实体存储载体将迭代出现，载体安全或将不再成为制约数字档案资源安全的重要因素，故本书未将其单独作为章节进行阐释。

---

① 唐义：《文化部和国家档案局合作：加强公共数字文化资源整合力度的迫切需求》，《图书情报知识》2016 年第 4 期。

第四章

数字档案资源主体安全的维护

在数字档案资源生态安全研究中，数字档案资源主体安全是构建数字档案资源安全体系的核心要素之一，重要且必不可少。特别需要说明的是，本章"数字档案资源主体"的安全，不涉及自然人生命财产安全，而是指自然人或相关组织、机构在数字档案信息全生命周期内的意识、素质、能力等"软实力"要求，侧重于探讨相关人的主观能动性对于数字档案资源安全的影响和效用。具体来说，数字档案资源主体的安全，是与数字档案信息全生命周期各个环节相关的多元主体，包括数字档案资源产生者安全、利用者安全、保管者安全和监管者安全等内容。

数字档案资源主体是相对于数字档案资源本体（其实质是数字档案资源客体）而言的概念。网络环境下，日益拓展和深化的社会参与程度，使数字档案资源主体更加多元，角色互换频繁。鉴于此，探讨数字档案资源主体安全就显得异常复杂：既需要界定主体类型、明确相应主体的责任，又需要在动态的、互动的网络环境下思考各相关主体的权益保护，并以此推动数字档案资源主体生态位优化。

一　数字档案资源主体类型及特征

主体具有主观能动性，对客体具有认知和实践能力。主体既可以是自然人，也可以是法人，换言之，政府、企业、组织或个人都能扮演主体角色。在档案实际工作中，档案事务活动主要涉及政府部门、档案行政管理部门、档案保管部门、社会公众等多个层面，因此依据不同的划分角度，档案信息资源主体呈现出多元化特征。从数字信息流转过程和数字信息生命周期看，数字档案资源主体根据其身份和角色的不同，主要分为数字档案资源产生者、数字档案资源保管者、数字档案资源监管者、数字档案资源利用者四大类（如图 4-1 所示）。但需要注意的是，四种角色并不是固定不变的，其在一定条件下可以实现互换。

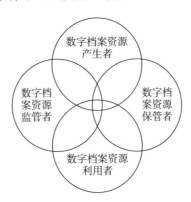

图 4-1　数字档案资源主体类型

（一）数字档案资源产生者

开放而相对包容的网络环境，倡导人格尊严、关注个人成长的社会环境，让任何组织或个人都有可能成为信息产生（形成）者。在"大档案观"的影响下，更多数据、信息或文献经归档后被贴上"档案"的标签。因此，数字档案产生的渠道更为宽泛，既有官方的，也有民间的；既包括公共机构，也包括私人组织；既可以是名人，也可以是平民。新《档案法》第二条第二款明确规定："本法所称档案，是指过去和现在的机关、团体、企业事业单位和其他组织以及个人从事经济、政治、文化、社会、生态文明、军事、外事、科技等方面活动直接形成的对国家和社会具有保存价值的各种文字、图表、声像等不同形式的历史记录。"根据性质，机关、团体、企业事业单位和其他组织以及个人可以统分为国家机构、社会组织、个人三大类。显然，依据上述新《档案法》规定，国家机构、社会组织、个人是我国法律规定的档案产生或形成的三大主体。

1. 国家机构

国家机构是一定社会的统治阶级为实现其统治职能而建立起来的进行

国家管理和执行统治职能的国家机关的总和。现阶段我国国家机构包括全国人民代表大会、国家主席、国务院、中央军事委员会、地方各级人民代表大会和地方各级人民政府、民族自治地方的自治机关、人民法院和人民检察院等众多部门，涵盖了国家国家权力机关、国家行政机关、国家司法机关、国家军事机关等国家治理全部领域。由此可见，国家机构是我国公共数字档案资源产生的最大主体。

《档案工作基本术语》（DA/T 1 - 2000）将"公共档案"（Public Archives）界定为"国家机构或其他公共组织在公务活动中形成的为社会所有的档案"。也就是说，国家机构在公务活动中产生和形成的原始记录实质为"公共档案"。公共档案具有公共资源的属性，即非排他性、非竞争性、公共效益性，任何人不分性别、年龄、种族、国别均有公平享用档案资源的权利。① 循此界定，公共数字档案资源，则指"国家机构或其他公共组织在公务活动中形成的为社会所有的数字形式的档案资源"。数字时代，作为公共档案资源的子类和下属概念，公共数字档案资源也必然具有公共档案的属性，也就是说，公共数字档案资源所有权是国家或社会公众共同所有的、共同使用的，不为某个特定机构、组织或个人所专有②，任何组织、团体或个人都能利用电子设备终端以在线或离线形式合法地利用。

2016 年 7 月 27 日，中共中央、国务院办公厅印发的《国家信息化发展战略纲要》（以下简称《纲要》）提出，随着信息技术日新月异的发展，以数字化、网络化、智能化为特征的信息化浪潮蓬勃兴起。没有信息化就没有现代化。以信息化驱动现代化、建设数字国家已成为全球共识。在全球数字转型背景下，我国也积极开展了电子政务、电子政府建设。《纲要》还进一步指出要从深化电子政务、推进国家治理现代化，并从提高政府信息化水平、服务民主法治建设、提高社会治理能力、健全市场服务和监管体系、完善一体化公共服务体系、创新电子政务运行管理体制等方面具体推进我国政府数字转型的方向和目标。从我国信息资源总体现状看，社会中最重要的信息资源是政府信息资源，其涵盖了全社会信息资源总量的

---

① 曹玉：《我国当代社会档案资源分布及管控之道》，《档案学研究》2014 年第 1 期。
② 聂云霞：《国家层面数字档案资源长期保存策略研究》，江西人民出版社，2016，第 11 页。

80%。① 而从馆藏档案资源来看，无论是实体档案馆还是数字档案馆，政府部门都是馆藏档案资源来源的绝对主力，因此包含各级政府部门在内的所有国家机构群形成的档案资源将更多。从信息技术发展的角度分析，从长远看数字化是未来所有档案资源必然的呈现方式，因此可以预测，实体档案馆馆藏资源最终也将以数字化形式存在于数字档案馆中。

从国际政府数字转型实践中，美国要求 2019 年实现无纸化办公，数字连续性与政务业务实现无缝连接与集成，且正在积极全面构建 ERA（Electronic Records Archives）。② 2019 年 6 月 28 日，美国行政管理与预算局、美国国家档案与文件署发布了《M - 19 - 21 备忘录》。该备忘录规定 2019 年 12 月 31 日前，联邦机构所有永久电子文件要最大限度地以电子格式进行管理，以便最终由以电子格式向美国国家档案馆进行移交。③ 当前，美国国家档案馆对联邦政府机构档案的接收已完全实现电子化，美国方面认为电子文件的安全性已经达到 100%，因此对于相同内容的文件接收了电子文件，就不再接收相应的纸质文件。丹麦提出全面使用电子文件替代纸质文件。加拿大国家图书与档案馆只接收电子文件进馆。日本则提出"绿色 IT"计划，倡导无纸化办公。④ 为维护文件数字方式生成、保存和再用，英美澳等发达国家又相继启动了政府数字连续性行动计划，以保障国家政府信息资源的证据力、服务力、安全力和控制力。⑤ 而当下，我国电子文件管理长期推行的"双轨制"和"双套制"模式也吹响了改革的号角。2015 年 4 月以来，上海自贸试验区管委会保税区管理局积极开展电子档案"单套制"管理试点，通过研发电子档案管理原型系统、完善电子文档一体化管理流程、制定电子档案"单套制"管理配套制度、落实数字签名和电子签章等技术

---

① 冯惠玲：《重视"信息资源"的战略价值》，《人民日报》2014 年 10 月 23 日，第 5 版。

② 周文泓、张宁：《全球数字连续性的行动全景与启示——基于英国、新西兰、澳大利亚与美国国家政策的探讨》，《情报理论与实践》2017 年第 3 期。

③ 《美国宣布向电子文件转型：2019 年联邦机构要以电子格式管理所有永久电子文件》，档案那些事儿，https://mp.weixin.qq.com/s/91P - wUvliz9Z - GRpD1yHLg。

④ 徐拥军：《电子文件管理中应克服对"双轨制"和"双套制"的依赖心理》，宁波市档案馆网，http://www.dangan.ningbo.gov.cn/dazsdt/xdhgl/201007/t20100727_686226.html。

⑤ 安小米：《加快制订政府数字连续性行动计划实现国家治理能力现代化》，《中国档案报》2016 年 1 月 28 日，第 3 版。

措施，保证了电子档案管理的可控、可溯和可靠。[①] 《纲要》出台后，明确提出在有条件的部门开展电子文件和电子档案"单套制"管理试点的要求。2016年11月17日，上海自贸区电子文件归档和电子档案"单套制"管理复制推广会在浦东新区召开，标志着这一创新管理模式在自贸区范围内迎来全面推广实施。国家档案局原局长李明华在全国档案局长馆长会议上的工作报告中也指出要扩大电子档案单套管理试点范围，明确规定符合国家标准规范的电子文件可以仅以电子形式归档，不再打印成纸质形式。[②] 可以展望，未来电子文件"单套制"管理将是必然的发展趋势。随着我国政府数字转型的深入开展，各级各类国家机构在公务活动中形成的电子文件将越来越多，公共数字档案资源体量也将越来越庞大。

2. 社会组织

（1）事业单位和企业是最有特色、最大规模产生者

我国社会的进步和各项经济的蓬勃发展，衍生出了多种多样的社会组织。社会组织是为特定目的、并按一定原则组织起来的各种组织或团体的总称。它们以宪法为根本活动准则，负有维护宪法尊严和保证宪法实施的职责，包括企业、学校、医院、社会团体和新媒体环境下的个人媒体群，等等，有营利性、非营利性、国有性、非国有性等多种社会组织形态，这些都是社会组织的表现形式。

而在我国这些社会组织形态中，事业单位应作为特别组织形态被加以关注。事业单位是指党和政府领导的、并由政府利用国有资产设立的，从事教育、科技、文化、卫生等活动的社会服务组织，如公办学校、公办医院、银监会、保监会等。与企业单位相比，事业单位有以下特征：一是不以营利为目的；二是财政及其他单位拨入的资金主要不以经济利益的获取为回报。事业单位需要接受党委和政府的领导，属于国家机关编制一类。而且以协会和社区及其下属机构为组织形式的党的事业单位，也属于事业单位的范畴。所以，事业单位带有明显的政府色彩，它们参与社会事务管理，履行管理和服务职能，具有社会服务、社会沟通、社会评价、社会调

---

① 沈小栋：《自贸区推广电子档案"单套制"为全国首创》，上海新民网，http://shanghai.xinmin.cn/msrx/2017/03/10/30890251.html。

② 丁宇龙：《全国档案局长馆长会议在北京召开》，《中国档案报》2019年4月4日，第1版。

节和社会保障等多方面作用。

从档案视角看，事业单位的档案一般根据所在部门或行业被冠以"专业档案"之名，比如医院档案、会计档案、科技档案等。而在国家信息化整体推进下，各行各业的档案信息化工作也得到了快速发展，文档一体化建设已比较成熟。基于文档一体化建设，数字档案馆（室）正成为当前我国事业单位信息化建设的主要趋势。以高校为例，"十三五"至今，我国高校数字档案馆（室）建设总体取得了一定的发展，基本实现了文档一体化和办公自动化，馆藏档案数字化率较高，如上海交通大学馆藏档案数字化率达到 80% 以上；南京大学、东南大学、复旦大学等高校已运用数字档案馆（室）开展档案远程利用服务，实现了各部门之间的数据共享。[①] 依托于政府的事业单位，一般具有相对稳固的组织机构、经费支撑、人才队伍、业务范围，在"无纸化办公"和国家数字转型过程中，事业单位是我国最具本土特色的数字档案资源产生主体。

在我国，与"事业单位"平行使用的常用词是"企业"。企业是以营利为目的，运用各种生产要素（土地、劳动力、资本、技术和企业家才能等），从事生产经营活动，向市场提供商品或服务，实行自主经营、自负盈亏、独立核算的法人或其他社会经济组织。现代经济学理论认为，企业本质上是"一种资源配置的机制"，其能够实现整个社会经济资源的优化配置，降低整个社会的"交易成本"。因此，企业在社会发展中的作用巨大：企业是市场经济活动的主要参加者，是社会经济技术进步的主要力量，是社会稳定的基础。

分类标准和角度不同，企业种类划分也不一样。按照规模，企业可分为大型企业、中型企业和小型企业。按照股本来源和性质，企业可分为国有企业、集体所有制企业、私营企业、外资企业、混合性质企业五种类型。考虑到企业划分标准的多样性，不同种类的企业都有其特点，对于经济社会的发展都有其特殊意义，但本书重点和研究篇幅所限，故不能对所有类型企业一一阐述。有资料显示，2017 年私营企业对 GDP 的贡献在"60% 以

---

① 徐娟等：《我国高校数字档案馆建设现状分析与发展研究》，《办公自动化》2016 年第 15 期。

上"，国有企业对 GDP 的贡献在 23.1% 左右。① 根据企业在 GDP 中的贡献率和市场关注的焦点主要集中在国有企业和私营企业，本书优选国有企业和私营企业作为论证对象。

简单理解，国有企业（以下简称"国企"）就是属国家所有的企业单位；私营企业（以下简称"私企"）就是属私人所有的企业单位。国企特别是大型、特大型国企是我国国民经济发展的中流砥柱，是国家支柱产业的重要支撑，是出口创汇的主要力量，是国民经济持续、快速、健康发展的"定海神针"。

企业在生产、经营、管理的过程中形成和积累了大量对国家、社会和企业有保存价值的各种形式的文件材料，即"企业档案"。企业档案是企业知识资产和信息资源的重要组成部分②，是国家档案资源体系建设不可或缺的重要内容，也是企业发展壮大、企业文化建设、知识管理、权益维护的重要资产。企业档案管理不仅能够真实反映出企业管理工作的性质和成绩，一份翔实的档案材料还能让企业领导了解当前经营情况，并根据实时情况调整相应的经营战略规划。此外，企业档案还是企业记忆的载体、企业文化建设的基础和企业商业纠纷的凭证。因此，做好企业档案管理工作对于提高企业工作效率、促进企业全方位发展有着重要意义。

在政府数字转型、电子政务发展和全国档案信息化建设大潮中，国有企业作为国民经济发展的中流砥柱，开展国有企业档案信息化建设早已成为国家档案信息化建设的题中之义。且在各地的档案工作实际中，企业文档一体化、档案数字化、档案信息资源共享平台建设、数字档案馆（室）建设等方面都已经付诸实践。2016 年 12 月，国家电力投资集团就已完成公司所有纸质档案数字化工作，中化集团推进网络共享平台建设，实现了系统内互联互通和档案信息资源共享。③ 为加强企业数字档案馆（室）标准化、规范化建设，2017 年 9 月 1 日，国家档案局印发了《企业数字档案馆

---

① 张春霖：《国企对中国 GDP 和就业的贡献有多大》，《中国改革》2019 年第 5 期。
② 《企业档案工作规范》（中华人民共和国档案行业标准 DA/T 42—2009），国家档案局 2009 年 11 月 2 日发布，2010 年 1 月 1 日实施。
③ 李明华：《在全国档案局长馆长会议上的工作报告》，《中国档案报》2017 年 1 月 5 日，第 2 版。

（室）建设指南》①，为企业档案工作的提质增效与创新发展提供了有效指导。

改革开放以来，我国经济环境整体向好，私营企业得到大力发展，并成为最具活力的经济推动因素。根据国家统计局、国家工商行政管理局《关于划分企业登记注册类型的规定》（国统字〔1998〕200号）第九条规定，私营企业是指由自然人投资设立或由自然人控股，以雇佣劳动为基础的营利性经济组织。按照《公司法》《合伙企业法》《私营企业暂行条例》等相关法规登记注册的私营企业主要包括私营有限责任公司、私营股份有限公司、私营合伙企业和私营独资企业等。随着整体营商环境的不断优化，私营企业数量显著增长，2017年12月底已达2726.3万户②，在吸纳就业、繁荣市场、贡献税收等方面做出了重要贡献。私营企业在研发、生产、经营和管理活动中也会形成大量的、有保存价值的企业档案。为了加强私营企业档案管理，发挥档案在私营企业管理中的作用，国家工商行政管理总局根据《中华人民共和国档案法》和《中华人民共和国私营企业暂行条例》及有关规定，专门制定了《私营企业档案管理暂行规定》（工商个字〔1993〕第225号），在一定程度上指导和促进了私营企业档案工作的开展。

在现代社会，随着人们对企业档案认知的不断加深，企业档案更被看作重要的"企业资产"和"文化资产"，具有重要的商业价值和社会文化价值。在民间，企业档案工作有无开展及其开展程度甚至成为衡量一个企业规模、层次和现代化水平的重要指标。加之受众多企业利用档案赢得官司、维护权益的扩散效应影响，如盐城捷康三氯蔗糖制造有限公司利用档案打破世界贸易壁垒、挺进国际市场案③，中国商标第一案——王老吉商标权之争案④等，进一步提升了企业自身对于档案工作的重视程度。以我国典型的私营企业聚集地——温州为例，2001～2018年，温州私营企业建档、商会

① 《企业数字档案馆（室）建设指南》，国家档案局，http://www.saac.gov.cn/news/2017-09/19/content_205220.htm。

② 《2017年全国私营企业达2726.3万户 吸纳就业人数近2亿人》，中商情报网，https://www.askci.com/news/chanye/20181114/1406011136649.shtml。

③ 韩经祥：《知识产权档案赢得跨国诉讼——从盐城捷康公司胜诉案看知识产权档案管理》，《中国档案》2009年第11期。

④ 《王老吉商标之争案例分析》，一品知识产权，http://www.epbiao.com/shangbiaos/10558.html。

建档等方面成效突出①，早在 2008 年重点私营企业的建档率就已达到100%。② 在全球信息化浪潮下，私营企业信息化工作推进迅速，主要表现在企业生产中利用电子信息技术实现生产自动化，企业生产、销售、财务等数据的自动化、信息化以及企业办公自动化、电子商务等多个方面。企业信息化一方面推动了企业生产和经营的发展，另一方面则形成了大量电子文件和数字档案。随着私营企业信息化程度的加深，企业数字档案资源越来越多。

为了进一步规范企业数字档案工作、促进企业档案资源价值的全面发挥，国家档案局颁布了《企业电子文件归档和电子档案管理指南》，并联合国家发展改革委对 33 家试点企业开展企业电子文件归档和电子档案管理试点工作。国家《电子商务"十三五"发展规划》和《促进电子商务发展三年行动实施方案（2016 - 2018 年)》中，明确将企业电子文件归档和电子档案管理工作纳入规划内容。③ 这意味着在国家数字转型战略、企业信息化建设中，掌握国家经济发展命脉的国有企业和就业总人数超过 2 亿的私营企业④，是必然的形成和累积海量数字档案资源的重要主体。因此，基于企业数量、规模及就业人员覆盖面等综合因素分析，将企业视为我国数字档案资源最大规模的产生主体毫不为过。

（2）其他类型社会组织——基于公众视角的数字档案资源形成新力量

根据我国民政部的官方分类，社会团体和民办非企业单位、基金会、涉外社会组织四个类型，是当前我国社会组织的主要形式。

人类社会的全面发展与进步，带动了社会组织形态的多样性发展。兴起于 20 世纪中后期的非营利性组织（Non - profit Organization，NPO）或非政府组织（Non - governmental Organization，NGO）等民间社会组织，也日

---

① 陈红宇：《为民营企业发展注入强劲动力——浙江省温州市档案服务民营企业发展纪实》，《中国档案报》2019 年 3 月 21 日，第 1 版。

② 中国档案学会企业档案学术委员会：《企业档案工作的发展研究报告》，2010。

③ 李明华：《在全国档案局长馆长会议上的工作报告》，《中国档案报》2017 年 1 月 5 日，第 2 版。

④ 《2018 年我国私营企业就业人数为 21375.4 万人》，中国报告网，http://data.chinabaogao.com/gonggongfuwu/2019/0924453c2019.html。

渐在社会发展中崭露头角，正在成为社会政治、经济、文化、环保等领域的重要力量（国际上对于 NPO 和 NPO 并没有完全划定界限，通常也将 NPO 视为 NGO 的一种组织形式）。随着人们对 NGO 认知程度的加深，NGO 亦被称作"第三部门"，与政府部门（第一部门）和私营企业（第二部门）一起形成三种影响社会的主要力量。

当前，我国常见的较为活跃的 NGO 有红十字会、希望工程、残疾人联合会、志愿者组织、社区组织以及各类基金会等。由于 NGO 主要关注的是人权、环保、反战、劳工、贫民救助等社会公共性事务和人类共通性问题，而政府部门则主要通过行政、法律、经济等相对强制性手段管理一定地域内政治、经济、文化等社会事务，也就是说 NGO 和政府部门所关注的领域有很大区别。但社会公共性事务和人类共通性问题是任何一个国家发展过程中必须要考虑的基础性问题。

原国家环保总局副局长祝光耀在论及 NGO 时说到，NGO 的一些观点可能更贴近群众、代表社会，在民生领域中，对推动政府解决问题可能起到更独到的作用；要加强与 NGO 的联系，进行信息的通报，将一些政府部门完成不了的任务交给 NGO 去做。[①] 有欧洲学者认为第三部门是国家科层制的制衡力量，能通过以公益为目的的团体和组织成员的积极参与来促进社会团结。有数据显示，早在 2001 年，美国非政府组织的数量已经超过了600 万个，工作人员超过 900 万人。[②] 我国在 2007 年实际存在合法注册 NGO 数量也已近 40 万家[③]，且相关活动覆盖教育、卫生、文化、体育、环保、法律等社会活动的各个领域。而根据中国社会组织政务服务平台相关数据显示，截至 2021 年 2 月，各级民政部门登记的社会组织超过 90 万个，其中全国性社会组织 2292 个。[④]

随着社会的进步与发展，特别是在建设公民社会征程中，NGO 作为政

[①] 《祝光耀：我国政府对环保 NGO 是大力支持诚心以待》，搜狐新闻，http://news.sohu.com/20060605/n243566783.shtml。

[②] 宋文辉：《美国政府与非政府组织跨部门的合作关系》，《党政研究》2014 年第 6 期。

[③] 王思琦：《中国 NGO 发展的现状与问题》，百度文库，https://wenku.baidu.com/view/bb67530c4a7302768e993997.html。

[④] 《中国社会组织政务服务平台全新上线》，民政部门户网站，http://www.mca.gov.cn/article/xw/ywdt/202102/20210200032027.shtml。

府和市场的有益补充，已然成为一个国家公民社会发达、成长和社会文明的具体标志，正在推动我国公共管理向多元治理格局迈进。NGO 在参与社会活动中所产生的原始文件或数据，不仅是对社会发展的真实记录，也是NGO 存在价值的客观见证。鉴于 NGO 的作用已逐渐得到国际社会认可，且我国 NGO 整体发展渐趋成熟的现状，NGO 档案工作也应与其社会地位一样受到更多关注。而且，从档案保管角度看，NGO 所关注的服务领域往往是政府部门或企业顾及有困难的部分；NGO 形成的原始文件或数据多以服务社会为主，所产生的档案大多反映了 NGO 自身的工作情况，但由于当前NGO 档案还不需要定期向同级别档案部门移交，也影响这些最接地气、最贴近社会的 NGO 档案资源价值的发挥。互联网时代，去中心化、开放性和点对点直联等互联网特征，把 NGO 服务推向更为宽广的领域，NGO 在社会活动中更加活跃，其所发挥的社会作用也日益明显。

为了推动 NGO 的科学运转，我国国务院先后颁布了《社会团体登记管理条例》《基金会管理条例》《民办非企业单位登记管理暂行条例》，规定社会团体、基金会、民办非企业单位必须在民政部门统一登记。[①] 但真正与NGO 档案工作相关的是 2010 年民政部和国家档案局联合出台了《社会组织登记档案管理办法》（以下简称《办法》）。《办法》全面细致地规范了社会组织档案登记的管理制度及相关要求，明确制定了各类社会组织的不同归档范围，在一定程度上提高了社会组织工作人员对档案的重视程度，推动了社会组织档案管理的发展。[②]《办法》第十五条还指出，"使用电子计算机办理社会组织登记、备案、年检等工作所形成的电子文件的归档，参照《电子文件归档与管理规范》（GB/T18894 - 2002）要求进行整理归档"。至此，NGO 登记数字档案资源有了制度上的指引，在政府相关部门的定期检查与指导下，NGO 档案资源开发利用也得到一定的推进。作为社会发展越来越不可或缺的"第三部门"，数字时代的 NGO 在社会活动中也将产生更多的数字档案资源。

---

① 余伟：《促进社会组织登记档案规范管理——〈社会组织登记档案管理办法〉解读》，《中国档案》2014 年第 6 期。

② 张馨元、朱天梅：《社会组织档案管理体系构建研究》，《浙江档案》2016 年第 3 期。

4. 个人

据中国互联网络信息中心（CNNIC）发布的第 45 次《中国互联网络发展状况统计报告》（以下简称《报告》）显示，截至 2020 年 12 月，中国网民规模达 9. 89 亿[①]，超出欧洲人口总量近 2 亿。网民数量的增加带来的是网民参与到互联网中产生的多样化数字信息。腾讯公司公布的 2020 年第三季度财报显示，微信和 WeChat 合并月活跃用户数已超 12 亿[②]，有 55% 以上的用户每天使用微信超过 1 小时[③]，表现出较大的用户黏性。微信公众号和微信朋友圈正成为信息领域的"新宠"。而新媒体环境中，无论是微博、微信还是 QQ、博客，其所产生的博文、朋友圈、聊天记录、网评等信息量巨大、覆盖内容丰富、影响范围广泛。在 Web 2. 0 时代和 UGC（用户生成内容）模式推动下，跨时空利用各种社交媒体进行频繁的交流与互动已经改变了传统的书信往来方式，在交流过程中形成的社交媒体记录有很多和传统文件、电子文件等具有相同的保存价值。当众多微观个体对社会微观层面的记录汇聚在一起，将是对人类活动更为真实而全面的反映。因此，个人数字档案资源是社会记忆工程和人类历史文化真实全面传承不可缺少的重要构件。

与千千万万的社会个体关联在一起的，是千千万万个家庭。家庭是社会组织最基本、最核心的细胞，家庭档案则是家庭成员最为温暖、最为珍贵的集体记忆。无论个人身处何方，家永远都是最大的牵挂。计算机技术和网络技术发展和普及，在改变人们信息行为的同时，也改变着家庭档案的形成方式。以家庭为单位，记录和反映家庭成员在长期的家庭生活中创造物质财富和精神财富家书、票据、族谱、证书等传统载体形式的家庭档案，也逐渐向数字化转型，更多以音频、视频、数码照片等视听档案方式呈现，从而更加有利于家庭迁徙性增加后家庭档案资源的保存和可视化、动态性再现。因此，无论家在何方，都可以继续建立和保存家庭数字档案。所以家庭是私人数字档案资源产生者中最为稳定的主体。

---

① 中国互联网络信息中心（CNNIC）：《第 45 次〈中国互联网络发展状况统计报告〉》，http://www. cnnic. net. cn/hlwfzyj/hlwxzbg/hlwtjbg/202004/t20200428_70974. htm。

② 《腾讯控股：微信及 WeChat 的合并月活跃账户数 12. 128 亿》，新浪财经网，https://finance. sina. com. cn/stock/hkstock/ggscyd/2020 - 11 - 12/doc - iiznctke1076033. shtml。

③ 《微信月活人数 8. 06 亿，年底可超越 QQ?》，搜狐网，http://mt. sohu. com/20160819/n46511 6146. shtml。

与政府部门和 NGO 形成的公共档案相反，个人、家庭所形成的档案资源是完全私人性质的，或曰"私人档案"（Private Archives）。"私人档案"是与"公共档案"相对应的一个概念。私人档案在记录个体或私人组织的同时，也记录了社会的变迁，是社会生活微观层面的反映。因此，在任何国度、任何政治体制下，私人档案都是文献遗产的重要组成部分，是国家档案信息资源的重要组成部分，是国家历史、社会记忆的重要补充。

关于"私人档案"的定义，国内外档案界都有相关的论述。在国内，我国《档案工作基本术语》① 中"私人档案"的定义为，私人或私人组织在社会活动中形成为私人所有的档案。黄项飞指出，"私人档案是指私营企业事业单位以及公民个人在私人事务活动中形成的和通过继承、赠送等合法途径获得的档案"②，丁华东认为其是"公民个人、家庭（家族）、私营企事业单位在私人事务活动中形成的和通过合法途径所获取的档案"③。还有学者认为，"私人档案是指由个人或非国家（政府）机构、组织形成和（或）占有的档案"④，"私人档案即私人所有的档案，有时也称私有档案，它与公有档案或国有档案或公共档案相对而言"⑤。在国外，1979 年法国颁布的《法兰西共和国档案法》中规定，"私人档案是任何自然人或法人任何私人机构或部门，在自身活动中产生或收到的文件整体，不管其形成日期、形式和制成材料"。⑥ 国际档案理事会《档案术语词典》将私人文件/档案定义为"非官方性质的机关、团体、组织所形成或非官方来源的文件/档案"。⑦ 加拿大图书档案馆顾问乔纳森·佛斯林汉姆（Jonathan Fotheringham）教授认为私人档案是那些在非政府活动进行过程中生成的文件。⑧

综上可知，私人档案的共性在于：第一，私人档案的形成者或来源于非政府、非官方或私营组织，或来源于公民个人、家庭；第二，私人档案

① 国家档案局：《档案工作基本术语（DA/T 1-2000）》，1992。
② 黄项飞：《设置私人档案管理中心的设想》，《山西档案》1995 年第 3 期。
③ 丁华东：《私人档案的社会性及其管理》，《档案与建设》1999 年第 3 期。
④ 陈琼：《各国私人档案管理法规研究》，《档案学通讯》2003 年第 6 期。
⑤ 赵彩文、李逻辑：《私人档案立法保护之我见》，《中国档案》2004 年第 3 期。
⑥ 中国档案学会对外联络部《档案学通讯》编辑部编《外国档案法规选编》，档案出版社，1983，第 136~138 页。
⑦ 参见丁文进等编译《英汉法荷德意俄西档案术语词典》，档案出版社，1988，第 80 页。
⑧ 转引自许姗姗《加拿大私人档案研究》，天津师范大学硕士学位论文，2015，第 9 页。

主要是在私人事务活动中形成的记录；第三，私人档案可以通过购买和私人捐赠的方式获得；第四，私人档案载体和形式多样，包含了纸质档案、图像、音频和视频，个人微博、微信以及各种数字形式的档案信息等多种载体形式。① 私有性、私用性及其档案信息利用的竞争性和排他性是私有档案的内在特质。② 网络环境下，基于档案所有权视角，私人档案是指档案所有权在私人的档案，或称私有档案。私人数字档案资源是私人档案的数字表现形式，即私人所有的、数字形式的档案资源。网络环境下，新媒体的广泛应用、庞大的网民规模、逐渐兴起的家庭档案建设风潮，使个人和以个人为成员的家庭成为私人数字档案资源产生者中最为活跃的主体。

（二）数字档案资源利用者

数字档案资源产生和保存的终极目的就在于利用。利用已公开的或按照规定利用未开放的数字档案资源既是档案利用者的主观信息需求，也是档案利用者享有的法定权利。

具体相关法律法规如新《档案法》第五条规定，"一切国家机关、武装力量、政党、团体、企业事业单位和公民都有保护档案的义务，享有依法利用档案的权利"，第二十八条第二款进一步规定，"单位和个人持有合法证明，可以利用已经开放的档案。档案馆不按规定开放利用的，单位和个人可以向档案主管部门投诉，接到投诉的档案主管部门应当及时调查处理并将处理结果告知投诉人"。第二十条规定，"机关、团体、企业事业单位和其他组织以及公民根据经济建设、国防建设、教学科研和其他工作的需要，可以按照国家有关规定，利用档案馆未开放的档案以及有关机关、团体、企业事业单位和其他组织保存的档案"。依据《中华人民共和国档案法实施办法》（1999 年修订版，以下简称《档案法实施办法》）第二十二条第三款，针对非中国籍档案利用者做出了相关要求："外国人或者外国组织利用中国已开放的档案，须经中国有关主管部门介绍以及保存该档案的档案馆同意。"《中华人民共和国政府信息公开条例》（以下简称《政府信息公开

---

① 孙爱萍、王巧玲、徐云：《国家层面私人档案信息资源建设的思考》，《档案学研究》2015年第 6 期。

② 聂云霞：《国家层面数字档案资源长期保存策略研究》，江西人民出版社，2016，第 11 页。

条例》）第一条指出："为了保障公民、法人和其他组织依法获取政府信息，提高政府工作的透明度，建设法治政府，充分发挥政府信息对人民群众生产、生活和经济社会活动的服务作用，制定本条例。"

在保障公民信息权利方面，除了《政府信息公开条例》还有相关保障性规定。2011 年最高人民法院审判委员会颁布实施了《最高人民法院关于审理政府信息公开行政案件若干问题的规定》①，旨在正确审理政府信息公开行政案件，充分保障公民信息权利。该规定第七条指出，"政府信息由被告的档案机构或者档案工作人员保管的，适用《中华人民共和国政府信息公开条例》的规定"。也就是说，政府部门产生和形成的档案信息只要未移交至档案馆，即使已归档进入政府内部的档案机构（一般为档案室），但若有公众提出申请理由，仍旧需要依据申请，进入公开程序。此规定的颁布实施具有多种意义。第一，进一步保障了公民的知情权和信息利用权；第二，有助于避免政府部门以"已归档"为由不公开信息的推诿或不作为；第三，有利于加快政府部门档案资源的收集和归档工作。可见，档案利用的法治保障之路基本已经铺就。

从新《档案法》及上述相关法规可知，在持有合法证件的前提下，我国公民和组织都可以利用已开放档案；特殊情况下，因为特殊需要，还可以利用档案馆或档案室未开放的档案。很显然，这是在计算机技术不发达、网络技术未普及、数字档案资源共享平台和数字档案馆（室）建设还未起步的整体环境下，对已开放的实体档案利用做出的相关规定。当前，我国档案信息化建设水平得到大幅提高，各地各类型数字档案馆（室）建设成效显著。"中国开放档案共享平台"（http://www.archives.gov.cn）已建立，分布式保存在各地数字档案馆的已开放的数字档案信息只要接入该平台，就可以实现数字档案信息资源共享和跨时空利用。因此，网络环境下开放数字档案资源的利用，不再需要持有合法证件或需要征得相关部门同意，任何组织和公民都享有平等利用数字档案信息的权利。

从数字档案信息流转视域看，档案利用者是数字档案信息流转下游节

---

① 详见最高人民法院 2011 年 7 月 29 日发布、2011 年 8 月 13 日实施的《最高人民法院关于审理政府信息公开行政案件若干问题的规定》（法释〔2011〕17 号）。

点的终点，是档案价值体现、档案生态系统健康可持续运转的关键，始终制约着数字档案资源建设与开发利用的方向、规模和方式。因此全面分析档案利用者，保证数字档案资源利用者安全是数字档案生态安全的重要内容。为统一概念、观照数字档案资源产生者的分类，档案利用者也可分为国家机构、社会组织和个人三类。

1. 数字档案资源利用者的特征分析

分析数字档案资源利用者的特征有利于进一步了解数字档案资源利用者安全的内涵，为做好档案利用者安全工作奠定理论分析基础。

第一，身份的可转换性。根据现阶段我国档案法律法规相关内容可知，国家机构、社会组织和个人是档案利用者的三种主要类型。但在社会生态系统中，信息主体具有复杂的社会性。因此在一定条件下，国家机构、社会组织和个人往往具有"双重"身份乃至"多重"身份。这三者首先是数字档案资源的产生者，但在社会化、信息化背景下，国家行政事务、组织发展、个人工作生活中，对档案信息的利用是交互的，任何机构、组织和个人都不可能"独善其身"，都需要收集、利用方方面面的档案信息进行行政决策、生产方案、工作计划的拟定和实施。因此，国家机构、社会组织和个人必然又是档案信息的利用者。但在一定时空条件、利益驱动、管理机制等因素影响下，国家机构、社会组织和个人又有可能成为数字档案资源的保管者和监管者。因此，身份的可转换性既是数字档案资源利用者的重要特征，也是数字档案资源主体总的特征表现。

第二，利用群体整体水平不均衡性。在国家机构、社会组织和个人这三类利用者中，国家机构是最基本的利用群体，具有利用群体成分稳定、利用能力普遍较强、利用频次较多等特点。有资料显示，在实体档案馆档案利用工作中，国家机构利用人次占档案馆的利用人次比、占总利用卷数的比例都达50%以上。[①] 相比国家机构，社会组织和个人利用档案信息的阶段性特征更为明显。两者均因受到国家或地方政策法规等外界因素的变化而触发档案信息需求，利用人次较多，周期较短，总体利用能力较国家机构稍弱，但社会组织利用能力又较个人群体利用能力强。在数字档案利用

---

①　黄荇、曾庆云：《档案利用者需求特征研究》，《广州档案》2001 年第 1 期。

群体规模和互联网使用方面,"数字鸿沟"现象严重。根据第 47 次《中国互联网络发展状况统计报告》(以下简称"第 47 次《统计报告》")①,截至 2020 年 12 月,我国网民规模已达 9.89 亿,非网民规模为 4.16 亿,也就意味着当下我国还有大量公众无法接触到互联网,调查显示,网络使用技能缺乏和文化程度限制是非网民不上网的主要原因;网民年龄呈现两极化趋势,19 岁以下、50 岁以上人群分别占到 16.6% 和 26.3%;城乡互联网普及差异大,城镇地区互联网普及率为 79.8%,农村地区互联网普及率为 55.9%;网民城乡分布不均,从地区来看,我国非网民仍以农村地区为主,城镇网民规模为 6.80 亿,占网民整体的 68.7%,农村网民规模为 3.09 亿,占网民整体的 31.3%(如图 4 - 2 所示)。

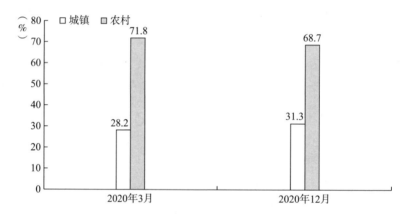

图 4 - 2　中国网民城乡结构

数据来源:中国互联网络信息中心(CNNIC)《第 47 次〈中国互联网络发展状况统计报告〉》,http://www.cac.gov.cn/2021 - 02/03/c_1613923423079314.htm。

第三,利用个体的差异性。数字档案信息利用者可分为借助网络远程在线利用数字档案信息和到档案馆查阅数字档案馆(室)未公开数字档案信息。对于档案利用者角度而言,通过网络(即以网民身份)实现远程在线利用数字档案资源是最佳途径。虽然网民不一定都是数字档案信息利用者,但数字档案信息利用者一定是网民。第 47 次《统计报告》显示,我国网民个体差异较大,其中影响因素最大的是年龄、学历、职业:网民年龄

---

①　中国互联网络信息中心(CNNIC):《第 47 次〈中国互联网络发展状况统计报告〉》,http://www.cac.gov.cn/2021 - 02/03/c_1613923423079314.htm。

段分布悬殊，我国网民以 20～49 岁群体为主，截至 2020 年 12 月，该年龄段群体占整体网民的 57.1%（如图 4-3 所示）；学历结构与网民数量并不成正比，学历相对较高（大学专科及本科以上）的人群占比相对较小，占比低于 10%，学历相对较低的人群（高中以下）占比较高，达到 59.6%（详见图 4-4）；职业结构梯度分布明显，其中学生、个体户/自由职业者、农村外出务工人员三类人群占比分别为 21.0%、16.9%、12.7%，规模相对较大，但党政机关事业单位领导干部和一般人员占比相对比较低，都在 3% 以下。

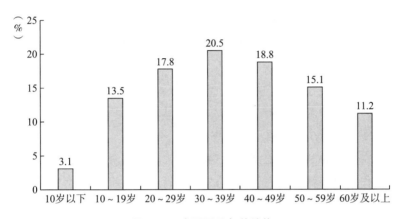

图 4-3　中国网民年龄结构

数据来源：中国互联网络信息中心（CNNIC）《第 47 次〈中国互联网络发展状况统计报告〉》，http://www.cac.gov.cn/2021-02/03/c_1613923423079314.htm。

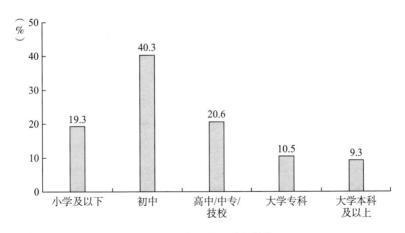

图 4-4　中国网民学历结构

数据来源：中国互联网络信息中心（CNNIC）《第 47 次〈中国互联网络发展状况统计报告〉》，http://www.cac.gov.cn/2021-02/03/c_1613923423079314.htm。

第四，利用者信息权利意识逐渐增强。随着我国社会民主和依法治国进程的加快，我国公民信息权利进一步得到保障，公民信息权利意识也逐步增强，通过法律手段合理维权、保障公民合法权益已逐渐成为常态，"民告官"的案例屡见不鲜。从 2008 年 5 月 4 日湖南郴州全国首例市民状告政府信息不公开案①，到最高法院主动公布全国法院政府信息公开十大案例②，从城市到农村，从学生、工人、学者到农民、公司企业、社会组织，都拿起了法律武器，捍卫自己的知情权、维护自身合法权益，从侧面显示出我国公民信息权利意识的觉醒和提升。网络环境下，公民获取信息渠道更加多元，在知情权、信息安全权双重意识驱动下，对数字档案信息的利用需求也日益增加，并形成档案利用者"倒逼"数字档案信息"上线"（On-line）、档案部门必须保障档案利用者个人信息安全的"反攻之势"（之前档案部门一味强调档案利用者在利用档案的过程中不能泄露档案信息，相比之下对档案利用者个人信息安全的保护关注不够）。

数字档案资源利用者上述四个特征反映了数字环境中档案利用工作的新趋势，作为数字档案信息生态链的下游节点和数字档案信息质量反馈的主体，数字档案资源利用者安全必须引起重视。

2. 数字档案资源利用需求的特征分析

需求是由需要产生的要求。③ 需要是由未满足的欲望、要求或由剥夺引起的内部紧张状态，是有机体对一定客观事物需求的表现。④ 人类在社会生活中，为了提高物质和精神生活层次，构成了基于生理、安全、社交、尊重、自我实现等方面对政治、经济、科学、文化、艺术等方面的需要，并由此产生需要的行为。

"数字档案资源利用"是指档案利用者通过数字档案信息管理系统查找、利用数字档案信息，满足其利用需求的行为过程。现实中，数字档案

---

① 《时隔八年后重启诉讼 诉政府信息不公开第一案终获立案》，和讯新闻网，http://news.hexun.com/2016-04-27/183541909.html。
② 《最高法院公布全国法院政府信息公开十大案例》，人民网，http://leaders.people.com.cn/n/2014/0915/c58278-25658835.html。
③ 《现代汉语新辞典》，广西人民出版社，1991，第 596 页。
④ 《辞海》，上海辞书出版社，1989，第 5221 页。

资源利用需求具有客观性、立体性、阶段性、无界性、双面性等特征。①

　　第一，数字档案利用需求的客观性。任何需求的提出都是以其客观的制约因素及其规律性为前提的。存在于现实世界的主观需求，总是不可避免地受到来自社会环境、经济发展、民族团结、历史背景等客观因素的影响。对档案部门来说，数字档案利用需求就是客观存在，这种客观存在不会以档案部门的意志为转移，不会因为档案资源建设不足等而减少。只要社会在发展，国家机器在正常运转，档案利用者就会产生不同的档案利用需求，进而将这种需求诉诸档案部门。

　　第二，数字档案利用需求的立体性。表面上看，档案利用需求一头连着档案部门，另一头连着档案利用者，档案部门满足档案利用者对档案信息内容的需求，是一个单向的信息服务过程。实质上看，档案利用需求是立体多向的、相互交织的，具体表现在档案利用者对于凭证性档案信息的真实性、准确性要求较高，对情报性、参考性档案信息的全面性要求较高；档案利用者一般都是出于某些客观需求而利用档案信息的，时效性要求较强，且希望能足不出户、跨时空地利用数字档案信息；对于特殊的数字档案信息利用需要，或在利用过程中遇到一些问题时，档案利用者希望得到档案工作人员的帮助，进行在线咨询。总之，数字档案利用的立体性可以归结为档案利用者求全、求准、求快、求易、求助的全方位要求。

　　第三，数字档案利用需求的阶段性。档案利用者的需求不是一成不变的，而是随着社会的发展而发展，随着外在环境的变化而变化，呈现出鲜明的阶段性、动态性特征。新中国成立后，我国曾出现过几次档案利用热潮，分别是1979年党和国家开展的平反冤假错案的落实政策活动中，1985～1986年国家劳动人事部门对知识青年上山下乡的工龄认定事宜，1985～1988年开展全国范围内的编史修志工作。20世纪90年代初到21世纪初期，我国逐渐走上依法治国的道路，国家各项政策逐渐稳定，平反冤假错案工作早已结束，大规模编史修志也基本完成②，基本未出现较为集中的"档案利用热"现象。然而近年来，由于国家开展了全国范围内的集体林权制度

① 黄萃、曾庆云：《档案利用者需求特征研究》，《广州档案》2001年第1期。
② 黄萃、曾庆云：《档案利用者需求特征研究》，《广州档案》2001年第1期。

改革，实施了农村土地流转政策和延迟退休新政策，中国民间兴起了"修家谱热"，由此带来了集中利用林权档案、农村土地流转档案、因担心延迟退休利益受损办理提前退休手续而查阅工龄、党龄，因修家谱而查阅大量家谱档案等较为活跃的档案利用现象和领域。从历史角度看，"档案利用热"正是档案利用阶段性特征的体现，当某一问题或工作结束后就意味着相对应档案利用活动的结束，而不可能持续进行。

第四，数字档案利用需求的无界性。互联网时代网络空间就是一个休戚与共的命运共同体。在数字档案信息世界，数字档案利用的需求早已突破时空的限制，只要有档案信息利用需求，无论是主观利用需求还是客观利用需求，利用者随时随地都可以根据进入数字档案信息管理系统查询所需档案；在线利用数字档案满足了不同国度、不同种族、不同领域、不同时区档案利用者的档案信息利用需求，只要网络所及之处，点击相关档案信息网站的主页链接或网站导航，则可自动进入相应数字档案信息查询平台，方便快捷地实现档案信息利用需求。

第五，数字档案利用需求的双面性——主观性和客观性。不同的利用者有不同的档案利用需求，同一利用者在不同的时期档案利用需求不同，不同的利用者在不同的时期档案利用需求也大相径庭。也就是说，档案利用需求受到档案利用者知识结构、工作性质、心理因素、兴趣爱好等多种主观因素的影响，档案利用者在利用档案信息时一方面要满足客观的、针对性需求，一方面又有主观的、选择性档案信息需求。

（三）数字档案资源保管者

档案资源所有权不一样，档案保管者也不一样。信息社会，档案是一种特殊的生产要素和社会资产，在所有权方面适用于《中华人民共和国物权法》（以下简称《物权法》）。《物权法》第五章规定了我国所有权权利主体有三类，即国家所有、集体所有和私人所有。对于国家所有的档案资源（人们也常理解为"公共档案资源"），新《档案法》第十条规定"中央和县级以上地方各级各类档案馆，是集中管理档案的文化事业机构，负责收集、整理、保管和提供利用各自分管范围内的档案"，第二十二条规定"非国有企业、社会服务机构等单位和个人形成的档案，对国家和社会具有重要保存价值或者应当保密的，档案所有者应当妥善保管。对保管条件不符合要求或者存在其他原因可能导致档案严重损毁和不安全的，省级以上档案主管部门可以给予帮助，或者经协商采取指定档案馆代为保管等确保档案完整和安全的措施；必要时，可以依法收购或者征购"。

从上述规定可以看出，各级各类国家档案馆、社会组织、企业和个人是当前我国档案资源的保管主体。数字档案资源是数字时代档案资源的重要类型之一，按照权属一致原则，其保管主体也应与其上位概念一致，是各级各类国家档案馆、社会组织、企业和个人。上述主体对数字档案资源的保管则主要依托于数字档案信息管理系统［又被称为"数字档案馆（室）"］。

近年来，为积极响应数字中国建设，加快推进信息技术与档案工作深度融合，国家档案局提出到 2020 年，全国地市级以上国家综合档案馆要全部建成具有接收立档单位电子档案、覆盖馆藏重要档案数字复制件等功能完善的数字档案馆；全国 50% 的县建成数字档案馆或启动数字档案馆建设项目。而对于企业数字档案资源的管理，国家档案局则要求开展企业示范数字档案馆建设，建成一批具有国际先进水平的企业数字档案馆；适时启动国家级电子（数字）档案馆系统项目建设。[①]

随着我国社会经济的快速发展，我国综合国力不断增强，民间资本不断积累。在"社会记忆"工程建设背景下，档案的工具价值和信息价值被重新发现，档案资源管理主体也发生着微妙的变化。2004 年 6 月，我国第一家私人档案馆——屈干臣私人档案馆在广州建立并正式对社会开放，至2016 年屈干臣档案馆共接待省内外参观者 6 万人次[②]以上，广东省档案局还将屈干臣档案馆作为"个人档案馆示范点"。[③] 在我国新型的私人档案馆形态中，除个人档案馆之外，家庭档案馆也逐渐兴起。在我国山东省东营市就有一家特色鲜明的"红色家庭档案馆"，在推动当地档案事业建设方面，民间与官方的合作方式不仅最大限度发挥了红色档案资源的价值，还有助

---

① 《全国档案事业发展"十三五"规划纲要》，国家档案局，http://www. saac. gov. cn/daj/xxgk/201604/4596bddd364641129d7c878a80d0f800. shtml。

② 《买房办私人档案馆 亏几十万元只等闲》，新浪网，http://news. sina. com. cn/o/2016 – 06 – 08/doc – ifxsvexw8672434. shtml。

③ 尚蓉：《我国私人档案馆建设研究》，广西民族大学硕士学位论文，2016，第 19 页。

于当地私人档案资源的无偿代存服务的开展，并进一步演进为间接的民间档案征集和保护活动。

2017年3月22日，我国首家民办非企业性质的省级民间档案馆——广东省岭海档案馆落户潮州。[①] 据介绍，广东省岭海档案馆是在广东省民政厅注册登记的国内首家民办非营利性、集档案文献收集整理、保管利用、研究和展览等功能于一体的民间档案馆。档案馆级别之高，足以说明见我国民间档案保管主体的实力之强、后劲之足。

云计算的强势发展推动了云存储服务的产生和发展。云存储管理的自动化和智能化、强大的存储空间和存储效率、运营成本低等优势，使其迅速成为信息资源管理界的"宠儿"，数字档案资源云存储服务研究逐渐由理论走向实践。国家（公共）档案馆、企业和个人纷纷投入基于云技术的数字档案馆（室）建设的研究和实践中。在这场云技术革新中，企业私有云（内部云）数字档案馆（室）、个人数字档案馆得到大力发展，拓展了企业和个人两大数字档案资源保管主体的发展空间。

（四）数字档案资源监管者

数字档案资源是国家战略资源，数字档案资源的安全关系到数字中国建设和国家整体安全。网络环境下，数字档案资源安全威胁增加。2020年，国家信息安全漏洞共享平台（China National Vulnerability Database，CNVD）收录整理的信息系统安全漏洞累计20721个，其中高危信息系统安全漏洞累计7422个。2020年国家互联网应急中心接收到网络安全事件报告103109件。[②] 可见，我国总体网络安全形势依然不容乐观。

网络安全隐患的存在，或将造成数字档案信息真实性、完整性受损，不利于数字档案信息的存储与传播；或将造成数字档案信息利用者个人隐私的泄露，伤害个人合法权益，影响数字档案信息的开发利用。因此必须在资源建设、保管范围、保管主体、开发利用、安全风险防范等方面加强

---

① 《国内首家省级民办档案馆落户我市》，潮州广播电视网，http://www.czbtv.com/czxw/t20170322_119912.htm。

② 中国互联网络信息中心（CNNIC），《第47次〈中国互联网络发展状况统计报告〉》，http://www.cac.gov.cn/2021-02/03/c_1613923423079314.htm。

对数字档案资源的安全监管，由此也说明数字档案资源监管者的任务艰巨。

1. 行政化监管主体及其职责

新《档案法》第八条规定："国家档案主管部门主管全国的档案工作，负责全国档案事业的统筹规划和组织协调，建立统一制度，实行监督和指导。县级以上地方档案主管部门主管本行政区域内的档案工作，对本行政区域内机关、团体、企业事业单位和其他组织的档案工作实行监督和指导。乡镇人民政府应当指定人员负责管理本机关的档案，并对所属单位、基层群众性自治组织等的档案工作实行监督和指导。"而在我国，"档案主管部门"主要是指国家档案局及各级人民政府的档案主管部门。可见，各级档案主管部门是我国法定的档案事业监管者，其理所当然也是数字档案资源安全的监管者。

在"互联网＋"思维和发展模式下，网络安全环境日趋复杂。2014年2月即中国接入国际互联网的20周年之际，中央网络安全和信息化领导小组成立。该领导小组着眼国家安全和长远发展，统筹协调涉及经济、政治、文化、社会及军事等各个领域的网络安全和信息化重大问题，研究制定网络安全和信息化发展战略、宏观规划和重大政策，推动国家网络安全和信息化法治建设，不断增强安全保障能力。数字档案资源是国家重要战略资源，数字档案资源在线归档、云端存储、开发利用等都离不开网络，国家网络安全建设理应包含数字档案资源网络安全在内。因此，中央网络安全和信息化领导小组也应被视为数字档案资源安全监管主体之一，侧重于数字档案资源宏观网络安全的监管。

因此，国家档案局与中央网络安全和信息化领导小组共同构成了我国国家层面的数字档案资源安全监管者，具体可由中共中央办公厅、国务院办公厅、工信部和国家信息中心牵头，各地相应级别档案主管部门负责。值得注意的是，多头领导之下，更需要明确监管分工，以避免职责不清、互相推诿、"多头"变"无头"的监管局面。监管主体行政化的最大优势就是能够使用行政强制性手段干预数字档案资源安全领域中的非安全行为，压缩安全隐患产生的时间周期，最大限度减少安全损失。

2. 社会多元监管主体及其职责

纵观国际社会，随着社会治理的观念逐渐深入人心，政府行政化监管的一元模式已经不复存在，企业、社会组织和个人纷纷加入信息资源管理的监管行列中，形成了以政府为主导，企业、社会组织、个人等多元主体共同监管的生态格局，档案监管主体也从档案馆发展成国家、社会组织和个人共同组织档案信息的全局式结构。

就数字档案资源安全监管主体而言，应以档案行政管理部门领导为主。地方各级档案行政管理部门在国家档案局的领导下，对数字档案资源安全工作践行宏观层面的领导、监督和指导。网络环境下，数字档案资源的重要性已经引发了社会各界的高度关注。一方面，政府因履行职能的内在要求及其所生产并管理的数字资源总量占有量大，决定其担任数字档案资源安全监管的主导力量；另一方面，其他社会主体如企业营利性组织、非营利性组织（又称"第三部门"或"社会组织"）及个人因为自身数字化生存和发展的需要，以及其在数字档案资源监管中的灵活性好、分布性广等优势，能够弥补政府部门灵活性不高、集中度高的不足，也积极加入数字档案资源监管队伍。由此形成了在数字档案资源生态安全实践中，以政府为主导的多元主体监管格局，突破了传统意义上政府与市场两种秩序的二元模式。

企业方面，由于企业性质不同，我国对国有企业或国有控股企业是按照以行业管理为主的管理体制，由档案行政管理部门会同有关主管部门，制定国企档案工作发展规划，规范企业档案信息化和企业数字档案馆（室）建设，监管破产改制企业数字档案资源，对企业数字档案资源安全实施全面的领导、监督和指导。对私营企业档案工作，我国则按照属地进行管理。但由于私人企业档案资源所有权在企业，档案行政管理部门无权对其进行直接领导和监督，只能对私营企业数字档案资源安全进行业务指导。具体数字档案资源安全监管工作的实施，主要由私营企业档案主管机构负责，按照前端控制和全程管理原则，从企业电子文件应用系统的设计阶段介入，到电子文件形成，再到归档、保管和利用诸环节的全过程安全监控和管理，保证电子文件的真实性、可靠性、完整性和可用性。

社会组织由于其非营利性质、技术力量和运营经费的非稳定性，其数字档案资源安全存在诸多隐患。档案性质管理部门同样无权对社会组织进行直接领导、管理和监督，只能对其提供数字档案资源安全工作的支持、服务、帮助和指导。社会组织数字档案资源安全工作直接对社会组织会员大会、基金会理事会、民办非企业单位理事（董事）会负责。社会组织档案管理机构应加强电子文件归档管理和档案数据库建设，保证电子档案真实、完整、可用和安全。[①]

个人数字档案资源安全由个人全面负责，个人需要为数字档案资源提供足量的存储空间，购置或升级数字档案管理软硬件，维护数字档案资源的真实、可靠、完整、可用，保障个人信息安全。

二　数字档案资源主体生态位与数字档案资源生态安全的关系

数字档案资源存在的意义在于传承和利用。在传承和利用的过程中，数字档案资源主体是唯一具有主观能动性的因素，而这种主观能动性又恰似"达摩克利斯之剑"，既有利于数字档案资源生态安全，又为其安全埋下隐患，而数字档案资源生态安全状态对数字档案资源主体生态位也会产生一定的影响。因此，数字档案资源主体生态位与数字档案资源生态安全之间的关系应该是辩证的，即数字档案资源主体生态位作用于数字档案资源生态安全，同时数字档案资源生态安全也反作用于数字档案资源主体生态位的构成状态。

（一）数字档案资源主体生态位和数字档案资源生态安全

信息时代，生态位思维和方法正在渗透到社会各研究领域。"生态位"是指生物在环境中占据的特定位置[②]，从信息生态系统的概念和特征看，信息生态系统由信息、信息人和信息环境三要素组成[③]，各要素在信息生态系统中都占据一定的位置、起一定的作用，故信息生态位必然是由信息资源（内容）生态位、信息主体（信息人）生态位和信息环境（技术、制度等）

---

① 《广东省民政厅　广东省档案局关于社会组织档案工作的指引》（粤民发〔2015〕167号），广州，2015。

② 曹凑贵：《生态学概论》，高等教育出版社，2002，第86页；娄策群：《信息生态系统理论及其应用研究》，中国社会科学出版社，2014，第70~71页。

③ 蒋录全：《信息生态与社会可持续发展》，北京图书馆出版社，2003，第140页。

生态位等共同构成，而其中信息主体生态位对信息生态位和信息环境生态位的建构起着决定性作用。

所谓"信息主体生态位"是指具有信息需求且参与信息活动的机构、组织或个人在信息生态环境以及与其他信息人的相互作用中所占据的特定位置。[①] 信息主体生态位有不同的划分视角，从信息生态主体角度可将其分为信息产生者生态位、信息服务机构生态位和信息用户生态位。[②] 信息产生者生态位指产生信息的个人或组织在信息生态环境中所起的作用及其占据的特定位置；信息服务机构生态位指信息服务机构在提供、传递信息的生态环境中所充当的角色及其所承担的职能[③]；信息用户生态位是指对信息进行消费利用的个人或组织在信息生态环境中形成的特定地位。数字档案资源主体中的数字档案资源产生者、保管者、利用者则分别对应了信息主体的信息产生者、信息服务机构和信息用户，并建构了各自相应的生态位。

在本书第一章中，"数字档案资源生态安全"被界定为，在信息生态系统中，数字档案信息全生命周期内数字档案资源本体、主体、技术和环境等方面不受威胁，数字档案资源生态安全系统的核心要素之间和谐共处、协同发展的健康状态。它包含了数字档案资源生态系统完整性和健康度的整体水平反映，具有整体性、综合性、区域性和动态性的特征。数字档案资源生态安全既是对数字档案资源整体状态的描述，又是包含了本体、主体、技术和环境等核心要素之间相互关联、互为影响的复杂内容。

（二） 数字档案资源主体生态位与数字档案资源生态安全的辩证关系

数字档案资源主体生态位作用于数字档案资源生态安全，同时数字档案资源生态安全又反作用于数字档案资源主体生态位的构成状态。

---

① 娄策群：《信息生态位理论探讨》，《图书情报知识》2006 年第 5 期。
② 周承聪：《信息服务生态系统运行与优化机制研究》，华中师范大学硕士学位论文，2011，第 32～33 页。
③ 娄策群、杨瑶：《基于信息生态位理论的信息服务机构组织管理》，《情报科学》2011 年第 12 期。

1. 数字档案资源的主体生态位作用于其生态安全的表现

（1）数字档案资源产生者定位不准确为数字档案资源产生埋隐患

生产环节是整个数字档案资源全生命周期的首要环节，相对于数字档案资源传播、利用环节管理来说，它是一项更为复杂的工作，涉及每一个人、不同层次和不同类型的问题。在无纸化办公环境下，数字档案资源主要依赖于网络技术产生。然而在网络环境下，数字档案资源安全危机四伏，除了人为恶意破坏因素如网络攻击外，人为非故意损坏（这里主要指信息生产者生产风险，如操作不当删除元数据）也是数字档案资源产生过程隐患重重的原因之一。数字档案资源产生者在数字档案资源生产过程中所表现出来的信息造假、伪造数据、缺乏责任心等，更是在源头上就注定了数字档案资源安全的"先天性不足"。

（2）数字档案资源保管者定位不合理令数字档案资源传播存危机

各级各类国家档案馆、社会组织、企业和私人是数字档案资源的主要保管者，这些保管主体不仅负责保管数字档案资源，还提供数字档案信息服务，是数字档案资源产生者和数字档案资源利用者之间的纽带。

数字档案资源保管者生态位对于数字档案资源传播和利用具有重要影响，主要体现在：第一，数字档案资源保管者之间职能生态位关系不明确。一方面，现阶段我国数字档案资源保管者主要在各地的工作范围内从事数字档案信息的采集、捕获、保管、利用，跨地跨界资源共享尚未全面开展；另一方面，数字档案资源保管者内部"重保管，轻利用"，使大量数字档案信息成为"黑暗档案""僵尸档案"，阻碍了数字档案信息的传播，降低了数字档案信息的综合价值。第二，数字档案资源保管者服务生态位定位狭窄。现阶段我国数字档案资源保管者服务范围主要集中于满足社会对于凭证性档案信息的需求，对于数字档案资源的文化价值、科技价值等尚未深入挖掘，影响数字档案资源在信息生态圈中的整体功能发挥和生态位选择。第三，数字档案资源保管者服务目标定位不明确。现阶段我国数字档案资源的传播与利用，大多根据社会热点或重大事件临时、阶段性地突击服务，没有制定长期、系统的数字档案信息开发、传播和利用策略，无法形成数字档案资源保管者核心、优势性、代表性业务，难以吸引社会公众的长期关注，而且突击性的数字档案信息服务和传播，容易打断既定的鉴定方案，也打乱了数字档案资源安全策略的整体性实施，导致传播和利用过程中数字档案信息泄密、侵犯隐私权等问题的发生。

（3）数字档案资源利用者"乱作为"让数字档案资源利用生风险

数字档案资源利用者是数字档案资源价值发挥、数字档案信息流转的下游环节，也是数字档案资源质量、数字档案信息服务效果反馈的主体，还是数字档案信息传播利用的主体，该主体行为对于数字档案资源本体安全至关重要。现实中，数字档案资源利用者造成的数字档案资源本体安全威胁时有发生。

首先，数字档案资源利用者在利用过程中侵犯他人知识产权。数字档案资源运行于网络环境，数字化、网络化技术使传统的资源产生、传播形式发生变化，擅自拷贝、复制、泄露数字档案信息资源的现象普遍。金雅拓公司（Gemalto）发布的 2015 年上半年的数据泄露等级指数（Breach Level Index，BLI）显示，全球有记录的数据泄露事件为 888 起，被盗档案数则为 2.46 亿份，其原因在于对数据档案信息加密不完备，使网络社会的信息用户乘虚而入，非法利用数字档案信息。[①]

其次，数字档案利用者在利用过程中侵犯他人隐私权。随着计算机网络技术的发展，数字档案资源的可获取性与共享性增强，但在信息资源利用过程中，数字档案资源利用者会出于某些私利，过度利用他人的网络信息，包括个人信息、背景审查、姓名和住址，使其广泛传播于网络世界，严重侵犯他人隐私权、影响他人正常生活和工作，违背了数字档案资源共享利用的初衷。

再次，数字档案利用者非法入侵数字档案系统。信息技术的发展和更新总是伴随着"病毒"和"黑客"技术的升级换代，两者从未停止过博弈的步伐。"互联网 +"背景下，"病毒"技术和"黑客"技术的发展为信息世界的安全埋下重重隐患。出于多种原因，数字档案利用者或以之为名者在利用数字档案资源时，通过非法程序拦截、获取机密的数字档案信息，或非法侵入档案数据库删除或篡改数字档案信息，影响数字档案资源的真

---

① 《2015 年上半年：888 起数据泄露事件 2.46 亿份档案被盗》，安全狗，http：//www. safedog. cn/news. html？ id =1540。

实性、可靠性、完整性。

最后，网络环境下，数字档案利用者的角色具有不固定性，具有较强的角色自转化特征。数字档案资源产生者、保管者在一定的条件下都可能成为数字档案资源利用者，数字档案资源主体角色的多元化，使其在一定条件的诱惑下，做出不利于数字档案资源安全的行为。

2. 数字档案资源生态安全反作用于其主体生态位的体征

数字档案资源生态安全受数字档案资源主体生态位的影响，数字档案资源生态安全又反作用于数字档案资源主体的"站位"情况，即数字档案资源生态安全会影响数字档案资源主体生态位的建构状态（如图4-5所示）。

对数字档案资源产生者而言，数字档案资源产生环节是数字档案信息流转的源头，源头存安全隐患，则会影响数字档案信息流转的中游、下游环节，最终导致数字档案信息生态位整体变窄和缩小；对数字档案资源保管者而言，数字档案资源安全问题突出，会削弱数字档案保管者的社会公信力，不利于数字档案资源保管者职能的发挥和拓展，不利于数字档案馆信息服务核心竞争力的提升，进而压缩数字档案资源保管者的生态位宽度；对数字档案资源利用者而言，利用非安全的数字档案信息不仅会使利用者自身合法权益受损，还会牵连到数字档案信息流转的顺利完成。数字档案资源利用者因为权益受损，就会转移其信息需求，另寻"良主"，使数字档案资源利用者生态位出现"分化"，并影响数字档案资源群中本身安全的、有价值的信息被"连带"忽视，进而缩窄数字档案信息生态位，压缩数字档案信息在信息生态圈的整体生态位宽度。

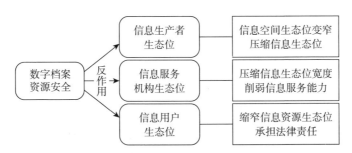

图4-5　数字档案资源本体安全对其主体生态位的反作用

3. 数字档案资源主体生态位与数字档案资源生态安全的对立统一

数字档案资源主体生态位是数字档案资源生态安全的关键内容，主体"站位"得当，则有益于数字档案资源生态安全的完整和健康；主体"站位"偏离，则有损于数字档案资源生态安全完整和健康。

然而，数字档案资源生态安全对数字档案资源主体的"站位"又起着反作用，影响着数字档案资源主体生态位建构的合理性。换言之，数字档案资源主体生态位与数字档案资源生态安全之间是作用与反作用的辩证关系：一方面，数字档案资源的产生（形成）、保管与利用离不开数字档案资源产生者、保管者和利用者，数字档案资源技术、环境安全状态安全受制于数字档案资源主体所在生态位的主观行为；另一方面，数字档案资源生态安全格局对数字档案资源主体生态位的构成、发展起着或拓宽或缩窄等反作用，并促使数字档案资源主体生态位朝着动态平衡方向发展。

探讨数字档案资源主体生态位与数字档案资源生态安全的关系，旨在说明数字档案资源主体"站位"状况对数字档案资源生态安全建设的重要影响，强调在数字档案资源生态安全中应时刻关注数字档案资源主体生态位的合理建构及其生态位安全，毕竟数字档案资源生态安全的建设都是由主体执行、为主体服务的。

三　数字档案资源主体安全存在的问题

根据身份和角色的不同，数字档案资源主体主要可分为数字档案资源产生者、保管者、利用者、监管者四大类。现阶段我国数字档案资源生态安全建设中，数字档案资源各类主体均存在一定的安全问题。

（一）数字档案资源产生者层面

数字档案资源产生者是数字档案信息服务供给侧，是数字档案信息流转的源头，是数字信息真实性、完整性、可靠性保障的第一道关口。但从国家机构、社会组织、个人三大数字档案资源产生者主体看，都不同程度地存在一些安全隐患。

1. 国家机构

电子文件是数字档案资源最为主要的来源，是数字档案资源的前身。有数据显示，我国中央机关及其直属企事业单位生成的电子文件数量占其全部文件数量的72.7%，然而其中42.2%的电子文件没有以任何方式有效保存，74.4%的单位没有采用任何措施保存任何类型的电子文件。① 中央机关及其直属企事业单位是我国国家机构、国企、事业单位等电子文件产生和保管现状的一个缩影，反映出我国数字档案资源前端控制存在较大的安全风险。

国家机构是我国公共数字档案资源产生的最大主体，其产生的、已公开非涉密数字档案资源是我国数字档案资源开发利用的主要来源。然而，在现实中，由于数字档案资源产生者考虑到把符合归档要求的电子文件移交给移交给档案馆后利用数字档案信息不如将其保存在本机构内部使用便捷等原因，即便是到了移交归档期限，仍旧不愿移交。新《档案法》第十五条规定："机关、团体、企业事业单位和其他组织应当按照国家有关规定，定期向档案馆移交档案，档案馆不得拒绝接收。"《电子档案移交与接收办法》第五条、第六条分别指出："属于国家综合档案馆接收范围的电子档案，应当向同级国家综合档案馆移交"；"档案移交单位一般自电子档案形成之日起5年内向同级国家综合档案馆移交。对于有特殊要求的电子档案，可以适当延长移交时间。涉密电子档案移交时间另行规定"。新《档案法》和《电子档案移交与接收办法》虽然都涉及了国家机构电子档案的移交，但新《档案法》中并没有任何惩罚性条款针对未定期移交档案的行为。而《电子档案移交与接收办法》本身法律位阶较低，且对于电子档案具体的移交规定留有缓冲的空间，比如"一般""有特殊要求的""涉密电子档案"等词的表达，为国家机构电子档案是否移交、何时移交保留了较大的"自由裁量权"。《电子文件管理暂行办法》（厅字〔39〕号）第二十七条规定，"不按照规定移交或者接收电子文件"应"由县级以上负责电子文件管理的部门责令限期整改；情节严重的，由有关主管部门对直接负责的主管

---

① 《毛福民：将电子文件管理纳入信息化发展战略》，新浪新闻，http://news.sina.com.cn/c/2008 - 03 - 13/135415141088.shtml？source =1。

人员或者其他责任人员按照有关规定给予相应的处分"。然而如何衡量情节是否严重，相应的处分是什么，这些表达都较为模糊，在实践中缺乏操作性。

《电子公文归档管理暂行办法》（国家档案局令第6号令）指出，"电子公文的真实性、完整性、安全性和可识别性，移交前由形成部门负责"。显然，国家机构产生、形成、积累的数字档案在没有向相应级别的档案馆移交之前，国家机构是数字档案资源安全的唯一责任方。那么，国家机构保存其产生的数字档案资源是否科学合理呢？答案是不一定的。首先，保存数字档案不是国家机构的主要职责。国家机构的主要职责是管理和执行国家和社会事务活动，电子文件管理、电子档案保存只是提高国家机构办事效率的一种辅助方法，而非其主要业务。随着时间的推移，国家机构形成和累积的数字档案资源将越来越多，在存储空间需求、安全性保障等方面将给国家机构带来较大压力。其次，国家机构封闭的保存系统不利于数字档案信息流转。国家档案局第6号令第十条规定，电子公文的归档应在"全国政府系统办公业务资源网电子邮件系统"平台上进行，各电子公文形成单位档案部门应配置足够容量和处理能力及相对安全的系统设备。国家机构内部系统平台和设备的使用，为短期内电子文件归档、数字档案保管提供了相对安全的封闭空间，使数字档案信息能够在国家机构内部流转。然而，从信息生态位和数字档案信息流转视域看，封闭的、"谷仓式"①、碎片化的保管方式，阻碍了数字档案信息的有序流转，不利于数字档案信息价值的及时、全面发挥。最后，国家机构对新媒体档案信息存储缺乏有效管理机制。国家机构对于电子邮件、社交媒介档案记录等方面的归档管理，缺乏较为系统、严格的规定。随着新媒体时代的到来，国家机构也纷纷利用微博、微信等新媒介开展信息服务和业务办理工作，由于微博、微信平台的信息回复具有较强的即时性、互动性、舆论监督性，通常办事效率较高，成为社会公众乐于接受的新途径。相反，电子邮件则主要成为国家机构内部间业务交流的主要方式。而且在电子邮件使用方面，有时也会出现利用私人邮箱处理公务，或电子邮件和微信、微博交叉利用开展工作的情

①　一种通信管制架构，支持数据上下流动，禁止跨部门横向通信。——作者注

形。如此，一方面造成归档数字档案资源完整性受损，另一方面也容易带来数字档案资源安全管理的隐患。轰动世界的美国希拉里"邮件门"事件就是重要的警示。

2015 年 3 月，据《纽约时报》报道，美国国务院官员透露，希拉里·克林顿在 2009～2013 年担任国务卿的四年里没有政府电子邮件账户，只使用个人电子邮件账户来处理政府事务，违反了美国政府要求政府官员之间的通信应作为机构档案加以保留的联邦政府的规定。而希拉里及其团队以涉及私人生活为由将查出的 6 万多封邮件中的 3 万封左右的邮件删除了，而且据传还使用专门软件对痕迹进行了彻底清除。直到 2016 年 10 月美国总统投票前 11 天，在"黑客"的帮助下，被删除的邮件被找回，并被维基解密逐渐公布了邮件。希拉里使用私人邮箱处理政务、恶意删除邮件的行为，最终葬送了希拉里的政治前途，成为其丧失美国总统宝座的重要因素之一。"邮件门"事件的持续发酵，还给美国国家安全、美国政府公信力造成重要影响。希拉里对于邮件的使用和处置行为严重破坏了欲归档电子文件的完整性，严重背离了归档制度的要求。

此外，长期以来我国国家机构之间"条块分割"的痼疾仍然无法全面根除，跨部门、跨机构横向协作较少，也影响数字档案信息的正常、有序流传。虽然在信息化大潮和政府数字转型战略中，我国数量众多的国家机构将逐渐以纸质文件管理为主导的模式全面转向以数字文件管理为主导的模式，数字转型的范围覆盖文件的产生、捕获、利用、处置及保存的全生命周期；将从以"打印归档"为主的分段管理转向"以数字方式"为主的持续管理，最终实现"数字连续性"（Digital Continuity）。[①] 然而，这种转型主要以"谷仓式"、碎片化、全国 IT 基础设施及通用组件的核心所有者缺失为特征。当前，我国国家机构对于信息管理系统主要以市场招标方式进行，不同的系统供应商在价格、系统性能、后期运维等方面存在一定的差异，且不同机构之间进行系统购买或更新的时间不一致，因此不同国家机构之间使用的电子文件管理系统不尽相同，导致在进行电子文件归档的过

---

① 冯惠玲等：《文件管理的数字转型：关键要素识别与推进策略分析》，《档案学通讯》2017
年第 3 期。

程中出现格式不兼容、无法识读等安全风险，最终影响政府数字转型的顺利开展，阻碍数字档案信息的正常流转。

2. 社会组织

我国社会组织形态多样，数量众多，在我国社会进步和经济发展中起着不可忽视的作用。然而，网络环境中，社会组织在其数字档案资源不断增加的同时，其安全工作并没有得到很大的改善。

2017 年 5 月 12 日起爆发的蠕虫勒索病毒 WannaCry 席卷全球（比"熊猫烧香"势头还猛烈）。该病毒通过扫描开放 445 文件共享端口的 Windows 电脑甚至是电子信息屏，无须用户进行任何操作，只要开机联网，就能在电脑和服务器中植入勒索软件、远程控制木马、虚拟货币挖掘机等恶意程序。该病毒主要针对教育资源、数据库入侵，只有支付黑客所要求的赎金之后（有的需要比特币）才能解密恢复文件，这场攻击甚至造成了教学系统瘫痪，包括校园一卡通系统。5 月 14 日上午，360 威胁情报中心发布了WannaCrypt（永恒之蓝）勒索蠕虫进展态势，截至 5 月 13 日 20 时，中国有29372 家机构组织的数十万台机器感染，被感染的组织和机构已经覆盖了几乎所有地区，影响范围遍布高校、火车站、自助终端、邮政、加油站、医院终端等多个领域。其中有教育科研机构 4341 家中招，是此次事件的最大受害者。①

企业方面，我国国企信息化建设发展较快，国有企业档案信息化也逐步被纳入整体信息化建设之中，电子文件数量逐渐增多，逐步实现了文档一体化管理，有些国企还建立了档案信息化管理系统。如江苏省电力公司早在 2004 年 12 月就建立了国内首家企业数字档案馆，然而国有企业档案安全仍面临如下问题：国有企业兼并重组、破产改制活动较多，企业档案缺乏监管，散失严重；有些国有企业仍旧未设置专职档案员或档案人员更换频繁，因此降低了数字档案信息归档质量。

私营企业方面，随着私营企业的快速发展，虽然许多民营企业不断探索档案管理新的工作方法、完善管理方式，在推进档案信息化和改善保管

---

① 《"永恒之蓝" 14 日最新态势：教育科研成重灾区》，新浪科技，http://tech.sina.com.cn/roll/2017 - 05 - 14/doc - ifyfecvzl280637.shtml。

条件等方面取得了明显进步[①]，但由于多种因素的影响，我国私营企业档案管理尤其是中小企业档案信息化建设比较薄弱，与国有企业、规模企业及部分外资企业相比，档案信息化工作起步晚、建档率低，发展水平也不平衡[②]，存在企业管理者档案安全意识薄弱，档案工作受重视程度不高，档案管理人员缺乏必要的数字档案管理技能，数字档案管理分散、无序等诸多问题。这些问题的存在严重影响私营企业数字档案资源整体安全构建，影响企业工作效率的提高和全方位发展。

社会组织作为社会发展不可或缺的"第三部门"，网络环境下其产生的大量数字档案资源的安全工作至关重要。国家和地方均认识到社会组织档案管理的重要性，先后制订和颁布了《社会团体登记管理条例》《基金会管理条例》《民办非企业单位登记管理暂行条例》《社会组织登记档案管理办法》等条例和办法，并采取措施保障和推动了社会组织档案管理工作的开展。如2010年11月，民政部档案资料馆社会组织档案管理数字化系统升级成功，实现了社会组织档案管理的全面数字化。[③]

然而，综观我国社会组织档案数字化管理现状，在信息技术的推进下，各级各类社会组织档案管理已进入数字化管理的初级阶段，数字化仅是新技术环境下档案管理工作的一种手段。由于社会组织档案管理制度建设起步晚，特别是社会组织档案管理体系还不完善，因此当前对于社会组织档案工作的检查主要是套用其他类似组织的档案管理制度和风险防范策略，没有考虑到社会组织自身发展的实际情况，没有认识到社会组织在构建国家数字记忆、历史留存、政策制定、惠民育人等方面具有重要作用。

虽然社会组织档案管理工作有了具体的指导办法，但由于社会组织登记管理部门人员少、人员流动性强，加之社会组织的档案管理工作普遍不被重视，市县级基本没有专人管理，省部级社会组织登记管理机关也缺少对市县级的指导和要求，社会组织档案管理工作存在诸多问题：档案管理

---

① 陆红：《民营企业档案管理需注意"五要"》，《中国档案报》2017年1月9日，第3版。

② 《数字档案管理：私营企业需要做好档案管理工作吗？》，搜狐网，https://www.sohu.com/a/139682908_777579。

③ 朱秀华：《社会组织档案管理的新跨越》，《中国民政》2011年第2期。

硬件配置不达标，大部分社会组织管理部门没有专用的档案室，没有档案数字化设备，数字档案室的建设更无从论及，或有的档案室狭窄、潮湿，保管装具配备不完善，无防火、防盗、防虫设备，影响档案安全；社会组织档案管理人员大多兼职或者流动性强，社会组织档案管理工作不规范；普遍缺乏重视档案资料收集、整理的意识；社会组织档案管理人员意识、专业知识缺失，造成社会组织档案管理信息化、电子化、数字化也一并缺失。

进一步说，宏观层面缺乏国家顶层设计的社会组织数字档案资源的协同采集、有效捕获和科学保管等方面的政策、法律，中观层面针对网络环境下数字档案资源安全的主题也还没有成为社会组织档案管理思考和研究的核心，微观层面社会组织数字档案资源分布式存储在相对封闭的系统内，数字档案资源收集范围、保管期限、开放利用等缺乏有效的监督机制，且只能在局限的领域内传播和利用，没有有效"融入"档案生态系统。上述问题的存在，从档案生态系统及数字档案信息流转视域来看，社会组织数字档案资源的缺失、遗失是档案生态系统的一个"黑洞"，不利于数字档案资源的完整性体现，影响档案生态系统的健康、全面发展。

3. 个人

人不能没有记忆，如果没有记忆，人便无法认识和思维。一个社会，如果丧失了社会的记忆，社会也就无法进步和发展了。[①] 社会记忆是个体记忆和组织记忆共同构成的统一体，但长期以来，档案都是为主流文化和统治者服务的，档案保管机构的馆藏来源主要是党政机关文书档案，而忽视了最能反映社会历史发展的普通民众档案[②]，所以基于此回溯的社会历史面貌将是不完整、不全面的。数字时代，在信息技术和网络技术的共同推进下，普通民众能够借助电脑、手机、iPad 等多元化的数字资源形成终端自由产生内容多样化的个人数字档案资源，与组织机构数字档案资源一起构筑更为全面、可信的社会数字记忆。

然而，个人数字档案资源的产生主体数量大且分散，安全意识相对较

---

① 李伯聪：《论记忆》，《自然辩证法通讯》1991 年第 1 期。
② 尹雪梅：《从云计算到个人数字档案馆》，《山西档案》2009 年第 2 期。

差，数字档案资源的产生具有较强的随意性和鲜明的个性特征，常用的数字档案资源格式有文本文件、图像文件、音频/视频文件、程序文件、数据库等多种，产生的数字档案资源内容包括学习资料、工作文档、娱乐资源、生活记录等多样。网络和新媒体环境下，一方面个人数字档案资源逐渐富集，为社会数字记忆的完整构建提供了丰富的素材；另一方面分散化的个人数字档案资源产生主体不利于数字档案资源的集成管理和共建共享，多样化的个人数字档案资源内容的质量和价值难以评估，对多种类的数字档案资源形成格式无法进行标准化管理，不利于长期保存和长效利用，安全意识不足产生的安全漏洞给病毒的入侵、隐私的保护和权益的维护等带来隐患。这两方面直接影响个人数字档案资源生态位的合理构建，没有合适的生态位又导致个人数字档案资源无法进入数字档案信息流转的正常轨道，进而缩窄了数字档案资源在信息生态圈中的生态位，安全漏洞的存在又对数字档案资源整体生态安全造成严重威胁。

（二）数字档案资源利用者层面

互联网的发展使信息生态系统范围延伸到虚拟空间，数字档案利用者可通过档案信息生态链及时获取所需信息，数字档案信息的收集和处理变得更加便捷的同时，也存在一些不可忽视的问题。

1. 法律视角下档案利用者的信息权利难以全面实现

信息是社会的结构性因素，符合法律权利关系客体所要求的"有用之物""为我之物""自在之物"三个限定条件。因此在法律范畴内，"信息权利"是指以信息为客体的权利，具体可理解为以满足一定条件的信息作为权利客体的法律权利类型，是由多个子权利构成的法律权利束。这些子权利包括信息财产权、所有权、知情权、保密权、隐私权、信息传播自由权、信息安全权等。信息权利是信息社会的权利现象，是沟通虚实两界的伦理中介。

我国国家机构、社会组织和公民享有《档案法》和《政府信息公开条例》双重法规赋予的利用档案信息的权利，该权利关涉信息知情权、保密权、信息隐私权、信息安全权等。信息权利随着信息技术的发展、依法治国力度的加强及公民知情权意识的觉醒逐渐得到保证。但现实中，档案利用者特别是相对弱势的公民个体其信息权利仍旧停留在法律文本中，与信息权利的彻底实现和全面享用还存在一定距离。现阶段，档案利用者信息权利实现中，尤表现为知情权、信息安全权得不到保护。

网络环境下，数字档案信息利用者海量的数据和信息以聚合形式存在于基于客户端的数字档案馆、数字档案信息管理系统以及档案部门的社交网络平台，因此，档案部门已经形成对个人数据和信息的实际控制和垄断。公民作为数据内容的主体不能控制自己的个人数据和信息，无法了解自己的信息和数据在何时、何地、被何人、以何种方式非法收集、使用、加工、传输，以致出现非法买卖、非法提供或公开公民个人信息的现象。因为从法律视角审视数字档案资源共享平台操作流程，并未出现任何保护个人信息安全的责任性条款，即便是网络接入窗口的"温馨提示"也没有。因此，公民仅凭对档案部门的主观信任利用数字档案信息在先，一旦出现个人信息泄露事件则自担责任在后，利用者对自身的信息安全权处于失控状态。

档案利用者虽然享有法律规定的档案信息知情权，但这个权利的享有却局限在档案部门开放档案信息的范围内。虽然新《档案法》第二十条规定："机关、团体、企业事业单位和其他组织以及公民根据经济建设、国防建设、教学科研和其他工作的需要，可以按照国家有关规定，利用档案馆未开放的档案以及有关机关、团体、企业事业单位和其他组织保存的档案"，但"按照有关规定"因其模糊性太强，实则难以把握。档案部门恐因利用后产生不良影响而担责，出于"多一事不如少一事"的想法，往往不予提供利用。因此，虽是出于保护档案利用者更多合法权益的初衷而制订的特殊条款，却成为"以公开为原则，以不公开为例外"的实践解释，给档案部门预留了大量的自由裁量空间，使档案利用者知情权的全面实现也因此受阻。

2. 数字档案信息流转视角下档案利用者的安全隐患

数字档案资源利用者是数字档案信息服务的需求侧，对应于数字档案资源产生者，是数字档案信息流转的下游环节，对数字档案资源建设和数字档案信息服务质量能够起到良好的监督和反馈的作用。由于数字档案资源利用者具有身份的双重性、利用群体整体水平的非均衡性、利用个体的差异性和较强的信息权利意识，有限的数字档案资源难以满足社会关注差异化的档案信息诉求。

国家机构是公共数字档案资源产生的最大主体，为寻求与之相对应的、最大化的数字档案信息利用权，保存在国家机构内部的数字档案馆（室）（如外交部档案馆）的数字档案资源在定期向档案馆移交过程中往往处于保守状态，常以各种理由拖延移交时间、限制移交内容、向档案馆要求更多使用权限等，直接导致数字档案资源使用者之间利用权利的不对等，数字档案资源无法真正实现社会公平共享。

社会组织分散、多样化的存在状况，使社会组织在利用数字档案资源方面呈现出更多特征。事业单位、国有企业因为其产生的数字档案资源具有一定的专门性，且一般都有其内部的数字档案馆（室），所以社会组织作为数字档案资源利用者主要利用的是其组织内部产生和保存的数字档案资源，其利用范围相对固定和集中。但这样的利用状态具有两面性：一方面社会组织对其组织外的数字档案资源的利用较少，形成了一个相对狭小且封闭的"信息环"，不利于组织内外数字档案信息的交流和共享，限制了社会组织信息生态位的拓展和延伸；另一方面社会组织外部的档案利用者难以利用社会组织产生的、非涉密数字档案信息，不利于数字档案信息价值的及时、有效、全面发挥，影响数字档案资源生态圈的可持续发展。

个人（社会公众）数量众多、个性化程度高，对数字档案信息需求具有较强的差异性。从社会公平的角度看，社会公众希望数字档案资源能够实现公平共享；但由于社会公众利用信息权利的有限、可供利用的数字档案资源有限，无法真正实现数字档案资源的公平共享。从个体道德层面（信息伦理）看，社会公众在利用数字档案信息时一般怀有解决工作、学习、生活等一时所需的思想，体现出鲜明的合目的性特征。因此为达到其个人目的，特别是为满足其不当的、非法的信息需求，有人就会采取一些有违常规乃至违法的手段获取其所需信息，进而给数字档案信息存储和传播带来安全隐患。而当个人"临时性"的档案信息需求目的满足之后或在采取多种措施之后仍不能达到其档案信息目的，其利用数字档案信息的行为可能就此停止或转移到其他信息领域，使数字档案信息的流转受阻、信息服务质量难以提升，不利于网络时代长尾理论（The Long Tail）效用的发挥。在以资源租用、应用托管以及服务外包等为特征的云计算环境下，档案信息利用者访问风险被视为云计算技术的七项安全风险之一。[①] 在多用户环境下，云服务商需要设计相应的档案权限树以限定档案利用者的访问权限，以防止档案被篡改、泄密等事件发生。当档案利用者权限树设计、维护机制不当，逻辑隶属关系模糊，则档案利用者在软件服务层的权限继承性就可能会丢失，进而产生安全风险。[②]

（1）网络信息采集包含数字档案用户隐私信息

这里的"网络信息采集"主要指个人信息采集，采集主体包括政府机构、非政府机构、企事业组织或者个人。采集个人信息应只限于法定职权范围，任何单位和个人因工作或生活需要收集个人信息时，都要坚持信息保护原则，在满足自己需求与利益的同时保护好他人的合法权益；在因工作需要收集用户个人信息时，须征得其本人同意，还应告知对方收集的目的及用途。[③]

数字档案用户信息是数字档案馆以及其他档案机构开展网络个性化服务的基础和核心，为掌握充分、详细的用户个人信息以提供高信息服务质量的个性化，数字档案馆及其他档案服务机构利用网络信息采集技术进行用户数据收集，通过隐蔽的方式监视数字档案利用者的信息搜索与浏览过程，如网站服务器中的日志程序会自动记录用户的地址、访问时间、访问内容和结果，使信息的记录和保存更加容易。由此，数字档案馆及其他档案机构就可能为了自身需要出现过度收集数字档案用户信息的行为，侵犯用户个人的隐私，危及数字档案用户信息安全。

（2）信息处理触及数字档案用户信息安全

数字档案馆以及其他档案服务机构为开展个性化服务，会将收集到的数字档案用户信息进行加工处理，将有关用户心理、兴趣爱好和目标等较为敏感的个人事务表露出来。档案馆调用用户信息和查阅用户的使用记录比以前更加方便，但潜在数据的隐性使用危险也会加强，"互联网＋"档案

---

① Brodkin, "Gartner: Seven Cloud - Computing Security Risks", https://www.infoworld.com/article/2652198/gartner - - seven - cloud - computing - security - risks.html.
② 高晨翔、黄新荣：《云计算环境下数字档案馆的安全评估体系研究》，《档案学研究》2017年第1期。
③ 雷春蓉：《档案用户信息隐私权保护研究》，《档案学研究》2014年第5期。

会使数字档案与各行各业的融合度加强，数字档案信息逐渐暴露在大众视野下，数字档案用户的个人信息也会在"互联网＋"环境下被泄露，如果数字档案馆以及其他档案服务机构不重视对数字档案用户个人信息等隐私的保护处理，数字档案用户的信息安全就很容易受到直接威胁。

（3）信息传播利用危及数字档案用户隐私

网络环境下，高容量、高带宽的无线网络和移动网络在为信息传播带来极大便利的同时，个人信息传播的完整性和安全性也受到了挑战。数字档案用户信息传播利用过程中的隐私权问题，源于网络本身的安全性和人为管理的不规范。一方面，档案工作人员在技术上操作不当或失误，造成数字档案利用者信息泄露，更为严重者，数字档案馆或其工作人员有可能在利益驱使下故意出卖或传播具有经济价值的数字档案用户个人数据信息；另一方面，"互联网＋"时代，各行各业的联动性加强，网络用户信息的网络传播空间与范围被动性扩大，信息技术的发展使数字档案利用者信息在媒介传播过程中被第三者采集和传播的可能性大大增加，用户信息安全保护问题出现新的困境。如数字档案用户账户遭黑客袭击，网络广告商制造"垃圾邮件"恶意侵占数字档案用户邮箱，以及虚拟中奖、退款诈骗和早在2009年央视"3.15"晚会就已曝光的危及网银用户安全的"顶狐"黑客事件等，这都是网络信息传播过程中触及网络用户信息安全的问题，将给数字档案用户的隐私权带来极大威胁。[①]

（三）数字档案资源保管者层面

根据档案资源所有权的不同，我国档案保管者主要分为各级各类国家档案馆、事业单位档案馆（室）、企业档案馆（室）、个人。

1. 国家档案馆

长期以来，我国各级各类国家档案馆是集中管理档案的文化事业机构，是档案安全保管基地和电子文件管理中心。在信息技术、管理要求和社会需求等多种因素共同作用下，各级各类档案馆都将数字档案馆作为传统档案馆功能的延伸，将档案收集、保管范围覆盖到实体档案和数字档案。随

---

① 康琼予：《数字档案馆用户隐私权保护机制探析》，《上海档案》2011年第4期。

着我国档案信息化建设"存量数字化""增量电子化"战略的深入开展，各级各类国家档案馆数字档案资源数量逐渐增多，在档案管理方式和馆藏档案结构层面逐步走上"数字转型""数字升级"之路。就当前我国各地数字档案馆发展现状看，涌现出了"深圳模式""杭州模式""青岛模式"等典型，这些具代表性的地方案例一方面反映了我国数字档案馆建设的成果，在实际发展中采取的是自下而上的发展模式，另一方面却折射出我国数字档案馆发展路径与长期以来我国档案工作管理体制实行的"统一领导、分级管理"的集中制、自上而下的垂直管理原则相矛盾。在此背景下，数字档案资源安全工作也主要局限在某地、某馆范围内按照属地档案安全管理的策略开展，不利于跨馆、跨界、跨区域数字档案资源的共建共享。

此外，随着政府网页和新媒体文件逐渐被纳入各地档案馆馆藏接收和归档材料的范围，对于新媒体文件的定义和识别，新媒体文件归档范围和内容，新媒体档案保管期限、保留与处置规范，新媒体档案管理流程等诸多问题还有待进一步解决。从安全内容和思路来看，各级各类档案馆在数字档案资源安全方面主要以控制档案开放范围、开放数量为主，即通过控制数字档案资源开放利用的数量减少数字档案资源安全的隐患。这种"因噎废食"的安全保障模式显然是与数字档案资源保管的终极目的相悖的，也不利于数字档案信息的流转和价值发挥。

从档案利用者角度看，数字档案资源保管者制定的很多规定都是针对利用者做出的种种限制。以某区委老干部局（此处隐去全名）《电子档案利用制度》为例，该制度共九条，其中八条都是对档案利用者做出的要求，而且其中还有一些规定条款内容模糊，缺少指导性和可操作性，比如第五条"未经档案室同意，查阅档案者不得私自拷贝电子档案。发现上述问题，档案管理人员应及时追查当事人的责任"；第六条"利用者对电子档案的使用应在权限规定范围之内"等，档案利用者私自拷贝电子档案应担负的责任是什么、利用者的使用权限有哪些，这些从条款内容中都不得而知。而从该制度还看出，利用数字档案之前还得先申请，征得同意后方可利用，而且利用后也要填写利用效果登记表。这些规定背离了数字档案利用方便快捷、无障碍利用的初衷，人为束缚了档案利用者文化、休闲的利用目的。

从数字档案安全本身分析，其安全是档案利用者和档案保管者双重保障、共担责任的过程，而不能将安全责任一味归咎于档案利用者，因为实际工作中档案保管者"监守自盗"、主观操作失误或管理不当引起的数字档案安全问题常有发生，从某种程度上讲这些行为更应该受到规约和惩罚。

2. 事业单位档案馆（室）

事业单位是我国特有的组织形态。在我国档案管理实践中，事业单位所产生的档案一般由其自身档案馆（室）保管，比如医院、学校。而医院保管的医疗档案、学校保管的学籍、教学档案中个人信息居多，而且包括很多个人隐私和敏感信息，因此对于事业单位数字档案资源的安全保管需要特别谨慎。

近年来，我国各级各类事业单位信息化建设得到较快发展，譬如医疗信息的跨区域共享、远程医疗，学生电子学籍档案管理系统、学籍管理云平台、数字资源教学平台等，极大地提高了数字资源共享和开发利用水平。然而事业单位在数字档案资源安全保障方面，仍旧存在一些问题。2007 年 6 月，上海一高校疑似遭黑客入侵该校的电子学籍管理系统，数千学籍账号密码外泄。[①] 2015 年 6 月，刘某利用自身的计算机知识，侵入广州市越秀区的广州市教育信息中心内部计算机信息系统，非法获取了广州市小学招生报名的 34209 条数据，并修改了下载得来的信息，上传到网上，造成广州市公办小学系统数据外泄。[②] 信息环境下医疗数字档案安全主要在于处理好医疗信息公开和隐私保护这对矛盾。然而，信息技术发展的同时，"黑客"技术也从未停止前进的步伐。复杂的网络环境下，医疗档案安全面临着攻击者利用木马、SQL 注入、分布式拒绝攻击等技术篡改医疗档案信息，医疗档案利用者在利用档案过程中非故意导致信息泄漏、失真[③]，医院档案管理部门对数字档案资源安全保障能力不足等诸多安全隐患。

3. 企业

对于国有企业或大型企业来说，档案信息化管理可以提高企业管理效

[①] 《上海一高校数千学籍账号密码外泄 疑黑客入侵》，中文业界资讯站，http://www.cnbeta.com/articles/tech/28651.htm。

[②] 《广州一女子侵入教育网查学籍 非法发布报名数据获刑》，国际在线，http://gb.cri.cn/42071/2015/11/05/8431s5156429.htm。

[③] 高玉平、李冰华、黄刊迪等：《区域医疗信息共享中健康档案安全与隐私保护的领域分析》，《中国数字医学》2013 年第 11 期。

率，促进企业文化建设，增强企业凝聚力，为企业创造经济效益等。因此，现代企业制度下的大中型企业管理，特别是国有企业越来越重视数字档案馆（室）建设。而以营利为目的的企业，所有业务的开展都需要衡量投入和回报、成本和效益的关系，都希望以最小的投入获得最大的收益，如果项目或业务"无利可图"，则会马上停止。因此，企业数字档案资源安全始终悬着"一根绳"（受制于企业经济状况）：在企业经济态势良好的情形下，数字档案资源安全也会相应得到发展；当企业发展受阻、效益不佳时，企业信息化管理部门常常被首先地被削减，特别是国有企业重组、破产、改制后，数字档案资源如何接管成为当前我国企业发展与改革中亟待解决的问题。

中小型企业的档案信息化建设虽然起步较晚，但在全国信息化建设浪潮中发展迅速，很多中小企业都建立了自身的电子文档管理系统，建立了数字档案室。然而，企业的发展最终是以营利为目的的，特别是在市场经济环境下，中小企业生存环境更为复杂，竞争更为激烈，因此对于很多中小企业来说，档案工作往往处于"说起来重要、做起来次要、忙起来不要"的尴尬地位。企业缺乏专职档案管理人员，基本是兼职，且人员更换频繁，影响企业数字档案资源归档、保管和利用的整体质量，特别是经常性的人员变动对于企业涉密档案安全形成威胁；档案管理制度不健全，数字档案信息传播和利用中的安全风险较难控制；缺乏专业的技术人员维护和更新数字档案管理系统，存在系统漏洞的概率比较大；在档案数字化，数字档案管理软硬件更新、维护等方面的资金缺乏可持续性保障。企业"云存储"服务的出现，在一定程度上缓解了中小型企业数字档案资源存储、管理的人员和技术问题。但组成"云"的各种系统和应用依然要面对在传统的单机或者内网环境中的各种病毒、木马和其他恶意软件的威胁，存在黑客非法篡改、窃取，内部员工的恶意窃取，存放在服务商处的敏感数据无法真正被删除，数据丢失等安全威胁。① 所以如果是企业内建的"私有云"则数字档案信息安全风险相对少一些，如果企业为节省人、财、物而选择"公

---

① 《云存储面临安全风险 应该如何保护数据》，腾讯数码，http://digi.tech.qq.com/a/20100625/000971.htm。

有云"进行存储,一方面在存储空间方面受到限制("公有云"的免费存储空间有限,一般为 10G 左右),另一方面"公有云"必须针对互联网开放,加上为了保证所提供服务的质量,"公有云"本身一般都由相当庞大的服务器集群组成,系统和应用类型繁多,管理复杂,因而自身的风险和面临的威胁也要比"私有云"多。

4. 社会组织档案管理机构

2010 年,民政部和国家档案局联合出台了《社会组织登记档案管理办法》,较为全面地规范了社会组织档案登记的管理制度及相关要求,明确规定了各类社会组织的不同归档范围。此后,各省因地制宜地制定了社会组织档案登记管理制度,推动各省社会组织档案管理水平的整体发展。但与国家机构、事业单位和企业档案管理的发展水平比较,社会组织档案管理还存在较大的差距。其一,制度规范缺位。社会组织档案管理制度建设起步晚,真正规范的、与社会组织工作内容相关的档案管理制度还未建立。针对各类型社会组织具体的档案管理规范与制度缺乏,在实际工作中只能生搬硬套其他类似组织的档案管理制度。其二,受重视程度不足。很多社会组织缺乏对档案工作重视性的认识,档案工作软硬件水平较低,档案工作人员业务能力与专业素质较差。其三,缺乏档案资源接管规定。有的社会组织存在和运转时间较短,其所形成的数字档案资源在组织停止运转后,也没有相应的接管要求和规定,成为数字档案资源自然遗失的重要组成部分。

5. 个人保管者

网络环境下,个人数字档案资源越来越多,包括电子文档、数字照片、视听材料、电子邮件、个人即时信息等多种形式,涵盖个人工作、生产、学习、娱乐等多方面的内容。一般来说,个人主要将其生成和采集的数字档案资源保存于个人电脑硬盘、手机内存盘、U 盘、移动硬盘等小型的数字存储设备中。还有少数人会将其中一些特别有价值的个人数字档案制作成硬拷贝保存在档案盒中。但随着视听个人数字档案资源数量逐渐增加,制作硬拷贝失去了其动态、可视化的功能。

随着像素、帧数、清晰度等质量指标的提升,视听档案资源所需存储空间越来越大,小型的可移动存储硬盘已难以满足个人数字档案资源存储的需求,而大型的电脑存储硬盘可携带性又较差,难以满足及时查看、共享利用的目的。因此，当云存储（主要指免费的"公有云"存储）服务出现后，很多人便将这种在线网络存储的模式作为个人数字档案资源存储的新途径，特别是对新生事物较为敏感的大学生群体。2017年初，上海师范大学档案学专业对大学生云存储使用情况做了专门的调研，形成了《大学生云存储使用情况调查与分析调研报告》①（以下简称《云存储报告》）。《云存储报告》显示，其所调查大学生群体中曾经用过云存储但现在不再使用的人数占31.53%，正在使用的人数占48.13%，从未使用的人数占20.33%。而对未使用过的人数再次调查其对云存储的使用意愿，其中有超过57%的大学生表示愿意尝试使用云存储。对于使用或打算使用云存储的大学生来说，主要原因在于云存储具有"存储空间大""便于文件分享""便捷性"等特征。当代大学生成长在信息技术、网络技术发展的数字环境中，有着较高的计算机操作能力和综合信息素养，其必然是未来数字档案资源产生、保存、利用的重要群体。所以大学生群体对于数字档案资源保管、存储的态度、途径和趋势，在一定程度上反映了社会公众对于数字档案资源保管的总体状况。然而，《云存储报告》揭示出当代大学生对于云储存的安全问题了解并不多。调查者中有9.38%的人反映经常发生数据丢失的问题，有50%以上的人对于云存储安全的信任度较高，有50%以上的人在云存储过程中没有采取相关措施保障信息安全，信息安全和备份意识亟待加强。

大学生群体作为具备较高的计算机操作能力和综合信息素养的代表，尚且有50%以上的人在云存储过程中没有采取任何信息安全保障措施，说明即使是具有相对较高网络知识和信息素养的群体对于云存储安全也处于模糊认知状态。由于云存储技术的发展与普及，利用群体越来越广泛，为了获得第一手数据及更全面了解社会公众对于云存储的使用情况，2019年5月笔者设计了"关于个人云存储使用情况的调查问卷"（该调查问卷详见本书附录部分），并依托互联网开展了在线问卷的发放与回收。

本次网络调查以随机抽取方式进行问卷发放，发放范围覆盖江西、江苏、浙江、广东、湖北、北京等23个省级行政区的城镇和乡村的各类职业

---

① 《大学生云存储使用情况调查与分析调研报告》，吾观档案，https://mp.weixin.qq.com/s/odWHylhnLK_OC8yUieSF7w。

和人群，共发放在线问卷 300 份，回收问卷 277 份，其中有效问卷 277 份，回收率约为 92.3%。该问卷调查报告显示，使用过云存储的人数占本次调查总人数的 85.6%，云存储的目的主要是备份、直接保存数据和信息以及信息共享。在使用云存储的人群中，受访者将工作或学习资料存储于云端的约占 95%，将个人照片、音视频材料存储于云端的占比均超过 55%，还有受访者将账号密码、身份信息等存储于云端（详见图 4 - 6）。

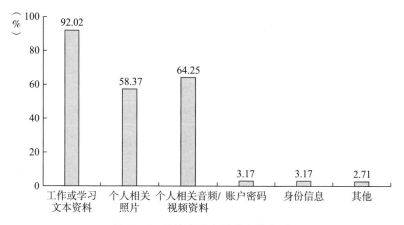

图 4 - 6 受访者云存储内容的类型

在对云存储安全性了解方面，受访者中有一定了解的超过 80%，但其中非常了解的只占到约 4.1%（如图 4 - 7 所示）。在对云存储内容进行安全

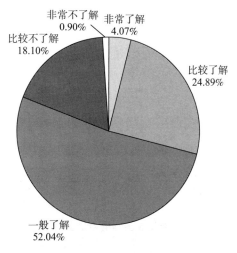

图 4 - 7 受访者对云存储安全性了解的统计

性保障措施方面，有61.5%的人表示从未采取过任何安全措施（如图4-8所示）。这与《云存储报告》中统计的数据较为相近，但与本次调查中高达80%对云存储安全性了解的数据背离。可见，公众对于云存储的安全性虽有一定了解，但并不一定都会在云存储实际行为中采取相应风险应对措施。以上深刻反映出社会公众云存储实际重视意识的淡薄。本次采访中，约有18%的受访者曾经遭遇云存储数据丢失、信息泄露等安全问题（如图4-9所示），而对于这些问题，有超过47%的受访者希望找回丢失数据，但苦于无计可施；对于信息泄露的问题，则因为不涉及个人隐私，表现出无所谓的态度。

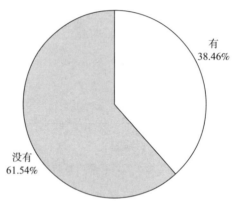

图4-8　受访者云存储中采用安全保障措施的情况

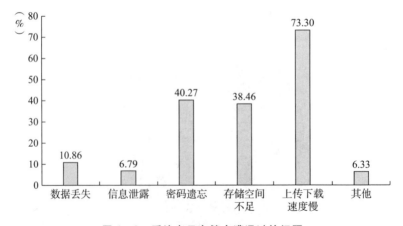

图4-9　受访者云存储中遭遇过的问题

综合比较两次云存储调查报告，不难看出，网络环境下，人们对于云存储的存储空间大、便于文件分享等优势认知比较认可，对于其安全风险也有一定认知，如将账号密码、身份信息等存储于云端的占比较低，不到3%。但明知云存储有一定风险，却少有真正采取安全保障措施的实际行为。对于云存储相关法律只有不到7%的受访者表示比较了解，揭示出受访者对于云存储法律法规了解总体程度不高，以至于在云存储中遭遇数据丢失、信息泄露时维权意识缺乏。

（四）数字档案资源监管者层面

2017年5月全球爆发的大规模WannaCry勒索病毒向人们进一步揭示出科技进步这枚"硬币"的另一面，人们在享用信息科技带来的便捷和无所不在的服务的同时，也开始感到惶恐不安和无可奈何。互联网之中大部分人感受到再无隐私可言。正如苹果公司CEO库克在MIT的演讲中所忠告的那样：人类需要担心的不是机器越来越像人类，而是人类越来越像机器。人性、人类和经济社会的秩序需要公平和有远见的规则和监管的守护，尽管这些规则本身很难完美。[①]

法理上，各级档案行政管理部门是我国法定的档案资源安全监管者；实践中，国家档案局与中央网络安全和信息化领导小组是我国国家层面数字档案资源安全的共同监管者。而参与性、动态性网络环境下，因为社会组织、公民个体等也是数字档案资源的产生者、利用者乃至保管者，所以数字档案资源安全监管离不开社会力量的参与和监督，以便最终形成一个国家层面有组织、有规划，社会层面有支撑、有监督的上下一体、相互促进的数字档案资源安全监管体系。而且，这个安全监管体系必须建立在各部门、各主体之间相互协调、明确分工的基础上。然而事实上，在我国当前的数字档案资源监管方面，仍旧是单一的档案行政管理部门负责制。档案行政管理部门由于其职权有限，比如金融领域、企业信息安全领域等并不是档案行政管理部门职能范围的。也就是说，数字档案资源安全监管在实际监管主体与法定监管主体方面存在责权不清、职能模糊的重要问题。

---

① 杨燕青、林纯洁：《为什么我们需要监管数字货币》，中国日报中文网，http://china.chinadaily.com.cn/2017-06/12/content_29710650.htm。

此外，各级档案行政管理部门在档案安全监管实践中还存在重决策轻落实、重布置轻检查的现象。[①] 这些问题的存在对于我国政府数字转型战略实施、总体国家安全的保障都是不利的。

在社会力量方面，社会公众对于数字档案资源安全的监管主要基于自愿原则，这种安全监管一般不具有法定约束力。但网络环境下，由于社会公众力量分散、覆盖面广、消息渠道更为畅通，因此社会公众对于数字档案资源安全的监管力量和影响范围有时候甚至比官方监管反应更为灵敏。但社会公众对于数字档案资源安全的监管一般都是出于其利益相关性，一旦利益实现则该监管就此"断链"而难以为继。社会监管的非强制性、不可持续性同样会影响数字档案资源安全监管体系的建立健全。

四　数字档案资源主体安全维护举措

数字档案资源主体涉及数字档案资源生产者、利用者、保管者、监管者，以数字档案信息流转过程及数字档案信息传播流程为视角，基于信息商品流通视域，从数字档案资源供给侧、需求侧、传播过程，考察数字档案资源主体安全，既是对国家供给侧结构性改革的响应，是维护公众信息权利的诉求，也是国家总体安全观重视信息传输中端控制的表征。

（一）确保数字档案资源供给侧安全

随着数字档案资源的社会财富价值和国家战略价值逐渐被认可，人们对数字档案资源的总体需求量在逐步增加。与此同时，在档案信息化建设的推动下，数字档案资源总量也在不断增大。正如美国数字归档特别工作组指出的，数字信息的形成者是规避有价值的数字资源丢失的第一道防线。数字档案信息流转始于数字档案资源的产生和供给，因此，数字档案资源供给侧安全也是数字档案资源生态安全的源头。做好数字档案资源供给侧安全，需要数字档案资源形成者、保管者共同努力。

[①] 《国家档案局：加强维护档案安全的督查通报》，《光明日报》2017 年 6 月 6 日，第 3 版。

1. 整体提升电子文件管控能力

2016 年 11 月,《国家电子文件管理"十三五"规划》(以下简称《规划》) 发布,《规划》指出电子文件是信息时代政府管理、经济运行、社会运转和历史传承的重要工具和载体,是国家的核心战略资源,是数字档案的前端。随着国家信息化战略的深度推进,"中国制造 2025"、"互联网 +"行动计划、《促进大数据发展行动纲要》等相继实施,移动互联、云计算、大数据等新兴技术的快速发展,电子文件的形成和管理不再只是某个地区、某个单位、某个人的事情,而是关涉国家安全、社会治理、公共服务的重大战略。从社会记忆和人类文化传承的角度看,电子文件的形成、管理质量对于"数字记忆"的载体——数字档案资源的质量有着直接影响。

从《国家电子文件管理"十二五"规划》出台至今,我国在电子文件管理方面取得了显著成绩,完善了国家电子文件管理部际会议制度,建立了省部电子文件管理议事协调机制,初步形成了电子文件管理规章制度体系,制定和发布了一大批重要标准规范,如《电子文件管理暂行办法》(厅字〔39〕号)、《电子文件管理系统建设指南》(GB/T 31914 - 2015)、《数字档案馆建设指南》等,开展了电子文件基础理论研究、技术创新和教育培训,实施了国家电子文件管理试点工程应用,在电子公文、电子证照、电子发票等重要领域和重点行业的无纸应用方面取得重大突破。与此同时,必须要看到我国电子文件管理实践起步较晚,电子文件管理本土化原创理论较少,电子文件失存、失管、失控现象较为突出,电子文件管理与社会各项事业融合深度不够,电子文件管理的社会认知度还不高。由于电子文件和数字档案的关系密切,这些问题的存在也就直接影响数字档案资源的产生、保管和利用。因此,提升电子文件的管控能力对于数字档案资源质量的整体提升是极为有利的。

《规划》指出,提升电子文件管理质效,应以增强电子文件管理能力为中心,以规范电子文件应用为主线,着力完善制度标准规范体系。鉴于我国电子文件管理实践起步较晚、本土化理论不多的现实,在具体工作中更应该立足我国国情和电子文件管控的实际情况有序开展。第一,进一步加强国家电子文件管理顶层设计。在现有电子文件管理基础上,统筹电子文件管理发展战略、体制机制和标准规范,因地制宜、因时制宜地实行电子文件分级管理、分类指导。在体制机制层面，进一步完善国家电子文件管理部际联席会议制度，优化专家决策咨询和标准化协调推进机制。各省市应完善党委办公厅牵头，政府办公厅、发改委、财政厅、信息化行政管理、档案局等部门协同联动的工作机制，并明确各部门的具体职责分工，各司其职、责任可溯。第二，建立健全电子文件管理制度规范。在信息化大潮和政府数字转型战略中，掌握着 80% 以上信息资源的政府部门将逐渐以纸质文件管理为主导的模式全面转向以数字文件管理为主导的模式，数字转型的范围覆盖文件的产生、捕获、利用、处置及保存的全生命周期；将从以"打印归档"为主的分段管理转向"以数字方式"为主的持续管理，实现"数字连续性"（Digital Continuity）。[①] 然而，从数字档案资源生命周期全过程来看，国家机构数字转型强调的是对数字文件管理模式的转变，而非侧重于对具体的数字档案资源产生格式、产生方式的要求和控制。因此，应尽早发布国家层面的电子文件术语、格式、标识、封装、设备等基础性标准以及电子文件管理评价体系标准，以进一步提高电子文件管理的效能，减少电子文件协同管理的"壁垒"。尤其是要尽快完善电子文件归档、长期保存方面的国家标准，并积极争取电子文件国际标准制定的话语权。第三，推动电子文件管理与国家各项事业协同发展。随着我国信息化战略的深度发展和政府数字转型战略的具体实施，电子文件将成为国家各项工作中的主流文本形式，无论是线上传阅还是线下生成，无论是政府部门还是企事业单位，抑或是社会个体，都将在"无纸化"环境中工作、生活和学习，因此国家各项事业之间加强联动、协同发展既是国家信息化战略的外在要求，也是各项事业提质增效的内在要求。第四，实施电子文件全程管理，加强安全管控力度。由美国保护与存取委员会（CAP）与美国研究图书馆小组（RLG）共同组建的美国数字归档特别工作组指出，避免有价值的数字资源丢失的第一道防线就是数字信息的形成者。[②] 在国家重大基础设施、科技计划和科研管理项目中，对电子文件开展全生命周期管理，建立健全

---

① 冯惠玲：《文件管理的数字转型：关键要素识别与推进策略分析》，《档案学通讯》2017 年第 3 期。
② 胡星火：《基于 OAIS 的数字信息长期保存研究》，南京航空航天大学硕士学位论文，2008，第 4 页。

各地各部门电子文件管理相关法规制度。制定各地区各行业电子文件资源目录，实行电子文件分级分类管理制度、电子文件资源安全保护制度，减少和杜绝电子文件流失、失控和被非法持有。对于已经形成的电子文件实行全过程管理，加强对电子文件的传输、归档、保存、利用、销毁等环节的安全保护，尤其是要强化涉密电子文件的安全控制。

2. 贯彻总体国家安全观，打造国家安全命运共同体

2014 年 4 月 15 日，习近平在中央国家安全委员会第一次会议上强调，要准确把握国家安全形势变化新特点新趋势，坚持总体国家安全观，构建包括信息安全、生态安全、资源安全等 11 种安全在内的国家安全体系，走出一条中国特色国家安全道路。[①] 数字档案资源是国家数字信息资源的核心资源，是影响各国信息化能力和国际竞争软实力的战略性因素。因此，数字档案资源安全是信息安全的重要内容，其必然与总体国家安全息息相关。

贯彻总体国家安全观，首先要树立数字档案资源"总体国家安全观"，这就要求数字档案资源安全相关主体应将数字档案资源安全置于国家安全、社会安全的高度，总体布局、全民联动，共同保障数字档案资源生态安全。基于全生命周期和全过程管理视角，"总体国家安全观"应延伸至电子文件形成阶段，并拓展至数字档案资源利用后的反馈阶段，即安全应始于数字档案资源产生的源头，贯穿数字档案资源全生命周期。

坚持和贯彻"总体国家安全观"，是数字档案资源主体安全最具有主观能动性的措施之一。数字档案资源各相关主体将各自的安全控制行为关联到国家安全的高度、将国家安全视为己任，就能最大限度地减轻"事不关己，高高挂起"的狭隘思想，避免"头痛医头，脚痛医脚"的局部治理现象，保障数字档案资源全生命周期的安全。

国家机构在数字档案资源产生过程中，应加强跨部门协同与合作；使用通用性高、兼容性强的档案管理系统和国际通用或国家规定的存储格式，如对于涉密数字档案，进行分级分类严控管理；进一步规约电子文件管理，严格按照党政机关电子公文相关制度及系列标准，全面推进党政机关电子公文标准化应用，强化安全、可靠、通用型产品在电子文公系统中的应用；

---

① 参见《习近平关于总体国家安全观论述摘编》，中央文献出版社，2018。

规范值班联络、会议服务、公文流转、信息报送、督促检查、协同办公等电子文件的形成办理，优化业务流程，提供工作效率；推进国家机构数字档案室建设，完善电子文件管理相关系统，促进电子文件的归档、保管、利用和移交，实施电子文件全过程管理；推进政府网页、电子邮件、视听等电子文件归档，保证数字档案资源来源的安全性、时效性、稳定性和丰富性。国家档案馆在数字档案资源保管和提供利用过程中，应做好数字档案资源的鉴定与解密工作，对于涉密档案信息进行严格的"脱敏处理"①，从数字档案资源管控源头规避信息安全风险。

企业应设置档案专员制度，严格实施档案人员上岗资格证制度，减少专业素养较低、人员频繁流动造成的数字档案资源管理不善的现象发生；进一步完善国有企业兼并、破产、改制后，数字档案资源接收和保管的制度，减少国有数字档案资产的流失；提升私有企业领导对档案信息化建设的重视程度，为企业档案管理提供良好的软硬件设施，在企业管理各环节强调电子文件产生和保管的重要性，提高企业数字档案安全意识，加强对涉密数字档案的监管。

社会组织应将数字档案内容管理视为国家数字档案资源不可缺少的组分，应充分认识到社会组织数字档案资源对于国家数字记忆构建、人类文化传承中的重要作用。政策法规方面，国家层面应尽快联合出台社会组织数字档案资源采集、捕获、保管等方面的法律法规，通过国家层面的强制性约束减少社会组织数字档案资源的流失。社会组织积极主动向国家有关部门申请制定和完善专门的社会组织数字档案管理制度和规范，特别是要尽快建立社会组织终止服务之后数字档案资源的接管制度，尽量减少制度性缺失带来的数字档案安全隐患。基础建设方面，有条件的社会组织应配备专门的档案管理人员和档案管理软硬件设置，设立专门的数字档案室，条件相对不足的社会组织也可利用其非营利性或公益性的特征招募有一定信息管理基础的志愿者进行管理。

在数字档案资源的产生层面，个人数量大且分散、安全意识相对较差，

---

① 指对个人姓名、身份证号、手机号、医疗病史，企业商业机密，国家安全秘密等敏感信息通过脱敏规则进行数据处理，实现敏感隐私信息的可靠保护的过程。——作者注

数字档案资源的产生具有较强的随意性和鲜明的个性特征；在数字档案资源保管层面，个人对于数字档案资源的存储载体选择多样，但主要以存储密度相对较小、价格相对较低或免费的云存储为主，对新型数字档案资源存储媒介信任度较高，这些特征折射出个人数字档案资源安全防范意识有待加强。考虑到"互联网＋"对于社会公众的颠覆式影响及个人数字档案资源数量逐渐增大，为此，在个人数字档案资源安全方面，第一，个人应重视其产生和保管的数字档案资源的社会价值、文化价值和历史价值，加强和提升数字档案资源安全意识；第二，档案部门应为个人数字档案资源顺利接入公共数字档案资源平台提供指导和帮助，将个人数字档案资源采集纳入国家数字档案资源接收范围；第三，加强对个人数字档案资源著作权、隐私权保护等知识的研究，在保证自身合法权益不受侵犯的同时，避免侵犯他人合法权益；第四，选择合规的通用型数字档案资源保存载体，并做好重要数字档案资源的备份工作。

3. 加强数字档案资源安全宣传与教育推广

宣传活动在人类文明发展史中源远流长。我国历史上"宣传"二字最早出现在东汉末年，西晋史学家陈寿（233～297年）所著《三国志·蜀志·彭羡传》中有"先主亦以为奇，数令羡宣传军事，指授诸将，奉使称意"句。现代意义上的"宣传"一词，起源于1622年罗马天主教皇格列高利十五世创立的"信仰宣传委员会"（Congregation for Propagating the Faith），当时该会简称为Propaganda，意思是通过传教士使用各种文字、语言符号传播教义。

随着社会的发展和技术的进步，"宣传"一词在内容和形式上都得到不同程度的拓展。从内容上分，有政治、宗教、军事、商业、科技等方面的宣传；从宣传形式看，有通过大众传播媒介，如报纸、杂志等印刷媒介和广播、电视、电影、网络等电子媒介，有人与人之间面对面的宣传，如运用语言、姿势、表情等手段。宣传内容的丰富性与宣传形式的多样性发展反映出宣传在政治、经济、文化、科技发展方面的重要作用。"酒香也怕巷子深""养在深闺人未识"，则从侧面烘托出宣传的作用和效果。"数字档案资源安全"是信息技术和网络技术的发展衍生出的新兴话题，对于非专业人士来说还十分陌生，亟待通过宣传来认知数字档案资源安全，提升数字档案资源安全意识。开展数字档案资源安全宣传，需要从档案系统内部和档案系统外部两方面共同着手。

加强档案系统内部数字档案资源安全的宣传，提升和巩固档案系统自身安全意识，应坚持安全第一、预防为主、综合治理、规范运行的原则，确保数字档案信息安全，强化数字档案安全责任落实、基础业务建设、风险隐患管理、应急处置管理和制度建设。[①] 具体来说，一是在档案系统内开展数字档案安全宣传宜采取自上而下的方式，国家档案局应深入贯彻党中央、国务院有关部署要求，统筹谋划，从维护国家安全的高度来认识和推进数字档案资源安全工作，按照国家档案系统安全工作会议统一宣传布置，将会议内容通过会议纪要、通知、内部参考资料等形式逐层下发至各级各类档案管理部门，以便厘清当年档案安全工作的重点及数字档案资源安全的目标；二是各省、区、市档案部门应设立专门的数字档案安全宣传机构或将数字档案安全宣传职能明确到有关处室，由专人负责宣传工作，将数字档案安全宣传常抓不懈，最大限度降低档案系统内部数字档案安全隐患；三是积极宣传档案安全体系建设。要结合"安全第一"战略的实施，宣传"大安全"的观念，宣传数字档案安全理念；要加强数字档案安全科研技术、档案数字化、数字档案馆（室）、数字档案异地异质备份工作的宣传，确保数字档案安全落在实处；加强数字档案信息安全保密的宣传，严防数字档案失（泄）密。要充分发挥档案宣传的舆论监督作用，对数字档案安全隐患和事故及时曝光，无情揭露，全面督促数字档案安全，杜绝数字档案安全事故。[②]

网络环境下，加强档案系统外部宣传是社会全员数字档案资源安全意识提升的重要措施，是构建数字档案资源生态安全格局的重要保障。第一，各级档案行政管理部门应正确把握舆论导向，切实掌握数字档案安全宣传工作的主导权和主动权，对所属报刊、网站以及微博、微信公众号、移动客户端等宣传阵地全面加强管理，综合运用各种宣传工具，通过文字、图片、音视频材料进行数字档案安全立体化、全方位宣传。第二，围绕档案安全突发事件开展宣传，对社会上数字档案安全相关的典型案例、热点事

---

① 《全国档案安全工作会议在津召开》，中国社会科学网，http://www.cssn.cn/zx/shwx/shh-new/201706/t20170606_3541625.shtml。

② 杨冬权：《在全国档案宣传工作会议上的讲话》，《中国档案报》2011年9月30日，第1版。

件进行集中宣传，能获得较高的关注度，快速提升社会公众数字档案资源安全意识，比如利用 2016 年美国总统大选中的希拉里"邮件门"事件、2017 年"永恒之蓝"蠕虫勒索病毒事件进行持续宣传，让安全意识在公众心中不断发酵。第三，围绕重大纪念活动、重要纪念日进行数字档案安全专题宣传。比如利用"国际档案日""档案周""档案月""安全生产日""安全生产月""普法宣传日"等重要时间节点，开展数字档案安全宣传"进社区""进高校""进机关""进工厂"活动，将数字档案安全内容、风险、危害、防治措施等相关内容用通俗易懂、图文并茂、视听动漫等形式全面展现，让公众全面认识到数字档案资源安全的重要性。第四，创办数字档案安全模拟实验室，让社会公众走进实验室，亲身感知数字档案安全的隐患及其危害。第五，实施数字档案资源安全宣传志愿者机制，鼓励个人积极参与数字档案安全资源宣传，并将志愿者活动与社会义工、社会福利等相关联，保证志愿者机制的长效性。

4. 科学制订数字档案资源安全人才培养规划

冯惠玲等人在《文件管理的数字转型：关键要素识别与推进策略分析》一文中指出，能力与责任是世界各国文件管理数字转型的五个共同性要素之一。[①] 而"能力和责任"实质上就是人才队伍培养的问题。对于与文件管理数字转型密切相关的数字档案资源安全保障而言，人才培养同样至关重要。

长期以来，我国档案馆往往被视为"家属安置点"，因其工作人员多是领导或职工的家属，而其中大部分是缺乏档案学理论知识和实践技能的非专业人士。在专业水平和技术要求相对不高的传统档案事务中，这些工作人员的态度和专业化水平本就影响档案管理水平、档案信息资源开发利用和档案信息服务的整体质量的提升，对档案馆社会良好形象的树立也构成了负面效应。数字档案馆建设和档案信息服务网络化的大环境对档案管理的传统理念、技术、方法、模式产生了较大影响，对档案工作人员的业务能力和责任要求大大提升。而复杂网络环境下信息安全隐患的存在使对数

---

① 冯惠玲等：《文件管理的数字转型：关键要素识别与推进策略分析》，《档案学通讯》2017年第 3 期。

字档案资源安全人才特别是计算机科学以及风险管理与控制专门人才的渴求日益迫切。档案人才结构性短缺的问题逐渐受到重视。2017 年 5 月，江苏省发布《江苏省"十三五"档案人才发展规划》①，旨在应对日益加快的电子政务和社会信息化步伐以及档案人才队伍青黄不接、专业人员明显紧缺的严峻挑战，进一步完善档案人才培养、使用、激励和评价体制机制，构建一支结构优、素质高的档案人才队伍。这是我国地方档案人才工作进入全面发展的标志性事件，必将推动该地区数字档案安全人才的培养。

　　档案人才结构性短缺的问题其实是我国档案事业发展中存在的普遍问题，而不仅仅是某地方的问题。因此，从国家安全和档案事业发展的宏观层面看，国家档案局应尽快制订和实施数字档案安全专门人才培养计划，以弥补档案实践工作中管理要求和技术设计不符的"短板"带来的技术壁垒。国家层面的数字档案安全人才培养计划可分四个层面：第一，建设高水准的数字档案安全指导队伍，将信息技术安全领域的专家、学者聘请为数字档案安全高级顾问，他们既能为当前数字档案资源安全现状"诊脉"，又能为现任档案工作人员进行数字档案安全专业培训与继续教育；第二，在高校档案学课程体系和人才培养计划中专门设置数字档案安全课程和人才培养方案，为数字档案安全人才培养和输出提供稳定的人才供给地；第三，要求各地方档案局依托国内外知名高校实施中高级数字档案安全人才继续教育工程，不断提升和强化现有档案工作人员的安全理论和安全技能；第四，新增数字档案安全专员岗位，专门负责数字档案安全监管与风险控制，并对新入职档案工作人员进行数字档案安全认知培训和技能实训。结合上述人才培养计划，各地可根据实际情况进行数字档案安全人才的教育和培养，减少因人才"漏洞"产生的数字档案安全威胁。

（二）保障数字档案资源需求侧安全

　　数字档案资源"需求侧"是与"供给侧"相对应的概念，主要面向数字档案资源利用者。数字档案资源利用者的安全是数字档案资源生态安全不可忽视的重要一面。其不单是指档案利用者隐私及合法权益的安全，还

---

① 《江苏首次发布档案人才发展专项规划》，《中国档案报》2017 年 5 月 30 日。

涉及档案利用者无意识破坏或侵犯他人合法权益，非法利用或蓄意攻击数字档案管理系统，造成涉密数字档案失（泄）密，威胁国家安全、影响社会安定，以及数字档案信息的健康、有序流转。

由于数字档案资源利用者角色的可转换性、整体利用能力的非均衡性、利用个体的差异性及信息权利意识相对较强的特征，数字档案资源利用需求呈现出客观性、立体性、阶段性、无界性、双面性等特征，对数字档案资源利用安全提出更高要求。然而"供给侧"存在的意义和最终目的是满足"需求侧"，因此数字档案资源"需求侧"安全需要从档案利用者信息权利保障、档案利用者对数字档案信息安全的维护来探讨。

为进一步保障档案利用者对数字档案信息的合理、合法利用，保护档案利用者个人信息安全，应采取相应措施加以保障。

第一，构建以信息权利保护为价值导向的档案法律体系。信息权利是一个不断发展的权利体系，它包括多种具体的权利类型。在信息权利制度建构和社会的信息权利保护实践中，应克服可能出现的信息权利缺位倾向。信息权利缺位是指多种原因引起的信息权利内容在社会生活和法律制度体系中的缺失或者萎缩。从现实情况看，在我国档案法规体系中，信息权利缺位现象已经初步显现，如个人信息被遗忘权不受法律保护、档案利用者缺乏其个人人事档案知情权等。在民主社会建构过程中，应更加重视公民信息权利补位建设，充分保障公民信息权利，尤其是保障公民信息安全权和信息知情权。

第二，从法律和伦理双重视角规约档案利用者的利用行为。《民法典》第四编第六章第一千零三十四条规定，自然人的个人信息受法律保护。第一千零三十五条规定，处理个人信息的，应当遵循合法、正当、必要原则，不得过度处理，要求信息处理者应当采取技术措施和其他必要措施，确保其收集、存储的个人信息安全，防止信息泄露、篡改、丢失；发生或者可能发生个人信息泄露、篡改、丢失的，应当及时采取补救措施，按照规定告知自然人并向有关主管部门报告。可见严格规制第三人（方）对公民个人信息的收集、存储、使用、加工、传输等行为是《民法典》的重要内容和目的。档案利用者在利用数字档案资源过程中，不能因为其享有的个人信息权利，而泄露或非法获取涉密档案信息，进而威胁国家利益、侵犯他人合法权益。在一定条件下，档案利用者对于数字档案资源安全维护的义务必须让渡其个人享有的信息权利。比如，当个人在利用数字档案信息时，发现数字档案管理系统存在安全漏洞，个人有及时告知档案管理部门的义务，而不是置之不理，或者随意告知他人，更不能趁机窃取相关重要档案信息进行非法买卖。这是档案利用者安全素养提升的良好表现和进一步要求，是我国信息安全水准整体提高的重要表征。

第三，档案部门应面向社会深度挖掘数字档案信息内容。已开放的数字档案信息数量巨大，档案利用者往往是根据各自的现实需求随机利用，被利用的数字档案信息碎片化特征比较明显，缺乏系统性、关联性。当下，大数据技术、数据挖掘技术逐渐成熟，传统手工管理档案的方式也逐渐被档案信息化取代，工作效率大大提高，因此档案部门完全可以借此加强数字档案信息编研的力度，基于档案利用者视角以专题、系列等方式，根据档案信息内容之间的内在关联，系统性开发数字档案信息，主动推送数字化编研成果，吸引更多潜在的档案利用者，并努力将其培养为忠实的利用者。档案利用者群的稳定、扩大化发展，将会"倒逼"数字档案资源保管者更加主动作为，从而形成一个数字档案信息流转的良性循环。

第四，鼓励档案利用者及时反馈数字档案信息服务中的问题。档案利用者是数字档案信息流转的下游环节或终端环节，在以参与、共享、互动、协作①为特征的 Web 2.0 环境中，微博、微信公众号等社交媒介的应用搭建了档案部门和档案利用者之间实时沟通的桥梁，改变了以往网站调研或问题反馈中单一式问答、被动式等待的局面。在档案利用者与档案部门的交流中，档案部门不仅能够及时得到档案利用者对于服务质量、资源建设和安全风险的宝贵意见，还能改善档案部门沉闷、高冷的社会形象，拉近档案部门与档案利用者之间的距离，让档案利用者真正感受到参与的价值和快乐，并且能促进数字档案信息高效流转，实现数字档案信息价值最大化。

（三）维护数字档案资源传播安全

数字档案资源一头连着"供给侧"、一头连着"需求侧"，然而数字档案

---

① 周文泓：《问题与挑战：Web 2.0 环境中的文件与档案管理探析》，《档案学通讯》2016 年第 5 期。

资源"供给侧"安全的保障，并不意味着"需求侧"数字档案信息的真实、完整、可靠、可用。因为在数字档案信息传播过程中，还存在很多不确定因素。例如一些不法分子，在数字档案信息传播过程中利用木马病毒或者伪基站等技术篡改、删除数字档案信息，一方面档案利用者根本无从知晓档案信息的真伪，影响利用者合法权益的实现；另一方面，档案利用者的账号、密码、验证码等被盗窃，导致个人信息安全受到威胁。为此，加强数字档案资源传播中的安全监管就成了不可忽视的重要议题（如图 4 - 10 所示）。

图 4 - 10　数字档案信息传播中的数字档案信息监管

1. 提升数字档案信息传播安全意识，保障信息流转安全不"断链"

数字档案信息流转链涵盖形成、保管、开发利用（传输）各个环节，只有保障数字档案信息流转链整体安全，才能确保数字档案信息的最终安全。一般来说，数字档案资源安全问题已经不再是新问题，数字档案资源相关主体都已经认识到安全问题的重要性，并将之视为档案工作的生命线。但正是基于此，确保档案信息的绝对安全，就被当作档案工作最重要、最根本的任务。然而，仔细分析，不难发现，现实中数字档案监管者往往更多从档案信息是否泄密，是否应该解密和是否应该开放的角度去考量档案信息安全工作。换言之，更多从维护数字档案资源保管者角度去采取相关安全措施，认为只要数字档案信息不涉密、处于开放期，那么就不再存在档案信息安全问题，而完全忽视了数字档案信息传播中的档案用户信息的安全。只重视档案信息开放源头，对终端档案利用者安全不管不顾，就会造成数字档案信息流转安全链的断裂，最终影响数字档案资源生态安全的整体构建。

可见，档案部门"本位主义"思想占主流，就会严重影响"换位思考"的真正践行。因此，强调数字档案资源传输中的信息安全，最重要的就是强调数字档案信息用户的信息安全，就是要求档案部门、数字档案资源监管者在档案信息流转中既要重视档案利用者的知情权，也要重视档案利用者的隐私权、遗忘权，确保数字档案信息流转安全不"断链"，提升档案利用者在档案信息传播中的获得感和安全感。

2. 设立专门监管机构和职位，重视文件管理能力

鉴于数字资源的多元价值及其过程监管的重要性，学术界对于"数字监管"（Digital/Data Curation）早有关注。一般认为，Digital/Data Curation是为实现数字资料的复用、共享和增值，数字资料生产者、管理者、消费者和其相关人员主动介入并对数字资料全生命周期进行管理的活动。[①] "主动介入"是"数字监管"的突出性特征，体现出监管主体对于全流程风险控制的自觉、自主性意识。

"数字监管"在数字档案资源建设领域，则主要表现为通过设置专门职位、强调文件管理能力要求等加强对数字档案信息形成和流转过程的安全监管。如在美国，数字资源建设领域十分注重能力与责任建设。2011年，美国档案文件管理署设立了联邦政府首席文件官职位，领导联邦政府的文件管理工作。需特别说明的是，该首席文件官办公室拥有相对庞大的人员组成，约有100名全职工作人员，对250多个联邦机构的文件管理进行监督指导。而首席文件官之下，还有高级官员、文件管理专员，由此构建了三层能力与责任框架，安全责任归属明确。澳大利亚也十分重视政府数字档案资源管理能力。《数字连续性2020政策》要求所有机构都要具有国家档案馆要求的信息和文件管理专业资格、技术和能力。澳大利亚国家档案馆（NAA）还颁布了能力矩阵指南，明确了一般员工、信息技术人员和文件管理专业人员在文件管理方面具体的能力要求。[②] 荷兰政府为保证数字化转型颁布了通用数字化基础建设（GDI）法案。该法案后更名为数字化政府法案（Digital Government Act）。GDI法案涵盖政府机构实现社会基础建设相关的数字化产品、数字化标准和数字化设备。设立GDI法案的目的在于通过强制使用电子数据交换等数字化标准提升政府部门的数字化发展和管理。[③] 实

---

① 王海宁、丁家友、聂云霞：《Digital/Data Curation 的概念与翻译研究》，《图书馆杂志》2018年第1期。

② 冯惠玲等：《文件管理的数字转型：关键要素识别与推进策略分析》，《档案学通讯》2017年第3期。

③ 《荷兰政府如何引领全民数字化转型！》，腾讯云计算，https://cloud.tencent.com/developer/news/100124。

践证明，美澳荷等国通过设置专门监管机构和职位的做法有效保障了所在国家信息传播过程中的数字档案安全。

在我国，国家档案局是法定的国家档案行政管理部门，负责对全国档案工作实行统筹规划、组织协调，统一制度，进行监督和指导。2009 年，根据《电子文件管理暂行办法》（厅字〔39〕号），建立了国家电子文件管理部际联席会议制度，由中办牵头，国办、发改委、工信部、财政部、国家档案局、国家保密局、国家密码管理局、国标委、国资委等相关部门为成员单位，负责组织协调全国电子文件管理工作。① 也就意味着，在数字档案资源传播过程中，国家电子文件管理部际联席会议制度的成员单位都是监管者。然而，中办牵头、多头监管的局面，并未对监管责任进行具体划分，难免在发生安全事故时出现职责不清、互相推诿的现象。而且国家电子文件管理部际联席会议制度，并不是政府常设机构或职能部门，在监管职位、人员设置等方面缺乏明确的职责导向，在实践中真正落实数字档案信息的监管职责恐有困难。国家市场监督管理总局、国家标准化管理委员会分别于 2021 年 3 月 9 日、2021 年 4 月 30 日联合发布了《电子文件管理能力体系 第 1 部分：通用要求》（GB/T 39755.1 - 2021）、《电子文件管理能力体系 第 2 部分：评估规范》（GB/T 39755.2 - 2021）。这些标准的发布和实施，为电子文件（档案）管理机构和人员的能力建设，以及开展数字档案资源建设监管提供了重要参照。但这些标准仅是推荐性标准，并非国家强制性法规和制度，且目前这些标准涵盖面仅包括通用要求、评估规范两个层面，因此其科学性、实用性还有待在实践中进一步检验，对电子文件管理能力的具体要求和建设指标也还需进一步建立健全。

鉴于美澳荷等国数字监管和文件管理方面的先进经验，未来我国也应在现有档案管理体制之下，灵活变通。第一，在发挥国家电子文件管理部际联席会议制度优势作用的同时，明确划分各成员单位监管职责，将数字档案信息传播中档案利用者个人权益保护和信息安全作为重要研究议题，探讨科学有效的数字档案信息传播监管机制，保障数字档案信息流转过程

---

① 冯惠玲等：《文件管理的数字转型：关键要素识别与推进策略分析》，《档案学通讯》2017年第 3 期。

的安全。第二，严格贯彻落实《电子文件管理能力体系 第1部分：通用要求》，进一步加快和完善《电子文件管理能力体系》其他相关标准的制定，为数字档案信息人才培养提供翔实的、具可参照性的标准和指南。当中办牵头、多头联合监管的局面并不能发挥实际监管效果时，我国也可以效仿美澳荷等国，建立专门数字监管机构，设置专门数字监管职位，并加大对数字监管的奖惩力度，以此激励优质监管行为、惩治不良监管做法。同时，还可以以志愿者形式征集公民档案员参与到数字档案信息监管活动中，构建政府、社会、公众全面监管的格局。

3. 依托"法律+技术"强化媒介监管，掌控档案信息中端传播安全

媒介和平台是数字档案信息流传的"管道"和"必经之路"，属于档案信息传播的中间环节。"管道"质量、"管道"经营者对数字档案信息监管的力度、"必经之路"上是否有"黑箱操作"，对于原真的、高质量数字档案信息传递到数字档案用户终端十分重要。因为"管道"是第三方传播平台，且很多是商业营利性质，其经营者更注重传播的经济收益，因此对于传播内容的选择、传播质量的保障就会受制于经济效益指向，乃至超越信息伦理的规制范围。

而不论是早期的"人肉搜索"①，还是近来的"51信用卡暴力催收"②均暴露出大数据时代我国个人信息保护的现状不容乐观。数字档案信息作为最可信的信息源，其中涉及的内容关系到诸多数字档案资源形成者、利用者的商业利益、隐私问题乃至国家秘密。因此，强化对档案信息传播媒介和传播平台的监管，以把控档案信息输出过程中信息的绝对安全，就显得十分必要。

在媒介融合背景下，数字信息监管失控、监管主体不明、监管权属不清等问题已成为我国数字监管领域的主要难题。美国学者巴顿·卡特指出，社会的法律最终决定技术应如何发展以及应达到何种"普遍性"，技术须在

---

① "人肉搜索"简称"人肉"，是一种类比的称呼，它主要是指通过集中许多网民的力量去搜索信息和资源的一种方式，它包括利用互联网的机器搜索引擎（如百度等）及利用各网民在日常生活中所能掌握的信息来进行信息收集的一种方法。
② 指有关"51信用卡"公司利用爬虫技术泄露个人资料以及非法盗取个人资料，并委托外包催收公司冒充国家机关，采取恐吓、滋扰等软暴力手段催收债务的行为。

法治的、有秩序的社会里起作用。① 可见，法律的保障和供给、技术的支撑和创新，对于信息传播媒介监管而言，犹如鸟之双翼，缺一不可。因此，在数字档案信息传播中，我国须坚持法律和技术"双管齐下"的方略。

　　法规建设层面，一方面应加强数字档案信息传播相关法律法规的完善，统一监管体系，明确数字信息监管主体权责，避免表面上多头管理，实际上监管缺位、权属不清的矛盾与尴尬；另一方面应尽快制定和出台我国《个人信息保护法》，依靠法律提供责任规则，为数字档案信息传播媒介和数字档案用户划定行为界线，为可能的损失预先确定追责机制，以确保新兴技术的应用不偏离信息伦理的合理范畴，让法律成为技术创新技术上的善法。

　　技术应用层面，就当前数字档案用户个人隐私泄露，以及其他数字档案信息流传、传播过程中出现的信息泄露、信息篡改等安全隐患，应充分利用技术创新的红利，让技术成为法律调控范围内的利器。比如利用具有去中心化、难以篡改优点的区块链技术，通过加密算法实现隐私保护。又如在 AI（人工智能）应用中，在后台算法中嵌入采集敏感信息的禁令等，防止敏感信息被泄露。如此，既有助于数字档案用户充分利用数字技术的便利，又能确保数字档案信息和数字档案用户个人隐私的安全。

---

① 转引自黄春平《媒介融合背景下我国数字内容的监管难题与解决路径》，《深圳大学学报》（人文社会科学版）2007 年第 2 期。

第五章

数字档案资源技术安全的保障

信息技术，是指能够扩展人的信息功能，特别是信息功能的整体——智力功能的技术。信息技术的整体表现是大规模智能信息网络，它是由信息获取（感测）技术、信息传递（通信）技术、信息处理（计算）技术、信息认知与决策（智能）技术、信息执行（控制）技术构成的有机整体。科学技术是第一生产力。正是在信息技术的推动下，各国档案事业都得到了快速发展，数字档案资源越来越丰富，数字档案信息服务也越来越优质。然而，信息技术在促进档案事业现代化的同时，也给数字档案资源生态安全带来了种种安全隐患。2016 年国际档案大会上，国际档案理事会（ICA）宣布的《首尔公报》向全球档案工作者提出数字转型的行动倡议，号召各国"制定数字文件管理方针，采取有力措施开展数字保存，并通过数字技术提升档案利用的契机，为数字时代的社会做出更为有力的贡献"。[①] 因此，全面认知信息技术对数字档案资源安全具有积极推动作用，科学明辨信息技术对数字档案资源安全的威胁隐患，才能更好地"驾驭"这把"达摩克利斯之剑"。

一 数字档案资源技术安全内容

本书第二章从技术功能视角分析了数字档案资源技术安全主要由数字档案资源安全基础设施、数字档案信息流转技术、数字档案信息安全技

[①] 冯惠玲、刘越男、马林青：《文件管理的数字转型：关键要素识别与推进策略分析》，《档案学通讯》2017 年第 3 期。

术①三部分构成。这些技术以功能为主线，其中基础设施设备是基础，信息流转技术是关键，信息安全技术是保障，三者共同为数字档案资源生态安全保驾护航。

（一）数字档案资源安全基础设施建设

数字档案资源安全基础设施主要由硬件基础建设、系统软件建设、网络环境建设三方面立体构成。如果把数字档案资源安全基础建设视为一台电脑，那么硬件环境建设好比是电脑主机、硬盘、显示器、键盘等基础框架，系统软件建设好比是电脑操作系统、办公软件、浏览器、杀毒软件等必要内容，而网络环境建设则好比是电脑联通世界的网络宽带或 Wifi 无线局域网等通信装备。

1. 硬件基础建设

不同类型的数字档案资源，其所要求的硬件条件不尽相同，就如不同的电脑有不同的生产设计。对于原生型数字档案资源而言，其硬件环境是指由档案形成者所拥有的各种物理设施、设备等组成的环境，这些基础设施主要由办公电脑、服务器、扫描仪、打印机、复印机等输入、输出终端设备，网络设备（主要包括传输介质、集线器、交换机、路由器、光电转换等），防磁柜、磁盘、光盘、磁带等存储设备构成。需要说明的是，一个数字档案馆终端设置应至少考虑三种用户，即社会用户、档案馆工作人员、档案馆聘请的数据加工和处理人员。对于转换型数字档案资源而言，传统档案资源转变数字档案资源的过程，即档案数字化过程所需要的一系列硬件设施、设备，主要包括档案数字化操作间、独立工作的计算机、数码照相机、数码摄像机、非线性编辑系统、安防系统、扫描仪、打印机等设备。然而，不论是原生型数字档案资源还是转换型数字档案资源，都需要相对稳定的、物理的操作空间、管理空间和存储空间，即办公室、计算机房、库房等，这是硬件环境建设不可或缺的安全基础和安全保障。信息时代，数字档案资源硬件环境具有电子化、网络化、智能化、集成化等特征，对

---

① 娄策群、李青维等：《网络信息生态技术链技术环境优化研究》，《情报理论与实践》2016年第12期。

数字档案资源安全起着基础性支撑作用。

我国国家档案局发布的《数字档案馆建设指南》（档办〔2010〕116 号）对于数字档案馆系统硬件设施做出了具体的要求，这些硬件设施主要包括服务器、终端、网络、存储及其他配套设备。为保障数字档案资源真实性、可靠性、完整性、可用性，及数字档案信息涉密性等特殊要求，数字档案馆系统中每个独立任务应有相应的服务器来承担处理任务。服务器在信息系统中的重要性不同，可以分成主服务器和辅助服务器两类。主服务器主要承担信息系统数据存储和管理以及应用系统的运行，主服务器的选配必须充分考虑系统性、安全性和高性能。辅助服务器包括辅助应用服务器、网络管理服务器、文件服务器等，承担系统中非核心功能的处理任务。一个数字档案馆系统配备服务器的数量，取决于系统的实际功能，不必强调所有任务都有独立的服务器，可根据财力、数据规模、用户数量及其访问量等，合理选定。

数字档案馆网络设备主要包括传输介质、集线器、交换机、路由器、光电转换等。双绞线和光纤是最常用的传输介质，物理上分散的多台计算机只有通过传输介质才能连接在一起形成网络；集线器可以放大传输信号，主要用于小型网；交换机是一种基于点对点发送数据的网络连接设备，具有网络流量控制等性能，是大型网络组网的必需设备；要使网络之间互连，则必须配备路由器；光电转换设备是实现双绞线和光纤两种不同传输介质的信号转换的设备。

2. 系统软件建设

系统软件建设包含办公软件、杀毒软件、档案信息管理系统等操作系统和数据系统等方面的建设，是让数字档案资源安全基础建设这台"电脑"正常运转的核心部件。系统软件建设是硬件环境建设的"脑力"构建，是数字档案资源库建设的支撑，是保障数字档案资源安全的关键要素，比如各级各类档案馆建立数字文档管理、利用的数字档案信息管理系统平台，完成档案数据的采集、整理、编目、归档、检索、统计等功能，实现档案管理业务的现代化。

《数字档案馆建设指南》指出数字档案馆操作系统的选择要根据数字档案馆的规模和硬件配置等情况来定。终端操作系统通常选择使用与其软硬件兼容、使用较为广泛的操作系统；服务器操作系统要综合考虑任务量、并发用户、安全性等因素。对于数字档案馆的数据库系统则需要从该数字档案馆发展实际和经济、技术水平出发综合考量：在技术支撑力度和管理成本许可的前提下，首先满足数据存储和管理的需求；其次应注意操作系统和应用软件对数据库系统的支持；再次要考虑其开放性和扩展性，为将来系统的升级、迁移免除后顾之忧。数据库系统必须考虑到稳定性和高性能以及档案资源的安全性，所以在选型之前一定要认真规划，周密地分析与考虑，所选择数据库系统应能支持当前及可预见的将来采用的软件，并充分考虑今后几年数据量的要求。在前期规划时要求具有前瞻性，不仅需要决定使用的类型和版本，还需要规划设计数据结构；不仅需要考虑当前存储和管理的数据信息类型，还要考虑未来将要接收进馆的数据信息类型。

在数字档案馆系统运行中，除了操作系统和数据库系统之外，还需根据数据采集、管理、利用等方面需要，配置其他一些系统软件和工具软件，如数据仓库、数据交换、格式转换、非线性编辑、全文检索等方面的软件，以保证数字档案馆系统的正常运转和其服务功能的最佳发挥。

3. 网络环境建设

网络环境建设是指基于计算机技术和现代通信技术，为数字档案信息流转提供支撑的物理网络和信息平台。网络环境建设按其功能不同可分为网络基础设施建设和信息基础设施建设；按其范围不同可分为互联网信息基础设施、城域网信息基础设施、局域网信息基础设施、专用网信息基础设施；按其技术性质不同可分为移动网络信息基础设施、物联网信息基础设施、云计算网络信息基础设施等。具体到数字档案资源安全网络环境建设，主要包含了档案产生机构内部办公网（又称"内网""局域网"）、档案管理业务资源网络（又称"专网"）、档案信息服务网络（又称"外网"）。网络环境的建设实现了档案馆职能从保管服务型到资源发布利用型的转变。通过局域网与各职能部门相连，能够完成档案数据的整合与集成管理功能，实现利用者在线查阅相关档案信息，推进跨地、跨馆、跨库档案出证及档案信息服务的开展。

《数字档案馆建设指南》规定，数字档案馆网络架构一般应面向不同对象、立足现有不同网络，构建服务平台，并提供相应层级数字档案信息资

源利用共享服务。当前，应根据电子信息系统机房设计规范（GB50174 -
2008）、信息安全技术基于互联网电子政务信息安全实施指南（GB/Z24294 -
2009）等标准规范建设三个不同层面的服务平台：一是基于局域网面向档
案馆工作人员和来馆利用档案人员的馆内档案利用服务平台；二是利用当
地政务网建设的面向本级党政机关各立档单位的电子文件归档和档案信息
共享平台；三是利用公众网建设的面向广大社会公众和进行馆际交流的公
共档案信息服务平台。

局域网档案服务平台是数字档案馆建设的基础平台。局域网档案服务
平台应当具备馆藏数字档案传输、交换、存储、安全防护的功能，承担档
案馆"收集、管理、保存、利用"四项基本功能，满足日常数字档案馆业
务管理和提供利用服务的需要。局域网通常还要承担辅助档案实体管理的
功能；政务网档案服务平台是数字档案馆连接本级各党政机关立档单位的
主干平台。它依托本级政务网，能够接收各立档单位电子文件，能够为政
务网用户提供在线档案查阅利用、档案业务指导或其他档案工作服务，实
现党政机关的档案信息资源共享和资政服务工作。鼓励具备条件的档案馆
探索采用云计算等先进技术为各立档单位提供软件服务和存储服务；公众
网档案服务平台，如公共档案信息服务平台，是档案馆实现公共档案服务
和档案信息资源社会共享的有效途径之一，它依托公众网，通过档案网站
建立满足公众查阅档案需求的利用窗口，同时，采集具有重要保存价值的
各类数字信息，进行资源整合，实现公众档案信息资源的社会最广泛共享。
该平台还可采取必要的安全措施，实现馆际档案信息交流。

（二）数字档案信息流转技术

数字档案信息流转是指数字档案信息在网络信息生态链中不同类型的
数字档案资源主体之间流动和转化。完成网络环境下数字档案信息的流转，
需要相应的技术予以支撑，这些技术共同构成了数字档案信息流转技术集
合。这个技术集合主要包括但不限于数字档案信息获取技术、数字档案信
息处理技术、数字档案信息组织技术、数字档案信息存储技术、数字档案
信息传播技术等。数字档案信息获取技术是指延长数字档案资源主体感觉
器官而采集数字档案信息的技术，主要包括数字档案信息检索技术、搜索

引擎技术、数字档案信息调查技术、数字档案信息观察技术等。数字档案信息处理技术是指利用计算机对多种形式的数字档案信息进行转换、比较、运算、分析和推理的技术，主要包括人工智能技术、数据挖掘技术等。数字档案信息组织技术是指使零散、无序的数字档案信息实现有机联系和序化的技术，主要包括超文本技术、档案数据库技术等。数字档案信息存储技术是指跨越时间保存数字档案信息的技术，主要包括服务器直连存储（DAS）、网络连接存储（NAS）、存储局域网（SAN）等技术。[①] 数字档案信息传播技术是指将非涉密、已开放的数字档案信息主动或被动地向档案利用者传递的技术，主要包括数字档案信息发布技术、电子出版技术等。

随着大数据时代的到来，数据档案之间的流动和转化也是数字档案信息流转技术需要关注的新的重要层面。数据档案的流动一般分为数据档案输入流与数据档案输出流。而要实现如文字型和数值型等不同类型数据流之间的价值，就需要通过数据档案转换的方式。数据档案转换也是应对软件和数据库升级造成的数据库构架与数据存储形式不同的技术要求。当前数据档案双向流动技术、3D数据流动技术，面向数据库的DUCOM数据转换技术、基于XML的GIS数据转换技术等都是较为常见的数据流动和转换技术。

（三）数字档案信息安全技术

数字档案信息安全是数字档案信息设备、数字档案信息、数字档案信息管理软件三者安全的集合体。[②] 数字档案信息安全技术是对数字档案信息和数字档案信息管理系统的安全进行保护的技术，主要包括数字签名技术、加密技术、认证技术、访问控制技术、防病毒技术、防火墙技术、入侵检测技术、网络扫描技术、密钥技术、网络控制技术、安全网管系统等。按其技术特性、保护对象及发挥的作用不同，数字档案信息安全技术可分为基础支撑技术、主动防御技术、被动防御技术和面向管理的技术4个层次[③]（如图5-1所示），基础支撑技术如PKI、数字签名等各种密码技术，主动防御技术如防火墙、VPN和计算机病毒查杀等，被动防御技术如扫描、

---

① 谢胜彬：《DAS、NAS与SAN的研究与应用》，《计算机与现代化》2003年第7期。

② 赵雪莲：《计算机网络信息安全技术探讨》，《网络安全技术与应用》2015年第9期。

③ 韩淑艳：《关于对信息安全技术体系的探讨》，《科技与企业》2015年第7期。

IDS、数据备份与恢复、信息安全审计等，面向管理的技术如网络监控集成可能的网络控制技术等。

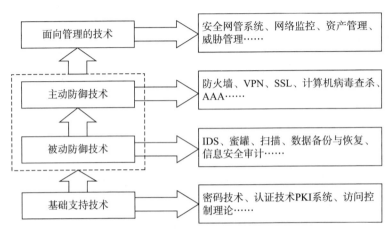

图 5 - 1　数字档案信息安全技术体系

数字档案信息安全技术是保障数字档案资源真实、可靠、完整、可用的最后屏障，也是数字档案信息法律效力、"单套制""单轨制"实施、第三方数字档案信息服务机构可信度保障的决定性因素。由于信息技术的发展不是一成不变的，因此数字档案信息安全技术也需要根据外在信息技术、安全环境的变化和内在数字档案信息安全需求适时地更新和改进。从数字档案资源生命周期和全过程管理来看，每个阶段的数字档案信息安全技术防控内容各有侧重。

在形成过程中，其安全要求主要表现在保障"两型"（原生型和转换型）数字档案资源的完整性、真实性与准确性，尤其是转换型数字档案资源在数字化过程中。因此，可采用扫描多页图像技术、扫描 PDF 文档技术、版式文档 OFD 的选择和应用等，确保档案数字化过程中数字档案信息的完整性；对于扫描之后的数字档案图像，利用人工校对与自动校对技术提高数字档案信息的准确性；数字档案信息真实性的保障侧重于数字档案内容、结构和背景信息在多次传输、迁移等过程中依然保持其原真性，现有维护数字档案信息真实性的主流技术是数字水印技术，有图像水印、音视频水印、三维水印等。

在存储过程中，需要根据数字档案信息存储载体的理化性能采取相应的技术性保护措施。因为当下数字档案硬件存储技术的发展还不成熟，常用数字档案载体物理寿命有限，且数字读取技术的发展和更新也要求建立数字档案信息存储周期制度，以便对数字档案信息进行周期性保护。而周期性保护措施的实施需要根据不同存储载体、读取设备的生命周期进行有针对性的保护，如定期检测存储于数字载体上的数字档案信息，包括新型数据存取设备对旧型数据载体的兼容性检测，利用定期迁移技术对数字档案信息进行迁移等。

在利用过程中，我国根据数字档案公开程度的不同和数字档案信息利用实践的要求，对数字档案信息系统安全进行了分级保护，具体来说可划分为数字档案信息系统用户自主保护级、数字档案信息系统审计保护级、数字档案信息系统安全标记保护级、数字档案信息系统结构化保护级、数字档案信息系统访问验证保护级。[①] 网络环境下，数字档案信息的安全则需要分为内网和外网两种情形。内网利用数字档案信息着眼于处理数字档案信息的保密与利用的关系，一般是通过对利用者权限的控制，比如制度控制、深度查阅、预授权限来实现。档案内网由于与外网隔离，数字档案信息安全隐患相对容易控制，因此在安全防护层面要相对简单。但在相对复杂的外网环境中，数字档案信息安全遭受的安全风险增多，保证外网中非涉密数字档案信息的安全，重点在于防病毒和防黑客攻击。在病毒防治方面，主要是选择防病毒性能良好的硬件设备采用正版杀毒软件及时查杀病毒，适时升级病毒库；在预防黑客攻击方面，针对信息炸弹、后门程序、网络监听等黑客手段，可采取防火墙技术、黑客入侵检测、系统漏洞扫描技术、带有防火墙功能的安全路由器、网管等措施。

二　数字档案资源技术安全实践现状与发展趋势

全球正快速全面进入数字时代，解决数字档案资源安全问题的紧迫性越来越强烈。在数字档案资源技术安全理论研究方兴未艾之时，数字档案资源技术安全实践也逐步展开。

---

① 樊振东：《网络信息环境下数字档案信息安全保护分析》，《中国管理信息化》2016 年第 17 期。

（一）数字档案资源技术安全实践现状

数字档案资源技术安全主要由数字档案资源安全基础设施、数字档案信息流转技术、数字档案信息安全技术三部分构成。随着网络环境和信息技术的发展，在数字档案资源技术安全实践中，这几个方面都有所推进，但仍需进一步提升。

1. 基础设施建设取得较好成效，但仍需加强和推进

数字档案资源安全基础设施建设最典型的代表就是数字档案馆建设。数字档案馆（室）是数字档案资源的家。数字档案资源安全，首先需要有数字档案馆基础设施建设作为前提和保障。深圳、青岛是我国最早进行数字档案馆建设试点和规划的两个城市。之后，北京、浙江、上海、江苏等地先后开展了数字档案馆规划和建设。在数字档案馆建设热潮中，上海市各区数字档案馆建设坚持科技引领，充分发挥专业技术公司与档案馆技术部门的合力，在创建工作中形成了一些特色。在基础设施方面，基于承载数字档案馆系统建设需要，上海市各区数字档案馆创建单位都构建了局域网、政务网、因特网三条运行通道；严格执行三网隔离，局域网与政务网、局域网与因特网之间实施物理隔离，政务网与因特网之间实施逻辑隔离。闵行区、杨浦区、普陀区档案馆等按照三网配齐防火墙、入侵检测、网络审计、漏洞扫描、日志审计等安全设备，保证了信息与网络安全，并按照双机冗余要求配备满足业务需要的交换机、服务器及存储备份设备，确保系统长期、稳定、高效运行。[①]

2010 年 6 月，国家档案局出台《数字档案馆建设指南》。2013 年 10 月 10 日，国家档案局组织召开了全国数字档案馆（室）建设推进会，旨在树立一批可供学习的数字档案馆（室）建设先进典型，倡导各级档案馆（室）以实际行动开展数字化，实现"数字转型""数字升级""数字换代"，在全国档案系统形成"数字导向"，推动建成更多的数字档案馆（室）。[②] 会

---

① 《持续推进数字档案馆建设 提升档案管理现代化水平——以上海市各区数字档案馆建设为例》，《中国档案报》2019 年 3 月 4 日，第 3 版。

② 孙昊：《全力打造传统档案馆（室）"升级版" 全国数字档案馆（室）建设推进会在江苏太仓召开》，《中国档案报》2013 年 10 月 17 日，第 1 版。

议提出用 15 年左右的时间，建成以数字资源为基础、安全管理为保障、远程利用为目标的数字档案馆（室）体系，使各级各类档案馆（室）能够实现对电子文件的归档和管理并按规定及时移交；县以上国家档案馆基本建成数字档案馆，能够接收和保管各进馆单位归档的电子档案，对馆藏传统载体档案全部数字化，实现馆藏档案的数字化利用、馆藏开放档案的互联网利用以及馆藏电子档案的安全保存和长期可利用；县级机关以上档案室传统载体档案基本数字化并实现数字化利用。《全国档案事业发展"十三五"规划纲要》也明确提出，持续推进数字档案馆建设，至 2020 年，全国地市级以上国家综合档案馆要全部建成数字档案馆。为全面加强数字档案资源建设，切实推进数字档案馆建设及提升数字档案馆安全保障能力，2014年国家档案局先后发布了《国家数字档案室建设指南》《数字档案馆系统测试办法》。在上述纲要、政策、文件等大力指导下，全国各地积极开展数字档案馆（室）建设实践，取得了较好效果。以上海市为例，截至 2019 年，16 个区档案馆中已经通过"示范级""国家级"数字档案馆系统测试的共有 7 家，通过率已近 50%。①

青岛市数字档案馆、珠海市数字档案馆分别是我国首家、广东省首家获得"全国示范数字档案馆"称号的数字档案馆。这两家数字档案馆在技术安全建设方面所反映出的共同点主要在于：一是以"三网平台"（局域网、政务网、互联网三个网络平台）为基础；二是基于大数据、云计算和物联网技术推动数字档案馆建设；三是与智慧档案馆建设相结合；四是与移动互联网应用相结合，档案 App 系统不断出现；等等。然而青岛、珠海等数字档案馆建设实践只是先行者的代表，从全国范围看，在数字档案馆建设实践中还存在一些亟待改进的地方。如技术标准规范亟待完善，虽然国家档案局颁布了《数字档案馆建设指南》《数字档案馆系统测试办法》《数字档案室建设指南》等内容越来越详尽的指南、办法，规定了电子文件接收与管理、数字档案资源数据库建设、信息安全标准规范，但地区性的具体技术应用或工作流程上尚缺乏。又如网络病毒的技术难点仍未破解，时刻威胁着数字档案信息安全。由于我国社会经济发展区域不均衡发展的

---

① 施建仇：《论数字档案馆建设面临的困境及解决对策》，《传媒论坛》2019 年第 14 期。

现实，我国西北部欠发达地区在数字档案馆建设中稍显滞后，在一定程度上也影响我国国家层面数字档案资源共建共享进程。

2. 信息流转技术广泛被利用，但技术标准体系亟待建立

信息流转是盘活数字档案资源、实现数字档案资源价值和增值的主要路径。为满足社会数字档案信息需求、加快数字档案资源开发利用，数字档案信息流转技术得到了大力发展。如在数字档案信息获取技术方面，随着政府网页文件、社交媒体文件、程序文件、数据库文件、数据文件等新兴文件与档案管理对象的出现，各地数字档案馆纷纷采用网络爬虫技术采集互联网档案信息资源，以加强数字档案资源采集和获取的全面性。云计算技术的发展推动了云存储技术的应用，档案部门根据自身实际情况，结合云存储的优势，也看到云存储带来的机遇，尝试将非涉密、可开放的数字档案资源存储在"云端"，实现数字档案信息的共建共享，即所谓的"云档案馆"。存储技术方面，国家档案局明确提出对重要档案实施异地备份制度，《电子文件管理暂行办法》也明确要求有条件的各级国家综合档案馆应建立本级电子文件备份中心或异地备份库，在此背景下，存储备份技术得到了极大发展。2009 年 2 月，"档案信息数据应急响应与灾难备份系统"在武汉启用，该系统采用 SAN 存储架构和双机互备方式建立了应急响应机制，形成了《武汉市档案馆档案信息数据灾难恢复应急响应预案》。[①] 而在数字档案信息传播技术方面，搭乘"两微一端"等社交媒体平台，利用社交媒体技术加强数字档案信息的传播，各地数字档案信息传播 App 也纷纷亮相。我国绝大多数省级综合档案馆都设有微信公众号，在主动推送档案信息、方便群众查阅档案信息方面发挥了积极作用。

上海市在数字档案馆建设领域中表现较为抢眼。近年来，上海市各区数字档案馆积极推进电子档案管理，加快数字档案信息流转与信息共享。随着上海政务服务"一网通办"的全面推进，无纸化办公日益普及，越来越多的文件材料以电子形式单独归档。以"一网通办"为契机，2018 年 10 月颁布的《上海市"一网通办"电子档案管理暂行办法》中明确提出，"真实、完整、可用、安全的电子档案与纸质档案具有同等法律效力"，至此电

---

① 赵屹：《数字时代的文件与档案管理》，世界图书出版上海有限公司，2013，第 112 页。

子档案管理已成为电子政务建设的完整闭环。在推进电子档案管理工作中，徐汇区、金山区、松江区档案馆按照国家和上海市电子文件归档管理和电子档案移交、接收的相关标准规范，与负责电子政务的相关部门积极协作，通过系统接口与区政务网 OA 办公系统无缝对接，研究使用数字签名和电子印章技术，打通原生电子文件从形成、办理到办结、归档的流转渠道，搭建电子档案移交接收平台，实现"增量电子化"，为政务服务"一网通办"电子档案规范管理奠定了坚实基础。[①]

尽管数字档案信息流转技术被广泛应用在数字档案工作各个环节，相关技术研制也在不断提速，但在多媒体档案管理标准、全文数据库标准、数字档案馆评价标准等方面还有阙如。相关技术标准的缺位，将使数字档案信息成为"信息孤岛"，极大掣肘数字档案信息流转的效率和效果。因此，未来应加快建立健全数字档案信息流转技术标准体系，尽快扫清数字档案信息流转障碍，实现数字档案资源价值最大化。

3. 信息安全技术不断推陈出新，但安全风险依然突出

信息安全技术是数字档案信息安全控制措施的基础。在全球新兴技术不断迭代发展的浪潮之下，数字档案信息安全技术，如数字签名技术、加密技术、认证技术、访问控制技术、防病毒技术、安全网管系统等也得到了迅速发展。如数字签名技术是在网络通信环境下为保障信息接收者正确鉴别所接收信息内容的真实性，或证明信息发送者身份的合法性，而在信息传输过程中附加的一个特殊数据块。当前，实现数字签名的方法以公开密钥加密算法（也称"非对称加密算法"）最为普遍。数字档案馆信息查阅服务、跨馆出证等，也多以公开密钥加密算法为标准。

区块链技术是当前新兴信息安全技术的热点，具有防篡改、多方共同验证、分布式存储等诸多特点，将区块链技术应用于档案数据管理领域，能够促进档案数据管理业务在归档、存储、传输、防伪和信息安全方面得到进一步完善，区块链技术在数字档案资源技术安全实践中也初露端倪。2019 年 6 月 20 日，中国石化总部的"企业电子文件归档与电子档案管理试

---

① 《持续推进数字档案馆建设 提升档案管理现代化水平——以上海市各区数字档案馆建设为例》，《中国档案报》2019 年 3 月 4 日，第 3 版。

点"顺利通过验收，该试点项目基于区块链技术实现了电子档案的真实性验证，达到了试点的既定目标，归档范围合理、归档过程规范、归档存储格式合规、元数据齐全、"四性"检测有效，实现了财务、公文、招投标 3 个业务线共 7 个系统的电子文件的集中、统一和安全归档管理。① 为了保证企业电子档案的数据安全、避免泄密，中国石化在使用区块链技术时，仅在区块链上保存电子档案文件的哈希值及检索必要的档案属性元数据，有效避免企业文件泄密。一旦需要对电子档案进行验证时，仅需对现有文件计算哈希值并与区块链中对应值进行对比，如有差异则表示保存文件被篡改。通过档案系统与区块链平台的集成，可以在档案系统中对借阅的电子档案进行文件上传并进行校验，如通过校验，则可展示该文件在档案系统中的各类元数据信息，例如题名、归档人、归档时间以及文件四性检查日志等相关信息。通过区块链与档案系统集成，可以在有效对电子文件真实性进行保护的同时实现跨企业电子文件交换及验证。

互联网技术、材料技术、信息技术的发展和普及，使人们在享受信息利用与信息服务便捷的同时，不得不承受信息风险的威胁。因此，每一次信息技术的升级，对数字档案资源安全而言都是机遇和挑战并存。数字档案信息安全技术更新换代频仍，且每一项新技术的使用都伴随着新的信息安全风险出现，一方面，由于新技术本身还不够成熟，还需要进一步改进、验证；另一方面，并非所有新兴技术都适用于数字档案资源安全管控。譬如，当前的新兴技术宠儿——区块链技术，其对现有数字档案信任管理只是一种补充作用，并非根本性的档案长期可信、不可篡改的办法，也无法保证上链之前档案信息内容的真实性。此外，作为智能合约基础支撑的区块链联盟链在运行时会互相调用并读写区块数据，因此交易的处理时序特别重要，如果只能逐笔进行，则会严重制约节点的处理能力。② 然而，信息技术的新老交替是必然趋势，既要看到新技术应用于数字档案信息技术安全方面的优势，积极接纳、大胆采用；也应看到其可能招致的信息安全风

---

① 江波：《中国石化如何基于区块链技术实现电子档案的真实性验证》，档案那些事儿，ht-tps：//mp. weixin. qq. com/s/NYQv - f0Yr6jZ4o7UfvblDw。
② 《央行数字货币研究所所长姚前：区块链技术的特点和未来发展趋势》，第一财经，https：//baijiahao. baidu. com/s？id = 1598898794896821813&wfr = spider&for = pc。

险，谨慎对待、稳步推进。

（二）数字档案资源技术安全综合性实践案例——江西省档案馆

科技改变世界，科技改变数字档案管理。在这个科学技术快速迭代更新的时代，大数据、云计算、人工智能等众多新技术不断应用于电子文件与数字档案管理实践，有代表性的数字档案资源技术安全实践案例也不断增加。比如在语义管理方面，国家电网格式档案内容管理、中国台湾档案语义挖掘、战后昆士兰建筑档案数字化项目等案例[①]，都是数字档案资源技术安全实践的典型代表。由于数字档案资源技术安全涉及的技术面很广、内容较多，为了更加全面、综合性地体现数字档案资源技术安全的整体运行情况，本书选取了江西省档案馆作为综合性实践案例，进行详细阐述。

选择江西省档案馆作为综合性实践案例，原因主要有四。第一，在研究过程中，本研究团队多次到江西省档案馆实地走访调研，对该馆数字档案资源技术安全实践相对比较熟悉。第二，江西省档案馆在数字档案资源安全体系研究与实践中，逐渐形成了较为成熟的数字档案资源技术安全策略。第三，江西省位于我国东南偏中部、长江中下游南岸，在我国 2019 年31 省市 GDP 排名中，江西省居 16 位[②]，处于全国中等发展水平的位置，其地理位置和经济发展是我国经济社会总体发展状况的一个缩影。第四，江西省档案馆档案信息化发展整体水平在全国处于中等发展水平（根据国家档案局官网有关我国副省级市以上网站建设、信息服务等统计数据和资料得出该结论），在一定程度上能代表我国现阶段数字档案资源技术安全建设的总体水平。

1. 江西省数字档案资源技术安全实践现状

江西省档案馆作为省级国家综合档案馆，既是江西省电子档案备份基地，又是档案保管机构和江西省社会记忆保存中心，其安全策略主要从实体档案安全、数字档案安全两个方面进行部署。

数字档案资源是江西省档案馆技术保护处的主要工作对象，这一专门

---

① 根据冯惠玲教授 2017 年 6 月 8 日在广西民族大学所做《档案转型大趋势》学术报告整理。
② 《2019 年全国 31 省市 GDP 排行榜（附全榜单）》，中商产业研究院，https://top.askci.com/news/20200123/1356161156523.shtml。

性处室现设处长 1 名，下属工作人员共 7 名，其工作职责主要是保障电子档案安全和完整并提供利用，其工作内容包括省直属电子档案的接收、传递、保存及备份及安全设备设施以及软件、系统等的运行维护；档案馆网络、数据库、操作平台的建设与维护；馆藏档案资料的数字化工作；电视视频资料录制编辑工作等。① 江西省档案馆数字档案安全策略主要通过建立和实施"人防""物防""技防"三大体系来实现，其中"技防"是核心。

在人防体系建设方面，江西省档案馆充分发挥安全意识的主导作用保障档案安全，在数字档案接收工作、数字档案管理系统日常检查维护、分级管理以及备份制度和内审制度的建设和执行过程中全面加强数字档案安全意识，为数字档案资源安全形成了良好的软环境。基础设施建设是数字档案资源技术安全的前提。江西省数字档案馆在设备设施方面，有功能强大的独立服务器、交换机、安防监控设施以及各种应急报警系统等。对于机房等控制室的管理完全按现代档案馆管理标准流程和方式进行，机房内部有温度、湿度、断电报警系统，严格控制温湿度使设备实施处于最合适的工作环境中，另外断电报警系统有助于在紧急断电情况下启动应急反应，防止断电造成的系统及存储问题带来档案信息的丢失与损坏等安全隐患。

数字档案是数字技术发展的产物，数字档案安全离不开数字档案技术的支撑。江西省档案馆充分认识到数字档案技术应用和发展的重要性，不断加强技术创新，加大技术成本投入，并构建了数字档案安全的技防体系。2008 年，江西省档案馆与清华紫光合作开发数字档案集成系统，借助于清华紫光的先进技术，结合本馆实际情况，使该管理软件与本馆的契合度和安全性都大大高于直接外购的系统。2010 年，江西省档案馆数字档案接收管理系统通过了国家档案局专家组的鉴定。② 该系统在录音、录像数字档案元数据方案与封装结构、全流程管理方法和管理机制等方面的创新填补了国内在该领域的空白。电子档案接收管理系统平台（以下简称"系统平台"）是江西省档案馆数字档案馆一期工程，始建于 2008 年，规划、实施了三网网络综合布线系统、三网网络系统软硬件与安全集成项目、电子档

---

① 根据江西档案信息网相关信息整理，http://www.jxdaj.gov.cn/channel.html。

② 曾勤生：《江西省档案馆电子档案接收管理系统通过专家鉴定》，《中国档案报》2010 年 11 月 12 日，第 1 版。

案接收管理软件研发项目以及声像电子文件采编系统四个主要项目，系统平台已经全部投入实际应用。系统平台建设内容较为丰富，在保障数字档案资源安全方面，系统平台主要通过顶层设计和应用、全程管理等方式来保障数字档案资源的安全。

　　系统平台以国际通用的 ISO 14721 开放档案信息系统参考模型（Reference Model for an Open Archival Information System，以下简称"OAIS"，详见图 5 - 2）为依托，建设目标定位在满足中、短期内电子档案接收管理需求的基础上，研究、探索其凭证性保障功能的设计与实施。在管理对象设计需求上，该系统平台主要接收三类电子文件（档案）：一是省直单位在公务活动中产生的文书、声像、数据库和网页类电子文件及少量公务电子邮件；二是江西省档案馆在重大活动拍摄工作中形成的声像类电子文件，由电视收录系统形成的录像类电子文件；三是在数字化工作中形成的传统载体档

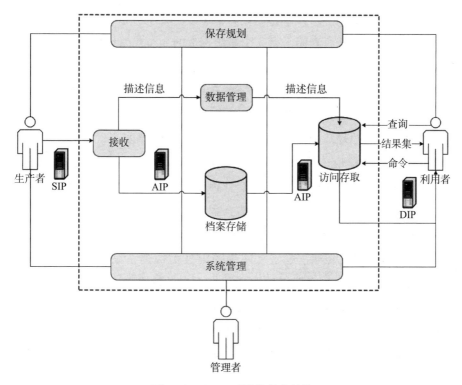

图 5 - 2　OAIS 系统的基本结构

案数字副本等。① 其中文书、声像类数字档案以及传统载体档案数字化副本是系统平台的管理对象,意味着该系统平台的接收范围、接收对象必须在明确的要求和限定内执行,避免了接收范围和接收对象的模糊不清。系统平台采用的 OAIS 参考模型,将电子文件接收、数据管理、档案存储、档案存取四个功能实体整合为一个整体框架,提交信息包(Submission Information Package,SIP)、存档信息包(Archival Information Package,AIP)、分发信息包(Dissemination Information Package,DIP)三种封装包在其间流转而成信息流,并由此形成鲜明的功能分区。OAIS 以存档信息包作为档案信息库藏,以分发信息包(实质为存档信息包的复制件)提供利用,极大地增强了数字档案信息库藏的安全性。

江西省档案馆以数字档案全程管理为视角,利用顶层设计的方法对系统平台进行了总体架构,建成由立档单位数字档案集成管理系统、电子档案传输平台、档案馆数字档案集成管理系统、政务网档案资料查阅平台、档案网站开放档案资料查阅平台 5 个系统构成的分布式架构系统平台,将文书类电子文件接收前置到数字档案集成管理系统的业务流程,实现了数字档案生命周期的基本覆盖,为系统平台在数字档案安全和凭证性保障方面实施前端控制与全程管理奠定了技术基础。②

为最大限度地保障数字档案安全及其凭证性价值实现,系统平台从电子文件收集和归档规范格式要求、长期保存格式转换、元数据稳定关联、长期保存真实性和可用性、数字档案管理证据链管理等方面进行了顶层设计,特别是加强了数字档案元数据的全程管理——全流程设计应用数字档案元数据方案与封装包,系统平台综合运用长期保存格式、元数据、XML、数字签名、BASE64 编码、数字水印等关键技术构建了三种数字档案封装包;全流程自动记录数字档案结构元数据,赋予数字档案可还原能力、可再生成能力,同时能保存其内在技术的演变历史;全流程自动捕获数字档案管理过程元数据,使其保存历史可回溯、可证明。上述各项技术措施的使用成为数字档案安全性、凭证性保障的重要措施。

---

① 毛海帆:《电子档案接收管理系统平台设计与应用》,《中国档案》2012 年第 9 期。
② 毛海帆:《电子档案接收管理系统平台设计与应用》,《中国档案》2012 年第 9 期。

在保障数字档案资源安全方面，江西数字档案馆另一重要举措是构建了基于政务内网的全省档案专网。2012 年，江西省档案局与省信息中心联合规划、构建了基于政务内网的全省档案专网，联通三级综合档案馆和立档单位，将江西省档案馆政务网档案资料查阅平台部署其上，供各县级综合档案馆上传、检索和备份馆藏非涉密档案目录数据库，支持三级综合档案馆开展馆藏档案目录数据的区域性共享和查档指引服务①，是省内区域性数字档案资源共享的重要实践。截至 2017 年 7 月底，全省 113 家档案局（馆）已全部登录平台，累计上传馆藏档案目录数据近 2000 万条，开展了全省馆际民生档案远程利用工作，基本实现了"一站式"查档服务。②

安全是档案工作的底线。为确保保密网络的安全、可靠，江西省档案专网将政务内网管理机构的内网划分为涉密域和非涉密域，而档案专网主要选择非涉密域数字档案作为区域性数字档案馆应用平台的管理对象，避免了涉密域数字档案资源的泄露。江西省档案局针对政府内网非涉密域构建档案专网查询平台，集中管理非涉密数字档案资源。具体来说，在档案专网构建方法与拓扑方面，政务内网管理机构采用基于安全套接层协议的虚拟专用网络技术（SSL VPN）构建"王"字形档案专网，连通省、设区市、县三级综合档案馆及其立档单位档案室，并按接入要求规划、配置 IP 地址等网络资源。省档案馆局域内网用户通过馆内配置 SSL VPN，设区市、县级档案局（馆）通过路由器、光电转换器等设备将终端或局域网接入档案专网，各立档单位档案室经本单位政务内网交换机 VLAN 配置连入档案专网；在安全管理方面，江西省档案局认真审批各设区市、县级档案局（馆）查阅平台单位用户，明确要求各地建立健全网络和数字档案资源安全管理制度，接入档案专网的终端设备、移动存储介质等必须专网专用、专人管理，严格实施数字档案"涉密不上网、上网不涉密、谁上传谁负责"的信息安全管理责任制；在安全设备配置方面，在政务内网 SSL VPN 安全组网基础上，为档案查阅平台配置了安全管理专用服务器，安装了网络版杀毒软

---

① 毛海帆、李继国、傅培超：《档案专网力求实现服务全覆盖——江西数字档案馆发展之路》，《中国档案》2014 年第 3 期。

② 《实施档案大数据工程列入〈江西省大数据发展行动计划〉》，融安特，http://www.bjroit.com/news/102 – cn. html。

件和终端管理系统（EPS），并由省档案局负责定期升级病毒库，以注册准入制的形式严格限定接入查询平台终端的移动存储介质。通过一系列安全管理和技术措施，最大限度地保障数字档案资源专网查阅平台的安全运行。

近年来，江西省档案部门积极实施信息化带动战略，主动融入社会信息化和电子政务发展进程，统筹制定并部署实施了全省数字档案馆建设规划。江西省档案云中心初步设计方案通过专家预审，数字档案馆（室）建设稳步推进。2017 年 7 月，江西省政府办公厅下发《江西省大数据发展行动计划》，其中明确将"建设江西省档案云中心，实施档案大数据工程"作为重点任务之一。据悉，"十三五"期间，江西省财政计划投入 1 亿元专项经费，着力实施数字档案馆建设工程，采用云计算、大数据分析、移动互联网等先进信息技术，升级、完善各级数字档案馆应用系统和全省民生档案远程共享利用平台，加强全省区域性平台的应用推广与安全管理。此外，还特别提到江西省将建设全省数字档案馆（室）安全保障体系和全省数字档案资源备份体系，推进数字档案馆（室）应用系统安全保护和分级保护，基本建成全省区域性数字档案馆同城异地备份库，建立并实施数字档案资源灾难恢复与应急处置预案。①

2. 江西省数字档案资源技术安全实践的问题与启示

数字档案接收管理系统平台的成功运行，是江西省数字档案馆发展跃上新台阶的标志性事件，系统平台的设计和建设顺应了当前和今后一段时期电子文件、数字档案管理工作的需要，推动了江西省数字档案集成管理系统的发展和完善，提升了档案社会化利用效能，促进了档案价值的进一步实现。

然而，通过近年来对系统平台的调研情况，各门类电子文件的收集、归档等方面均存在一定的问题。一是电子文件形成方面，著录不全和分散存储现象严重，表现在数码照片等视听电子文件已大量形成，但形成部门未做必要的文字说明，且分散存储的状态亟待收集、整理、归档、著录等各方面的指导，不利于数字档案资源本体规范建设。二是标准规范执行不

---

① 《实施档案大数据工程列入〈江西省大数据发展行动计划〉》，融安特，http://www.bjroit.com/news/102 - cn.html。

力，根据调研省内的近40个办公自动化等业务系统，文书类电子文件创建过程元数据均得到记录，但缺少电子印章、格式不规范、归档接口难以开发等使大部分电子文件不具备归档价值或无法归档，不利于数字档案资源全面性、系统性和完整性建设，也降低了数字档案资源真实性、完整性和可靠性，成为其凭证价值实现的短板，在形成"信息孤岛"之余，导致"休眠档案"大量出现。三是业务部门职能不明确，移交归档流于形式。电子文件形成单位将记录各单位专门业务的公务电子邮件、数据库、图形等交由各形成单位信息中心管理，虽然电子文件数量不断增加，但到期归档的电子文件却未能如期归档，影响数字档案资源综合价值的及时、全面发挥，不利于数字档案信息流的健康运转。此外，跨系统、跨部门的电子政务共享平台已经成为当下趋势，江西省内就有诸如江西省重点建设项目并联审批系统、江西省公共资源交易系统等，这类"跨越式"的共享平台系统中产生电子文件如何归档，如何安全监管，成为数字档案接收管理系统平台更新与发展必然面临的问题。

再看看档案专网的发展。经过几年的实践运行，档案专网缓解了江西省县级档案局（馆）在数字档案馆建设经费、人力等方面的困难，运用云计算、大数据、数据仓库等信息技术，在为用户提供强大运算能力的同时，也提高了应用平台的综合性能和安全程度，推动了该省数字档案信息的健康流转和远程共享，有利于各级综合档案馆数字档案资源的集中管理、安全备份。技术的发展和社会的需求不是一成不变的，而面向社会、满足公众需求却是档案工作和档案工作者的时代使命。当在线跨馆出证成为公众所追求的利用方式，旨在"查阅"的档案专网平台如何升级到"查档"与"出证"并行的功能，如何保障出证过程的安全性及所出证明的可靠性，这些问题都是档案专网后期发展必然要解决的难题，也是影响江西省数字档案资源生态安全与健康运行的重要课题。

江西省数字档案馆在数字档案资源技术安全方面的实践现状只是我国数字档案资源技术安全整体发展的一个缩影。江西省档案馆在数字档案资源技术安全中的先进经验和成功做法值得全国同行借鉴，但其中也存在一些不足和值得改进之处，需要向浙江省、江苏省、安徽省、青岛市、上海市、深圳市等省市全国示范性数字档案馆学习。而全国其他数字档案资源技术安全实践相对落后的省区市则更应该与时俱进、迎难而上、取长补短，唯此方能行稳致远。总之，随着经济社会的发展和信息技术的进步，数字档案资源生态安全还将面临更多新的需求、新的挑战、新的问题，这就更加要求技术安全的进步和发展能够为数字档案资源安全发力，用数字档案资源技术安全理论研究指导数字档案资源技术安全实践，通过数字档案资源技术安全实践促进数字档案资源技术安全理论研究更深入发展。

（三）数字档案资源技术安全发展趋势

科技改变世界。从航天科技到日常生活，科学技术的新陈代谢速度远远超乎人们想象，也超越摩尔定律的时间周期。当下，大数据、云计算、人工智能等新技术开启了一个又一个新纪元。2016 年 VR（虚拟现实）元年的说法升息未落，2017 年便被称为 AI（人工智能）元年[①]，接踵而至的2018 年区块链元年又来了。

前文通过分析我国当前主要档案信息安全技术发展简况，可知现阶段我国各种数字档案信息安全技术的关注周期平均都超过 15 年，凸显了档案领域信息安全技术研究发展的相对滞后，且研究焦点主要集中在信息存储载体（磁性载体）保护及其衍生技术方面，对信息内容安全及其新兴的信息技术，比如 DNA 硬盘、区块链技术等前端技术的研究和利用还比较薄弱。但现阶段对于新兴技术的研究和应用相对薄弱，并不表明未来一直都将维持现状。以学习和了解新兴技术为前提，结合数字档案信息安全技术要求和档案工作自身特质，不盲从、不跟风，审慎选择新技术，才是档案部门应有的科学态度。下面将分别从安全基础设施、信息流转技术、信息安全技术这三个数字档案资源安全技术的组成部分了解新兴信息技术的发展。

1. 数字档案资源安全基础设施新进展

自党的十八大以来，我国数字档案资源安全基础设施在硬件建设、软件建设、网络环境建设等方面均得到较大程度的发展。

在硬件基础方面，档案馆库建设全面提速。中国第一历史档案馆新馆已开工建设，中国第二历史档案馆新馆项目已获得批准，26 家副省级以上

---

① 冯惠玲：《科技改变文件与档案管理》，《中国档案报》2017 年 12 月 28 日，第 3 版。

档案馆、上百家地市级档案馆、上千家市县级档案馆已建或正在筹建新馆，中西部地区县级综合档案馆新建、改建或扩建 800 多个。截至 2019 年底，全国各级国家综合档案馆总建筑面积达 1164.6 万平方米[①]，档案工作硬件环境明显改善。在档案馆库建设中，尤其加强了数字档案资源的"库房"——计算机机房建设。根据数字档案资源机房环境的风险特点，着力加强机房内恒温恒湿调控，实现了防火灭火、防尘防灰、防雷防静电、稳压稳频、安全防控、管网布局等科学化设计，为计算机、服务器、存储及网络设备提供一个相对可靠的运行环境，为数字档案资源创造了一个安全利用的保存环境。[②]

软件建设和网络环境构建方面，全国多地启动数字档案馆建设，上百家机关单位和中央企业参与数字档案室建设试点。截至 2019 年底，通过省级及以上档案行政管理部门认证的数字档案馆有 325 个。截至 2020 年 10 月，我国共有国家级数字档案馆 56 家，全国示范数字档案馆（室）共 45 家。各级档案馆数字档案资源的比例均有大幅提高，2018 年全国数字化档案资源已达 2243 万 GB。在建设并面向全社会开通运行的全国开放档案信息资源共享平台上，有 40 多家档案馆上传数据 102 万条，制作发布专题 170 多个。明清、民国、革命历史 3 个全国档案目录中心已分别接收各地文件级目录 17 万条、1042 万条、54 万条[③]，为在全国范围内实现档案资源馆际共享创造了条件。为打破档案部门之间各自为政、档案信息"孤岛"的局面，加强档案部门之间的合作与协调、实现档案部门之间的资源共享、提高工作效率和信息服务质量，我国建成了全国档案业务管理系统，已有 28 家副省级以上档案部门接入运行，初步实现了档案部门间的业务协同。[④]

2. 数字档案信息流转新技术

当前，我国在数字档案资源安全基础设施方面基本走向成熟，并处于

---

① 《2019 年度全国档案行政管理部门和档案馆基本情况摘要（二）》，中华人民共和国国家档案网，https://www.saac.gov.cn/daj/zhdt/202009/23bee44fdf594f048619334774968c7d.shtml.

② 燕杨：《基于数字档案资源安全的机房建设研究》，《中国档案》2017 年第 6 期。

③ 李明华：《在全国档案局长馆长会议上的工作报告》，《中国档案报》2018 年 1 月 24 日，第 1 版。

④ 李明华：《在全国档案局长馆长会议上的工作报告》，《中国档案报》2018 年 1 月 24 日，第 1 版。

稳步发展和提升的阶段。但大数据、社交媒体等技术和新媒体的迅猛发展，助推了数字档案信息流转技术快速发展，特别是在社交媒体记录的采集（获取）技术和数字档案信息的存储技术，这两方面表现尤为突出。

（1）数字档案信息采集（获取）技术——以社交媒体归档技术为例

社交媒体（Social Media），是指互联网上建立在用户社会关系基础上的内容产生和分享平台。2012 年，《联合国电子政务调查报告》（UN Global E‑government Survey）对比了 193 个成员国的政府门户网站发现，有 78 个国家的门户网站（40%）提供 Facebook 或 Twitter 链接，有 14 个国家（7%）提供在线聊天室或即时通信工具。而这些政务社交媒体所产生的电子文件与个人社交媒体所产生的电子文件相比更是九牛一毛。[①]

近年来，随着信息技术日新月异的发展，微博、微信、博客、Twitter、Facebook、YouTube 等众多互动式社交媒体已然成为政府与公众、人与人之间交流信息、表达思想观点的重要平台，泛在于社会生活的各个层面。这些无论是政务社交媒体还是个人社交媒体所产生的电子文件，都是数字时代构建社会记忆的重要依据，是信息时代国家、机构和个人宝贵的数据资产，是独有的法定证据形式，具有重要的信息、凭证、文化和历史价值。[②] 然而社交媒体上的信息所表现出的不稳定性、脆弱性、短暂性使对社交媒体捕获归档变得日益紧迫。

《全国档案事业发展"十三五"规划纲要》明确将"研究制定重要网页资源的采集和社交媒体文件的归档管理办法"作为"十三五"期间我国档案事业发展的主要任务之一，说明网页资源的采集和社交媒体文件归档已经被官方视为网络环境下我国档案信息资源的重要组成部分，释放出新形势、新常态下我国数字档案资源建设的重要信号。

社交媒体档案是一种新的记录类型，其自身类型多样，如前文提到的微信、微博、博客、Twitter、Facebook、YouTube 等，虽然各种类型的社交媒体特点有所不同，但信息类型的复杂性、信息来源的多主体性、功能的复杂性却是其共同的特点。一方面，社交媒体档案的重要性要求尽快采集

[①] 吴爽：《社交媒体捕获归档工具大汇总》，档案那些事儿，https://mp.weixin.qq.com/s/Gu-zUH6Iq2bVVF6TTcCa2NA。

[②] 朱晓东、张宁：《基于证据视角的社交媒体档案管理》，《档案学研究》2017 年第 2 期。

社交媒体文件；另一方面，社交媒体文件自身的复杂特性要求社交媒体文件的采集必须具有强大的技术包容性，因此档案部门正确选择和利用社交媒体文件采集（收集）技术是社交媒体档案价值能否实现的关键节点。

当前，社交媒体文件采集技术多种多样，大致可分为直接转移和远程采集两种。所谓直接转移，就是从社交媒体网站直接拷贝原始数据。直接转移的方式需要相关网站所有者的鼎力合作，允许档案部门直接访问社交媒体网站服务器，以便直接拷贝整个网站的所有文件，并将这些文件以可移动存储介质或在线收集的方式转移到社交媒体文件保存机构，比如档案馆。直接转移法能够精确复制社交媒体网站的内容，能够最大限度保证原有社交媒体文件的真实性。但直接转移法耗时长，需要保持原有技术架构来支持网站，还需要再次安装一个完整的资源管理系统，且同时关闭社交媒体网站的某些内容，如日期显示、计数器等①，技术操作复杂，不适合保存大规模的社交媒体网站文件。而当下主流社交媒体运行周期相对较长，且具有信息类型的复杂性、信息来源的多主体性、功能的复杂性等特性，因此直接转移法显然是不能满足这些社交媒体文件采集要求的。

远程采集技术就是利用网页爬虫软件来模拟网络浏览器，网页采集列表向网页爬虫传达采集指令，从而实现对网站的远程采集。比如利用 Aleph Archives 工具捕获社交媒体文件，就是利用网络爬虫技术对网站内容进行抓取，并捕获其网页快照，最终以其原有形式展示，而无须进行 URL、JAVA Scripe 重新注入。著名的互联网网页档案馆在过去的 20 年，利用网络爬虫或"蜘蛛"软件，进入各个网页及其相关链接并对其归档，将 5000 亿网络信息捕获归档②，为人类保存了珍贵的数字记忆。

良好的战略还需要周密的战术指引。社交媒体内容捕获技术的出现，还需要有科学合理的社交媒体文件技术采集方案，才能最佳地发挥现有技术的价值。国际上社交媒体内容捕获的主要技术方案有：第一，档案部门

---

① 石华：《档案馆保存政务网站策略研究——以郑州市档案局（馆）为例》，《档案管理》2016 年第 1 期。

② 杨太阳：《为网络世界的记忆存档——访互联网网页档案馆创始人布鲁斯特·卡尔》，《中国档案报》2017 年 3 月 16 日，第 3 版。

或其他记忆保存机构与社交媒体提供商合作研发，如美国国会图书馆 Twitter 项目；第二，档案部门或其他记忆机构使用和改进网络信息归档技术，如 Archive – It（能根据用户对于不同网页的使用频率进行智能捕获）等第三方存档服务；第三，通过社交媒体平台的 APIs 收集数据。如英国国家档案馆、美国社交媒体存档服务提供商 Archive Social 就是利用社交媒体提供商的 A-PIs 开发捕获和重新展示社交媒体档案的解决方案。①

在"重要网页资源采集"方面，国际上已有较为成功的"互联网网页档案馆"（Internet Archive，创建于 1997 年），该机构已存储 1510 亿个网页，是全球最大的非营利性数字图书馆，同时是保存了数十亿页网页的非营利性数字信息资源档案库②；而美国、加拿大、澳大利亚等国也相继将政务新媒体文件捕获工作纳入各机构社交媒体政策中。在我国，2014 年国家档案局原局长、中央档案馆馆长杨冬权表示要启动为各级国家政府网站网页存档的工作。2015 年，郑州市档案局（馆）开始对以"gov. cn"结尾的郑州市所有部门、机关单位的网站进行归档。针对政府网站数量较大的实际情况，郑州市档案局（馆）使用了远程采集技术。实践证明，远程采集技术虽然能够高效率和低成本地采集大量网站，将各网站数据汇总到总后台，并能实现跨网站检索，但该技术在使用过程中，网页爬虫只能采集被链接的内容，不能采集诸如音视频、数据库等深层数据，需经过搜索引擎检索才能访问的内容以及微博、微信等需登录的网站。

可见，现有的社交媒体捕获技术都有其局限性，好在技术的发展总是以惊人的速度在前行。当前，国际上已经研发出诸多针对社交媒体捕获归档的工具（如表 5 – 1 所示），每一种工具的特点和功能都有所不同。因此，在社交媒体内容捕获的实践中，应根据采集对象的具体特征制定科学的技术采集方案，选择合适的归档工具，以达到最佳的捕获效果。

---

① 赵跃：《挑战与应对：我国政务新媒体文件归档若干问题思考》，《档案学通讯》2016 年第 3 期；Hockx – Yu H.，"Archiving Social Media in the Context of Non – print Legal Deposit," *Proceedings of the IFLA*，2014，pp. 3 – 4.

② 杨太阳：《为网络世界的记忆存档——访互联网网页档案馆创始人布鲁斯特·卡尔》，《中国档案报》2017 年 3 月 16 日，第 3 版。

表 5 - 1　社交媒体捕获归档工具

工具名称	特点	捕获方法
Aleph Archives	高质量的 WEB 抓取；抓取生成符合 ISO 标准的 WARC 文件格式；可将抓取内容以 PDF 格式输出；直观式的用户界面；可定期、经常性地抓取	利用网络爬虫技术对网站内容进行抓取，并捕获其网页快照，以其原有形式展示（不进行 URL、JAVA Scripe 重新注入）
Archive Facebook	将抓取内容直接保存至本地硬盘；可保存图片；无法保存为 HTML 文件	FireFox 浏览器研发的一款插件，通过网页快照的方式进行内容保存
Arkovi RegEd	普适性；电子邮件档案供应商的档案自动交付	Arkovi 访问社交媒体平台，并直接通过其 API 进行内容捕获。对于不提供或显示 API 的平台，通过 RSS 订阅聚合进行内容捕获
Convogence	随时进行抓取请求；可持续捕获社交媒体内容	利用网络爬虫捕获社交媒体内容；同时为用户提供一个 API 用于构建适配器来捕获内容
Downloadr	桌面应用，文件下载插件	写入 EXIF 和 IPTC 数据，从而保留标题、标签和位置；可以完全搜索文本、用户、标签、地点、集合、日期、相关性、组合收藏
Hearsay Social	可对抓取内容进行数据分析；抓取内容可编目、可检索	通过 API 进行数据捕获，用户可将数据导出到现有的企业系统中
HootSuite	对捕获数据进行分析；可对数据流中的关键词进行跟踪	HootSuite Pro 计划 Twapperkeeper 中的一个对于 Twitter 内容归档的可选附件
Iterasi	可定义抓取时间；可捕获 RSS 订阅内容；可无视防火墙捕获密码	网络爬虫按需或定期捕获整个网站
Cloud Preservation by Nextpoint	可定制页面；高级过滤功能，快速减少数据；灵活的搜索功能	使用亚马逊的网络抓取服务进行 Web 归档，Web 爬虫设置为预定时间间隔捕获 HTML 源代码和图像
PageFreezer	用户可以拷贝文件的原始格式到当地（HTML/PDF/TXT/MS/Office/OpenOffice/XML/CSS/Flash）	利用网络爬虫工具每天进行网页快照，只对有更新的网页进行归档
Site Replay	每日捕获；数字水印和签名；存档网页和文件下载；遵循法规	捕获网站截图，在线查看
Tweetbook	自定义抓取时间	通过 API 抓取 Twitter 信息

资料来源：吴爽《社交媒体捕获归档工具大汇总》，档案那些事儿，https://mp. weixin. qq. com/s/GuzUH6Iq2bVVF6TTcCa2NA。

（2）数字档案信息存储技术——以蓝光光盘、DNA 硬盘、云存储为例

数字档案信息的捕获、归档是数字档案资源建设的第一步，如何将捕获的数字档案信息安全、完整存储，直接关系到数字档案信息流转、数字档案资源价值的实现。且如今大数据技术的发展，其价值挖掘很大程度上也来源于数字档案资源的存储，特别是数字档案"冷数据"（Cold Data）的存储。

"冷数据"是与"热数据"（Hot Data）相对应的概念。所谓"冷数据""热数据"，主要是基于数据被使用的频繁程度进行的划分。"热数据"即那些活动频繁、被访问次数多的数据；相反，那些活动不频繁、很少被访问甚至可能永远不会被访问的数据则被称为"冷数据"。[①] 当下，人们讨论较多的是热数据的存储和利用，而对于冷数据的存储和利用则关注较少，但当前"受冷落"的表象并不代表冷数据没有价值、冷数据的存储就不重要了。诚如档案馆馆藏档案资源中诸多"沉睡"的存量档案一样，其价值并不能因为没有人或较少人利用就被否定。随着大数据时代的到来，无论是国家机构、社会组织还是个人，其不断积累的冷数据都会越来越多。因此，如何存储这些冷数据、如何降低冷数据的存储成本以达到最佳的性价比，成为业界关注的重要议题之一。档案馆是海量数据存储部门，不管是存量的传统载体档案数字化后形成数字档案资源，还是增量的原生型数字档案资源，其在一定的时间周期后，都将会进入冷数据的状态。鉴于用热数据的存储方式保存冷数据必将消耗大量资源，以及档案部门经费有限的实际情况，档案部门应变被动为主动、提前谋划，选择和制定最佳的存储技术和存储方案，以应对逐渐增多的数字档案冷数据存储压力。

当前数字档案信息存储除了胶片、磁性载体、光学记录载体等存储性能更加优良、存储容量有较大扩展之外，还出现了以蓝光光盘、DNA 存储硬盘以及云存储等为代表的新型数字存储技术。而对于体量巨大的数字档案资源存储来说，保障数字档案资源在长期保存中的真实性、完整性、可靠性和可用性是其最基本的要求。而蓝光光盘不仅容量大，而且低功耗、低成本、抗干扰能力较强，特别是在保存年限上，档案级蓝光光盘保存时

---

① 《冷数据》，制定网，http://www.zhiding.cn/wiki - Cold_ data。

间可达 50 年以上，安全性极高，能完全满足数字档案资源长期保存的目标要求。可见，选择蓝光光盘对数字档案资源中的冷数据进行存储，无疑是较为理想的办法。

蓝光光盘（Blu - ray Disc，简称"BD"）是 DVD 之后的下一代光盘格式之一，用以存储高品质的影音以及高容量的数据。蓝光光盘的命名是由于其采用波长 405 纳米的蓝色激光光束来进行读写操作（DVD 采用 650 纳米波长的红光读写器，CD 则是 780 纳米波长）。一个单层的蓝光光碟的容量为 25GB 或 27GB，足够录制一个长达 4 小时的高解析影片，而蓝光光盘的物理格式一般都是双层以上，所以双层以上的蓝光光盘存储容量更大，并且随着技术的发展，蓝光光盘存储密度和存储容量还在进一步扩容中。蓝光光盘技术的发展为蓝光存储技术和蓝光存储系统的应用提供了优良的数据存储介质。

蓝光光盘能满足数字档案资源长期保存的目标要求，关键在于其具有过硬的记录优势和技术优势。第一，选用无机材料作为记录材料。蓝光光盘采用无机材料记录膜，通过激光照射金属记录层，经过金相改变而实现数据的记录（又称"无机金属相变"技术），相比 CD/DVD 所使用的"有机色素分解"的记录方式，无机材料的物理稳定性远高于有机材料的物理稳定性。且金属相变较为稳定，数据长期保存过程中数据丢失可能性较小。在基于 ISO/IEC 16963 - 2013 的加速老化试验中，蓝光光盘介质存储寿命都超过 50 年，能够满足归档材料长期保管 50 年期限的要求。第二，采用一次追记型记录方式。记录时利用激光加热记录膜使其产生不可逆的相变，数据不可覆盖，且无须数据恢复，能保证写入数据的安全性，并能防止数据被篡改及病毒的入侵。第三，非接触记录方式。蓝光光盘在记录数据时读写头与光盘不发生接触，保护了记录层的完好性，记录信息可靠性高，也不会因为多次读取而产生衰减，有利于归档数据的可靠性维护。第四，采用非磁性记录方式。蓝色光盘利用激光改变相变材料以非接触方式进行数据记录，状态不可逆，数据记录可靠性高。而非磁性记录方式完全不受电磁波、磁场、海水等自然环境因素的影响，确保了蓝光光盘较高的耐久性[1]，可

---

① 庞海涛等：《蓝光存储在电子档案长期存储中的应用研究》，《档案学研究》2017 年第 3 期。

存放于数据中心及其他环境。

在数字档案长期存储实践中，蓝光光盘的使用主要通过蓝光光盘库技术来体现。蓝光光盘库是一种以蓝光光盘或光盘匣为存储载体的海量进线存储设备[①]，其通过机械手自动定位、抓取光盘，进而实现数据的上传和下载。其结构如图5-3所示。

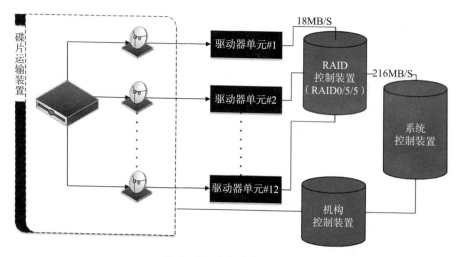

图5-3 蓝光光盘库结构

蓝光光盘库将多张蓝光光盘打包放置在一起，使个体存储性能优良的蓝光光盘发挥出 $1 = 1 > 2$ 的合力，其存储性能更强，存储密度大，数据传输效率高。库体中由于采用了先进的机械手技术，最大限度利用了空间，当前单台设备存储容量最大可达 PB 级。另外，在最紧凑的空间内容纳更多的光盘（一般采用 100GB 或 300GB 蓝光光盘），加上多个蓝光光驱并行工作的机制，大大缩短了移动光盘时的距离，提高了换盘效率，数据传输速度也大大提升。拥有蓝光光盘数据库技术。蓝光光盘库开发了其特有的数据库技术，使其拥有和磁盘阵列一样的快捷存储和查询的功效，这是 CD/DVD 系统无法比拟的。存储数据安全性强。蓝光光盘库借鉴磁盘阵列 RAID 技术，保证了数据存储的安全性和可靠性。只是在数据存储时，应尽量避免将数据完全存储在一张光盘，而应将完整数据分散保存在多张光盘，目的

---

① 庞海涛等：《蓝光存储在电子档案长期存储中的应用研究》，《档案学研究》2017 年第 3 期。

在于单张光盘数据故障时实现数据备份的功能。存储低成本。数据长期存储过程中，蓝光光盘库无须空调降温设备，工作时功耗为130W，待机时功耗仅为7W。与磁盘阵列相比较，同样1PB的数据保存30年，蓝光光盘库存储所用耗电量仅是磁盘阵列存储耗电量的0.3%。

当下，蓝光光盘及蓝光光盘库技术在冷数据存储方面，已经被成功应用于社交媒介Facebook、中国工商银行，而亚马逊、谷歌、微软等公司也正在密切关注蓝光光盘及其相关技术的发展。在冷数据存储量大，且存储需求相对集中的档案系统中，蓝光光盘技术或将有更大的发展和应用空间。

信息技术的发展总是超乎寻常，在存储技术方面，DNA作为一种新型存储介质"横空出世"。2013年1月下旬，英国科学家将生物科技DNA技术带入了数据存储领域，开启了海量数据存储的新阶段。据悉，只需手掌般大小的人造DNA，便可容纳全世界高达30亿TB的数据。[①] DNA存储的原理在于：每一条DNA中都具有四种碱基——腺嘌呤、鸟嘌呤、胞嘧啶和胸腺嘧啶，科学家首先给每一种碱基赋予二进制值，令胸腺嘧啶和鸟嘌呤为1，而腺嘌呤和胞嘧啶为0；随后再使用微体流芯片对基因序列进行合成，从而使基因序列中碱基的序列和相关数据相匹配。这样，每一条DNA就成为一个存储了96B数据的数据链。当读取数据时，只需要将基因序列还原为二进制数据，再将二进制数据转换为可以直接阅读的内容即可。而且为了方便读取，科学家还在每条数据的头部加入了一个大小为19B的地址块，用以记录这条数据在原始数据集中的位置，这样所有的DNA就可以任意顺序进行存储。[②]

英国研究人员认为，用人工合成的DNA存储文本文档、图片和声音文件等数据，可实现随后完整读取。因此，DNA作为数字存储介质具有诸多优点。首先是体积小，DNA中碱基的大小是原子级别的，这就意味着每一比特的数据只有几个原子的大小；其次，DNA存储数据是将数据放置于一

---

① 《DNA硬盘》，百度百科，https://baike.baidu.com/item/DNA硬盘/1555017? fr = aladdin # reference - ［1］ - 9233786 - wrap。

② 《DNA也能当硬盘》，百度百科，https://baike.baidu.com/reference/1555017/1b91bq6CF_ 8K1i0lWvgSXg_ OQtHgo - UwZpXxjLk - 1d9aYhHN7x_ Jj7 - awg86TQEzZtfnfx2PszRz2SHrry - yaUJGnskooByF6H9w547ISH7t。

个立体空间而不是一个平面内，有别于硬盘存储数据的方式；最后，DNA具有良好的稳定性，对保存环境要求不高，在干燥、寒冷、避光的环境下能保存上千年。因此，DNA可谓一种近乎"完美"的存储介质。对于一些不常用却需要长期保存的"冷数据"，比如政府文件、历史档案等，尤其适合使用DNA存储。然而，当下DNA硬盘存储成本高昂[①]，且文件检索时间相对较长，因此当前还不具备取代硬盘等设备条件。但随着技术的发展，DNA存储硬盘性能将会逐渐优化，存储成本也将大幅降低，市场普及程度必将得到较大提升。届时数字档案资源长期存储空间、保存时间，及信息完整性、可靠性、安全性、可读取性等要求都将得到最大限度的保障。

在数据存储界，云计算环境下不得不说的就是"云存储"技术的发展了。云存储是在云计算概念上延伸和发展出来的一个新概念和新的网络存储技术，是指通过集群应用、网络技术或分布式文件系统等功能，将网络中大量各种不同类型的存储设备通过应用软件集合起来协同工作，共同对外提供数据存储和业务访问功能的系统。[②] 可见，云存储是一个以数据存储和管理为核心的云计算系统。简单来说，云存储就是将储存资源放到云上供人存取的一种新兴方案。使用者可以在任何时间、任何地方，通过任何可联网的装置连接到云上方便地存取数据。

一般来说，云存储系统的结构模型由存储层、基础管理层、应用接口层和访问层4层组成（如图5-4所示）。其中，存储层是云存储最基础的部分。存储设备可以是FC光纤通道存储设备，可以是NAS和ISCSI等IP存储设备，也可以是SCSI或SAS等DAS存储设备。云存储中的存储设备往往数量庞大且分布在不同地域，彼此之间通过广域网、互联网或者FC光纤通道网络连接在一起。存储设备之上是一个统一存储设备管理系统，可以实现存储设备的逻辑虚拟化管理、多链路冗余管理以及硬件设备的状态监控和故障维护。基础管理层是云存储最核心的部分，也是云存储中最难以实现的部分。基础管理层通过集群、分布式文件系统和网格计算等技术，实

---

① 《英科学家开发大容量"DNA硬盘"》，人民网，http://culture.people.com.cn/n/2013/0125/c172318-20325538.html。

② 李逦：《浅析云计算背景下云存储的优势与劣势》，《计算机光盘软件与应用》2013年第23期。

现云存储中多个存储设备之间的协同工作，使多个的存储设备可以对外提供同一种服务，并提供更强大更好的数据访问性能。CDN 内容分发系统、数据加密技术保证云存储中的数据不会被未授权的用户所访问，同时，通过各种数据备份与容灾技术和措施可以保证云存储中的数据不会丢失，保证云存储自身的安全和稳定。应用接口层是云存储最灵活多变的部分。不同的云存储运营单位可以根据实际业务类型，开发不同的应用服务接口，提供不同的应用服务。比如视频监控应用平台、IPTV 和视频点播应用平台、网络硬盘应用平台、远程数据备份应用平台等。最后一个是访问层。任何一个授权用户都可以通过标准的公用应用接口来登录云存储系统，享受云存储服务。云存储运营单位不同，云存储提供的访问类型和访问手段也不同。

图 5 - 4 通用云存储结构模型

资料来源:《基于物联网环境的云存储及安全技术研究》，大比特半导体器，http:// www. big - bit. com/news/138755. html。

就如同云状的广域网和互联网一样，云存储对使用者来讲，不是指某一个具体的设备，而是指由许许多多个存储设备和服务器所构成的集合体。云存储的出现，为大数据环境下海量非活动数据的存储带来了福音。云存储功能强大，能够随着数据容量的增长，线性地提高性能和存取速度，节约存储空间；能够将数据按需迁移到分布式的物理站点，大大减少了数据迁移和技术升级的工作量；能确保数据存储的高度适配性和自我修复能力，且保存时间较长；能确保多用户环境下数据存储的私密性和安全性；可以允许用户基于策略和服务模式按需扩展性能和容量；只收取实际使用的存储费用，购买模式相对合理。

对于数字档案资源而言，云存储优势明显，即将各自独立单位存储的档案信息资源，通过网络变为云存储系统中的一个组成部分，从而实现多个档案信息资源管理单位所存储的数字档案资源实现云端的存储与服务，能够最大限度地降低档案馆保存成本和存储空间的压力。在档案信息资源管理工作中，如果将大量的档案信息资源与云环境下的网络云存储技术相结合，就可以实现档案信息资源的高速、海量、稳定、安全存储，从而为云环境下档案信息资源的网络化服务提供基础条件。云存储还可以充分节约本地的档案信息资源存储空间，从理论上讲可以利用互联网云环境下无限容量的云存储空间，进行档案信息资源的短期存储、中期存储、长期存储或永久存储。由于云终端是迄今为止最为经济、安全的计算机网络解决方案，档案信息资源数据保存在具有专业安全人员保护的云环境中，黑客常用的传统用户终端攻击会失去威胁。因此，云环境下档案信息资源的集中化管理更容易升级安全保护措施，安全性也更高。

随着大数据时代的到来和云计算的普及，云存储业务逐渐商业化，很多商业信息机构和 IT 企业（如阿里云、电信云、苹果 iCloud）也加入这场"数字红利"竞争中，争抢数字保存市场份额。在数字内容生产商和云存储商之间，档案馆作为中立的可信第三方既可以主动参与数字内容生产环节进行指导，对云存储商的管理流程进行全程监管，这样既消除了数字内容生产商和云存储商之间的不信任感，又有利于保障数字资源的真实性、完整性、可靠性，还能在保存过程中（非涉密前提下）最大限度发挥数字资源的综合效应，进而减少数字保存中长期封存带来的数字资源价值递减效应。①

3. 数字档案信息安全技术新动向

不管是蓝光光盘技术，还是 DNA 存储和云存储技术，都需要以存储对

---

① 聂云霞：《数字保存中档案馆作为可信第三方的社会担当》，《档案学研究》2017 年第 5 期。

象的真实、完整、可用、安全为前提。在数字档案信息流转技术不断创新的同时，数字档案信息安全技术也在积极探索新技术的应用。与数字签名技术、防病毒技术、防火墙技术等技术在原有基础上的升级换代不同，一种全新的技术——区块链技术近年来受到金融、物流、物联网、数字版权、公共服务等众多领域的关注。以数字版权领域为例，应用区块链技术可以证明文字、视频、音频等作品的存在，保证权属的真实、唯一性。该作品在区块链上被确权后，后续交易都会进行实时记录，实现数字版权全生命周期管理。

所谓"区块链技术"，就是利用块链式数据结构来验证与存储数据、利用分布式节点共识算法来生成和更新数据、利用密码学的方式保证数据传输和访问安全、利用自动化脚本代码组成的智能合约来编程和操作数据的一种全新的分布式基础架构与计算范式。[①] 其显著特征表现为去中心化、去信任化、匿名性和加密算法。

去中心化是区块链技术最突出的本质特征，传统数据存储方案往往是将数据集中存储在某一集中或中央的数据存储中心，而区块链技术则是以分布式账本技术，将数据分散存储在各个数据块链中，同时运用技术措施将存储数据块链链接起来。

去信任化是指信息管理系统中所有节点之间无须信任也可以进行操作，由于数据库和整个系统的运行都是公开透明的，在系统的规则和时间范围内，节点之间无法欺骗彼此。[②]

匿名性是区块链技术"去信任化"特征的进一步体现，单就从技术层面而言，除非有法律规范要求，各区块节点的身份信息无须公开或验证，而是以匿名的方式进行信息传播。[③]

加密算法则相对更被公众熟知，加密算法常被运用于公司核心数据以及涉及国家安全机密的数据保管中。通过区块链加密算法，形成保障数据

[①] 《中国区块链技术和应用发展白皮书》，中国区块链技术和产业发展论坛，http://www.fullrich.com/；聂云霞、肖坤：《基于区块链技术的可信电子文件长期保存策略探析》，《山西档案》2019年第4期。

[②] 根据"数据观"微信公众号中孔祥辉"区块链：技术创新视角"PPT材料整理。

[③] 《区块链》，百度百科，https://baike.baidu.com/item/%E5%8C%BA%E5%9D%97%E9%93%BE/13465666？fr=aladdin。

安全与限制查阅许可链，可以在很大程度上限制数据利用范围与权限，只有掌握其密钥部门或个人才能够进行查阅，无密钥则很难攻破数据加密。在区块链技术中加入加密算法，使其在保障数据安全性方面能力大大提升。就目前而言，以区块链为底层技术的比特币，就是以这种加密算法形成的许可链为其安全保障机制。

根据实际应用需求和去中心化程度的不同，区块链技术可以分为三种应用模式——公有区块链、私有区块链和联盟区块链。[①] 公有区块链是应用最早、最广泛的区块链，是指世界上任何个体或团体都可以发送交易，且交易能够获得该区块链的有效确认，任何人都可以参与其共识过程。公有区块链当前已经工业化，各大比特币系列的虚拟数字货币均是基于公有区块链交易的。

私有区块链只使用区块链的总账技术进行记账，可以是一个公司，也可以是个人，独享该区块链的写入权限，本链与其他的分布式存储方案没有太大区别。传统金融行业都想尝试私有区块链，但私链的应用产品还处于探索阶段。[②]

联盟区块链由某个群体内部指定多个预选的节点为记账人，每个块的生成由所有的预选节点共同决定（预选节点参与共识过程），其他接入节点可以参与交易，但不过问记账过程（本质上还是托管记账，只是变成分布式记账，预选节点的多少、如何决定每个块的记账者成为该区块链的主要风险点），其他任何人则通过该区块链开放的 API（Application Programming Interface，应用程序接口）进行限定查询。[③]

从当前国际上基于区块链技术的数字档案长期保存项目——英国的ARCHANGEL 项目和 InterPARES Trust 欧洲团队的信任链模型项目看，均采用了档案联盟链，即由多个档案机构、数据保存单位一起维护的联盟链，用以保证区块链节点的相对稳定。

---

① 孙大东、杨晗：《电子档案单套制管理区块链模式应用研究》，《浙江档案》2018 年第 9 期。
② 《区块链》，百度百科，https://baike.baidu.com/item/%E5%8C%BA%E5%9D%97%E9%93%BE/13465666？fr = aladdin。
③ 《区块链》，百度百科，https://baike.baidu.com/item/%E5%8C%BA%E5%9D%97%E9%93%BE/13465666？fr = aladdin。

区块链以技术开源为基础，除了对相关权益人个人信息加密外，区块链的数据对所有人开放，系统信息公开透明；而且安全性十分高，只有掌控全部数据节点 51% 以上，才能对网络数据进行修改、删除等编辑操作，最大限度地避免了主观人为性数据变更。根据修改某一记录时必须获得该网点大部分块链节点认同，才能够达到修改或者增添新记录目的的特点，有人也将此称为"共识机制"[①]，它是区块链技术区别于其他数据安全技术的典型特征之一。

2018 年区块链元年已经开启，2019 年区块链应用元年也已经到来。区块链以一种永不删除、不可更改的方式保存数据，该技术特征和数字档案长期保存要求存在一致，与电子文件"真实、完整、可用、安全"（四性）的基本属性要求一致。国内外档案界近年来在理论和实践层面对区块链技术与档案相结合的成果日益增多。理论上，2015 年初，美国数字档案管理专家 Cassie Findlay 分析了区块链在数据归档保存方面的能力，并指出其在维护证据的神圣不可侵犯性、真实性方面可以为档案界所用。[②] 张珊[③]、刘越男[④]、王平[⑤]、马仁杰[⑥]等先后阐述了区块链的概念特征及其在文件档案管理中的适用性，介绍了联盟区块链的档案信息资源共享模式，并提出了区块链在电子文件管理及可信保护、数字档案长期保存中的相关建议。实践中，2017 年 6 月，英国启动基于区块链的数字档案长期保存项目[⑦]，萨里大学、英国国家档案馆（TNA）和英国开放数据研究所（ODI）获得英国工程和物理科学研究委员会（EPSRC）约 49 万英镑（约 440 万元人民币）的

---

① 聂云霞、肖坤：《基于区块链技术的可信电子文件长期保存策略探析》，《山西档案》2019 年第 4 期。

② 转引自刘越男《基于区块链的数字档案长期保存：既有探索及未来发展》，《档案学通讯》2018 年第 6 期。

③ 张珊：《区块链技术在电子档案管理中的适用性和应用展望》，《档案管理》2017 年第 3 期。

④ 刘越男：《区块链技术在文件档案管理中的应用初探》，《浙江档案》2018 年第 5 期。

⑤ 王平：《基于区块链技术的电子文件可信保护框架研究》，《档案学研究》2019 第 1 期。

⑥ 马仁杰、沙洲：《基于联盟区块链的档案信息资源共享模式研究——以长三角地区为例》，《档案学研究》2019 年第 1 期。

⑦ Lemieux, V. L. , "A Typology of Blockchain Recordkeeping Solutions and Some Reflections on Their Implications for the Future of Archival Preservation," ResearchGate, https://www.researchgate.net/publication/322511343_A_typology_of_blockchain_recordkeeping_solutions_and_some_reflections_on_their_implications_for_the_future of archival_preservation.

资助，共同启动一个名为"档案天使"（ARCHANGEL）的研究项目，旨在探索如何通过区块链技术解决档案与记忆机构数字档案的完整性。[①]

2020年6月9日即第13个国际档案日，北京市举行区块链电子档案上链仪式，作为国内首个基于区块链技术面向中小微企业的电子会计档案管理试点单位，东港瑞云数据技术有限公司（以下简称"东港瑞云"）上线国内首个区块链电子档案平台，将从档案数据管理角度出发，帮助中小微企业降本增效。2020年6月19日，国家档案局举办了区块链技术视频专题讲座，介绍了区块链技术发展趋势和当前我国区块链产业现状、区块链底层核心技术（IOS）的实际运用以及"档案存证BaaS"平台。[②] 可见区块链技术已经引起我国顶层档案行政管理重视。此外，在科学技术研究方面，2019年我国国家档案局科技项目"区块链技术在电子档案管理中的应用"（项目分类号：2019-X-47）批准立项，2020年度国家社会科学基金项目课题指南中，在"图书馆·情报与文献学"学科群中就有如"区块链技术在图书情报领域的理论与实践研究""基于区块链的网络用户知识分享行为研究"等以区块链直接命名的课题。这都在一定程度上说明了国家档案局对于区块链技术在数字档案管理方面的高度重视。在我国电子政务领域，区块链技术也被成功用于浙江省"最多跑一次"改革实践，既有效维护了档案信息内容的安全，又充分保障了档案实体的安全[③]，极大促进了浙江省政务档案信息的共建共享。正如国家档案局局长陆国强在主持区块链技术视频专题讲座时强调的，要深刻认识在档案工作中应用区块链等新一代信息技术的重大意义。加快厘清运用新一代信息技术实现档案管理现代化的思路举措，抓住机遇推动新一代信息技术在档案管理中的应用，在"十四五"时期实现以信息化为核心的档案管理现代化必须取得突破。要加强档案科技管理工作，破解制约档案科技创新的体制障碍和制度藩篱，鼓励科技人员创新

---

① "ARCHANGEL – Trusted Archives of Digital Public Records，" UKRI，http：//gtr. ukri. org/projects? ref = EP%2FP03151X%2F1.

② 《国家档案局举办区块链技术视频专题讲座》，中华人民共和国国家档案局，http：//www. saac. gov. cn/daj/yaow/202006/488af1411812435ea7f3ac5ebefff7f1. shtml。

③ 中国档案学会编《2018年全国档案工作者年会论文集——新时代档案工作者的使命：融合与创新》，转引自卢林涛《政务档案信息资源共享影响因素探析》，中国文史出版社，2018，第1~8页。

的积极性，营造良好的档案科技创新氛围，做大做强档案科研的国家队。[①]

科技的发展永无止境。当前，除了蓝光光盘技术、DNA 存储、云存储技术、区块链技术等新兴技术不断被应用于数字档案资源技术安全实践中，还有试图跨越时空去永久保存数字档案资源的更加宏大的项目。2019 年 6 月 11 日，方舟使命基金会（Arch Mission Foundation）宣布与商业公司 Xplore 建立合作关系，并实施"十亿年档案馆"项目。该项目旨在建立一个可以持续至少数十亿年的太阳系规模的档案库，通过向地球和太空中的若干地点发送大量的档案资料，延续人类的文明和知识的存储。"十亿年档案馆"由名为 ArchTMLibraries 的超长期存储设备组成，该设备的设计形式多种多样，可以在地球上以及太阳系和其他地方长久存在，ArchTMLibraries 是非常耐用但只读的存储设备，档案资料必须发送到该设备中才能被添加到语料库。在"十亿年档案馆"项目之前，方舟使命基金会就已在太空上建立了很多档案库。譬如 2018 年，云星座公司（Cloud Constellation Corporation）与方舟使命基金会通过使用太空带（SpaceBelt）数据存储和数据通信建立了"地球轨道上最大的档案库"，来帮助基金会完成其愿景。太空带是数据安全的典范，它将易受攻击的、由全球地面网络提供的客户数据进行隔离，从而极大地降低了数据泄露的风险，为大型数据集提供高安全性的非陆地冷藏。[②] 可以预见，在领导重视、国际合作、政策激励、技术革新、科技赋能等综合背景下，数字档案资源安全技术将进一步发展，数字档案资源技术安全将得到进一步保障。

三　现阶段数字档案资源技术安全的保障之举

正如冯惠玲教授所言，大数据的知识发现、云计算的高共享和低成本、区块链的不可篡改和可追踪等特征给文件管理的应用提供了很多新的机会

[①] 《国家档案局举办区块链技术视频专题讲座》，中华人民共和国国家档案局，http://www.saac.gov.cn/daj/yaow/202006/488af1411812435ea7f3ac5ebefff7f1.shtml。

[②] 国际档案理事会（ICA）:《宇宙档案库：确保人类文明永不消逝的诺亚方》，https://mp.weixin.qq.com/s/7MdmH4ryzQHD9vRhs9kVuQ。

和可能，文件管理不可避免地进入了新技术环境之中。① 在利用新技术为数字档案管理赋能之余，还应坚持"安全第一"的路线，始终确保应用于数字档案资源管理的技术安全。

（一）安全作底，审慎选用数字档案新兴信息技术

数字档案资源是国家战略资源，是人类文明传承的信息载体，是维护人类数字记忆的重要依托。档案的原始记录性，是其最根本的特征和其价值表征。在档案管理实践中，积极拥抱新兴信息技术是一种顺势而为的发展要求，在看到新兴技术应用于档案管理实践并取得阶段性成果时，还必须辩证地看待新兴信息技术带来的各种风险，既不能"一刀切"式地全盘否定，也不能"一边倒"地全盘接收。数字时代，越来越多的新兴信息技术被运用于档案管理实践。如安徽省档案局借助人工智能技术推动档案智能划控和历史档案光学字符识别；基于云计算，依托物联网和虚拟现实技术，上海静安区档案馆实现了智能档案库房管理，持续推进智慧档案馆建设。总体而言，新兴信息技术正在驱动档案工作不断向前推进。② 但与此同时，新兴技术与档案工作的完全融合，还存在一些不可忽视的问题。

首先，新兴信息技术与档案工作实际进度存在"时差"。"时差"即两个地区地方时之间的差别，这里用以形容两个事物发展不同步。当下，用"档案工作整体还在穿鞋，新兴信息技术已经跑遍天下"来形容新兴信息技术的应用现状与我国档案工作整体发展水平处于不同水平线是再恰当不过的了。两者不同步主要表现为：当前新兴信息技术都是以数据导向为基础，对于档案数据文本信息的挖掘力量强大，但我国大部分数字档案信息基本停留在数字化图片级，新兴信息技术在助力档案工作数据化全景方面暂时无法施展其优势。在档案管理实际工作中，部分档案工作人员对于新兴信息技术应用于数字档案管理实践还缺乏必要的信心，认为新技术安全隐患太多，因此在"重保管轻利用"的指导思想下，新兴信息技术多用于统计分析，如描述档案用户分析、档案统计等简单业务，造成对新兴信息技术

---

① 冯惠玲：《科技改变文件与档案管理》，《中国档案报》2017年12月28日，第3版。
② 卢林涛：《关于在档案工作中应用信息技术的冷思考》，《中国档案报》2019年3月25日，第3版。

实质上的闲置和浪费。新兴信息技术与档案工作实际进度存在"时差",还表现在我国欠发达地区与发达地区对于新兴信息技术的使用有差距,一方面由于经济环境制约,发达地区一般都有较强的资金后盾支持新兴信息技术应用于档案工作实践,推动档案工作的数字转型;欠发达地区则因资金掣肘,无力购买新兴信息技术的硬件及软件运维服务。另一方面,发达地区档案工作实际发展水平相对较高,特别是档案数字化率较高,档案馆智能管理水平提升快,对数字档案信息资源开发利用也较为重视,为新兴信息技术的应用创造了必要的条件;而欠发达地区档案工作实际水平整体相对落后于发达地区,档案馆智能化水平相对较低,数字档案馆(室)建设也相对滞后,新兴信息技术在欠发达地区的应用空间受阻。

其次,新兴信息技术的"工具"价值不能过度放大。在2017年6月26~28日国家档案局举办的数字档案室评价工作现场会上,国家档案局副局长王绍忠强调,要特别重视数字档案室建设的安全问题,要处理好技术与管理的关系,秉持"技术中立原则",采取成熟、可靠、经济、综合的技术方法解决好数字档案室建设中的信息化内容,同时要充分发挥管理的作用,做到管理和技术两手抓、两手都要硬。[①] 可见,新兴信息技术归根结底还是一种技术,其作为技术工具的实质未变。以技术驱动、靠技术赋能促进档案工作创新、提高档案管理效能,确实是档案工作中新兴信息技术得以利用的原因和动力所在,但档案工作现代化绝不是依靠信息技术就能够完成和实现的,还需要档案管理理念的现代化、法规制度的现代化、业务流程的现代化等综合作用,才能得以实现。正如大数据技术,大数据只是"形",其核心是利用大数据技术背后的核心业务;区块链技术,区块链只是"面",其核心是区块链链条之下的信用体系。因此,看清新兴信息技术的工具实质,积极拥抱科技、推动科技创新,并促成技术应用,才是工具价值实现的正确途径。

2017年5月12日,蠕虫勒索病毒WannaCry肆虐全球,电脑感染后会显示一个信息,称用户电脑系统内的档案已被加密,须向黑客支付价值约

---

① 丁德胜:《国家档案局召开数字档案室评价工作现场会》,《中国档案报》2017年7月17日,第1版。

300 美元甚至更多的电子货币比特币来赎回。若三天内未收到赎金，这笔钱将翻倍；若七天内还是没收到，就会把所有文件删除。① 这个病毒事件给"唯技术至上"者严重警示。虽然现在大企业普遍将本地部署的信息化系统转移到云端的 SaaS 平台上，且经过实践的检验，SaaS 平台的安全性确实要高于本地化部署。公司总部从制度角度说是很完美的，可是基层一般很难完美地遵守总部流程，安全隐患很容易出现。该事件告诉人们，保证系统安全的关键是集中管理，而且是让专业的专家团队管理。安全的灵魂不仅在于硬件，更需要有一个严密的、先进的安全体系构架设计，用先进、成熟的 IT 软件和系统做支撑，并同时伴有对人的行为进行严格的持续管理。所以绝对不能过度放大新兴信息技术在数字档案资源技术安全的保障方面的价值。

最后，新兴信息技术发展还不够成熟。无论是云计算、大数据还是区块链、人工智能技术，都是在信息基础设施建设、网络通信、数据库等技术基础上发展而来的，其纵向发展历程相对较短，只是在最近 10 年才逐渐成为研究主题和关注焦点，进而快速发展并实现商用推广。相较于计算机技术、数据库技术、网络通信等技术的发展成熟度，新兴信息技术的显然不及，甚至稍显稚嫩。在理论层面上还存在争议或质疑，比如对于大数据的缺陷，有人认为当前网络环境下数据质量问题无法保证，因此大数据分析所产生的洞察力毫无价值②；在实践层面上，频频爆出大数据侵犯个人隐私、侵犯著作权、云计算安全漏洞等突出问题。在信息安全防御能力方面，美国显然排在前列，但近来核安全局、退伍军人事务部等联邦机构核心数据被盗取的事件造成极为严重的个人信息泄露乃至国家安全危险。再如，大数据技术在科学分析的信度和效度上也存在问题，"谷歌流感趋势"近年来多次误报、错报即是例证。③ 可见，新兴信息技术的发展距离稳定期和成熟度还尚待时日，完全利用、依赖新兴信息技术代替相对成熟的现有数字

---

① 《勒索病毒肆虐，企业存储档案的信息安全怎样保障》，开窍乐，http://www.51g3.com.cn/kaiqiaole/newslist_46226.html。

② 《大数据的优点和缺点》，中科点击，http://www.zkdj.com/NetNews/417.html。

③ 卢林涛：《关于在档案工作中应用信息技术的冷思考》，《中国档案报》2019 年 3 月 25 日，第 3 版。

档案信息技术，显然是不合时宜的，也是急躁冒进的做法。由于新兴信息技术所带来的安全损失往往不可逆、不可估，因此在数字档案管理领域，切不可跟风、冒进，稳中求进才是上策。

不可否认，新兴信息技术确实给人们的生产生活带来了革命性变革，对于档案工作也产生了一些积极效用，但同时必须清醒且理性地认识到新兴信息技术不是"万能药"，不能无视其自身发展的不完善、不成熟，更不能"唯技术至上"而不顾管理和社会环境等因素的影响。而且，档案工作关系到国计民生，责任重大、使命艰巨。当前，我国档案机构管理体制机制发生了重大变化，"局（馆）分开""政事分离"的新局面对档案部门提出了新要求。面对信息技术浪潮，档案工作自然不能逆流而行，在乐观迎接新兴信息技术的同时，更需结合自身发展水平和实际技术需要，全面分析、科学部署，审慎选择利用时机和应用技术，有效推动档案工作向前迈进。

（二）标准为基，加强数字档案信息全生命周期的管理衔接

标准是科学、技术和实践经验的总结。没有标准，档案部门就会各自为政，新兴信息技术的应用就会失去参考。一旦盲目采用新技术，则会生成新的"数字档案信息孤岛"，给数字档案资源的整合与共享造成新的阻碍，给数字档案资源的长期保存和长效利用带来新的技术障碍和安全隐患。因此，在数字档案管理中，应用和推广新兴信息技术必须坚持标准先行原则，这是确保数字档案信息全生命周期内技术安全的前提条件。数字档案相关技术标准有很多，除了国际国内标准之外，对于不同类型的数字档案资源，在不同阶段也有不同的标准。

在国际标准层面，针对原生型数字档案资源生成的系统环境与功能要求，国际标准化组织（ISO）制定了相关标准和规范。主要有 ISO 16175 - 1：2010《信息与文献—电子办公环境下的文件功能要求与原则》第一部分"通则"、ISO 1617 - 2：2010《信息与文献—电子办公环境下的文件功能要求与原则》第二部分"数字文件管理系统功能要求及其实施指南"、ISO 16175 - 3：2010《信息与文献—电子办公环境下的文件功能要求与原则》第三部分"业务系统中的文件功能要求及其实施指南"等。对转化型数字档案资源的实施过程进行规范的有 ISO 30002：2010《信息与文献—文件数字

化实施指南》、ISO 13008：2012《信息与文献—数字文件转换与迁移方法》等。国际标准中，对于数字档案信息保管、利用阶段也有相关规范，如 ISO 14721：2012《开放档案信息系统参考模型 -2012》、ISO/TR 17068：2012《信息与文献—可信任的数字文件第三方存储库》等。

在国家、行业、地方等各标准层面，我国近年来也制定和修改了很多有关数字档案信息的标准规范。比如针对电子文件元数据的管理标准 GB/T26163.1 -2010《信息与文献 文件管理过程 文件元数据 原则》，有关于电子公文格式标准的要求、归档要求、存储格式要求等的 GB/T 9704 -2012《党政机关公文格式》、GB/T 31021.2 -2014《电子文件系统测试规范》第 2 部分"归档管理系统功能符合性测试细则"、GB/T 33190 -2016《电子文件存储与交换格式版式文档》、GB/Z 26822 -2011《文档管理 电子信息存储 真实性可靠性建议》、DA/T 49 -2012《特殊和超大尺寸纸质档案数字图像输出到缩微胶片上的技术规范》、DA/T 58 -2014《电子档案管理基本术语》，等等。

这些标准和规范，显然不是单独针对某一类型信息技术的规约，只是为电子文件、电子档案的产生、保管与利用提供了基本的参考标准和管理要求。但每一种新兴信息技术的利用都必须在相应的标准框架内遵照执行，才能打通数字档案信息生命周期的各个环节，使之相互衔接、互相认同。随着大数据、云计算、区块链等新兴信息技术的发展，国家档案局也认识到加快制定相关技术标准的重要性。2019 年 3 月 25 日，国家档案局办公室就发布通知向有关部门征求《政务服务事项电子文件归档规范》《录音录像档案管理规范》《政府网站网页归档指南》《纸质档案数字副本光学字符识别（OCR）工作规范》等档案行业标准项目意见。针对区块链技术快速发展进程中缺乏安全基础建设和防护，其成为黑客攻击的"重灾区"（除了数字货币交易损失等引起社会事件外），区块截留、私自挖矿、代码漏洞、密匙窃取等技术风险也更为明显。《区块链平台安全技术要求》的行业标准也正在起草中，该标准将明确区块链平台面临的主要威胁和安全体系架构，针对各关键模块提出安全技术要求，为区块链平台的安全稳健运行提供基础和保障。①

---

① 《区块链行业亟待建立严格的安全标准》，《经济日报》2018 年 11 月 21 日。

大数据时代数据源更加多样化，数据对象范围分布更为广泛，对数据的安全保护提出了新的要求，大数据应用内在安全机制和外部的网络安全都亟待完善。因此，档案部门在推动大数据技术应用于数字档案资源管理时也面临着很多安全风险和挑战，对档案数据的安全保护成为档案部门大数据应用安全的重中之重。档案数据保护的边界需要重新确定，档案数据应用、接口技术等安全风险的防范也需要重新设立标准与规范。因此，数字档案工作中，新兴信息技术的应用与推广必须坚持标准先行，才能不走或少走弯路，最大限度减少不必要的浪费和安全损失。

（三）以文化人，赋予数字档案资源技术应用更多人文色彩

当人文学术遇到数字科技将会怎样？很多人估计会想到"数字人文"这一概念。自2001年"数字人文"（Digital Humanity）被首次提出以来，以"数字人文"为题的学术研讨会、论著、科研项目等逐渐增多。但"数字人文"是什么？现有研究成果中对于"数字人文"的界定林林总总，缺少一定共识。有学者将其界定为一种新型学术模式、组织形式、文化模型，认为两者的相遇会产生从浅表到深处，从基于文本的人文计算到网络时代的多媒介表达的奇妙反应。① 其实，"数字人文"只是当下跨界研究的一个代表。"数字人文"强调的是一体化成长，是质量与数量的融合、定性与定量的对接，跨越了纯理论与应用的研究。

在数字档案资源技术安全保障中，强调以人文主义为指导和灵魂，用数字技术吸纳和体现人文主义的价值观、研究目标和方法，将"人文感性"与信息技术的理性相结合，既是对"唯技术至上"的突破，也是数字档案资源技术安全建设中将技术、管理和社会环境等多维因素综合考量的回应和观照。"数字档案"是信息技术发展的产物，其"技术依赖"基因强大，其整个生命周期都离不开技术环境的支撑，与此同时，数字档案的形成、保管与利用同样离不开人文环境的孕育和管理。数据工具包和不断扩展的人文学术相碰撞，生发出一些独特的手段，可以考察现在对过去的影响，

---

① 〔美〕伯迪克、德鲁克、伦恩费尔德等：《数字人文：改变知识创新与分享的游戏规则》，马林青、韩若画译，中国人民大学出版社，2018，第2~3页。

使档案活化成为可能。① 尤其社交技术的发展几乎颠覆了人类的社交传统和生活方式,一旦接入网络,人人都可能成为创作高手,人人都可以有个人档案馆。泛在社交媒体环境下,源源不断的信息交流所产生的私人生活的社会化和个体主观意识的重构,可能会使公共领域与私人空间、安全与隐私、身份认同和社群等概念发生持久性改变。同时,社交技术也受到政治利益和企业利益的钳制,被用于大规模采集人们的各种行为数据,以更高形式的人群监视和民众控制②,达到各自目的。随着社交技术的发展和社交媒介的普及,社交媒介信息呈井喷式增加,社交媒介所产生的信息被法院视为电子证据③,社交媒介信息归档④也成为文件档案管理部门的重要工作对象。由此产生的数字档案资源类型逐渐多样,数量日益增加。

可见,"数字"与"人文"的发展在档案界已成水乳交融的状态。信息技术如"左手",促数字档案工作发展,保数字档案资源安全;人文主义如"右手","柔化"信息技术鲜明棱角,赋予信息技术以灵性和温度。在数字档案资源技术安全环境营造中,只有"左右手"共同发力才能为其创造最佳条件。

(四)勇于创新,探索数字档案信息长期保存安全之计

从邓小平提出的"科学技术是第一生产力",到习近平提出的"创新是引领发展的第一动力",改革开放 40 余年来,创新已成为国家兴旺发达的不竭动力。利用科技创新,推动和保障数字档案资源生态安全,应成为新技术环境下档案工作新的着力点。

长期以来,我国档案工作中一直秉承稳中求进式发展,面对各种新兴信息技术,也是坚持安全作底,不冒进不跟风,最大限度保证了我国数字档案资源的整体安全。但随着数字时代的到来,档案工作内有档案信息化战略的推力,外有档案服务网络化的需求,加之政府数字转型政策的压力,

---

① 〔美〕伯迪克、德鲁克、伦恩费尔德等:《数字人文:改变知识创新与分享的游戏规则》,马林青、韩若画译,中国人民大学出版社,2018,第 51 页。
② 《"数字人文"是什么?》,搜狐网,http://www.sohu.com/a/235719864_313745。
③ 舒小兰:《论美国家事案件中社交媒体证据的运用》,《学理论》2013 年第 34 期。
④ 王志宇、袁馨怡:《国外社交媒体归档项目研究及启示》,《北京档案》2019 年第 7 期。

倒逼档案部门必须利用信息技术来推进档案工作整体向前。然而，科技的发展瞬息万变，档案工作不可能无视安全风险，跟着科技发展的步伐随时进行变革式调整，"安全第一"才是档案工作的生命线。但"安全第一"只是相对的。档案部门不能因为担心新兴信息技术有风险，就缩手缩脚、裹足不前；扬长避短、稳中求进、科学合理应用信息技术，才是档案部门的正确态度。

数字档案资源作为国家战略性资源和人类数字记忆维系的重要载体，维护其长期保存安全既是必要前提，也是必然要求。结合数字档案工作实际分析，对于档案部门来说，数字档案信息采集过程中信息泄露风险远低于数字档案信息存储和保管中的风险，原因在于采集多是档案部门主观性的主动作为，重点在于不侵犯其他国家、机构或组织、个人的相关权益，即规避"不犯他"，按照正常采集技术要求，基本就能保证数字档案信息采集时的安全。而数字档案信息存储和保管过程中，档案部门更多是被动型"不犯我"保护，且无论是理论界还是实践部门，对数字档案信息安全问题的探讨也主要集中在存储和保管环节。鉴于此，当前档案部门应以数字档案信息安全存储为重心，利用新兴信息技术促进数字档案信息长期保存安全。

当前，数字档案信息主要存储于磁带、大容量光盘、硬盘、磁盘阵列等以磁性载体和光盘载体为介质的实体材料中。由于存储介质本身的脆弱性和外在自然灾害、人为因素的破坏，数字档案信息备份、迁移工作常常被摆在特别突出的位置，往往需要花费大量人力、物力、财力开展定期、不定期地备份、迁移工作，以避免和减少载体材料老化、破损带来的无法识读风险。且随着数字档案信息呈几何级增长的趋势不可扭转，对大容量、高性能的存储介质的研发需求也十分紧迫。无论是常规备份还是定期迁移，都无法避免人为因素的参与，而只要有人就会有人为操作失误的风险，就会有出于各种动机篡改、窃取、泄密的风险。因此，减少人为因素的参与，能够最大限度保证数字档案信息长期保存安全，又能满足海量数字档案信息存储空间需求，成为档案部门着力寻找的对象。

从存储的角度看，主要有四个类型的存储，分别是桌面级存储、企业级存储、云存储和区块链存储。单块硬盘的可靠性遇到瓶颈依靠多块硬盘

（桌面级到企业级）解决，单个服务器的可靠性遇到瓶颈依靠多个服务器（企业级到云存储）解决，多个服务器（或称为多个数据中心）可靠性遇到瓶颈则依靠区块链存储来解决。从桌面级存储到区块链存储的发展过程，是不断提高数据存储可靠性的过程。因此上述四个类型的存储也可以说是存储技术发展的四个阶段，当前正处于云存储阶段。

上文已经提到，云存储技术在数字档案资源保存方面优势巨大，且从理论上讲，利用云存储开展数字档案信息保存安全性很高。但结合云存储实际运行情况和长远考虑，在安全性、合规性、总体生命周期成本等方面还存在一些不足。

在安全性方面，媒体对很多公共云服务的数据泄露事件进行了报道，Nexsan 公司进行的一项调查表明，只有约 3% 的受访者认为在办公室外共享文件是隐私和安全的，那么也就意味着 97% 左右的绝大多数人认为云存储不安全了。Teridion 公司首席营销官 Dave Ginsburg 强调了对于公共云在安全性方面的担忧，例如管理权限（内部和外部）、供应商访问用户的文件以进行营销和加密、知识产权保密、WiFi 上的传输和同步、多个公共云提供商、共享驱动器上的意外删除以及缺乏明确的审计跟踪等。[①] 公共云如此，私有云、混合云也同样存在总成本高昂、监管复杂、灵活性、扩展性和实用性有限等劣势。因此，不论是公有云、私有云还是混合云，在强调安全第一、安全就是生命线的档案资源存储领域，都不是真正完美的存储模式。

伴随着区块链技术的发展与成熟，区块链存储作为云存储的高级阶段，将有望弥补云存储在安全性等方面的不足。区块链存储是区块链和存储系统的有效结合，是指用区块链激励构建的去中心化存储系统。区块链存储将全球的存储节点池化，构建成一个全球统一、规模巨大、全球共享的存储池。[②] 而区块链去中心化的分布式存储，利用先进的冗余编码模式将数据存储到全球千万个节点上，有效避免了单点故障造成的负面影响。仅在硬盘故障这一项上，区块链存储的可靠性都要比云存储高 10 的 64 次方倍，综

---

① 《云存储的一些主要优缺点浅析》，电子发烧友，http://www.elecfans.com/consume/804067.html。

② 《区块链存储到底好在哪？四大优势不可不知》，人工智能实验室，http://www.ailab.cn/Blockchain/2019080692845.html。

合可靠性也至少高 1 万倍以上。① 在服务的可用性、成本控制、异地容灾性等方面，区块链存储相比于云存储、中心化数据存储中心都要更有优势。当然，为了减少了区块链分布式存储带来的数据泄露风险，必须对数据进行加密处理，以进一步夯实信息安全壁垒。当前，全球档案界对区块链技术已广泛关注，并取得了一定进展，但区块链存储在维护数字档案真实性、区块结构及区块链技术的标准化、区块链存储系统和数字档案长期保存系统功能的对接、共识机制的合理选择、基于联盟链的档案机构合作机制等方面，还有待进一步探索。因此，区块链存储技术应用于数字档案长期保存实践尚需时日。

进入 21 世纪以来，以区块链技术、云存储技术、大数据技术、人工智能技术等为代表的新兴信息技术虽来势凶猛、看似前景无限，但无论是理论研究还是技术研发仍处于发展初期。在现有档案管理体制和制度框架内，保障数字档案资源技术安全既不能过于保守，又不能盲目冒进，而必须以需求为基础、以实际发展为起点，既要纳入和兼容，也要有突破和创新。

---

① 《区块链存储到底好在哪？四大优势不可不知》，人工智能实验室，http://www.ailab.cn/Blockchain/2019080692845.html。

第六章
数字档案资源环境安全的构筑

　　环境包裹着一切，无论是自然界，还是信息界，任何事物的生存、图强与发展，都离不开对环境的关注、探讨与改善。数字档案资源是现代社会信息技术发展的产物、人类社会活动的衍生品，其产生、存续并服务于人类社会的生产和生活。因此，在某种程度上与数字档案资源有关的人文因素即社会环境对数字档案资源环境安全起着决定性作用。本章将从社会环境所包含的主要内容探讨数字档案资源环境安全，进而强调环境安全在数字档案资源生态安全中的重要性。

　　安全的数字档案资源环境必然是健康的、绿色的，其运行机制会使数字档案资源共享与开放利用内化为人类自发、自觉与自主的良好行为。数字档案资源环境是指数字档案资源主体内部及数字档案资源主体之外的、直接或间接影响数字档案资源主体生存与发展的各种物质的和非物质的要素之和。数字档案资源环境安全，则是指数字档案资源主体内部及数字档案资源主体之外的各种物质的和非物质的要素之和的整体安全，是数字档案资源生态安全的条件、背景和关联空间的总集。而数字档案资源环境安全则是数字档案资源本体、数字档案资源主体和数字档案资源环境和谐与共、可持续发展的重要量度，是促进数字档案信息有序流转、推进档案信息生态系统（如图 6-1 所示）健康运行的有效保障。

　　社会环境是数字档案资源赖以生存和发展的根本环境，社会环境包含的内容众多且复杂，对于数字档案资源环境安全而言，主要有经济环境、法律环境、技术环境、文化环境、数字档案资源本体环境等。数字档案资源本体，作为数字档案资源生态安全研究的根基，理应作为重点内容单独

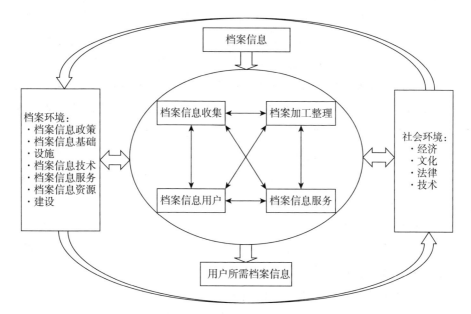

图 6 - 1　档案信息生态系统模型

资料来源：夏红兵、易宇文《数字档案信息生态系统的模型构建》，《四川旅游学院学报》2014 年第 2 期。

阐述（详见本书第三章）。数字时代，技术生态因子对于数字档案资源生态安全的影响重大，本书中已特别将数字档案资源技术安全作为一个独立内容加以论证（详见本书第五章）。因此，本章对数字档案资源环境安全的研究，将侧重探讨数字档案资源经济环境、法律环境和文化环境等层面。

一　数字档案资源生态安全的经济环境营造

经济基础决定上层建筑。数字档案资源生态安全涉及方方面面的理论和实践、各行各业的人群和活动，这一切都需要经济基础加以维系。国家或地区的经济发展水平，对数字档案资源生态安全将产生直接且关键的影响。

（一）数字档案资源经济环境现状

1. 世界经济继续保持增长态势，但不确定性增强

国家发展改革委政策研究室在《当前国际经济环境分析》中指出，世

界经济继续温和增长，但同时伴随的潜在风险也在进一步积聚。一方面，发达经济体刺激经济增长的政策效应逐步显现，对于缓解次贷危机的影响有一定积极作用；另一方面新兴市场和发展中国家的经济增速平稳，有利于增强世界经济体抗风险能力。国际货币基金组织（IMF）相关数据显示，2018 年世界 GDP 增长率与 2017 年基本持平。其中，2018 年发达经济体 GDP 增速为 2.4%，比 2017 年上升 0.1 个百分点；新兴市场与发展中经济体 GDP 增速为 4.7%，与 2017 年持平。[①] 但 2020 年，全球经济在新冠疫情影响下，除中国外，均呈现负增长态势。而后疫情时代世界经济整体发展也将难以快速恢复。

虽然新冠疫情并非常态，但当前国际经济环境正在发生微妙且深刻的变化，全球通胀水平压力升高，次贷危机对世界经济的拖累效应还在发酵，国际金融市场波动异常等不利因素和不确定性风险有所增强，诸如新冠疫情等重大全球突发公共卫生事件时有发生。总体而言，世界经济格局一体化特征凸显，洲与洲之间、国家之间、地区之间、国家与地区之间的关联、互通、合作趋势明显，区域经济共同体正在构筑。

2. 我国经济形势基本稳定，但改革发展任务艰巨

当前我国经济社会发展的主要特征如下。我国当前总体处于工业化后期向后工业化转型的发展阶段，城镇化进程相对工业化明显滞后，生产性服务业不发达制约了经济的可持续发展。[②] 鉴于当前经济发展实际，2019 年中央经济工作会议将当前我国经济形势定调为"经济形势基本稳定"，主要表现为经济基本维持在合理区间、经济结构持续优化、新增长动能有所提升、经济效益和质量有所提高等方面。[③]

有专家认为未来 5～10 年，我国经济发展环境将有所变化，突出表现是新经济浪潮逐渐到来，经济发展进入新常态时期，经济增长方式由速度粗

---

① 姚枝仲：《2018—2019 年世界经济形势分析与展望》，爱思想，http://www.aisixiang.com/data/114637.html。
② 高辉清：《我国新经济发展形势分析》，国家信息中心，http://www.sic.gov.cn/News/455/8918.htm。
③ 董月鲜：《当前中国经济形势和 2019 年展望——专访国家信息中心首席经济学家祝宝良》，《领导文萃》2019 年第 12 期。

放型向集约效益型增长。① 在此新常态下，外受制于国际需求下降、内牵制于生产要素成本上升等复杂因素影响，我国产业出现由东向西转移趋势。而新经济没有经验可循，需要摸着石头过河，加之各地各区域资源、禀赋等不同且经济发展不同步，无疑为各地新经济的发展增加了难度。与此同时，传统经济发展模式并未退出历史的舞台，且仍然具备较大的发展惯性。因此，新经济的发展与传统经济发展理念、模式等方面必然产生冲突和摩擦，但提质增效、节能减排、绿色发展的理念却是新经济与传统经济发展所必须要遵循的共同目标。而未来 5～10 年也是我国改革发展进入深水区和经济社会转型的关键时期，多种因素交集之下决定了我国经济发展任务之艰巨。

3. 档案资金链供给稳定，但有效支出受限

档案馆（主要指各级国家档案馆或公共档案馆）是公益性文化事业单位，集档案安全保管基地、爱国主义教育基地、档案利用中心、政府信息查阅中心、电子文件中心五大功能于一体。在 2018 年省级档案机构改革进程中，档案馆属文化事业机构属性得以彰显，有助于发挥其历史守护者、记忆传承者、文化传播者的职责。② 但该性质和定位也决定了档案馆不以营利为目的，而是面向社会，以服务国家机构、社会组织和个人为根本旨归。档案馆强大的社会功能也赋予档案工作更多的历史使命和责任担当。任何一项档案工作的开展，都必须投入一定的人力、物力和财力，而要确保其持续运行，则需要持久稳定的资金链。根据档案馆公共事业单位的性质，我国对档案馆日常运行资金实行财政全额拨款制，在一定程度上保证了档案馆各项工作的顺利开展。

截至 2019 年底，我国共有档案馆 4234 个③，各级国家档案馆日常运行经费由本级财政部门负担。每一新财年各级档案局都会对当年各项档案工作进行预算，制定预算支出表，并对上一财年的资金使用情况进行决算汇

---

① 高辉清：《我国新经济发展形势分析》，国家信息中心，http://www.sic.gov.cn/News/455/8918.htm。

② 徐拥军：《省级档案机构改革的特点、影响与展望》，《求索》2019 年第 2 期。

③ 《2019 年度全国档案行政管理部门和档案馆基本情况摘要（一）》，中华人民共和国国家档案局，https://www.saac.gov.cn/daj/zhdt/202009/23bee44fdf594f048619334774968c7d.shtml。

总。为更全面了解档案部门在国内外宏观经济环境下的资金运行，以下选取了国家档案局和江西省档案局，分别作为国家级和地方档案部门经费运行状况的代表。

我国国家档案局是国家由财政直接拨付经费的一级会计预算单位。2019年国家档案局总预算数为67183.77万元（其中年度新增64571.61万元，上年结转2612.16万元），比2018年同比增长约18%。从2015~2019年国家档案局总预算情况来看，预算额呈逐年增长趋势（2016年除外）（见图6-2）。

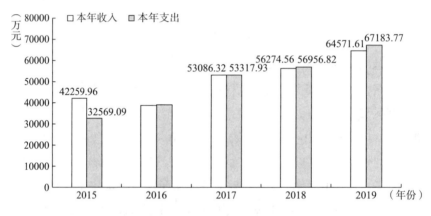

图 6-2　2015~2019 年国家档案局预算

资料来源：根据国家档案局官网（http://www.saac.gov.cn/）公布的数据统计。

因为有预算总额参照，各档案馆对各项工作的开展就需要"量入为出"了。而所谓的"出"，就是实际支出，即表现为每财年的"决算"。国家档案局2017财年收入62580.37万元，实际支出60483.22万元，结余2097.15万元。国家档案局2013~2017年决算显示（见表6-1），2013年后国家档案局每财年决算金额逐年上涨，即支出总额都有增长，均有一定结余。

表 6-1　2013~2017 财年国家档案局年度决算

单位：万元

年份	本年收入	本年支出
2017	62580.37	60483.22
2016	45552.65	35438.1

续表

年份	本年收入	本年支出
2015	42259.96	32569.09
2014	31333.46	30977.81
2013	32240.46	31943.42

资料来源：根据国家档案局官网（http://www.saac.gov.cn/）公布的数据统计。

　　国家档案局每财年预算和决算情况代表的我国最高层级档案部门在资金运行方面的大体状况，对于了解国家级档案馆的经费收入、支出等有一定的参考意义。但不难发现，国家档案局在每财年经费预算和决算中，并非所有财年都会出现结余，也会有超出预算的情况出现。

　　江西省地处我国中三角经济带，从 GDP 总额排名看，处于全国第 16 位①，可视为我国经济发展平均水平的代表。从全国档案工作总体发展水平看，也是居于中等位置。鉴于此，考察江西省档案局财年预算和决算，对我国档案工作整体资金收支有一定的管窥之效。

　　从图 6-3 可以看出，2015～2019 年，江西省档案局年度预算一直呈上升趋势。与国家档案局相似，调查的 2013～2017 年中，江西省档案局每年决算（见表 6-2）也均有一定结余。

图 6-3　江西省档案局 2015～2019 年预算

资料来源：根据江西档案信息网（http://www.jxdaj.gov.cn/Index.shtml）公布数据统计。

---

① 《31 省份 2018 年 GDP 正式出炉》，至诚财经网，http://www.zhicheng.com/n/20190302/250690.html。

从本书统计的已公开预算和决算看，国家档案局和江西省档案局在资金来源及去向、经费收入与支出等方面都比较明确详细，基本能够追本溯源。而且，单纯从数字层面看，国家档案局和江西省档案局每财年的资金似乎都相对比较充足，因为绝大部分财年都有资金结余款项。

表 6 - 2　江西省档案局 2013 ～ 2017 年决算

单位：万元

年份	本年收入	本年支出
2017	4359. 28	3783. 34
2016	4449. 58	3260. 26
2015	3142. 04	2930. 68
2014	2444. 43	2415. 20
2013	2127. 72	2195. 26

除去档案馆日常运行经费之外，随着《国家重点档案抢救和保护补助费管理办法》的制定和实施，中央财政持续推进国家重点档案保护与开发项目，从"十一五"期间的每年投入资金 9000 万元增加到"十三五"期间的 2 亿元。① 该专项经费的投入，极大地缓解了档案馆在档案保护方面的支出压力，加强和加快了国家重点档案保护的力度和速度，进而为各地档案馆日常经费的支出提供了一定冗余空间。

然而，虽然表面上看，国家档案局和江西省档案局每财年都有一定结余，但从预算、决算明细看，档案局每财年有限的经费要支出的项目非常之多。诚如分蛋糕，蛋糕就那么大，分蛋糕的人少，每一份就多；分蛋糕的人多了，每一份就会变得相对较小。也就是说，受其他支出经费的影响，我国档案安全工作专项经费实际投入方面必然受到了影响。

但在我国，无论是现有理论研究成果，还是档案实际工作部门，经费不足往往被当作影响我国档案事业总体发展的主要原因之一；而在国内外理论界和实践界却少有论及经费不足或财政投入不够的问题。横向比较，依据我国财政对档案馆的现有经费投/预算情况，思考其中深层原因，财政

---

① 李明华：《在全国档案局长馆长会议上的工作报告》，中华人民共和国国家档案局，https://www.saac.gov.cn/daj/yaow/201801/4620821e0eb549c389abef95d4b8af36.shtml。

投入不够或经费不足也许不是主因，深入剖析档案部门机构臃肿、队伍庞大、福利支出所占比重较大等深层次原因，应是解决当前我国档案部门实际经费收支不均、支出结构不合理等问题的重要突破口。

以国家档案局 2019 年预算为例，全年财政预算为 6.71 亿元人民币，一般公共预算当年拨款 6.46 亿多元人民币，比 2018 年执行数增加 7800 万元，增加部分主要用于中国第一历史档案馆新馆开办和内容建设专项资金及档案馆安全等支出。国家档案局作为中共中央直属机关的下属机构、副部级单位，下设 6 个直属事业单位，挂靠一个社会团体，可谓"机构庞大"。在纳入财政预算的 8 个部门中（见表 6 - 3），非直接性档案业务管理性质的单位就有 4 个；截至 2017 年 12 月 31 日，总编制 837 人，在职人员 757 人、离退休人员 567 人[1]，由此而负担的社会保障和就业、住房保障支出、购房补贴等项目（约为 6541 万元人民币）占到当年国家档案局财政总预算的 10% 左右；而直接用于档案馆的经费支出仅为 774.21 万元，占年度总预算的 1.2%。

表 6 - 3　纳入中国国家档案局 2019 年部门预算编制范围的单位

序号	单位名称
1	国家档案局
2	中国第一历史档案馆
3	中国第二历史档案馆
4	国家档案局档案干部教育中心
5	中国档案杂志社
6	中国档案报社
7	中国档案学会
8	国家档案局档案科学技术研究所

纵向比较其他类支出，相较于 2018 年，因中央单位退休人员待遇转由养老保险基金发放，国家档案局社会保障和就业（类）行政事业单位离退休（款）归口管理的行政单位离退休（项）比 2018 年降低 74.16%，减少

---

[1] 《国家档案局 2018 年部门预算》，中华人民共和国国家档案局，https://www.saac.gov.cn/up-loadfile/daj/0087360b76501c3a9cfb01.pdf。

额度为 2290 万元，减幅较大。可见国家档案局经费预算与支出受国家政策、经济等因素的影响较大，通过政策调整、机构改革等手段或可能在一定程度上减少非直接性档案馆业务有效资金的外流。

横向比较，以 2017 财年中美两国国家档案馆财政预算为例，从该财年经费预算总额看，美国要高于中国，但从该财年国家档案馆经费预算占该年度 GDP 比重看，中国的占比甚至要高于美国（详见表 6-4）。这一现象值得深思。

表 6-4　2017 财年中美国家档案馆预算经费占本国 GDP 比重

国家	国家档案馆经费	GDP	国家档案馆经费占本国 GDP 比重
中国	5.331793 亿元	827122 亿元	6.44%
美国	7.19 亿美元	194853.94 亿美元	3.69%

资料来源："Bureau of Economic Analysis: GDP and Personal Income Mapping," https://apps.bea.gov/iTable/iTable.cfm? reqid=99&step=1#reqid=99&step=1&isuri=1。

国家档案局作为档案系统的风向标，经费收入与支出必然是各地档案局（馆）的参照。地方档案局（馆）预算虽然不能和国家档案局相提并论，但在某种程度上，地方档案馆经费由于受制于所在省份、属地经济社会发展总水平，往往处于更加边缘或被动地位。简言之，经济发达省份财政实力相对较强，档案馆经费拨付相对充足，经济欠发达省份因总体财政状况不佳，则往往会在难以快速见到收益的领域或部门压缩经费，而档案馆无疑被列入其中，这似乎已经成为任何国家财政拨款的潜规则。

江西省作为我国经济发展总体平均水平的代表，其对档案事业的资金投入在一定程度上反映出我国档案事业发展中资金运转整体情况。以 2018 年为例，江西省档案局总预算为 3757.49 万元。在实地走访、调研江西省档案局、江西省档案馆后发现，该年度预算基本"不够花"。然而仔细查看，发现档案馆支出占到 2018 年江西省档案局总预算的 38% 左右，大大超过国家档案局年度预算中档案馆的支出占比。深究其因，"预算不够""经费不足"主要源自行政事业单位离退休、住房保障支出、福利费等非直接性档案业务层面。

（二）数字档案资源安全良好经济环境的营造措施

针对我国当前数字档案资源经济环境现状，应从数字档案资源生态系统角度全面考察我国档案工作资金供给不足、"专款不专用"等乱象，为数字档案资源生态安全打下坚实的经济基础。

1. 加强思想和意识层面引导，打破"铁饭碗"旧思维

经济环境说到底跟人直接相关。而人是有主观自觉性的，人的意识具有能动作用。分析我国档案事业发展经济环境，必须深入剖析人为因素，特别是人的思想意识层面。

新中国成立以来，为了利用有限的资源推进现代化建设进程、实现高度的社会控制和整合，计划经济时代随之开启，同时国家施行了严格的"单位制"，生活在单位制下的人，几乎不存在满足人的资源需求机制和相关领域，个人命运和单位捆绑在一起，所以被称为"单位人"。[①] 一旦成为"单位人"，则意味着手捧铁饭碗，从此不会再失业，且能够享受单位所提供的最基本的生活福利保障，不仅工资来自单位，还有住房补贴、退休金、医疗保障等都来自单位，单位对"单位人"的生老病死、吃喝拉撒等享有无尽的义务。计划经济条件下所实行的永久性就业制度、终身制福利关怀，在一系列相关制度的刚性作用下，"单位人"的"单位情结"更加强化，理所当然地接受着单位所提供的各种资源保障和组织关怀。

梳理过"单位人"的渊源后，就不难理解我国国家公务机关、事业单位的年度预算、决算中为何会有大量非直接性档案业务类支出了。计划经济时代，干部人事档案作为一种有效的制度技术和管理工具与单位制度结合在一起，实现了对"单位人"的科层控制和非人格化管理。随着我国改革开放的深入与市场经济的综合发展、公共领域的扩大，"单位"思想不再根深蒂固地影响人们的就业、生活和学习，社会人才流动性极大加强，人事调动频繁，单位对于"单位人"的管控也相对松动。这种变化，也意味着"单位人"即便离开了单位也照样能够适应社会，开启单位之外的自由工作和生活，而不一定非要依赖单位的各种福利和保障了。

市场经济的发展和改革开放的综合全面实施，还带来国有企业改制和事业单位的改革。1998 年开启的国有企业改革历时 20 多年，人们基本已经习惯国企改制带来的影响和变化，在私企、民企工作已经没有思想阻碍，

---

① 陈潭：《单位身份的松动——中国人事档案制度研究》，南京大学出版社，2007，第 91 页。

而国企改革所带来的系列成功给了当初质疑改革的人群最好回应。2018年3月21日，中共中央印发了《深化党和国家机构改革方案》，方案要求"省级党政机构改革方案要在2018年9月底前报党中央审批，在2018年年底前机构调整基本到位"。2018年12月，除港澳台外，我国31个省级档案机构改革陆续启动。从当前已公布的省级机构改革方案来看，省（自治区、直辖市）委办公厅加挂档案局牌子的有19个，档案馆作为省（自治区、直辖市）委（办公厅）直属事业单位达到13个（如表6-5所示），"文化事业单位"成为此次省级档案机构改革中档案馆的鲜明标签。而档案局归口管理单位的变化，档案局和档案馆的分立局面，必然也会带来档案局（馆）预算的变化，及经费的收入与支出变化。

表6-5 2018年省级档案机构改革方案情况一览

	党委办公厅加挂档案局牌子	档案局的行政职能划入党委办公厅	档案馆作为党委（办公厅）直属事业单位	档案馆作为党委、政府直属事业单位	省档案馆与其他职能相近机构整合
省（自治区、直辖市）	山西、辽宁、吉林、浙江、安徽、江西、山东、河南、湖北、湖南、广东、广西、四川、贵州、陕西、甘肃、宁夏、黑龙江、内蒙古	山西、辽宁、吉林、江苏、浙江、安徽、江西、山东、河南、湖北、湖南、广东、广西、四川、贵州、云南、陕西、甘肃、青海、宁夏、黑龙江	辽宁、江苏、浙江、安徽、河南、湖北、四川、贵州、云南、陕西、甘肃、青海、宁夏	江西	贵州、辽宁、天津
合计	19个	21个	13个	1个	3个

资料来源：徐拥军《省级档案机构改革的特点、影响与展望》，《求索》2019年第2期。

改革已成既定事实，唯有创新思变，才能跟上改革前进的步伐，特别是长期习惯于"单位"的各种福利和保障的人群，如何应对改革带来的深刻变化和影响，在思想意识层面必有一段"阵痛期"，特别是当涉及"单位人"切身利益的住房保障、养老保险等支出减少或划拨到社会统筹养老保险系统之后，如何接受并适应改革后的局面，还需要积极引导、辩证看待改革措施。而且随着国家机构改革的不断深入，国家机关、事业单位的"铁饭碗"将被打破，"淘汰制"、绩效管理等企业化管理思维和管理机制被引入机关、事业单位，所以如何从思想、意识层面真正认识到改革的必要性、先进性，快速适应后改革时代档案工作新局面，才是档案机构首先要面对和解决的重要问题。只有思想意识层面与改革同步，才能在新环境下，正确看待档案局（馆）经费预算"减少"，才能摆脱"铁饭碗""大锅饭"带来的懒散、消极怠慢的情绪，激活为档案事业献计献策的决心。

2. 在正常财政运转前提下，国家适当争取增加档案馆投入

一方面，在经费预算相对减少的前提下，档案工作者要在意识层面积极响应并适应国家机构改革、经济结构调整和社会转型时期的新政策、新制度。另一方面，在正常财政运转前提下，档案馆应努力争取适当增加财政投入。但是投入经费的增长必须要有合适的理由。在制订年度预算时，除了考虑物价、物流、劳动力等成本上涨之外，本年度有重要活动策划、新的项目支出、档案馆业务拓展等，都要科学预判，避免因经费不足影响档案工作正常开展。

2017财年美国国家档案馆预算为719亿美元，占美国该年度GDP比重为3.69%。从中美两国GDP占比看，我国国家档案馆预算经费的增长还有一定的上升空间。习近平同志指出：档案工作是一项非常重要的工作，经验得以总结，规律得以认识，历史得以延续，各项事业得以发展，都离不开档案。档案工作党和国家事业发展的基础性、支撑性工作，是国家和地区经济社会发展水平的表征之一，因此适当增加档案馆财政投入既是国家层面重视档案工作的具体关怀和实际行动，也能激发和增强档案工作服务经济、融入经济发展的决心。

3. 鼓励档案机构"瘦身"，轻装上阵

从2019年国家档案局预算明细看，因中央单位退休人员待遇转由养老保险基金发放，国家档案局社会保障和就业（类）行政事业单位离退休（款）归口管理的行政单位离退休（项）比2018年降低74.16%，仅这一项就减少支出额度2290多万元。早在2015年，国务院就发布了《关于机关事业单位工作人员养老保险制度改革的决定》（国发〔2015〕2号），这个总则性的决定，经过4年的酝酿和试点实践，养老金并轨在各地逐渐落实，且在2019年机关事业单位养老保险改革细则落地。养老保险细则的落地为具体实践层面的操作提供了更多的参考和指导，也将"单位人"的"铁饭碗"

意识进一步冲淡。更细致的养老金并轨配套政策的制定和实施，将进一步宽松档案局（馆）年度经费的支出额度，将有限的资金用在档案工作的"刀刃"上。

"打铁还需自身硬"。随着国家综合改革进入深水区，除了在意识层面认知、接受、适应之外，档案局（馆）还应严格检查和审视自身"肥胖症"。当前我国档案机构庞大、臃肿的局面极大束缚了我国档案事业前进的步伐。如果对我国现有档案事业机构进行适当精简、对档案工作人员进行适度裁减①，与一些非直接性档案事务的机构及造成档案机构臃肿的人和事尽快"划清界限"，缩窄档案局（馆）预算辐射面，减少"分蛋糕"的分母，则作为分子的档案事业核心业务能够在较为宽松的经济环境下获得更好的综合效益。或对现有非直接档案事务性质的机构进行改制，实行市场化运作和企业化管理，那么在现有经费总量不变的前提下，把精简、裁减和机构改制中节省下来的资金用于档案信息服务、数字档案馆建设等方面，相信我国档案事业的局面将有新的进展。以国家档案局为例，其下属的中国档案杂志社、中国档案报社乃至国家档案局档案科学技术研究所，都有其专职的核心业务，也有能力独立核算，完全可以成为独立运营、自负盈亏的法人单位。国家档案局如能在不久的将来就迈出实质性的、切实有力的精兵简政机构调整和全面深入的改革步伐，全国各级地方档案局（馆）也必将欣然"跟风而动"，而"瘦身"之后的各级档案局（馆），必将促进整体档案工作局面的焕然一新。

4. 加强综合监管，保障档案经费专款专用

我国档案局（馆）经费主要来源于国家财政全额拨款，但长期以来，我国档案系统"大锅饭""小社会""大而全""小而全"的建构模式，决定了档案局（馆）的经费不可能完全投入在档案业务运转层面。如国家档案局每年的预算、决算都会包含社会保障和就业支出、卫生健康支出、住房保障支出等非直接性档案业务性质的支出，且往往占比超过10%。如果不加强资金监管，档案专项经费被挤占、截留、挪用、私吞等就时有可能

---

① 聂云霞、王新才：《我国档案事业的发展动力与前景——从英美国家档案馆战略重点说起》，《档案与建设》2015年第7期。

发生。

2010 年，国家发改委与国家档案局共同组织实施了《中西部地区县级综合档案馆建设项目》。该项目覆盖了我国中西部地区 26 个省（自治区、直辖市）、新疆生产兵团在内的 2066 家县级综合档案馆。当前各批次中央投资资金已经到位。时任全国人大代表、湖北省人大常委会副主任周洪宇（加强中西部地区各级国家综合档案馆建设的提案人）建议，在中西部地区县级综合档案馆建设过程中，应加强建设资金监管，做到专款专用，并提高资金使用效率，让有限的资金发挥最大的功用，尤其要防止"馆库建起来，干部倒下去"的腐败现象出现，保障建设任务如期完成。[①]

随着我国政府数字化转型政策的逐步落地和我国数字档案馆建设的深入和全面发展，数字档案馆建设和运维、档案保护与抢救等领域将是我国各级档案局（馆）经费支出、资金投入的重点。而这些重点和档案馆舍建设都与数字档案资源生态安全有着千丝万缕的联系。

因此，加强对档案专项资金的综合监管，将有限的经费真正投入档案工作中，是确保数字档案资源经济环境安全的必要手段。《国家重点档案抢救和保护补助费管理办法》出台后，各地相继制定了档案抢救和保护专项资金管理办法，如 2013 年《四川省档案抢救和保护专项资金管理办法》。在新一轮档案馆新馆建设、旧馆改建、扩建过程中，各地也充分加强了对于档案馆建设补助经费的管控。如 2014 年广东省制定了《广东省市县档案馆建设补助专项资金管理办法》，有效减少了有关部门挤占、截留、挪用档案专项资金现象的出现。当然办法和制度的出台只是在形式上对档案专项资金滥用行为的警示，要杜绝档案经费被违规使用，还需要在实践层面严厉惩处，对已经拨付的档案专项经费，严格实施专款专用，加大社会监督，对于挤占、截留、私吞、挪用专款的行为加大惩处力度。在档案内部监督基础上动员全社会加强监管，严格落实档案经费使用信息公开制度，确保档案专款专用，进而为我国数字档案资源经济安全构建良好的档案资金管理内外监督机制和营造清朗的档案生态经济环境。

---

① 宁宇龙：《一定要建好中西部县级档案馆——访全国人大代表、湖北省人大常委会副主任周洪宇》，《中国档案报》2011 年 3 月 11 日，第 1 版。

5. 争取经费渠道多元，灵活引入社会资本

2018 年 9 月巴西国家博物馆大火灾的惨痛画面至今还历历在目，巴西媒体普遍认为资金不足、年久失修是酿成此次大祸的主因之一。[1] 而我国在档案资金保障方面也存在一定的问题，特别是在市县级档案馆基础建设方面，有些地方财力薄弱、资金缺乏，档案馆建设相对滞后。很多修建于 20 世纪 70 年代或之前的档案馆多为砖混结构，库房容积小，馆内设备设施简陋[2]，容灾减灾能力弱，档案安全隐患较大。在档案实体保护层面，马翊指出，我国中央财政用于档案文献遗产保护的经费虽逐年有所增加，但由于档案文献遗产数量巨大，加之前期欠账太多，虽然现在已经投入了较多的经费，但有限的经费只能投向抢救性的重要保护工程，保护经费投入就只能是杯水车薪。[3] 以档案文献遗产数字化保护为例，也存在上述同样的问题，资金不足的问题已然影响档案文献遗产数字化保护的进程。[4]

再加上社会监管不力、地区经济发展水平不均衡和文献遗产保护部门经费划拨相对不充足等原因，挪用专款、专款不专用现象时有发生，对于文献遗产数字化的持续性保护极为不利。因此必须在此基础上合理拓宽我国文献遗产数字化保护的筹资途径，如大胆引入民间资本，开展文献遗产数字化保护业务外包等。这方面可以借鉴美国"建国时代"文献遗产保护[5]的成果经验，在争取国家经费的同时，积极向私人基金和社会募资。[6]

随着我国经济社会的发展与进步、投资和信用环境的逐步改善，我国在社会资本和民间资本多渠道筹集、合理化利用方面已经取得较大进步。科学引入社会资本进入档案领域，将有利于缓解现阶段我国档案经费完全由财政拨款的困境，减轻地区间经济发展不平衡带来的档案经费拨给"等级差"造成的恶性循环。比如积极引入社会资本对已开放档案资源的开发利用，深度挖掘内容，做好档案文化创意产品的开发与营销等，一方面可

---

① 《巴西国家博物馆大火 2000 多万件藏品仅 10% 幸存令人痛心》，人民网，http://culture.people.com.cn/n1/2018/0904/c1013 - 30271621.html.
② 宁宇龙：《中西部基层档案馆建设刻不容缓》，《中国档案报》2015 年 3 月 10 日，第 1 版。
③ 马翊：《濒危档案文献遗产保护策略研究》，中国人民大学博士学位论文，2008，第 70 页。
④ 聂云霞、王新才：《中国文献遗产数字化保护的现状与推进》，《档案与建设》2013 年第 7 期。
⑤ 吴江华：《美国"建国时代"文献遗产保护历程研究》，《档案学通讯》2011 年第 4 期。
⑥ 聂云霞、王新才：《中国文献遗产数字化保护的现状与推进》，《档案与建设》2013 年第 7 期。

以在一定程度上增加档案馆经费来源，另一方面又能满足社会公众对高品质文化产品的消费需求，与此同时，还能进一步实现档案价值增值。曾经神秘的故宫博物院，近年来在文化创意方面打出了一手好牌。其设立的故宫博物院文化创意馆，将各种馆藏珍品与生活、工作的时尚产品结合，不仅瞬间拉近了故宫博物院珍贵藏品与公众的距离，还让国际时尚界掀起了故宫文创潮，在对历史文化起到"大雪无痕"宣传效果的同时，还增加了故宫博物院维护和运营经费，减少了国家财政投入的压力。与博物馆机构相近性质的档案馆，在坚持档案社会效益优先的同时，适当追求经济效益，是完全有资源、有能力灵活引入社会资本、发展档案文化产业的。2002年国家档案局组织出版的《中国档案文献遗产名录》，就是档案行业垄断性资源的优秀成果。

　　针对当前我国数字档案安全保障经费以政府投入为主的单一渠道，应深入思考在政府"输血"基础上，采取自身"造血"与外来"输血"相结合的方式[①]，制定和实施良好的档案保护与数字档案资源生态安全经费激励政策，特别是要加强对国家重点档案、少数民族地区和不发达地区档案的经费激励政策，还可借鉴英国、意大利等国家发行国家遗产彩票方式[②]，形成一种更长效、可持续且社会参与度高的资金保障形式，或者效仿台北市设置"公益信托台北市古迹保存与发展基金"[③]的做法，新设置"数字档案资源安全发展基金"，作为社会公众和民间资本长期参与数字档案资源生态安全保障的重要机制。

二　数字档案资源生态安全的法律环境建设

　　法律乃治国之重器。古希腊哲学家亚里士多德于公元前350年就曾说过："法治比任何一个人的统治来得更好。"今天，法律以各种方式影响着

---

① 周耀林等：《档案安全体系建设》，转引自《回顾与展望——中国档案事业发展研究报告》，中国档案学会，2010，第12页。

② 任思蕴：《建立有效的文化遗产保护资金保障机制》，《文物世界》2007年第3期。

③ 《一场环境公益信托的台湾试验》，搜狐财经，https://business.sohu.com/20130117/n363706127.shtml。

每个人的日常生活与整个社会。① 档案之于国家治理的重要性正如美国国家档案局前局长约翰·卡林所言："一个社会的档案如果是封闭的，就不可能是开放社会；一个民族如果没有记住他们的权利，就不可能践行；一个国家如果不能利用其历史，就不可能审视自身；一个政府如果没有了档案，就不可能负责任地治理。"②

无论是我国古代历朝历代将施政情况记录存档的做法，还是英美国家几百年档案立法的历史，无一不表明，档案与法律的关系最为密切。依据档案审判案件是国内外处理法律纠纷的惯例，第一个被宪法和法律认定的具有可信效力的凭证即档案。档案是国家法治运行的基础，是公民正当权利的保障。而无论是传统档案工作还是数字环境下的档案工作，无论是国家治理、社会管理，还是档案事业本身发展，都需要优良的法制环境与完善的法律体系去维系和保障。毋庸置疑，数字档案资源主体安全、本体安全、技术安全和环境安全同样需要法规制度的规范和指引，也仰赖法律武器的威慑与惩戒。基于此，数字档案资源生态安全才具有更长久的生命力。

（一）国外数字档案资源法制建设

如果说法律是行为的依据和规范，那么档案就是行为的记录和凭证。法律的制定和其保存与保真离不开档案；法律的实施与国家治理也离不开档案证据的支撑。③ 美国是档案立法工作相对比较完善和进步的国家，美国多年立法中的档案与档案立法、档案与法律不可分离的关系，特别是信息技术的发展，催生了电子文件、数字档案，美国也积极制定、修订和调整相关数字档案的法律法规，对我国数字档案资源法制化建设具有一定启示。

美国在建国初期的法律中就有对档案的规定要求，在1776年《独立宣言》中就提及殖民政府的"公共档案库"（Depository of Their Public Records）的概念。1934年，美国制订了《国家档案馆法》，1950年《联邦档案法》

---

① 聂云霞：《数字遗产保护研究的现状与瓶颈分析》，《档案学研究》2012年第6期。
② 国家档案局政策法规研究司编译《境外国家和地区档案法律法规选编》，中国政法大学出版社，2017，第19~20页。
③ 国家档案局政策法规研究司编译《境外国家和地区档案法律法规选编》，中国政法大学出版社，2017，第3页。

颁布实施。据不完全统计，从 1789 年美国国会立法以来的 200 多年时间中，至少有 150 项单行法的题名涉及档案。① 随着信息技术的发展，美国加快了对档案信息化建设方面的立法实践。2002 年颁布的《萨班斯法》（Sarbanes – Oxley Act）就开创了法律要求留存电子档案的先例。

2005 年 9 月，美国国家档案局与美国著名的军工企业洛克希德·马丁公司签署投资 3.08 亿美元、为期 6 年的电子文件档案馆（ERA）系统建设合同，标志着美国国家电子文件档案馆系统项目正式启动。而随着 ERA 进程的深入，2009 年 36CFR1236（Code of Federal Regulations，简称 CFR ，即美国联邦法规）对电子档案管理做出相应规定；2011 年 11 月 28 日，奥巴马签署《联邦政府档案管理》总统备忘录，要求国家档案局、管理与预算办公室和司法部适应开放政府的要求，推进联邦政府机关档案管理向电子档案管理转型。为了让美国民众能利用联邦政府决策与活动的透明和准确的信息，2012 年 8 月 24 日，美国总统办公室发布《政府档案管理指令》（Managing Government Records Directive，即 "M – 12 – 18 指令"，以下简称《指令》），旨在建立电子档案管理制度，确保政府透明、高效和履行责任，政府承诺向数字政府转型，并制定了目标实现时间表：2016 年，联邦机关将以可利用的电子格式管理永久及定期电子邮件档案，到 2019 年联邦机关将以电子格式管理所有永久电子档案。② 此外，《指令》还要求国家档案馆和管理与预算办公室、美国联邦人事管理局采取相应措施帮助政府机关建立电子档案管理要求，修改国家档案馆永久电子档案移交指南，创建新的电子邮件指南，将档案管理要求嵌入云架构及其他联邦信息技术系统和商业产品，评估联邦机构管理的电子档案 "静态数据" 的安全存储与管理服务等诸多涉及电子档案管理的相关内容。《指令》是《联邦政府档案管理》要求的具体体现手段之一，是面向 21 世纪数字政府和档案管理改革要求而制定的，表现出美国政府在信息技术与档案管理方面鲜明的法律敏锐性，为美国发展健全的档案管理框架指明了方向。

---

① 国家档案局政策法规研究司编译《境外国家和地区档案法律法规选编》，中国政法大学出版社，2017，第 9 页。
② 国家档案局政策法规研究司编译《境外国家和地区档案法律法规选编》，中国政法大学出版社，2017，第 22 页。

档案与国家治理关系最著名、最典型的案例就是轰动全球的 2016 年美国大选。竞选期间一直被认为最有望成为美国新总统的希拉里就倒在了《联邦档案法》有关公务电子邮件管理的规定之下。[①] 2014 年美国国会通过《2014 年总统及联邦档案法修正案》，对总统档案特权、联邦机关因档案安全事故向国家档案局报告、国家档案局向国会报告、非公务电子邮件账号的使用等做出更加严格的规定。希拉里以负责人的职权违法使用私人账号电子邮件以为不受制约，最终却因违反《联邦档案法》、诚信遭受质疑而与总统宝座失之交臂。电子邮件作为一种特殊的数字档案，处理不当竟然撼动了总统选举结果，可见档案的力量在新技术环境下不可小觑。

数字时代档案作为治理的基础和司法的依据，其价值和功用依然不减，只是其价值发挥的形式更多以电子的、数字的、数据的形式呈现。2014 年 9 月 17 日，美国国会参众两院通过 H. R. 5170 号提案——《2014 年联邦档案责任法》，其第二条明确规定了非公务电子信息系统邮箱账户的使用，第六条指令国家档案局局长发布治理联邦机关保存电子信息档案的法规，第八条对于国家机关电子通信的保留做了严格要求。此外，《总统档案法案》《总统与联邦文件法修正案》《邮件文件管理新方法指南》《移交永久性电子文件的格式指南（修订版）》《电子邮件管理指南》等法律法规的制定和实施都显示出美国对电子文件法律效力的认可，及美国政府对电子文件战略布局与实践管理的决心。由于美国档案法律体系相对完备，除了国家层面的档案法律法规之外，各州也有相应的档案法，如《华盛顿州档案法》，其中就有大量关于电子档案的管理规定。美国档案法制建设的健全，为数字时代电子（数字）档案安全提供了良好的法律保障。

互联网和数字技术的发展与普及，让数字化生存成为一种常态。人们不再拘泥于有形的物理场域，足不出户便可在无限宽广的互联网世界遨游，乃至违法犯罪形式也悄然发生了改变。互联网犯罪随处可见，进而网络犯罪案件审判取证也随之发生改变，传统案件审理之书证、物证在网络环境下也更多以"电子证据"形式出现。而电子证据中有很大一部分就是电子

[①] 国家档案局政策法规研究司编译《境外国家和地区档案法律法规选编》，中国政法大学出版社，2017，第 20 页。

文件。当电子文件作为证据使用时就成了电子证据。[①] 鉴于档案与法律、国家治理的紧密关系，为确保数字时代社会法治的正常运行，规范和加强电子文件管理和法制成为世界各国共同面临的重要课题。

在美国联邦层面，虽然没有电子文件管理专项法律，但通过《联邦登记法》（1935 年）、《联邦文件法》（1950 年）、《信息自由法》（1966 年）、《文书削减法》（1980 年）、《政府文书削减法》（1998 年）、《国内和国家电子商务签名法》（2000 年）、《电子政府法》（2002 年）、《总统与联邦文件法修正案》（2014 年）等法律对电子文件管理进行规范。除了对政府机构电子文件进行规制，在企业电子文件管理方面，美国也制定了相应的法律法规，如《萨班斯－奥克里斯法案》《金融服务现代化法案》《健康保险流通和责任法案》等。[②] 在美国地方层面，伊利诺伊州制定了《政府电子文件法案》，马萨诸塞州基于《公共文件法》授权，发布《电子文件管理指南》。[③]

在英国，"大政府信息资源"全面管理的体制是其特色。早在 1998 年，英国就制定了《数据保护法案》，在《信息自由法》（2000 年）、《环境信息条例》（2004 年）等法律法规中都有对电子文件进行规范的内容。加拿大联邦层面，电子文件管理法律法规主要有《统计法》（1985 年）、《统一电子证据法》（1998 年）、《加拿大证据法》（2000 年）、《个人信息保护和电子记录法》（2000 年）、《加拿大图书和档案馆法》（2004 年）、《加拿大电子邮件管理指南》（2008 年）、《隐私权法》（2018 年）、《信息获取法》（2018 年）、《财务管理法》（2018 年）等。[④] 与美国、英国、加拿大一样，澳大利亚也没有设立专门的电子文件管理法律法规。在联邦层面，澳大利亚规范电子文件管理的相关法律法规有《信息自由法》（1982 年）、《档案法》（1983 年）、《证据法》（1995 年）、《隐私法》（1998 年）、《财政管理与责任法》（1997 年）、《审计长法》（1997 年）、《电子交易法》（1999 年）、《公共服务

---

① 肖秋会、段斌斌：《我国电子文件证据地位及效力立法研究》，《图书情报知识》2018 年。
② 冯惠玲、刘越男等：《电子文件管理国家战略》，中国人民大学出版社，2011，第 313、320 ~ 322 页。
③ 《国家电子文件管理知识与政策干部读本》编委会：《国家电子文件管理知识与政策干部读本》，人民出版社，2019，第 65 页。
④ 谢丽：《互为促进的发展模式：加拿大联邦政府的电子政务建设与电子文件管理》，《电子政务》2010 年第 6 期。

法》（1999 年）等。① 为迎接数字时代文件管理的挑战，澳大利亚出台了许多应对政策，特别是 2011 年《澳大利亚政府数字转型政策》的发布，要求所有联邦机构实施数字信息和文件管理以提高管理效率。且自 2012 年之后，澳大利亚国家档案馆对于数字形式产生的文件只能以数字形式移交。2013年，该规定调整为以数字形式形成的不需要向国家档案馆提交的文件，应当以数字形式进行管理。2015 年，澳大利亚国家档案馆发布了《2020 数字连续性政策》（Digital Continuity 2020）。该政策的发布对于澳大利亚及全球电子文件管理都产生了积极影响。

分析美国、英国、加拿大和澳大利亚四国电子文件管理法制现状，不难发现四国的信息化发展水平较高，都普遍高度重视电子文件管理工作和电子文件法制建设，各国都已制定实施多部关于电子文件的法律法规。尤其是档案法制建设相对完善的美国，依据《联邦登记法》，凡是法案在国会通过并经总统签署成为法律之后，就会送交国家档案馆下属的联邦登记办公室（Office of the Federal Register），并被赋予法律编号、法规引证并准备作为单行法律印发。只要有国家档案馆的徽章就表明国会颁布的法律是真实的，这说明档案与法律效力的天然一体性。② 将档案理念融进法律法规，以法律权威打造档案殿堂，美国正在向档案与国家治理的无缝衔接迈进。从四国现有法制建设成果看，其均没有专门性的电子文件、电子档案法律法规，但在档案法、电子邮件管理等法律法规中针对电子文件电子（数字）档案都有相关规制条款，加上司法实践中严格执法，对现实中的档案违法违规行为起到了很好的警示和惩戒作用。

（二）我国数字档案资源法律环境的多维考量

我国档案事业管理手段经历了一个行政规章—档案法与行政规章相结合的发展过程，"依法治档"是当下及未来档案事业发展的应有轨道。③ 党的十八大报告指出全面推进依法治国，加快建设社会主义法治国家的重大

---

① 冯惠玲、刘越男：《电子文件管理教程（第二版）》，中国人民大学出版社，2017，第 44 页。
② 国家档案局政策法规研究司编译《境外国家和地区档案法律法规选编》，中国政法大学出版社，2017，第 13~14 页。
③ 刘国能：《体系论：中国档案事业体系》，中国档案出版社，2001，第 305 页。

任务和总体目标，档案作为国家治理和社会管理的基础，档案工作作为国家建设和社会发展的重要事业，"依法治档"必然是依法治国的内在要求。数字时代，办公自动化、云存储、大数据、人工智能、区块链技术及"数字中国"的建设实践，产生了大量的原生型数字档案，以及国家档案局"增量档案电子化"战略的实施等内外因素的综合推动，加剧了数字档案资源法制建设的紧迫性。

1. 数字档案立法已经起步，有待进一步建立健全

改革开放40多年来，我国初步建立起了具有中国特色的档案法规体系。截至2018年底，我国共有档案法律1部、行政法规3部、地方性法规64部、部门规章38件、地方政府规章109件，另外还有大量的规范性文件和70余项档案标准。① 随着我国改革开放和市场经济的深度发展，档案管理体制、档案工作形式和内容、档案机构的属性和定位都发生了巨变，档案数字化、电子文件管理、数字档案馆建设、电子档案安全等问题在国家档案事业发展中的作用和影响越来越大。作为档案领域的现行基本法，新《档案法》（2020年6月修订版）设立了"档案信息化建设"的专门章节，其中多处涉及电子档案、数字档案，如"各级人民政府应当将档案信息化纳入信息化发展规划，保障电子档案、传统载体档案数字化成果等档案数字资源的安全保存和有效利用"，在明确电子档案法律效力方面规定"不得仅因为电子档案采用电子形式而否认其法律效力，具有法律效力的电子档案可以以电子形式作为凭证使用"，而且对档案信息化内容也做了具体规定，"国家鼓励机关、团体、企业事业单位和其他组织推进电子档案管理信息系统建设；有条件的档案馆应当按照规定建设数字档案馆；国家推进档案数字资源跨区域、跨部门共享利用"。可以预见，新《档案法》的颁布实施将进一步规范和促进我国档案信息化和电子档案管理工作，象征着我国在国家顶层数字档案立法的进一步完善。在行政法规层面，数字档案立法工作也在同步进行。《电子档案移交与接收办法》（2012年）、《机关档案管理规定》（2018年）对电子档案的定义，电子文件的证据地位，电子文件的收集、归档，电子档案移交时间和移交方式等方面进行了详细规制。在部

---

① 引自2019年3月29日李明华在全国档案局长馆长会议上的工作报告。

门规章中，《电子公文归档管理暂行办法》（2003 年）提出，对于仅以电子形式归档的电子公文应符合电子文件归档和电子档案管理的要求。

良法乃善治之前提。数字档案立法工作关涉方方面面，谓之"系统工程"一点也不夸张，而电子文件以其绝对性数量优势、形成主体广泛性、表现形式多样性、利用的便捷性等特点成为"系统工程"的核心建设内容。"真实、完整、可用、安全"是电子文件的四大基本属性，也是我国电子文件管理工作的目标。电子文件的"安全"在数字档案资源生态安全中将占据越来越重要的地位，而维系安全的重要途径之一就是法制建设。我国电子文件管理工作起步较晚，立法工作相对滞后于英美等发达国家。党的十八大以来，党中央对全面依法治国做出一系列重大决策，提出一系列重大举措。档案界"依法治档"工作也取得较大成绩。现阶段，在我国电子文件管理领域，已初步形成了"一元、多级、多部门"的电子文件管理法律法规体系。[①]

《国家档案法规体系方案》对国家档案法规体系的构成主要做如下划分：档案法律、档案行政法规、党内法规和军事法规、地方性档案法规、档案规章。国家层面，为建立电子文件管理秩序，2009 年，中央办公厅、国务院办公厅联合印发了《电子文件管理暂行办法》（以下简称《暂行办法》）。它以党内法规的形式对党政机关、企事业单位电子文件管理工作进行了规定，明确了我国电子文件的管理体制、基本原则、机构职责、业务要求、监督检查等重要内容，被业界称为电子文件管理"基本法"，为地方和部门电子文件管理法规建设提供了基本参照。2016 年，国家电子文件管理部级联席会议办公室（下文简称"国电联办"）正式启动了《电子文件管理条例》（行政规章）的制定工作[②]，该条例的制定和实施极大提升了电子文件的法律位阶，为我国电子文件管理工作提供了更有力的法律保障。

地方层面，各地区根据《暂行办法》，结合各自实际情况，陆续制定了本地区电子文件管理法规规章。截至 2016 年，共有 18 个省（自治区、直辖

---

① 《国家电子文件管理知识与政策干部读本》编委会：《国家电子文件管理知识与政策干部读本》，人民出版社，2019，第 98 页。

② 《国家电子文件管理知识与政策干部读本》编委会：《国家电子文件管理知识与政策干部读本》，人民出版社，2019，第 120 页。

市）印发了电子文件管理有关规章制度，涉及面主要包括通用电子文件管理和专业电子文件管理。[①] 在通用电子文件管理层面，如广东、四川、杭州等地先后制定了地方性《暂行办法》，作为这些地区开展电子文件管理工作的基本遵守。北京、深圳、福建、南京等地先后印发了地方性法规，如《北京市电子文件归档与管理暂行规定》对电子文件真实性、完整性和有效性进行了规定，《深圳市电子文件归档及管理办法》对电子文件的技术格式进行了规范。专业电子文件管理方面，随着国家"放管服"改革、"互联网＋政务服务"、"最多跑一次"等改革举措和重要战略的深入实施，政府行政管理、公共服务活动中产生的电子文件数量骤增，电子文件管理问题凸显。广东、浙江等地出台了专门性法规制度用于各类专业电子文件的规制，如《广东省公共资源交易电子文件管理暂行办法》《浙江政务服务网电子文件管理暂行办法》。为规范政务电子证照管理，上海、深圳等地专门出台了电子证照相关法规，如《上海市电子证照管理暂行办法》《深圳市政务电子证照管理暂行办法》。

部门层面，国务院部分部委和中央企业建立了电子文件管理制度，如国务院侨办、中国人民银行、中国外文局、中交集团、中冶集团等，都制定了本单位或本部门的电子文件管理办法，如 2003 年发布的《中国人民银行电子档案系统管理办法》《中国人民银行电子档案服务规程》。

在我国电子文件管理"一元、多级、多部门"法律法规框架下，除了电子文件专门法规和规范制度外，在法律层面、行政法规、部门规章和规范性文件以及司法解释层面，均有一些与电子文件管理相关的法律法规、规章制度。在法律层面，如被誉为"我国首部真正意义上的信息化法律"的《中华人民共和国电子签名法》（2019 年 4 月最新修订）（以下简称《电子签名法》），就是为了解决电子商务发展面临的新情况、新问题，充分利用网络的便利，提高办事效率而制定的。《电子签名法》中的数据电文是《暂行办法》中电子文件的上位概念，强调其产生形式为电子，而电子文件除了强调形式为电子外，还要求在实践活动中直接生成，故《电子签名法》

---

① 《国家电子文件管理知识与政策干部读本》编委会：《国家电子文件管理知识与政策干部读本》，人民出版社，2019，第 90 页。

适用于电子文件管理。在商务领域，不得不提的还有一部《中华人民共和国电子商务法》（2018 年）（以下简称《电子商务法》），该法律的制定旨在促进蓬勃发展的电子商务活动有法可依，创造良好的营商环境。该法第十四条、第四十八条都规定了电子发票的法律效力。据京东商城介绍，2018 年开具电子发票 14 亿多张，节省打印耗材及相关人工成本约 4 亿元。①《电子商务法》的出台强调了电子发票与纸质发票具有同等法律效力。这将极大地助推电子发票这类特殊电子文件单套制管理的全面、彻底贯彻实施。《中华人民共和国民法总则》（2017 年）明确了数据电文的法律效力。为进一步覆盖电子文件证据地位的广度，我国"三大诉讼法"——《刑事诉讼法》《民事诉讼法》《行政诉讼法》也进一步明确承认电子数据（含电子文件）的证据地位，使电子文件法律效力有法律依据。此外，《中华人民共和国合同法》（1999 年）、《中华人民共和国反垄断法》（2008 年）等法律法规直接或间接承认了电子文件和纸质文件具有同等法律效力。

在行政法规层面，《税收征收管理法实施细则》（2016 年）第三十条规定了纳税人、扣缴义务人可采取邮寄、数据电文方式办理纳税申报或者报送代扣代缴、代收代缴税款报告表，将数据电文（含电子文件）视为合法的纳税申报方式，等于间接承认了电子文件和纸质文件的同等法律效力。

在部门规章和规范性文件中，2008 年财政部会同证监会、审计署、银监会、保监会共同印发了被称为"中国版萨班斯法案"的《企业内部控制基本规范》，该规范对企业的电子文件管理具有重要的约束和指引作用。还有诸如《关于工商行政管理机关电子数据证据取证工作的指导意见》（2011 年）、《关于办理刑事案件收集提取和审查判断电子数据若干问题的规定》（2016 年）、《旅游行政处罚办法》（2013 年）等都将电子数据（含电子文件）视为合法的、可采性的证据形式。

在司法解释层面，《最高人民法院关于适用〈中华人民共和国刑事诉讼法〉的解释》（2013 年）、《最高人民法院关于适用〈中华人民共和国民事诉讼法〉的解释》（2015 年），都明确解释对电子数据的相关条款适用于电

---

① 李明华：《关于全面认可电子发票的档案凭证作用的提案》，《中国档案报》2019 年 3 月 11 日，第 1 版。

子文件。

　　毋庸置疑，现阶段我国在数字档案立法方面已经取得了较大成就，在各个层面都有相应的法律法规可供实践活动参照执行，对于我国档案工作的健康有序开展、我国档案法制环境建设、我国公民档案法律意识提升起到了重要的保障和促进作用。但不可否认，我国在数字档案法律法规立法及现有相关法律法规贯彻执行和全面实施过程中存在一些不尽如人意的地方，如电子文件管理领域没有专门的单行法律，再如与电子文件相关的法律——《电子签名法》实施十多年来缺少应有的"存在感"和"成就感"，该法甚至被认为是中国近年立法的最大一次败笔，基本处于"休眠"状态，鲜为人知也很少被启用。[①] 而且从整体上看，我国公民数字档案法律意识也较薄弱，对于加快数字档案立法没有"倒逼"的压力；反之，因没有数字档案立法的宣传和规制，公众数字档案法律意识也难进一步增强。如此的恶性循环所带来的负面效应，也加催了我国数字档案立法的紧迫性和必要性。

　　从全过程管理来看，不论是转换型还是原生型数字档案资源，都有一定的管理和流转环节。而现有《档案法》和《暂行办法》都没有相应的条款规制数字档案流转环节。比如在电子文件和数字档案鉴定环节，形式上确有鉴定要求，但落实在具体内容层面却基本套用纸质档案鉴定的相关规定。由于电子文件、数字档案对于系统依赖性较强，这就决定了对电子文件和数字档案的鉴定必然不同于纸质文件、纸质档案。法国档案学家哈罗尔德·瑙格勒 1984 年在其研究报告《机读文件的鉴定》中首次提出了"机读文件的鉴定包括文件所含信息的鉴定和文件技术状况的鉴定"[②]，这就意味着鉴定要贯穿电子文件、数字档案的全过程，从内容和技术两方面同时着手开展全过程鉴定工作，这显然是现有档案鉴定理论和方法所不能满足的。

　　在电子文件保存环节，法律法规的缺位导致我国有价值电子文件流失

---

① 李学军：《"休眠"的〈电子签名法〉?》，https://mp.weixin.qq.com/s? src = 3&timestamp = 1613812640&ver = 1&signature。

② 转引自果越《我国电子文件管理法规建设的现状及对策研究》，苏州大学硕士学位论文，2012，第 20 页。

现象严重。例如，我国 20 世纪 90 年代组织的一次重大国际体育比赛的电子文件已经完全无法读取，20 世纪 80 年代开展的一次全国人口普查活动中 99% 的原始数据已经丢失。① 现行相关法律法规中《电子公文归档管理暂行办法》《电子文件管理暂行办法》仅对需要永久和长期保存的电子公文、电子文件保存机读目录有简单要求，对于电子文件长期保存的载体、格式、信息安全防范，知识产权和版权，数字档案资源长期收集、存取和保存，数据转移、迁移、封装，模仿过时软硬件的知识产权等重要问题都只字未提。

2. 数字档案执法无法可依、有法不依、执法不严

徒法不足以自行。科学完善的档案法规体系只是依法治档的前提和基础，还需要一系列的措施确保档案法规体系落实到位。前文谈到我国数字档案立法建设虽已起步，但还需进一步完善。在此背景下，数字档案执法实践中由于数字档案立法层面的缺失和不到位，档案行政执法主体在数字档案执法中就显得十分被动无依。

对于档案行政执法主体，新《档案法》第四条"档案工作实行统一领导、分级管理的原则，维护档案完整与安全，便于社会各方面的利用"，第八条"国家档案主管部门主管全国的档案工作，负责全国档案事业的统筹规划和组织协调，建立统一制度，实行监督和指导"，"县级以上地方档案主管部门主管本行政区域内的档案工作，对本行政区域内机关、团体、企业事业单位和其他组织的档案工作实行监督和指导"，第十条"中央和县级以上地方各级各类档案馆，是集中管理档案的文化事业机构，负责收集、整理、保管和提供利用各自分管范围内的档案"等明文规定，对于档案工作原则、档案行政执法主体、档案行政执法内容、档案馆性质及其工作内容都有清晰界定。也就是说，在现有《档案法》规制之下，数字档案执法活动也是由当前的档案行政主体实施的。

如果说 2018 年底省级档案机构改革之前，"局（馆）合一"的档案管理体制下，档案机构被定性为事业单位，容易造成档案局作为行政主体的

---

① 冯惠玲、赵国俊：《中国电子文件管理：问题与对策》，中国人民大学出版社，2009，第18 页。

行政责任和档案馆作为文化事业主体的民事责任不清[①]；对于档案行政执法，也容易导致"名不正言不顺""理不直气不壮"的问题。尤其是当档案局对档案馆开展档案行政执法时，还存在"既当运动员又当裁判员""自己对自己执法"的弊端。[②] 那么，在2018年底我国除港澳台地区外，31个省级档案机构相机改革之后，"局（馆）合一"的档案管理体制被打破，总体上"局（馆）分离""政事分开"，成为档案机构改革之后的常态。"局（馆）分立"之后，档案局和档案馆权责更加明确，档案局履行档案行政管理职能，档案馆则独立为文化事业单位。对于档案局来说，只是在省（自治区、直辖市）加挂档案局牌子，而非独立建制的机构。如此，档案局便可以与信息资源相近职能部门如保密局、密码局等联动与配合，开展数字档案综合执法。过去档案局作为法定的、独立的档案行政管理部门，在档案行政执法中，惯用行政手段推进各项档案工作，但档案机构改革之后的绝大多数省（自治区、直辖市）档案局的行政职能划归党委办公厅，档案局在行政执法中就只能更多依靠法律手段而非行政手段开展档案事业建设。从短期和表面上看，档案局在执法活动中依法律程序执法将会有一定的不适应期，执法力度和执法效度会暂时受到影响。但从长远和实质看，档案局借助法律手段开展执法活动，才能让档案行政执法工作名正言顺，才是依法治国、依法治档的内在要求和发展趋势。

现有数字档案法律法规观照下，在数字档案执法活动中，配套性法规制定出台不及时、上下位法规定不一致，造成档案执法混乱，数字档案执法实践中困难重重。如根据新《档案法》第二十八条第二款相关规定：档案馆不按照固定开放档案利用，单位和个人可以向档案主管部门投诉，接到投诉的档案主管部门应当及时调查处理并将处理结果告知投诉人。但投诉的方式、程序及档案主管部门对于投诉未及时处理，也未告知投诉人等具体细节尚待明确。又如湖北省档案登记办法标准规定了对拒不办理档案登记，在登记中弄虚作假等四种行为予以行政处罚，而《档案法》明确规

---

① 刘智勇、张学文：《对我国现行档案行政管理体制的反思与完善》，《档案学通讯》2008年第3期。
② 徐拥军、张臻、任琼辉：《我国档案管理体制的演变：历程、特点与方向》，《档案学通讯》2019年第1期。

定的十种给予行政处罚行为中并未包括"档案登记"。①从数字档案全过程管理来看，数字档案的收集、整理、鉴定、保管、利用、编研等各环节均存在执法活动的盲区、误区，严重影响国家档案信息化战略整体推进。

数字档案执法过程中"无法可依""有法不依""执法不严"虽然是事实，但是，第一，"无法可依"并不是完全的"无法"，数字档案执法中至少还是以《档案法》作为最基本的执法参照，伴随着新《档案法》的颁布实施，新《档案法实施办法》必然也会很快出台，届时将会有更多可操作性的条款对数字档案执法加以指导。且不论是国家层面还是地方、部门层面都有相关的其他法律规章加以约束和参考执行，和"裸法"状态是有完全区别的；更何况专门针对数字档案管理和执法的《电子文件管理条例》已于2016年启动制定程序，该条例的出台将会提供更加详尽、清晰的执法依据。第二，"无法可依""有法不依""执法不严"只是某个时期、某个环节的现象，不是必然的、长久的、可持续的常态，所以不能将之作为有法不依、执法不严的借口和推辞。诚然，在我国当前档案执法实践中，存在档案执法主体意识淡漠、执法人员执法水平不高，执法监督滞后、执法部门职能弱化等这样那样的问题。但正是因为问题的存在，才更要加强对数字档案执法工作的重视，尽量减少"执法"环节的疏漏造成的数字档案不按规定立卷归档、擅自销毁涂改②数字档案等严重影响数字档案资源真实性、完整性、可用性和安全性的情况发生。这就要求档案主管部门作为档案行政执法主体、档案行政执法监督主体和档案行政执法监督客体，在数字档案执法活动中更要有所作为、有所担当。

然而，档案行政执法主体在数字档案执法中的积极性、主动性、自觉性和责任心的全面激发，还需要有健全的责任机制、监督机制和激励机制。而现阶段我国档案行政执法法治化程度低，激励、监督机制不健全，对档案行政执法机关和执法人员履行法定职责的激励和约束机制欠缺，实施成效和执法者责任考核的明确要求和评价标准基本空白，执法活动中遇事互相推诿、责任难以落实等，是当前档案执法机制存在的主要问题，如不加

---

① 高洁：《论加强档案行政执法的对策》，转引自《北京市档案学会优秀学术成果集》，2001。
② 王素芳：《当前档案执法存在的问题与对策》，转引自马淑桂《新情况新热点新方法——2009档案工作透视》，中国档案出版社，2009，第33～36页。

以重视和解决，在未来数字档案执法中，即便有良法，也将会形成执不执法一个样，执法好坏一个样的不利局面。①

3. 数字档案法律适用不均衡，司法救济渠道不畅通

司法，又称法的适用，通常是指国家司法机关及其司法人员依照法定职权和法定程序，具体运用法律处理案件的专门活动。行政司法是指行政机关根据法律的授权，按照准司法程序审理和裁处民事和行政争议或纠纷，以影响当事人之间的权利、义务关系的行政法律制度。② 本书中理解的档案司法乃档案行政司法与档案违法相关的法院司法的合称。

档案行政司法即档案行政机关按照司法程序受理和裁决档案法律规定的特定档案行政争议或者档案民事纠纷的活动，其性质为准司法行为。这种准司法行为主要通过档案行政调解、档案行政裁决、档案行政仲裁、档案行政复议、档案行政听证等③方式，达到裁决公私争议纠纷、保障公民合法权益、减轻人民法院负担、监督档案行政执法④等目的。2006 年 1 月，山西省太原市档案局经办的一起档案行政裁决纠纷案，就是在档案部门的及时介入、调查下，提出处理（裁决）意见，客观上引起了当事双方的重视，有效、及时地制止了不断发展、升级的矛盾和争抢行为，使档案得以完整地保护。⑤ 随着社会民主和法制化进程的加快，公众档案法制意识也有了显著提高。近年来，档案权益受到侵犯的公众，会主动到档案部门投诉维权。到档案部门要求裁决合营企业档案所有权，维护档案查阅权，人事档案擅自归档裁决、档案丢失造成直接经济损失赔偿等，约占到档案部门投诉案件的 70% 。⑥ 可见，档案行政司法作为我国档案法制建设的必要组成部分，与档案立法、档案执法密不可分，并且作为检验档案立法、档案执法质量的工具和手段，已经在"依法治档"的道路上发挥出越来越重要的作用。

档案行政司法之外，还有一些档案违法行为，则需要适用普通司法程序来处理。档案行政司法与刑事司法的有效衔接主要依据《档案法》《刑

---

① 高洁：《论加强档案行政执法的对策》，转引自《北京市档案学会优秀学术成果集》，2001。
② 龙跃牛：《重构中国行政司法制度》，《广西政法管理干部学院学报》2006 年第 5 期。
③ 《正确理解司法落实公正司法——十七论档案依法行政管理》，《档案管理》2013 年第 6 期。
④ 刘东斌：《论档案行政司法》，《档案管理》2013 年第 6 期。
⑤ 杨红卫：《从一起纠纷案例析档案行政裁决权限的设定》，《山西档案》2006 年第 6 期。
⑥ 杨红卫：《从一起纠纷案例析档案行政裁决权限的设定》，《山西档案》2006 年第 6 期。

法》《刑事诉讼法》的相关条款。① 在我国档案界，有人认为《档案法》是"软法"，原因在于《档案法》没有赋予档案行政管理部门足够的权力和方法。② 主要表现为：一是"各级领导法律意识不强，不习惯依法办事而是以政代法。把领导指示、'红头文件'凌驾于法律之上，有利于自身的就执行，不利于自身的就不执行，主观将《档案法》视为'软法'"③；二是《档案法》对违法行为缺乏强制力，《档案法》违法行为没能得到及时有效的处理；三是档案法律、法规"不配套""不具体""操作性不强"④。执法"缺乏有效措施"，具体落实较困难等。

党的十八大以来，一些落马党员干部违纪事实中的人事档案篡改、伪造等问题触目惊心，有些干部的档案，除了性别之外，其余信息都是假的。2018 年 7 月，重庆市纪委监委通报被开除党籍的重庆安全技术职业学院原院长杜晓阳，借向主管单位移送个人档案之机，竟然篡改、伪造个人档案资料 32 处。⑤ 事实上，因档案造假被查处的案例实乃冰山一角，更多档案造假但仍身居高位、逍遥法外之人，并未受到《档案法》及相关律法的应有制裁，导致档案造假"痼疾"顽固，《档案法》"软法"之说愈演愈烈。曾经震惊一时的"罗彩霞事件"，就是因为有人公然将罗彩霞高考档案作假，从而造成恶劣的影响。

纵有太多的事实、案例凸显了《档案法》的"软弱"，但从概念上看《档案法》是由全国人民代表大会通过的国家法律，是由国家强制力保障实施的法律规范，同时，《档案法》对违法行为又有明确的罚则。⑥ 显然，《档案法》是"硬法"。可见，档案界所说《档案法》是"软法"并不是指法律概念上的"软法"，而是档案涉法案例中，多种原因导致《档案法》相关条款无法真正得到贯彻执行，《档案法》执法和司法效果不理想，人们进而认为《档案法》是"软法"。所以并不能因此就在档案执法和档案司法中不

---

① 陈忠海、刘东斌：《论档案行政执法与刑事司法的衔接》，《档案学研究》2014 年第 2 期。
② 刘东斌：《对〈档案法〉"软法"说的思考》，《档案管理》2013 年第 1 期。
③ 李金山、康清：《对档案执法的反思》，《档案管理》1989 年第 5 期。
④ 何伯轩：《对新形势下档案行政管理职能的几点认识》，《档案天地》1994 年第 5 期。
⑤ 聂新鑫：《档案造假的"靶向治疗"》，福建省纪委监委，http://www.fjcdi.gov.cn/html/xxgklzsp/20181205/1689056.html。
⑥ 刘东斌：《对〈档案法〉"软法"说的思考》，《档案管理》2013 年第 1 期。

遵从《档案法》规定，对档案涉案、违法相关人员疏于、懒于追究相关责任。

在虚拟的数字档案界，篡改、删除、销毁涉案相关数字档案信息相比于实体档案而言更为隐蔽和无形，加上数字档案司法活动中，不同人群对于《档案法》及相关法律法规条文理解的不确定性、不同时空限定因素①及地方和部门保护主义的干涉和影响，使档案司法实践中法律适用不均衡现象频发，如某县故意焚档案、某县人民法院失火致使大批诉讼档案被焚烧案、某市涂改档案引发大规模械斗案②等，这些同类性质的案件在甲地判三年，在乙地判几个月，多少年之前判六七年，多少年之后判一二年，甚至对社会危险性大、负面影响严重的轻判，社会危害轻、负面影响较小的重判，全无档案司法的公正性、公平性可言，丝毫没有发挥档案行政司法保障公民合法权益的应有作用，反而弱化了档案司法的权威性，特别是专门性数字档案管理条例——《电子文件管理条例》还没有颁布实施，而有的地方、有的部门已经先行制定数字档案管理相关规章或制度，在专门数字档案顶层法律法规缺位、新《档案法实施办法》还未颁布的现实观照下，又或有人为主观因素护短或"家丑不可外扬"的故意干预，因此数字档案司法实践往往依照各地相关数字档案管理规章来执行，无法形成全国"一盘棋"局面。

当档案违法违规行为性质更为严重时，则需要适用《中华人民共和国刑法》第六章第四节"妨害文物管理罪"第三百二十九条，抢夺、窃取国家所有的档案的，处五年以下有期徒刑或者拘役；违反档案法的规定，擅自出卖、转让国家所有的档案，情节严重的，处三年以下有期徒刑或者拘役。值得一提的是，档案犯罪的对象既可以是国有档案、公共档案，也可以是非国有档案、私人档案。档案犯罪形式多样，主要包括但不限于抢夺、窃取国有档案罪，擅自出卖、转让国有档案罪，隐匿、故意销毁会计凭证、会计账簿、财务会计报告罪，故意损毁文物罪和过失损毁文物罪，滥用职权罪，玩忽职守罪，失职造成珍贵文物损毁、流失罪等。③ 在台湾地区，电脑

---

① 蒋卫荣：《档案司法实践中适用法律不均衡现象及其成因》，《中国档案》2000 年第 11 期。
② 蒋卫荣：《档案司法实践中适用法律不均衡现象及其成因》，《中国档案》2000 年第 11 期。
③ 栾莉：《论档案犯罪的司法认定》，《档案时空》2007 年第 4 期。

犯罪条文把电磁记录作为"刑法"上的文书，如果擅自变更个人资料档案内容，将可能同时触犯"刑法"上的伪造、变造文书罪，如所变更的个人资料档案是公务机关所保有的个人资料档案，例如篡改公立学校的学籍资料档案等，就会触犯伪造、变造公文书罪，在台湾地区最高可处以七年以下有期徒刑。① 数字档案因为外在形式和存储载体、运行环境发生实质性改变，对于数字档案的盗窃、抢夺受制于时空的程度大大降低，侦破难度增加，且加之数字档案信息流转迅速、渠道多样，一些涉密数字档案信息一旦外泄，恐将严重威胁国家利益、组织和个人利益，威胁社会稳定，因此对于数字档案犯罪更要引起重视。

从权益保护角度看，《档案法》及数字档案管理相关法律法规似乎更倾向于保护档案执法主体及司法相关主体，较少关注违法人员合法权益保障的内容。于是就有人感叹"《档案法》有点像档案人员自己把玩的小物件"。② 其实，在执法活动中相对强势的执法和司法主体本身就掌握着更多的信息。信息严重不对称也会在一定程度上造成误判，如此便与公正司法、保障公民合法权益的初衷相背离。因此完整的数字档案司法还应包括司法救济。

所谓"司法救济"，是指当宪法和法律赋予人们的基本权利遭受侵害时，人民法院应当对这种侵害行为做有效的补救，对受害人给予必要和适当的补偿，以最大限度地救济他们的生活困境和保护他们的正当权益，从而在最大限度上维护基于利益平衡的司法和谐。③ 从本土看，我国有关司法救助制度的法律规定主要是最高人民法院《关于对经济确有困难的当事人予以司法救助的规定》。此规定中的司法救助，内容仅限于民事、行政案件中经济确有困难的当事人诉讼费用的缓交、减交、免交。④ 而司法救助毕竟限于经济层面的救助，不同于公众正当的开放档案利用权利（信息权）受

---

① 《擅自拷贝电脑个人资料档案的法律责任》，《中小企业管理与科技》2006年第7期。
② 《〈档案法〉有点像档案人员自己把玩的小物件》，档案学人，https://mp.weixin.qq.com/s/LjszFeWq5wgY-x1yKrFM5g。
③ 《司法救济》，百度百科，https://baike.baidu.com/item/%E5%8F%B8%E6%B3%95%E6%95%91%E6%B5%8E/3160314。
④ 《司法救济》，搜狗百科，https://baike.sogou.com/v188361.htm?fromTitle=%E5%8F%B8%E6%B3%95%E6%95%91%E6%B5%8E。

损或无法实现或无法完全实现，信息权或因信息权受损往往难以用具体的
经济指标加以衡量。当前，我国档案法律法规中司法救济渠道不畅，揭示
出我国档案法规体系建设中的缺陷，不仅公众合法权利得不到保障，还将
对我国司法和谐局面的构建带来一定阻碍。

4. 数字档案守法主体片面或消极守法，全民档案守法意识淡薄

习近平总书记指出，治理一个国家、一个社会，关键是要立规矩、讲
规矩、守规矩。法律是治国理政最大最重要的规矩。[①] 而法治最理想的状态
就是一切社会组织和一切个人对法律的普遍遵守和服从[②]，即全民守法的
局面。

"守法是指国家机关、社会组织和公民个人依照法的规定，行使权利
（权力）和履行义务（职责）的活动。"[③] 守法是法律实施的一种基本形式
和最重要的环节，也是法律实施最普遍的基本方式。[④] 立法最终就是为了得
到遵守和贯彻实施，如果法律制定后不能得到有效遵守和执行，法律就失
去了其应有的权威，立法也就毫无意义可言。

档案守法作为依法治档的重要内容，是确保《档案法》及档案相关法
律法规实施的最重要环节，是数字档案生态安全得以长治久安的根本保障。
"依法治档"最理想的状态就是，档案法律法规的各项规定和要求得到档案
守法主体的普遍认同和支持，人们自觉遵守档案法律法规的比重不断扩大，
档案守法的成本得到降低。[⑤] "档案守法"是与档案立法、档案执法、档案
司法等相对应的广义概念，"档案守法"，"守"并不只是指遵从档案的法律
法规，而是《档案法》及与档案相关的法律法规都要遵守。

新《档案法》第五条明确规定，"一切国家机关、武装力量、政党、团
体、企业事业单位和公民都有保护档案的义务，享有依法利用档案的权
利"。可见，守法主体不仅包括档案行政管理主体，还应包含档案全过程管
理和档案利用中一切有关的国家机构、社会组织和个人，大致可分为档案

---

① 《习近平关于全面依法治国论述摘编》，中央文献出版社，2015，第 12 页。
② 李洁萍：《论法治进程中的守法因素》，《华南农业大学学报》（社会科学版）2005 年第 3 期。
③ 张文显：《法理学（第四版）》，高等教育出版社，2011，第 203 ~ 207 页。
④ 吴雁平：《论档案守法》，《档案管理》2013 年第 4 期。
⑤ 吴雁平：《论档案守法》，《档案管理》2013 年第 4 期。

行政管理部门守法和档案行政管理相对人守法两大类。

档案行政管理部门守法，主要针对的是各级档案行政管理部门不得擅自使用权力，必须在法律规制的职权范围内依法开展档案行政管理工作。陈忠海、袁永认为档案行政管理部门所遵守的法律法规主要是《档案法》、《档案法实施办法》和相应的地方性法规与规章，但随着新技术、新环境的变化和发展，档案管理工作的复杂性日益增强，现行档案法律法规不足以解决新情况、新问题，档案行政管理部门无"法"可守。① 数字档案作为一种信息技术催生的产物，在其诞生之初就缺乏相应的法制规约，可以说数字档案法制建设具有先天性的不足，当下数字档案守法环境的构建产生了严重困难：档案行政管理部门在数字档案守法中因数字档案专门性法律法规的缺失而深陷定位模糊、功能不清的困境当中，对于数字档案的定义、重要性、归档范围、行政指导等缺乏清晰认识，在实践工作中导致具有重要价值的数字档案资源流失严重，比如国家公务人员个人电子邮件、海量互联网信息等。2019 年 4 月 19 日，国家图书馆互联网信息战略保存项目在北京启动。该项目建设覆盖全国的分级分布式中文互联网信息资源采集与保存体系，通过与国内重点数字文化生产和保存机构的合作，推动互联网信息的社会化保存与服务，构建国家互联网信息资源战略保障体系。② 该项目首创社会化保存模式，首家互联网信息战略保存基地落户新浪，而非具档案保管基地——档案馆。且作为人类文明记忆宫殿的档案馆也不是互联网信息战略保存项目的发起方或牵头单位，这不由让人产生疑问：这是否跟档案行政管理部门功能性定位不清，影响档案馆职能的拓展和价值的实现有关。试想，如果有现行相关法律法规明确档案行政管理部门职能、档案馆功能有明确定位，那么互联网信息保存主体或将是档案馆了。我们也许能将其视为信息时代数字档案立法的缺位导致档案行政机关无法可依，档案部门错失互联网信息战略保存项目良机的典型案例了。

如果说"无法可守"是档案行政管理部门被动的守法状态，那么"消极守法"则是在有法可依、有法可守的前提下主动的不作为。所谓"消极

① 陈忠海、袁永：《论国家治理现代化视角下的档案守法》，《档案学通讯》2017 年第 1 期。
② 《保存网络时代文化记忆 国家图书馆互联网信息战略保存项目启动》，央广网，http://news.cnr.cn/dj/20190419/t20190419_524584368.shtml。

守法"，就是传统观念中的"不犯法"①，即法律法规要求怎么做就怎么做，不会具体问题具体分析，更不会灵活变通处理问题。怕做错、怕担责，"怕打碎碗就不洗碗"，往往成为档案行政管理部门消极守法的主因，且几乎已成为业界的潜规则。这不仅使已经颁布实施的《档案法》及相关法律法规的效力大打折扣，大大增加了档案执法的难度，在某种程度上也助推了《档案法》是"软法"的说法。

档案行政管理部门带头守法本应是档案守法的基本要求，但在实际工作中，档案行政管理者往往将守法视为档案行政管理相对人的事，与己无关，自己只是依法管理档案事务，不存在守法与否的问题。殊不知，作为国家形象和代言人的档案行政管理部门，这种"手电筒"执法和守法效应（只照别人不照自己），其性质更为恶劣，对国家档案事业的危害程度要远远大于普通档案行政管理相对人的不守法。所以，档案行政管理部门的守法更重要、更应该被强调。

强调档案行政管理部门守法的同时，也不能忽视档案行政管理相对人。信息时代，档案行政管理相对人的守法也存在一些问题。相比于档案行政管理部门，档案行政管理相对人"无法可守"的矛盾更加突出，因为档案工作和档案事业的发展并不直接以服务和作用于我国经济建设为目标，即便是民生档案也只是单纯就解决某方面问题的一次性利用，与社会日常生产、生活还存在一定的距离，直接导致档案行政管理相对人档案意识、档案观念淡薄，对《档案法》的存在知之甚少，档案守法群众基础就更无从说起。

然而，无论是档案行政管理部门还是档案行政管理相对人，"守法"不仅仅是"不犯法"，还应包括"用法"、"护法"和"尊法"。② "不犯法"只是最基本的行为准则，在此基础上，守法者需要"用法"来维护国家、组织机构和个人的正当利益和合法权益；要明白维护法律（"护法"）的尊严和权威，就是维护和保障自身的尊严和利益；尊重和敬畏法律（"尊法"），则要求守法者内心应该充满对法律的崇尚、敬重。尊法是对公民、法人和其他组织守法的更高层次的内在要求。守法者所具备的法制观念、

---

① 吴雁平：《论档案守法》，《档案管理》2013 年第 4 期。
② 吴雁平：《论档案守法》，《档案管理》2013 年第 4 期。

法律意识和依法保护档案的自觉性与能力①，是确保《档案法》及档案相关法律法规实施效果的关键。信息时代，数字档案违法行为更为隐蔽，违法成本更小，数字档案法制建设对于守法者的要求更高，而当前守法者的法律意识、法制观念等均需进一步增强。

（三）数字档案资源安全法律环境建设举措

由于电子文件和电子（数字）档案的特殊关系，因此电子文件法制建设现状一定程度上可以代表我国数字档案法制建设的水平。随着"网络强国""数字中国"等国家战略的提出，我国信息化发展进入全面渗透、跨界融合、加速创新和引领发展的新阶段，电子文件、数字档案管理工作正迎来新的发展机遇。

1. 健全立法，消除数字档案资源法规遵从盲区

法律要与时俱进，要适应信息技术的发展，加快对档案信息化建设方面的立法推动是关键。要以立法引导数字档案管理和数字档案馆建设，明确档案信息化建设方向和数字档案管理要求。

长期以来，我国数字档案、电子文件等专门性文件法缺位，无法通过修订方式增加数字档案、电子文件管理条款。现行的《暂行办法》自颁布施行以来，在我国电子文件规制方面发挥了重要作用。随着大数据技术、云计算技术及社会实践的发展，《暂行办法》在法律效力、管理体制、管理机制、管理要求等方面都表现出与时代发展不相适应的节奏。且从法律性质归属上看，《暂行办法》属于党内法规，并非严格意义上的法律法规，因法律效力和适用范围有限，无法对全社会各类型机构和各类别组织电子文件管理进行强制性管理，无法再承担电子文件"基本法"的重任。外有信息技术的发展、社会实践的要求、国际法制的先例，内有电子文件自身管理的需要，在内外影响因素共同作用下，以国家法律或行政法规方式单独制订电子文件法律法规就成为当务之急。

《国家电子文件管理工作规划（2011－2015年）》提出，适时启动电子文件立法，拟通过单独制订的方式填补电子文件管理法律空白。当前，我

---

① 马素萍：《谈敬畏法律——以〈档案法〉为例》，《中国档案》2013年第8期。

国电子文件相关理论研究基本成熟，生命周期理论、文件连续体理论等为电子文件专门立法提供了基本的理论支撑，电子文件管理规律也基本被掌握，我国电子文件实际工作发展趋势也显示出电子文件立法的可行性已经具备，加之电子文件管理内外部对于电子文件立法的迫切要求为立法必要性准备了条件。在这种背景下，2016 年，国电联办正式启动了《电子文件管理条例》制定工作，旨在通过行政法规的方式明确电子文件法律效力，为"数字中国"建设增加一份法制保障。

在数字档案资源政策法规层面，2019 年 4 月 26 日国务院公布的《国务院关于在线政务服务的若干规定》明确了电子登记档案具有与纸质登记档案相同的法律效力，政务商务信息化发展对数字档案的证据作用也有迫切需求，应加快立法以支持数字档案的发展，推进我国档案管理转型。2020 年 6 月 20 日公布的新《档案法》设立了"档案信息化建设"的专门章节，在保障电子档案、传统载体档案数字化成果等档案数字资源的安全保存和有效利用，电子档案法律效力，档案信息化内容，数字档案馆建设，数字档案资源跨区域，跨部门共享利用等方面都有具体规定。但《档案法》是指导我国各项档案工作的基本法，带有综合指导性，而数字档案工作、数字档案安全等具有较强的专指性，如果单纯依照《档案法》去开展具体的数字档案安全工作，或存在一定的操作误区。因此，在《档案法》的指导下，还应适时推进数字档案单行条例或行政法规的出台，并可尝试在有条件的部门或地方先行制订部门规章或地方政府规章，并在理论研究和试点实践中不断探索和改进，以期为普适性、专门性、国家数字档案法律法规制定提供参考。唯其如此，才能更加有针对性地推进数字档案工作、进一步保障数字档案安全。

在全过程管理和档案信息流转等理论的影响和指导下，英美等发达国家十分重视电子文件鉴定环节相关政策或制度的制定，2000 年英国就颁布了《管理、鉴定和保存公务类电子文件》，2004 年颁布了《文件鉴定政策》；2006 年美国也制定了专门的《鉴定政策》。[①] 而我国电子文件、数字

---

① 　果越：《我国电子文件管理法规建设的现状及对策研究》，苏州大学硕士学位论文，2012，
　　第 20 页。

档案管理中还没有专门的鉴定政策或法规。

在电子文件移交环节，2012 年，国家档案局印发了《电子档案移交与接收办法》，旨在规范电子档案移交与接收工作，确保电子档案的真实、完整、可用和安全，保存党和国家历史记录，促进档案信息资源开发利用。该办法指定各级档案行政管理部门负责对电子档案的移交、接收工作进行监督和指导。档案移交单位和各级国家综合档案馆应当切实履行电子档案移交和接收职责。未来，应根据数字档案工作实际发展，对该办法进行适时修订和完善。

电子文件和数字档案的海量增长，在便捷档案利用者获取档案信息的同时，也给电子文件和数字档案保存机构带来挑战。电子文件和数字档案长期保存（保管）方面，主要涉及版权、隐私权等法律问题，以及存储介质、数据格式、存储系统的可靠性、数字档案信息内容的长期完整、真实、可用等技术问题。针对隐私权问题，应严格遵守《民法典》第四编第六章"隐私权和个人信息保护"相关条款规定，保障数字档案资源主体权益安全。在我国数字档案保存方面，一是可以在新的《档案法实施办法》或《电子文件管理条例》制定过程中适当增加数字档案保护的相应内容，比如未经批准不得擅自销毁；二是可以在《著作权法》《知识产权法》《信息网络传播权保护条例》等修订方案中增设数字档案保存复制、档案信息传播等内容，为数字档案信息传播和保护提供法律依据。如依本法的规定，为了避免一件属于或者曾经原本属于图书馆或档案馆馆藏的作品（包括各种数字资源）遭到损坏或意识，图书馆和档案馆可以在以上前提条件下对该作品进行复制或传播。[1] 2017 年 8 月，美国国家档案馆发布了《数字档案资源长期保存战略》（Strategy for Preserving Digital Archival Materials），是美国首个针对数字档案资源长期保存的专项战略，对数字环境中档案资源长期保存需求与策略做出了深刻探索。[2] 而战略的制定和发布，对于美国数字档案资源长期保存法律法规的完善必将起到强有力的助推作用。在数字档案资源长期保存领域，我国虽尚未制定相关国家战略，但可以借鉴欧美发达

---

[1] 李冉冉：《我国数字档案资源长期保存策略研究》，郑州大学硕士学位论文，2016，第 46 页。

[2] 祁天娇：《美国数字档案资源长期保存战略的分析与启示》，《档案学研究》2019 年第 1 期。

国家数字档案资源长期保存战略，先行探讨和研究制订数字档案资源长期保存保存法律法规未尝不可。通过法律形式，从国家顶层严格规定和规范数字档案资源长期保存的存储介质、数据格式，保障数字档案信息存储系统的长期可靠性，防止数字档案信息的真实性、完整性、可用和安全性等方面出现问题。

鉴于我国在数字档案全过程管理和数字档案信息流转环节相关法律法规的阙如，除了在国家层面电子文件专门性法律法规中有所关注之外，还应增订数字文件档案鉴定、数字档案长期保存等部门规章或规范性文件，以凸显鉴定、保存（保管）环节在数字文件档案生成和长期保存期间的重要性，弥补我国数字文件档案法规建设的不足。

在《国家档案法规体系方案》指导下，结合地方档案工作发展实际需要，我国部分地方档案部门已制定相关制度规章用以规范和促进数字档案工作。2009 年，浙江省发布《中共浙江省委办公厅、浙江省人民政府办公厅关于开展电子文件和数字档案登记备份工作的通知》（浙委办〔2009〕140号），以切实保障电子文件和数字档案信息安全，提高档案资源的开发利用水平。电子文件和数字档案登记备份制度实施以来，取得了令人瞩目的成绩，"档案与电子文件登记备份工作"被国家档案局评为"全国档案管理与服务创新最佳案例"①，对于浙江省数字档案资源建设和档案工作整体水平提升都起到了巨大推动作用。2016 年，上海市档案局印发《电子档案和数字化档案备份办法》，用以促进和规范电子档案移交与接收工作。随着"数字中国"和档案信息化建设进程的不断深入，数字档案馆将在档案管理和档案社会化服务中占据重要地位，在档案数字化外包安全管理、档案信息系统安全、数字档案馆法律法规等多个层面都应提前布局，建立健全数字档案资源安全法律体系，为数字档案生态安全保驾护航。

在强调数字档案信息安全、便于档案行政执法及档案司法、档案守法的同时，有个相对隐蔽且不容忽视的问题是数字档案用户信息安全。数字档案用户信息属于特殊的个人信息保护类型之一。2016 年 4 月 14 日，欧洲

---

① 吕红、林伟宏：《论档案与电子文件登记备份的战略意义与实施策略》，《档案学研究》2012年第 4 期。

议会投票通过了《一般数据保护条例》（GDPR），其被认为是历史上最严格的数据保护条例，并于 2018 年 5 月 25 日正式在欧盟地区生效①，这是一部关于普通民众的隐私数据保护法案，致力于解决大数据时代下由网约车、共享单车、社交媒体等平台经济快速发展而引起的个人信息被收集、被泄露、被贩卖等事件。近年来我国也加大了对个人信息保护的重视程度。2017年 6 月，《中华人民共和国网络安全法》正式施行，标志着我国网络安全有法可依，网络秩序走向规范，网络犯罪得到惩治。2018 年两会召开期间，人大代表和委员们呼吁加快个人信息保护立法，并提议将个人信息权专门立法作为个人信息保护的基本法。② 2018 年 5 月，全国信息安全标准化技术委员会正式实施《信息安全技术个人信息安全规范》，明确规定收集个人敏感信息时必须取得个人信息主体的明示同意，并详细规定了当前互联网行业用以收集用户个人信息所采取的三大常见策略，即"默认勾选""最小化原则""跨界融合"问题，进一步推进和完善个人信息保护的法治进程。在2018 年中国互联网大会的个人信息保护论坛上，专家们也呼吁尽快出台专门的个人信息保护法以保障公民个人信息安全。③ 融媒体环境下，档案信息服务平台多样，数字档案用户信息被泄露的情况也时有发生，不仅侵犯了用户合法权益，也影响数字档案信息平台的可信度。因此，在制订和完善档案法律法规进程中，将数字档案用户信息安全相关内容科学、合理地纳入其中，理应被作为重要议题。

2. 严格执法，树立档案行政执法权威

国家顶层数字档案之良法得以善治，还需要国家顶层的推动和贯彻实施。在档案界，档案行政管理部门——档案局就是国家顶层法律法规的直接推动者和贯彻者。2018 年省级档案机构改革中大部分地方都实行"局（馆）分设"之后，档案局在行政执法中就只能更多依靠法律手段而非行政手段推进档案事业建设。档案行政执法利用"法律手段"，将使档案行政执

---

① 何治乐、黄道丽：《欧盟〈一般数据保护条例〉的出台背景及影响》，《信息安全与通信保密》2014 年第 10 期。

② 张文亮：《个人数据保护立法的要义与进路》，《江西社会科学》2018 年第 6 期。

③ 聂云霞、黄文琼：《数字档案用户个人信息保护的现实困境与解决思路》，《档案学研究》2019 年第 1 期。

法更加名正言顺。以法律之实，以档案局之名，部署档案行政管理工作，常态化开展档案行政执法活动，不仅有利于档案行政执法工作的顺利开展，还有利于增强社会公众档案意识。

现阶段，虽然我国数字档案立法方面还有待健全，但并不是完全无法可依的局面。《档案法》对于档案行政执法主体有明确的规定：档案行政管理部门具有对档案事务进行行政规划、检查、指导、许可、征购、奖励等行政职责。[①] 由于数字档案违法行为一般发生在机关、团体和企事业单位或档案馆内部，隐蔽性较好，不利于档案行政执法主体及时、快速发现。对于已经明显触犯《档案法》《暂行办法》等违法行为，档案行政执法部门在查处时也会遇到各种执法阻力或压力，导致行政自由裁量权被滥用，有时甚至对为违法者不予追究。结果不仅没有树立档案法律法规的威严，反而助长了档案违法行为的嚣张气焰。因此，档案行政执法主体只有心怀对档案法律法规的敬畏，严格执法，消除执法中的"特权主义"思想，才能让《档案法》真正"硬"起来！

减少和消除"特权"思想，还有一种有效途径，即加强档案行政执法监督。档案行政执法本身具有一定的权力性质，加强档案行政执法监督即对档案行政权力进行适当的约束和管制，让权力真正落实到为人民服务中去。一方面，档案行政执法部门要敢于执法、严格执法，另一方面又要敢于接受内外部监督，在使档案执法过程透明化的同时，潜移默化地提高监督群体的档案法律意识。首先，在档案系统内部和档案行政管理部门内部，要明确档案监督主体，让监督权具有独立性，保证其真正落到实处。在这个过程中一定要避免"裁判员＋运动员"现象的出现，否则内部监督形同虚设，既起不到应有的监督作用，还有损档案行政执法部门形象。其次，根据我国档案行政管理系统垂直管理特征，可以加强上级档案行政管理部门对下级档案行政管理部门的执法监督，让"大权力"去约束"小权力"，相信这会使档案系统内部监督有更好的效果。最后，充分利用新技术、新媒体平台开展社会监督。档案行政执法旨在规范档案管理、促进档案工作，最终为人民服务，因此应发动社会力量，鼓励公众参与到档案行政执法监

---

① 马素萍：《谈敬畏法律——以〈档案法〉为例》，《中国档案》2013 年第 8 期。

督中去，形成社会监督的合力。比如，档案部门可以利用网络平台、微信公众号等面向社会提前征集志愿者，让其真正参与到档案行政执法监督实践中去，并给予参与社会监督人员一定名誉奖励，增加其参与的积极性及维持社会监督机制的可持续性。还可以开设社会监督主体信息报道专栏，及时向社会反馈监督结果，加强社会监督主体与公众之间的交流与沟通，让其感到参与的价值与重要性。

在内外部双向监督之下，档案行政执法主体严格执法，必须首先提高档案执法人员业务素质。要求执法者熟悉《档案法》及档案相关法律法规，掌握《档案法》《档案法实施办法》《政府信息公开条例》《保密法》《刑法》等相关法律条文之间的补充、衔接、细化、修订内容，特别是要注意新《档案法》及数字档案相关法律法规调整范围、对象及基本原则，了解档案法律法规对于国家、社会、公民各方面在数字档案事务中的权利、义务、职责等，这是严格执法的前提。执法者熟悉法律法规，还能进一步减少执法过程中将业务监督指导与行政执法检查相混淆情况的发生，本该用行政监督手段推进业务监督指导工作，却用法律手段促进业务监督指导工作，其实质是违背了档案行政执法合法性原则，"小题大做"，不利于档案法律法规严肃性的确立。

档案行政执法主体熟悉档案法律法规只是便于自身在档案行政执法中严格执法。为了让执法者在执法行动中减少公众因误解阻挠执法现象发生，还应尽早构筑社会知法懂法的氛围。因此，面向社会宣传档案法律法规理应成为档案行政执法者的工作要求。信息时代，应特别重视对数字档案违法行为的形式、内容的宣传，增强数字档案信息传播的社会效应，减少数字档案利用中侵犯隐私权、著作权等违法行为的发生。因此档案行政执法主体在档案普法中，应根据不同的普法对象制作不同的普法内容加以介绍，使用灵活的普法语言加以阐释，选择多样的普法形式加以展示。譬如，当档案普法进社区时，可以从家庭成员的老照片、老契约、老存单、老婚书、老票据、老毕业证等家庭档案谈起，引起社区居民对档案的兴趣，改变民众心目中档案严肃、神秘的印象，提升人们建好、管好、用好家庭档案的自觉性；然后再讲档案的义务和权力。档案还可以进农村、进高校、进机关、进街道、进App，依靠当前技术条件和宣传渠道，档案行政执法主体只要肯动脑筋、花心思，必然会有更好的普法效果，使国家机关、社会组织、个人增强档案法制观念，提升法律意识，便利档案行政执法，保障数字档案法律法规的全面实施。

3. 公正司法，严厉惩戒数字档案资源违法行为

当前，在全球数字转型浪潮中，加快制订和修改数字文件档案管理领域的法律规章已经成为全球共识。但在档案法律法规体系还未建立健全的背景下，破解数字档案法律适用不均衡、司法救济渠道不畅通的现实困境，则是当务之急。

随着我国档案法制建设的进步和公众档案法律维权意识的觉醒，档案行政司法在"依法治档"进程中作用凸显。但网络环境下，数字档案司法实践中法律适用不均衡现象仍需引起足够重视。第一，数字档案资源逻辑式集中保存，导致数字档案行政争议、数字档案民事纠纷发生，数字档案违法犯罪等隐蔽性更高，档案权益受到侵犯的公众很难及时发现被侵权；且根据举证倒置原则，被侵权人在举证时一时间也难得将有力证据收集齐全，更何况录音、视频、网页截图等形式的也可能造假。第二，网络环境下，数字档案侵犯和违法行为可能发生在不同的时空，那么在属地办理、属地执法原则之下，就必然会出现法律适用不均衡的情况。因此，数字档案司法应该遵循数字环境下档案司法的特点，借助数字技术破解数字档案司法困境。

首先，善用电子证据。2004年4月，北京市海淀区法院审理了一起欠款纠纷案。被告将自己手机内的短信记录作为证据提交给法院，获得认可。该案件被司法界视作"中国电子证据第一案"。这是继《电子签名法》颁布实施后法律依据《电子签名法》判决的第一起案例，标志着我国《电子签名法》真正走入司法程序，电子签名、数据电文等电子证据的法律效力得到认可和根本保证。

随着区块链技术的发展和逐渐渗透到各行各业，从电子证据存证，到电子合同、版权确权，在司法领域，区块链技术作为取证中的技术性保障早已不再陌生。2019年6月14日，由最高人民法院信息中心参与指导，多家法院、区块链企业参与编写的《区块链司法存证应用白皮书》发布。白皮书的发布，对于新技术在司法领域的应用具有重要的指导意义与参考价

值，标志着新技术赋能司法业务得到正式认可，将有助于提高司法效率、降低司法成本。技术赋能司法业务不仅在理论中被认同，实践中也有进一步的表现。自2018年4月10日全球首家互联网法院落户杭州之后，相继又有北京、广州等7地市互联网法院成立，并上线了区块链电子证据平台。电子证据存证，正式进入区块链时代，司法界成为区块链率先落地的领域之一。① 而在2019年4月22日，美国华盛顿州Jay州长签署SB 5638法案（Substitute Bill 5638），承认利用区块链等分布式账本技术所保存电子记录的法律地位，表明美国司法界已经认可区块链技术保障下的电子证据法律效力。美国纽约Mine Labs创业公司开发了一个基于区块链的元数据协议——Mediachain，该系统利用IPFS文件系统，面向数字图片的版权保护应用，实现数字作品版权保护。②

既然2019年区块链应用元年已经开启，区块链时代已经到来，那么就要利用好这个可能改变司法界的新技术，尤其是在数字档案司法实践中，善用电子证据，善用区块链司法存证，在维护和保障档案被侵权者合法利益的同时，积极推动档案司法实践的创新、发展。

其次，培养和运用"5G + AI + 大数据 + 云化"思维，在充分发挥数字档案价值的同时，保障档案用户信息安全。技术的发展与更新换代总是让人目不暇接。5G、AI、VR、大数据、云计算等这些科技词汇不断冲击着人们的感官，不断刷新着人们对于技术、对于未来的思考和认知，新技术的出现开启了一个又一个新纪元。2019年是5G商用发展元年，"大带宽""大连接""低延时"的特性将开启万物互联时代，新型数字化业务也将不断涌现，实现产业数字化、生活数字化，让连接和数据无处不在。③

在5G时代的数字世界，保管空间几乎不再是数字档案资源建设、数字档案馆发展的所需要顾虑的因素，以云为代表的新兴技术（如云存储）将一起组成智能化基础设施，为移动数字档案馆、智慧档案馆赋能。云时代

---

① 《区块链改变司法界：取证1秒内完成，成本是传统公证的百分之一》，金色财经，https://www.jinse.com/blockchain/392898.html。
② 吴健等：《基于区块链技术的数字版权保护》，《广播电视信息》2016年第7期。
③ 《5G时代，云计算发展的五大新趋势》，信息化协同创新专委会，https://mp.weixin.qq.com/s/k6u5r41lPJzxAukktpaS7A。

的到来，使"云化"思维成为继"互联网+"思维之后，信息管理领域又一个不得不去强化和转型适应的趋势。当下，云存储早已成为档案代管机构提供在线存储服务的主要方式。如美国世界级商业文件中心巨头——铁山档案文件管理公司（Iron Mountain），及其收购的公司 Recall 都提供了基于云存储的数字（文件）档案备份服务，主要包括面向服务器和面向个人电脑、笔记本等的云备份。[①]

习近平指出，要遵循司法规律，把深化司法体制改革和现代科技应用结合起来，不断完善和发展中国特色社会主义司法制度。[②] 2019 年 5 月，全国首个 5G 环境下的刑事案件三方远程视频庭审在河北雄安新区中级人民法院顺利完成。在这个案件庭审过程中，审判员、检察员及上诉人身处三地，一起通过 5G 远程网络视频参与庭审，解决了以往远程视频庭审时延长、不清晰、不稳定的难题，让远程法院成为现实。区块链作为证据的存证载体实现了证据的远程安全传输。[③] 云时代，随着《电子签名法》、新《档案法》、《电子文件管理条例》、《隐私法》等相关法律法规的建立健全，电子文件法律效力将会被更多领域认可，数字档案资源在大数据、AI、VR 等技术综合推进下，其价值也将被更多挖掘、开发和利用。想想前景都令人兴奋不已！只是新技术环境下，必然要考量更多安全隐患，数字档案作为一种特殊信息资源，是国家战略资产，是国家政权稳定的基石，显然不能和一般数字信息等同视之。在数字档案资源集中管理模式下，数字档案资源物理集中存储其实是个相对的概念。因为随着存储技术的发展，同一份（件）电子文件完全可以"碎片化"存储于不同磁盘上，而这些磁盘可以在同一物理地点，也可以位于不同物理地点。电子文件"碎片化"分布式保存之后，就意味着同一份（件）电子文件因分解为若干碎片，则可能被分

---

① 刘越男等：《地方政府数字档案集中管理模式研究》，中国人民大学出版社，2016，第 93 ~ 94 页。

② 《"平语"近人——习近平谈司法体制改革》，中国新闻网，http://www.chinanews.com/gn/2017/07-14/8277824.shtml。

③ 《区块链改变司法界：取证 1 秒内完成，成本是传统公证的百分之一》，金色财经，https://www.jinse.com/blockchain/392898.html。

别保存在相隔万里的服务器中。① 而这些对于数字档案所有者，是完全不知情的。如果服务器存储在不同的地区或国度，就要执行该地区或该国度的法规遵从原则。电子文件如此保管和存储方式，从国家战略资产控制角度和数字档案主体相关权益保障双向视角看均是不利的。因此，新技术的发展、新思维的形成，必须要有新的数字档案司法环境与之相适应，才能让新技术的应用效果、新思维的谋略规划落到实处。

网络环境下，面对 5G、AI、大数据、云计算等新技术的出现和应用于数字档案管理领域，在数字档案司法过程中就应更多结合新技术、新环境的特点，灵活、及时出台司法解释相关条例，保证法律法规适用的张力，尽量避免出现司法中的尴尬。此外，除了考虑档案行政管理部门的执法便捷、管理有序，更要兼顾档案行政相对人合法权益及数字档案用户信息安全的保护。档案行政相对人合法权益涉及其经济纠纷、民事赔偿、著作权、人身自由等常规法律事务，一般来说，在立法中都会着重设计和全面考量，因此应加强网络环境下数字档案用户个人信息的司法保护。网络社会中，个人信息常常被"违法式"泄露、"默认式"采集、"失控式"传播，严重影响数字档案资源平台的社会信誉度，干扰了数字档案信息流转的正常秩序。2018 年上半年，我国网民在上网过程中，遇到的安全事件类别中个人信息泄露问题占比最高，达到 28.5%，相比 2017 年末增长 1.4 个百分点；遭遇账号或密码被盗问题占比为 19.7%，比 2017 年末增长 0.9 个百分点；2018 年上半年，国家信息安全漏洞共享平台收集整理的信息系统安全漏洞累计 7748 个，比 2017 年增长了 16.5%。② 其中不乏数字档案用户信息泄露的案例。可见，泛在化网络在为人们带来无尽的便利中也夹杂着各种安全风险。"雾里看花"虽有朦胧之美，但哪有拨开云雾看得真切。数字档案司法，就是这双拨开层层非法迷雾、保障数字档案用户信息安全的有力之手。

再次，严惩档案侵权和档案犯罪。

网络环境下，档案侵权、档案违法形式更为多样，途径更为隐蔽，只

---

① 刘越男等：《地方政府数字档案集中管理模式研究》，中国人民大学出版社，2016，第 93 ~ 94 页。

② 聂云霞、黄文琼：《数字档案用户个人信息保护的现实困境与解决思路》，《档案学研究》2019 年第 1 期。

有加大对档案侵权和犯罪行为的惩处力度，才能起到对有恶念之徒的警示和威慑作用。在美国，档案犯罪在《美国法典》中几乎卷卷涉及，故在美国刑法中提及各种"档案"（电子文件、数字档案、电子数据等）犯罪的有几十条之多。而且美国将档案违法设置为重罪，2002 年著名的《萨班斯法》将档案违法犯罪处罚补充进《美国法典》第 18 卷《犯罪与刑事程序》第 73 章第 1519 款"在联邦调查及破产程序中销毁、篡改及伪造档案"，规定故意篡改、销毁、删除、隐藏、掩盖、伪造或造假档案、文件或有形物体，有目的地拖延、阻碍或影响调查或政府机构的正当行政，将被处以 20 年监禁。①

类似的违法惩罚条款，我国《档案法实施办法》（1999 年修订版）第五章第二十七条针对拒不按规定移交档案、随意改变档案接收范围、未制定档案开放规定、档案安全保管不力、因档案工作人员主观原因造成档案损失等档案部门或档案工作人员违法违规进行了行政处罚规定及经济责罚规定。对档案利用者、档案服务企业等数字档案资源主体的违法行为也主要从行政或经济角度来加以责罚。如新《档案法》第四十九条第二项"档案服务企业在服务过程中有本法第四十八条第一项、第二项、第四项违法行为之一的，由县级以上档案主管部门给予警告，并处二万元以上二十万元以下的罚款"，第五十条规定"擅自运送、邮寄、携带或者通过互联网传输禁止出境的档案或者其复制件出境的，由海关或者有关部门予以没收、阻断传输，并对单位处一万元以上十万元以下的罚款，对个人处五百元以上五千元以下的罚款；并将没收、阻断传输的档案或者其复制件移交档案主管部门"，"构成犯罪的，依法追究刑事责任；造成财产损失或者其他损害的，依法承担民事责任"。上述条款对档案侵权和违法行为进行了规定，但仔细分析不难发现：行政罚款数额波动幅度比较大，过渡性条款的存在也就意味着档案行政主管部门可掌握较大的行政自由裁量权，而这个经济责罚尺度的把握必然会存在主观的寻租空间，人情、面子、情绪等导致行政处罚有失公允的现象就必然会合法式出现。而即便是档案犯罪追究刑事责

---

① 国家档案局政策法规研究司编译《境外国家和地区档案法律法规选编》，中国政法大学出版社，2017，第 21~22 页。

任，《刑法》第二百五十三条之"侵犯公民个人信息罪"规定，违反国家有关规定，向他人出售或者提供公民个人信息，情节严重的，处三年以下有期徒刑或者拘役，并处或者单处罚金；情节特别严重的，处三年以上七年以下有期徒刑，并处罚金。《刑法》第三百二十九条"抢夺、窃取国家所有的档案的，处五年以下有期徒刑或者拘役""违反档案法的规定，擅自出卖、转让国家所有的档案，情节严重的，处三年以下有期徒刑或者拘役"，相比美国档案犯罪的判罚力度，一是在具体执法和司法过程中，我国档案法律法规可操作性不是很强，在实际执法和司法中，难以客观、准确判罚；二是惩罚和判罚力度不够，相比美国 20 年监禁的量刑我国明显轻得多，不能对犯罪行为构成足够的警示和威慑。刑事处罚尚且力度不够，档案侵权方面的经济处罚，在当前我国公民收入增长、物质条件相对富足的条件下，也力度不足。所以，我国档案法律法规制订和完善过程中，可借鉴美国相关经验进一步加大对档案侵权和档案犯罪的惩处力度，善于利用区块链、大数据等先进手段侦破数字档案侵权和犯罪行为，让侵权行为和档案犯罪无处遁形，现形必严打。

最后，拓宽数字档案用户信息法律法规保护及司法救济渠道。

数字档案用户，尤其数字档案用户是公民个体时，其相对于档案行政管理部门而言均处于相对弱势地位，因此加强和适当倾斜对数字档案用户权益保护在司法层面也有改进的空间。对于个人信息保护，我国虽有相关保护条款分散于国家宪法、民法总则、网络安全法、民法典等法律法规之中，档案用户个人信息保护的相关法律条款也散见于《档案法》《档案法实施办法》中，但严格来说与数字档案用户个人信息保护的现实需求还存在很大距离，在实际执法中可操作性不强。最直接的影响是，我国法律法规制定和执行与现实个人信息安全之间产生了一定脱节，实际用户个人信息的保护在多数情况下依赖的是政府或机构"亡羊补牢"式管理、互联网行业自律、社会良知等不稳定性因素。与此同时，现有的法律法规在执行过程中表现出执法乏力、力度绵软、效果不佳，法律保护手段所采取的刑事处罚力度较轻，不法分子侵权成本低。相关法律对数字档案用户的"民事确定权利"与"民事归属责任"方面的划定较为模糊，数字档案用户个人信息保护难以得到法律的实质性保障。①

此外，网络环境下，个人信息被分散采集和保存，甚至被跨国流通。个人信息如在国内交流和使用，因"碎片化"保管其职责难以厘清，用户个人信息权益被侵犯后诉诸法院的效率较低，用户难以拿起法律武器恰当维权。若个人信息跨境，则情况更加复杂。个人信息的跨国流通，英文为Transborder Data Flows（简称"TDF"或"TBDF"），我国也有学者将其译为"跨境数据流动"。② TDF 与个人信息国内传输与利用相比，具有明显跨境性，但网络环境下，传统的边境线在物理上变得模糊不清。跨境数据流通让人们摆脱了时空限制，少了各种出境申请的麻烦，但与此同时，跨境流通时，信息主体却完全对其信息失控，一旦发生知识产权、著作权或个人隐私等相关权益被侵犯，信息当事人往往不知所措。而传统的侵权行为法仅限于国内侵权行为的司法救济，对于跨境信息流通，国内司法部门自然也无法行使管辖权③和处置权，个人信息司法维权更诉诸无门。

因此，档案法规体系建设中应考虑增加司法救济的法律法规，以此作为现有经济层面司法救助的有效补充，共同保障受害人权益。张江珊认为政府信息公开司法解释为档案信息公开提供了司法救济，让公众档案信息权利得到进一步保障④。但《政府信息公开条例》及其司法解释毕竟与档案利用、数字档案用户信息安全等主题存在较大差异。既然全球信息互联趋势不可避免，那么针对跨境信息流通中可能出现的数字档案用户信息泄露、侵权等问题，笔者提出以下建议。一是国内修改出口管制法，针对云时代云服务制订科学的信息安全法，结合云计算的特点，改变以用户国籍和使用者目的地为标准的管控模式。国际上，倡导和联合制订跨境信息流通国际公约，并促进各国在国内立法的协调和统一。二是促进数字档案法律法规制订与隐私权法、个人信息保护法的融合，让数字档案用户信息保护成

① 聂云霞、黄文琼：《数字档案用户个人信息保护的现实困境与解决思路》，《档案学研究》2019 年第 1 期。

② 程卫东：《跨境数据流动的法律监管》，《政治与法律》1998 年第 3 期。

③ 齐爱民主编《个人资料保护法原理及其跨国流通法律问题研究》，武汉大学出版社，2004，第 209 页。

④ 张江珊：《政府信息公开司法解释对档案信息公开司法救济探析》，《档案学通讯》2012 年第 4 期。

为常态化个人信息保护的对象之一，不至于被遗忘和边缘化。三是全方位加强档案法律法规宣传，普遍提高档案行政管理相对人法律维权意识，让司法救济行为成为维权的一种常态。司法救济是相对弱势的档案行政管理相对人维权的"救命稻草"，也是"依法治档"、促进司法公正的有效途径，在当前司法基础上结合新技术、新环境适当拓宽档案行政相对人司法救济渠道，并以此丰富数字档案资源生态安全法制建设链，应被作为当前档案司法的重要内容之一。

4. 全民守法，为数字档案生态安全奠定良好的法律氛围

守法即德。守法者敬畏法律，是使《档案法》具有严肃性和权威性的基础。① 守法者遵守法律、在法律规范之内行为处事，就是敬畏法律最基本的要求。数字档案资源生态安全良好法治环境的营造需要以全民守法为基础和目标。因此，作为档案守法的主要对象——档案行政管理部门，其要强化守法意识，坚守职业道德，坚持为党管档、为国守史、为民服务的重要使命和家国情怀，尽职尽责，履行法定义务，不滥用职权，摒弃"守摊子"不作为的陈规陋习，敢于作为。落实到档案守法的行动上，就是勇于履责，敢于打破档案违法行为行政处罚、行政处分"零"记录的局面。对档案应归不归、档案损毁丢失、档案不按规定开放利用和档案管理渎职失职等违法、违纪现象和案件，要敢于动真格地查处，做到"全覆盖，无死角"。②

档案行政管理相对人守法强调"用法"、"护法"和"尊法"，做到这三点，需将档案守法内化于心、外化于行，让守法意识深入内心，让行动不逾矩，在主动尊法、守法的同时，积极用法和护法，勇于用行动维护和捍卫法律尊严。档案行政管理相对人守法，需要先学法。现实中，档案行政相对人往往被动学法在先，即在档案利用中，根据实际需要学习《档案法》等相关法律法规，方便自身查档、维权。档案行政管理部门也会经常深入社区、学校、机关、街道、农村等地开展档案普法宣传，特别是利用节假日、普法宣传日、国际档案日等时间节点，通过贴画、广播、电视、网络、手机、移动终端App、微信公众号等多种形式广泛宣传。还有一些档

---

① 马素萍：《谈敬畏法律——以〈档案法〉为例》，《中国档案》2013年第8期。
② 本刊评论员：《强化守法意识 提升治理能力》，《档案管理》2017年第6期。

案部门通过制作档案文化创意产品，如在定制雨伞、环保布袋、指甲刀套装上印制普法宣传标语，将档案法规通过日常用品在社会百姓中传播。

当然对于不同的普法对象，普法内容和重点也将有所不同，而实际上对于档案行政管理相对人而言，也并不需要学习和了解所有的档案法律法规。但不论是选择性学习法律法规，还是常识性了解《档案法》，都会不同程度地提高档案法律法规的社会认知度，为档案守法奠定良好的群众基础。除了大部分被动学法之外，档案行政管理相对人也会主动学法。主动学法主要包括但不限于对档案法律法规感兴趣的学者和欲从事档案信息资源开发利用的人士。主动学法人群显然是少数，却是相对专业、知识结构相对完善和学习能力相对较强的群体，且具有一定的话语权和社会影响力。这部分人群的主动学法有一定的扩散效应，对于档案普法有积极的推动作用。学好档案法律法规，才能正确、主动去利用档案法律法规维权，才能主动拥护和尊重档案法律法规。《陈寅恪的最后二十年》名誉权纠纷案[1]、全国首例档案行政诉讼案[2]就是用法、护法的典型案例。

网络环境下，每个人都可能成为数字档案形成者、保管者和利用者，也就意味着会产生各种档案权益。面对新技术、新环境，数字档案相关法律法规将不断被修订、完善，不论是档案行政管理部门还是档案行政管理相对人，都应更多关注、知晓档案法律法规，为数字档案生态安全营造全民守法的氛围。

三　数字档案资源生态安全的文化环境培育

对一个国家来说，文化是重要的软实力。档案是文化的重要"母资源"，文化与档案互为表里。数字时代，文化的内涵不但不会因时代的发展和技术的变化而轻易发生改变，反而会因此变得内容更加丰富、形式更加多样、主体更加多元。数字档案作为技术变革的新型文化产物，也将在诸多因素共同作用和影响下，形成富有时代气息和技术特色的文化环境。需要指出

---

[1] 详见冯伯群《利用档案引发的一场官司——〈陈寅恪的最后二十年〉出版以后》，《北京档案》2003 年第 1 期。

[2] 详见郭嗣平《对全国首例档案行政诉讼案的思考》，《档案与建设》2001 年第 3 期。

的是，按照本章节数字档案资源环境安全构筑的内容安排和标题逻辑，本小节标题本应是"数字档案资源生态安全的文化环境培育"，却采用了"数字档案资源文化安全环境的培育"的表述，原因有三。一是"文化安全环境"更加突出了"数字档案资源"作为文化属性的特质，避免走入相对狭小的数字档案资源安全的讨论空间；二是使用"文化安全"更加强调数字档案资源安全是总体国家安全观不可分割的一部分，其关联更多、覆盖面更广；三是"数字档案资源文化安全"既包含在数字档案资源安全范围内，可以将其纳入档案安全体系探讨，又可以从数字档案资源文化视角去剖析，更利于本研究的全面性和深入性。

（一）档案·文化·档案文化·文化环境：内涵与作用

习近平总书记在党的十九大报告中指出："文化是一个国家、一个民族的灵魂。文化兴国运兴，文化强民族强。"[①] 文化的作用从来不容低估。中华民族上下 5000 年的光辉历史为人类留下了灿若星辰的文化遗产，但时至今日，人们对于文化概念却始终没有达成一致，无论是哲学家、社会学家，还是人类学家、历史学家和语言学家，尽管一直在努力界定，且各有千秋，但都只是试图从各自学科的角度来定义文化的概念。因此谈及文化，不同的学科不同的人群，都有自己认可的概念。对于普通公众而言，对于文化也更多是从抽象角度去认知和理解，没有去深究其概念内涵。然而，不论何种概念，无论基于何种视角，有一点却是共识：文化的核心问题是人，文化是人类创新活动永恒拓展的载体、创新水平提升的工具、传播的手段。

尽管文化的概念没有完全达成统一，但作为本书重要内容之一，还是要有个明确定义作为支点对其进行论证。蔡俊生、韩林德认为"文化是由共识符号系统载荷的社会信息及其生成和发展"。[②]"上古结绳而治，后世圣人易之以书契。"档案作为一种原始性记录和凭证，其本身就是从人类"结绳而治"的符号性认知发展而来。只是文字发明之后，"结绳"记事的方式被各国各民族用更能共识的文字符号系统加以记载，且一直传承至今。可

---

① 《习近平谈治国理政》第三卷，外文出版社，2020，第 32 页。
② 转引自任汉中《论档案的文化价值》，《档案学研究》2005 年第 2 期。

见，蔡韩二人对于文化的界定更加符合档案作为文化的表征意义。

人是文化的存在，文化无处不在。文化是人的文化，故文化的核心问题是人。文化塑造人，是民族的血脉，是人民的精神家园。人为了自身更好地生存与发展，总是在有意无意地追求精神文化权益，只是在不同的社会发展阶段，追求精神文化权益的工具、表现方式及程度存在差异。① 档案就是人类文化发展的衍生物，并在人类文化的传承和延续中反哺人类，为人类的记忆、文化、社会治理发挥其特有的作用。

汉科特·汉默里把文化分为信息文化、行为文化和成就文化三类。信息文化指一般受教育本族语者所掌握的关于社会、地理、历史等知识；行为文化指人的生活方式、实际行为、态度、价值等，它是成功交际最重要的因素；成就文化是指艺术和文学成就，它是传统的文化概念。② 观照"文化是由共识符号系统载荷的社会信息及其生成和发展"这个概念，显然档案属于信息文化类别中的重要一支。

文化是一种软实力，对一个国家来说，文化是底蕴的代表、形象的象征，较之其他来源的软实力，源于文化的软实力产生的吸引力和影响力更为持久。③ 古往今来，中华民族之所以在世界有地位、有影响力，主要靠的就是中华文化强大的感召力和吸引力。④

档案由于其原生性而成为文化的重要"母资源""元资源"，又因为其中隐含着选择和扼要的意向及相对真实可靠而成为文化之"核"。对基于档案的文本更加信奉，已经成为一种重要的文化心理。档案不仅承载了文化的传承，也滋养着文化的发展。⑤ 档案与文化互为表里的关系，通过档案馆被归口为文化事业机构、档案事业发展被纳入文化事业发展大格局以及一系列国家及地方记忆工程被呈现。也难怪挪威学者列维·米克伦如此看重

---

① 魏大威、李春明等：《万物互联背景下我国公共图书馆新业态发展思考》，《中国图书馆学报》2014 年第 6 期。
② 《文化》，百度百科，https：//baike. baidu. com/item/% E6% 96% 87% E5% 8C% 96/23624？ fr = aladdin。
③ 覃兆炽、孟月：《档案与国家软权力》，《档案学研究》2019 年第 3 期。
④ 参见《习近平 2014 年 10 月 15 日在文艺工作座谈会上的讲话》，中国经济网，http：//www. ce. cn/culture/gd/201510/15/t20151015_6709578. shtml。
⑤ 覃兆炽、孟月：《档案与国家软权力》，《档案学研究》2019 年第 3 期。

档案的价值，他说，"没有档案的世界，是一个没有记忆、没有文化、没有法律权利、没有历史的世界"。①

档案是文化的根基，随着社会的发展与技术的进步，围绕档案及其关联因素的相互作用便逐渐形成了特殊的档案文化。档案文化是中华民族文化的瑰宝。世界四大古老文明，仅中华民族绵延至今，正是因为有绵延不断的档案资源作为中华民族文化发展的基石和阶梯，一直维系着中华民族文化的同一性，并促使其不断延续和传承。②

档案文化是以档案为中心而形成的文化现象③，是在一定历史时期形成的档案观念，以及在这种观念指导下有关档案的行为方式和物化成果。它不仅含有物质层面的内容，也包含精神层面的问题④，主要分为档案的实体文化、管理文化、利用文化和学科文化四方面。冯子直在《论档案文化》中将档案文化分为传统档案文化与现代档案文化，前者是传统社会产生的甲骨、竹简、木牍、纸张档案以及围绕这些档案实体所形成的实体档案文化活动，后者是现代社会产生的音像、电子、数字等各种载体的档案以及围绕这些档案所形成的信息档案文化活动。冯子直认为除了档案是文化以外，围绕档案所进行的管理工作和服务工作以及档案馆（库）基础设施也是文化，如档案整理文化、档案编纂文化、档案阅览文化、档案展览文化、档案传播文化、档案网络文化、档案建筑文化等。数字档案资源文化显然是现代档案文化，如档案数字化、数字档案馆建设、数字档案信息传播、数字档案信息开发利用等都是现代档案文化的代表。

从特征来看，档案文化是一种基础性文化，是社会文化不可分割的一部分，因此具有社会文化的共性，但其本身又与其他种类文化有着紧密联系。文学、艺术、教育、旅游等各类文化的发展都必须借鉴档案而发展，各行各业都有档案的广泛存在，档案文化的内容范围广阔，几乎涵盖社会各方各面。同时，因档案文化是档案部门在实现其特定的目标和任务过程

---

① 转引自郭泉《对档案的哲学思考：兼论建构档案哲学的逻辑起点》，《档案与建设》1998年第3期。

② 任汉中：《盘点档案界"高频词语"（一）：档案文化》，《档案管理》2017年第5期。

③ 任汉中：《盘点档案界"高频词语"（一）：档案文化》，《档案管理》2017年第5期。

④ 任汉中、张璟瑜：《从朦胧到清：档案文化结构的剖析》，《浙江档案》2011年第4期。

中逐渐形成的，其来源于档案工作实践，这就决定了档案文化具有先天性的行业特色。如档案工作必须依法行政、追求综合效益最大化、维护档案利用者权益等，这些都是档案文化中最具行业特色的理念。[1]

　　档案产生于社会实践，档案文化是一种特殊的社会文化，仅这两者就足以决定研究档案文化必须将其置于特定的文化环境中。与文化的定义一样，文化环境的概念也是众说纷纭的。有着眼于文化环境的物质性因素，认为文化环境就是文化发展的物质基础及其他客观条件，其基本构成因素包括历史的因素、地理的因素、宗教的因素、经济的因素、政治的因素、群体的因素、个体的因素等[2]；有从文化环境的精神性因素出发，把文化环境等同于精神文化环境，着重强调精神因素的力量，认为文化环境就是影响主体活动、存在于主体周围的各种精神文化条件的总和，其构成要素包括教育、科技、文艺、道德、宗教、哲学、民族心理、传统习俗等[3]；有从文化环境的功用角度，把文化环境看作一种效应环境，进而认为文化环境是指主体实践和认识赖以进行的各种文化条件的总和，它是一个由物质文化、精神文化及文化传统状况等文化要素混合而成的文化效应场[4]；还有从文化哲学及人学的立场出发，认为文化环境是人类存在的社会文化的历史境遇，或是人进行创造活动的处境[5]。可见，上述对于文化环境的界定只是角度不同，并没有优劣或对错之分。相对来说，从文化环境的功用角度去理解和定义文化环境或许更容易，即文化环境是在一定区域内人的文化创造及其成果所构成的综合体，它是由物质文化、精神文化及文化传统状况等文化要素交汇融合而成的文化效应场域[6]，是人们从事文化创造、文化传播及其他文化活动的背景和条件[7]。值得注意的是，在具体理解文化环境内涵时应该明确文化环境是人性的、当下的、现实的、具体的，不是物性的、过去的、历史的抽象的。换言之，只有和人发生效应关系的文化内容和形

---

① 《档案文化建设》，参考网，https://www.fx361.com/page/2020/0526/6699970.shtml。

② 董丁诚：《略论文化环境》，《西北大学学报》1986年第4期。

③ 王安：《文化环境的塑造功能及其再营造》，《新长征》2007年第17期。

④ 朱人求：《文化环境研究的多维透视》，《学术月刊》2002年第3期。

⑤ 李燕：《文化释义·前言》，人民出版社，1996，第3~4页。

⑥ 朱人求：《文化环境研究的多维透视》，《学术月刊》2002年第3期。

⑦ 罗锐华：《论文化发展视域中文化环境的要素构成形态》，《中华文化论坛》2014年第7期。

式才构成文化环境。那些被遗忘的文化作品，被弃用的语言、习俗、仪式、生产方式等都不构成现实文化环境。文化环境因人而存在，人是动态的、发展的，文化环境显然也是动态变化的，所以不同历史时期、不同社会形态中，文化环境也是不同的。

档案文化是物质层面和精神层面双重文化的结合体，研究档案文化环境显然不能单纯从某一个角度就能够进行深入、系统、全面的研究。数字档案本身是信息技术发展的产物，天生带有技术的烙印，因此数字档案资源文化环境必然需要结合其自身特点、时代特征、社会环境等综合考察。

（二）数字档案资源文化环境：构成与运行

数字档案资源因其功用（具有重要的信息价值和工具价值）而被人们产生、保管和利用，因此数字档案资源文化环境也围绕其功用而延展。由于任何文化总是与特定的社会相联系，没有脱离社会的文化，也没有脱离文化的社会，故在现实中文化环境往往表征为社会文化环境。[①] 基于社会文化环境视域，我们认为数字档案资源文化环境就是在一定区域内数字档案资源文化创造及其成果所构成的综合体，它是人们从事数字档案文化创造、交流与传播等活动的文化效应场域和背景条件。

1. 数字档案资源文化环境的构成要素

在社会文化大环境中，数字档案资源文化环境既带有文化环境母体的一般性特征，又带有明显的数字时代特征，其构成要素主要包含数字档案资源物质文化、数字档案资源精神文化及数字档案资源文化传统状况等。

物质文化是人类发明创造的技术和物质产品的现实存在和组合，不同物质文化状况反映不同的经济发展阶段以及人类物质文明的发展水平。物质文化不单指"物质"，更重要的是强调一种文化或文明状态。[②] 数字档案资源物质文化则是数字时代数字档案资源与信息技术的存在和组合，它往往借助有形的、物化的信息基础设施显示出来，如数字档案资源硬件基础设施、系统软件基础设施、网络环境基础设施。

---

① 苗伟：《理解文化环境》，《社科纵横》2010 年第 3 期。
② 《物质文化》，百度百科，https://baike. baidu. com/item/物质文化/10576985？fr = aladdin。

　　精神文化是人类在从事物质文化生产基础上产生的一种人类所特有的意识形态，它是人类各种意识观念形态的集合与体现。不同的领域，其精神文化有不同的表现和含义。[①] 数字档案资源精神文化主要是围绕人与数字档案资源建设所构成的文化形态，如档案工匠精神、档案与记忆、数字档案教育等。

　　数字档案是依赖信息技术的发展而形成的新生事物，其成长过程中还有诸多不确定性因素，当前正处于渐进式发展和完善阶段，因此论其传统，尚不可言。对于传统文化，冯天瑜先生曾经说道，"现实的及未来的文化离不开传统，也不能拘泥于传统，而是依托传统又超越传统"。[②] 数字档案是档案的属概念，数字档案文化是档案文化的一个分支，数字档案资源文化环境的塑造自然也不能脱离中国传统档案文化的滋养。了解和构建数字档案资源文化传统，必然要以追溯传统档案文化为前提。

　　2. 我国数字档案资源文化环境运行现状

　　当前，我国数字档案资源文化环境总体运行良好，得益于数字档案资源物质文化、精神文化和档案传统文化的综合作用与合力影响。

　　数字档案资源聚拢、集中管理虽然可以在一定程度上脱离实体档案馆存在，但网络环境下，布局合理、功能完备的档案馆舍依然是现代档案工作的根基，也是档案安全体系构建的基础，即便是数字档案馆建设同样需要实体档案馆舍作为支撑和归宿。而实体档案馆舍建设是数字档案资源硬件基础建设最基本的部分。

　　截至2019年底，我国共有各级各类档案馆4234个，其中综合档案馆3337个，全国各级国家综合档案馆总建筑面积达1164.6万平方米，承担着集中保管国家档案资源的重要职责。[③] 当前中央级档案馆建设稳步推进，副省级以上档案馆建设步入新高潮。北京、广州、浙江等省市档案馆新馆相继落成或完成扩建；安徽、重庆等省市新馆已开工或准备开工；上海、湖北等省市新馆选址及用地规模已获批准；吉林、杭州等省市新馆建设继续

---

①　《精神文化》，百度百科，https://baike.baidu.com/item/精神文化。

②　冯天瑜等：《中华文化史》，世纪出版集团，2005，第6页。

③　李明华：《在全国档案局长馆长会议上的工作报告》，东南大学档案馆，https://archives.seu.edu.cn/2019/0410/c818a269219/page.htm。

推进。中西部地区县级档案馆舍建设取得重大突破。党的十八大以来，中央财政共安排 39 亿元用于 800 多个中西部地区县级档案馆建设，使中西部地区县级档案馆库房严重不足的形势得到了明显缓解，档案工作硬件环境显著改善。档案工作硬件环境明显改进，为档案实体安全、信息安全和设备安全提供了坚实保障，为档案资源的结构调整创造了新的空间，为档案馆服务能力的提高奠定了扎实基础。[①]

档案工作硬件环境的改善为数字档案资源建设提供了最基本的实体空间，这个空间的充实还需要数字档案资源作为填充。当前信息化狂潮正席卷着各行各业，档案馆也正从"纸与铁"的时代加速迈入"数与网"的数字档案馆时代。2013 年，全国数字档案馆（室）建设推进会上，国家档案局提出实施"存量数字化、增量电子化"战略，数字档案资源建设开始提速前进。截至 2019 年底，全国各级国家综合档案馆馆藏档案 82850.7 万卷、件[②]，馆藏电子档案 119.3 万 GB。其中，数码照片 39.6 万 GB，数字录音、数字录像 35.9 万 GB。馆藏档案数字化副本 1407.8 万 GB；建成全国开放档案信息资源共享平台并面向社会开通运行，40 多家档案馆上传数据 102 万条，全国数字化档案资源超过 2243 万 GB，数字化全文识别取得重要进展；全国档案业务管理系统建设方面，28 家副省级以上档案部门已接入运行，初步实现了档案部门间的业务协同。《电子档案移交与接收办法》《电子档案管理基本术语》等一批与电子档案密切相关的法规标准陆续出台。在上海等 6 省市开展的电子档案移交接收和长期保存试点工程也已通过国家验收，为今后各级档案馆大规模开展电子档案接收工作提供了宝贵经验。[③] 在数字档案馆（室）建设方面，全国多地启动数字档案馆建设，国家档案局主持召开了数字档案室建设推进会议和企业数字档案馆试点建设启动会议，当前已经有青岛市档案馆、杭州市城建档案馆、河南省济源市档案馆、安徽省蚌埠市档案馆、浙江省嘉善县档案馆、山东省潍坊市档案馆、云南省

---

① 《夯实基础筑根基 服务大局显作为——党的十八大以来全国档案馆事业发展生机勃勃》，《中国档案报》2017 年 7 月 13 日，第 1 版。

② 《2019 年度全国档案行政管理部门和档案馆基本情况摘要（二）》，中华人民共和国国家档案局，https://www.saac.gov.cn/daj/zhdt/202009/23bee44fdf594f048619334774968c7d.shtml。

③ 《夯实基础筑根基 服务大局显作为——党的十八大以来全国档案馆事业发展生机勃勃》，《中国档案报》2017 年 7 月 13 日，第 1 版。

楚雄市档案馆等 16 家单位的数字档案馆系统通过国家示范数字档案馆系统测试，浙江省公安厅、广东省国土资源厅、中山市档案局等 6 家单位的数字档案室建设通过全国示范数字档案室评估。总体而言，数字档案资源信息化基础建设成效显著。

档案信息化基础设施建设只是数字档案资源物质文化在档案系统内部环境的反映，档案系统之外，国家信息基础设施建设对数字档案资源物质文化建设的影响同样重大。当前，我国信息化基础设施建设整体上持续加强，基础电信企业深入推进光纤宽带网络和 4G 网络建设，4G 用户占比稳步提高，达到 12.1 亿户，占移动电话用户的 75.9%。光纤接入（FTTH/O）用户 3.87 亿户，占固定互联网宽带接入用户总数的 90.9%，宽带用户则持续向高速率迁移，100Mbps 及以上接入速率的固定互联网宽带接入用户达 3.19 亿户，占总用户数的 74.9%。① 网络基础设施的改善为数字档案资源文化环境的优化奠定了良好的信息传播空中环境。

数字档案资源物质文化的发展总是与数字档案资源精神文化的发展同向而行。实践层面，记忆工程的广泛开展更多以数字化档案史料作为支撑。伴随着"数字中国"和档案信息化建设进程的加快，运用互联网和数据库技术征集、保护和开发历史信息资源，已经成为国内外通行的做法。在联合国教科文组织"世界记忆工程"的带动下，各国各地相继开展了以档案馆或档案科研单位作为牵头单位的各种记忆工程实践。比如北京城市记忆、青岛城市记忆、南京城市记忆等，在城市记忆建设已经蔚然成风之际，其辐射效应还延伸至乡村，如乡村记忆系列让更多的人感受和回味着乡愁。科技迅速发展的今天，城市记忆面临着消失，古村落快速消失，传统的生活习俗与民间艺术也在渐渐远去，现代文明和信息化进程这两把"双刃剑"带来了记忆危机，这也让数字记忆成为数字时代的记忆风景，进而决定了数字档案在记忆风景中无可替代的地位。

理论层面，有关数字档案的研究成果近年来也日益增加。仅以中国知网（CNKI）为例，检索条件采用"主题＝数字档案"，或"题名＝数字档

---

① 赛迪智库信息化与软件产业研究所：《信息化：5G 拓展行业应用 智能 + 助力高质量发展》，《中国电子报》，2019 年 7 月 30 日。

案"（精确匹配），发表时间限定在 2009～2018 年，检索得出这 10 年间共发表文献总数为 1301 篇，研究学科分布在图书情报与档案管理、教育学、计算机科学、工业经济、公共卫生与预防医学等多个领域。而有关数字档案的著作数量也大有增加，其中不乏《数字档案馆学》《数字档案馆生态系统研究》等精品。数字档案理论研究成果的丰富，形成了档案界独特的风景，在理论与实践相互推进之下，口述档案、非物质文化遗产保护、地方方言数据库建设等领域也掀起了数字档案建设之风。在政务领域，"跨省出证"、"一站式"服务窗口、"最多跑一次"改革、电子文件单套制、单轨制改革和试点等，无一不显示出数字档案具有的鲜活生命力和超强融入性。除了数字档案理论和实践成果之外，依托众多档案史料制作数字档案文化产品，开展主题教育和专题宣传，也是数字档案精神文化建设的典型做法，如国家档案馆制作的《档案天天看——馆藏抗战档案系列》《档案天天看——毛泽东档案系列》《南京大屠杀档案选萃集》《档案中国》等高品质文化产品，社会反响度高，影响力持续发酵。如中国唱片集团开展的"中华老唱片数字资源库"项目被列入国家级重点文化项目。当唱针划过密纹，当声音再次响起，时光流转，记录着声音的岁月黄金，将唤醒那些留存在唱片模版上的时代记忆。上至国家决策，下至日常生活，数字档案的重要性已被人们广泛认同，说明数字档案文化已走出档案系统内部，正逐步走向和服务社会。

中国传统档案文化历时 3000 余年而未断绝，至今仍对我国档案事业产生着巨大的影响，数字档案资源文化环境塑造过程中，很多问题都离不开对传统档案文化的解构。审读档案文化 3000 余年的发展史，传统档案文化基本特征很快便跃然纸上。首先，档案文化是封建政治附庸①，突出表现为封建统治者把档案视为"插入剑鞘中的剑"，皇帝直接掌管档案工作机构，而档案也被集中保管在皇家档案库房之中，档案利用是封建统治者的特权，平民百姓根本无权查阅。其次，档案文化受儒家思想影响较大。儒家学说宣扬重传统、重教化，使封建统治者对档案尤为敬畏和尊崇，档案文化的发展继承多于创新。再次，档案文化自我修复能力较强。在 3000 多年的发

---

① 任汉中：《中国传统档案文化问题研究》，《档案学研究》2001 年第 3 期。

展史中，作为封建政治附庸，档案和档案工作虽多次遭受重创，但都因中国传统档案文化高度一致性管理机制而屡屡从厄运中再生。其中依据前朝典章制度重建档案工作的惯有做法，为档案工作"因循守旧"的思想打下了深厚的基础，最后，档案文化理论缺失。传统档案文化历史悠长，然实践经验丰富，理论创造鲜见。所以档案文化传承方式以典章制度和"言传身教"维系，属于典型的经验主义做法。几度物换星移、斗转乾坤，当人类步入数字时代之后，数字档案文化也将被烙上鲜明的时代印记。然则，传统档案文化的影响是润物细无声的。新时代，数字档案文化显然不能完全秉承传统档案文化，但也不能彻底推翻传统档案文化的作用，而必须以理性态度对待，努力汲取其中有益的档案文化养分，积极思考网络环境下档案传统与现代化的结合点——传统档案文化高度统一性、档案集中管理模式、对档案工作经验的言传身教等，这些方面对于当代数字档案资源文化环境的建构均具有积极指导意义。只是因为时代背景不一样，科技发展程度不一样，文化生态内涵不一样，要求在数字档案资源文化建设实践中灵活应用、适当调整、勇于创新，并逐渐形成特有的数字档案文化内涵。

（三）数字档案资源文化安全环境的培育

安全是档案工作的生命线。档案文化环境也存在安全问题，而且网络环境下数字档案资源文化安全问题更复杂且重要，不但关乎国家战略大计，而且影响百姓安居乐业。因此研究数字档案资源文化安全，塑造数字档案资源文化安全环境既是数字档案资源生态安全的重要内容，也是国家安全体系构建的内在要求。

1. 数字档案资源文化安全的重要性

文化安全是文化不受威胁的客观状态，是国家安全的有机组成部分。[①]文化安全有一定的时间阈，任何时期的文化安全都受其所处时代背景的影响。任何时代背景之下，文化安全都至关重要。数字档案资源作为一种无形的特殊的生产要素，是国家战略资产，在国家经济社会发展中具有不可替代的综合贡献力。数字档案资源文化安全，是一个抽象、复杂的整体性

---

① 齐崇文：《论文化安全的法律治理》，《行政管理改革》2019 年第 8 期。

概念，是指与数字档案安全有关的价值观和行为准则的总和。数字档案资源文化安全包含了档案文化和档案安全的双重属性和特征，既可以是档案文化的一部分，也可以是档案安全的一部分。比如数字档案资源建设安全、数字档案用户个人信息安全、数字档案载体安全、数字档案信息安全、数字档案设备安全、数字档案人才培养等，都是数字档案资源文化安全的内容。在当前复杂的国内外形势下，维护和保障数字档案资源文化安全至关重要。

第一，数字档案资源文化安全是国家安全的深层次内容，是国家利益得以捍卫的重要基石。当前，科技迅猛发展，信息化水平全面提升，全球化趋势覆盖各个领域，文化全球化也成为必然的发展途径。改革开放40余年来，我国综合实力明显提升，积极参与全球治理，赢得了更多的国际话语权，逐渐成为世界秩序与国际规则的重要力量。然而，在全球化背景下，世界各国不同文化类型相互交流、冲突、渗透及融合，在不同文化的交互作用过程中，也有个别奉行霸权主义和强权政治的西方国家为了达到经济和政治上的目的，不断推行"文化殖民"路线，"文化帝国主义"倾向严重，图谋以资本主义文化隐形渗透的方式延续和强化帝国主义和霸权主义对全世界的控制。作为发展中国家的中国，由于在文化、意识形态、社会制度、国家利益等诸多方面与西方发达国家存在较为明显的分歧，随着我国日益靠近世界舞台中央，西方敌对势力煽动的"强国必霸""中国威胁论"的错误言论也屡次出现在国际舆论中，中国成为某些霸权主义国家进行文化渗透、文化颠覆的主要目标之一。这就决定了当前我国国家安全必然面临来自外部严峻的文化安全挑战。

随着互联网特别是自媒体技术的发展和普及，一些别有用心的人包括所谓的网络"大V""意见领袖"大张旗鼓地肆意鼓吹西方资本主义价值观念[1]，公然反对马克思主义，刻意诋毁我国现行体制，随意污蔑社会主义先进文化，给不明真相的群体，特别是海外华侨和国外民众造成误解。而这个时候，最具有说服力和证明力的，莫过于档案了。档案暗含了意识形态的物化记录，一个国家一定时期的主流意识形态可以通过档案直接反映出

① 程伟：《国家文化安全：增强文化辐射力》，《社会科学报》2017年8月17日，第6版。

来，有利于强化家国意识的认同。档案中关于意识形态和大政方针的记录往往不是刻板的理论，而是见诸具体事件，鲜活而有说服力。[①] 习近平指出："古往今来，中华民族之所以在世界有地位、有影响，不是靠穷兵黩武，不是靠对外扩张，而是靠中华文化的强大感召力和吸引力。"[②] 当下，在全球档案工作数字化转型大趋势之下，数字档案资源已经成为增量馆藏的主流。借助全球互联网优势，数字档案信息凭借其原始性、真实性和最佳证据性，可以快速向全世界传播，还原历史真相，肃清舆论浊流，捍卫国家利益，为国家正名。可见国家安全需要数字档案资源文化安全维系。

第二，数字档案资源文化安全是国家软实力和竞争力提升的重要法宝。2014年2月27日，习近平在中央网络安全和信息化领导小组第一次会议讲话中指出，网络信息是跨国界流动的，信息流引领技术流、资金流、人才流，信息资源日益成为重要生产要素和社会财富，信息掌握的多寡成为国家软实力和竞争力的重要标志，信息掌握的多寡成为国家软实力和竞争力的重要标志。国家软实力，其实质就是文化实力，是国家经济实力之外的一种影响力。数字档案资源文化是一种文化软实力，文化软实力是综合国力和国际竞争力的重要组成部分。从数量上看，我国综合档案馆数字化档案资源已超过2200万GB，体量巨大；从质量上看，李克强总理出席中国大数据产业峰会时指出，政府部门掌握着80%的信息资源，其中绝大多数为档案资源。随着我国政府数字化转型的纵深开展，政府数字资源将全部以电子形式产生和保存。由于政府对数字档案资源的集中管理，数字档案资源质量将进一步得以控制和优化，信息资源供给侧将有更多优质数字档案资源投放到社会中，公众将会享受到更多的文化福利。

近年来，随着世界各国对文献遗产保护的重视，挖掘档案文化遗产、申请国际保护项目成为扩大国家影响力、提升国家软实力的新途径。截至2019年6月，我国共有13件（组）档案文献入选《世界记忆名录》，每一件（组）档案文献的成功入选，都能在世界范围内引发对中国文化的高度关注。中国社会科学院考古研究所所长王巍从证明历史、证明文化的角度

---

① 覃兆刿、孟月：《档案与国家软权力》，《档案学研究》2019年第3期。
② 习近平：《在文艺工作座谈会上的讲话》，人民出版社，2015，第3页。

阐明了档案文化遗产对华夏五千年文明的重要作用，并指出有载体、有来源、有文字的历史才能真正被认可。① 档案作为可被见证的文明在中华文明维护的道路上异常夺目。

大数据环境之下，作为社会财富和国家战略资产，数字档案资源将为国家决策提供精准的数据支撑，同时数字档案资源文化安全将对国家软实力提升产生文化性推力。档案文化是具有行业性特征的基础性文化，数字档案资源文化安全，则意味着以之为元资源的现代社会文化的根基稳固。现代社会文化根基安全，则意味着文化、教育、法律环境、制度建设、国家的执政能力、管理能力、国民的心态、国民的形象、中华民族精神凝聚力等关系国家治理、民族团结与社会和谐的重要因素，在运行过程中不会偏离正确轨道。网络环境下，数字档案信息是文化传播最可靠的原始载体和可信度最高的文化资源，数字档案信息的大开放将极大促进文化的繁荣，进而对我国软实力和国际竞争力的提升产生重大推力。

第三，数字档案资源文化安全是文化自信的保障，是文化强国战略的内在要求。习近平指出，我们要坚持道路自信、理论自信、制度自信，最根本的还有一个文化自信；文化自信，是更基础、更广泛、更深厚的自信。② 当前，我国文化建设还存在一定薄弱和不足，突出问题是对我国本土文化认识偏差、理解不全，"言必称希腊"式崇洋媚外倾向严重，认可本土文化的底气不足，对"人权、自由、民主"等问题缺乏全面、系统、具有深刻理论分析和时代内涵的理论阐释，在西方意识形态攻势面前立场不坚定、容易乱方寸。在文化建设实践中，回避矛盾、轻视必要的批评，与文化自身矛盾和斗争交错运动的规律相违背；与新兴技术发展结合度不够，文化创新乏力，导致文化领域对抗外来文化威胁的内应力相对缺乏。对本土文化认知为何底气不足？对外来文化威胁为何缺乏内应力？最深层原因莫过于对自身文化基底缺乏最基本了解，摸不清家底，自然胸无成竹、缺乏应对。实际上，摸清文化家底、增强文化底气最好的载体就是档案。档案是最可靠的文化元资源，其数量浩如烟海，其年代跨度超越千年，其内

---

① 转引自覃兆刿、孟月《档案与国家软权力》，《档案学研究》2019 年第 3 期。
② 《文化自信——习近平提出的时代课题》，新华网，http://www.xinhuanet.com/politics/2016 - 08/05/c_1119330939.htm。

容记载了国家和社会发展的方方面面，通过档案基本可以实现对历史场景的真实再现。数字档案资源更是打破了时空的限制，借助互联网，人们足不出户就能利用档案，甚至能够直接参与到档案部门借助先进科技制作的档案虚拟现实世界中，身临其境感受历史，与历史对话。有了对中华民族的档案自信，便有了文化自信的基础。而建立这个基础，必须要以数字档案资源文化安全为前提。

信息时代，数字档案资源是可被见证的、最可靠的特殊文化载体，数字档案资源文化安全则是确保这种特殊文化载体最可靠、被见证的根本保障。在和平发展年代，文化软实力的强大，一定程度上意味着国家综合国力和国际竞争力的强大。当前，我国文化强国的"号角"已经吹响，文化强国的"大幕"已经开启。而文化强国重在强基，强调数字档案资源文化安全，正是文化强国的内在要求。

2. 数字档案资源文化安全环境培育的动力

数字档案资源文化安全环境是以数字档案资源文化安全的理念、制度、行为和物质为外在表现，在一定区域内数字档案资源文化创造及其成果所构成的综合体不受威胁的文化效应场域和背景条件。这种特殊文化场域和背景条件的形成，往往不是天然自发形成的，而是需要各种力量去推动。

首先，信息技术的发展为数字档案资源文化安全提供了第一生产力保证，而新兴信息技术的应用又不断推动着档案信息技术的更新换代，使数字档案信息既能借助信息技术更好地服务社会，又在社会化服务中更好地保障档案信息安全和档案用户信息安全。

其次，文化强国战略的实施牵引着数字档案资源文化安全环境塑造的方向。档案是文化的"母资源""元资源"，档案文化又是一种特殊的文化现象，这就决定了档案文化安全与文化强国战略必然有着深厚的渊源，文化强国战略的全面实施，也将为数字档案文化安全环境的培育进一步指明方向。

最后，档案自信生发着数字档案资源文化安全内应力。档案文化安全不仅需要依靠外力的推动，更需要催发自身固有的内应力。档案自信是文化自信的构成元素，是对档案工作者最基本的素质要求，是对档案价值认同的集中体现。近年来，国际档案界"中国红"频频出现，不仅国际档案大会上有中国代表做主旨发言（第十三届国际档案大会上冯惠玲教授做主旨发言），国际档案科研项目、国际标准制定、全球微电影大赛等领域也有越来越多的中国档案人参与，国际档案研讨会还多次由中国主办，如"世界记忆"与"中国记忆"研讨会、数字人文国际学术研讨会等。这些无不说明中国档案自信力越来越强，国际影响力越来越大。档案自信力的增强必将对档案生态系统产生重大的变革力量，推动数字档案资源文化安全环境的整体塑造。

3. 数字档案资源文化安全环境培育的途径

文化环境的培育和保护是国家战略问题。作为一种特殊且重要的文化环境和文化安全，数字档案资源文化安全环境的培育既不能孤立视之，也不能简单复制其他行业经验；而应该结合国情，立足自身，走数字档案资源文化安全环境培育的特色之路。

第一，站位总体国家安全高度，增强数字档案资源文化安全意识。毋庸置疑，数字档案资源安全意识是针对数字档案资源主体而言的。因为只有主体才具有主观能动性，才能产生基于某一主题的思考，进而生发成内在的自觉意识或形成相对固化的观念。结合信息生态位思维和数字档案资源主体类型，不难看出数字档案资源安全意识是由数字档案资源多元主体〔主要包括但不限于数字档案资源产生者（形成者）、利用者、保管者和监管者〕的不同认知共同构筑的。从数字档案资源全生命周期看，安全意识既是一种数字档案资源前端控制的主观性工具，又贯穿于数字档案资源生态安全研究的全过程。因此，在数字档案资源文化安全环境塑造过程中，安全意识的培育始终不能松懈。

在国家安全体系中，数字档案资源文化安全是一种集文化安全、信息安全、资源安全于一体的综合性安全，是践行总体国家安全观的重要保障。安全意识是能够主导和支配数字档案资源多元主体采取安全行动的关键因素，加强对数字档案资源主题安全意识层面的引导，需要将其置于国家安全战略高度，认识到重视数字档案资源文化安全即是维护国家顶层安全、全局安全；认识到增强文化安全意识，就是让数字档案资源主体认识到数字档案是新时期文化的基础性元资源；认识到强调文化安全意识，就是从数字档案资源的形成之初乃至数字档案意念产生之初就萌发安全之责任心、警惕心，就是于数字档案信息流转的各个环节稳抓安全不放松，就是让安全意识深入内心、融入血液。也只有从总体国家安全观高度去审视、去建设、去布局数字档案资源文化安全环境，才能将分布在各行各业的数字档案资源主体汇聚在同一个主题之下，找准定位，使其相互联动、彼此相扣，积极发挥各自作用。

从总体国家安全高度考察，数字化生存时代增强数字档案资源文化安全意识，还需要启动"娃娃工程"，即重视对青少年群体爱国意识和数字档案资源文化安全意识培育。爱国意识是最高级国家安全意识，青少年是国家未来之主人、民族之希望，当前青少年的世界观还没有完全被塑造成型，思维情感还不稳定，对事物的发展还缺乏较为成熟的判断能力，因此文化环境对青少年的影响力重大。由于信息环境的变化和影响，当前我国青少年教育中信息技术的使用几乎颠覆了传统教学模式，甚至从幼儿园开始就要接触网络和电子设备，而网络环境之下，各种文化意识形态的流入迷乱着青少年的心智成长。鉴于此，关心未成年人的文化环境，培育未成年人文化安全意识，通过数字档案资源的学习培育为青少年身心健康创造良好文化安全环境，应成为数字档案资源主体的一种自觉责任。而在青少年教育过程中，加强对数字档案资源这种优势文化资源的引导性学习，让青少年接受最真实、最原始的文化生态熏陶，慢慢积淀明辨是非的能力，不失为用行动增强数字档案资源文化安全意识的有力举措。当前从娃娃抓起培育档案意识、学习档案文化，已经成为国内外档案界和教育界的共识；将课堂设置在档案馆，让数字档案资源进课堂，已然成为教育界和档案界"联姻"的共同行动。为此，中国国家档案局专门制定发布了《国家档案馆爱国主义教育基地工作规范》，我国各级各类档案馆也纷纷与高校、中小学开展爱国主义教育基地共建活动。例如北京市朝阳区档案馆作为北京市建立爱国主义教育基地最早的区县档案馆，多年来充分利用馆藏资源，以举办固定陈列、专题展览、网上展览和开展特色活动为手段，不仅让档案"活"起来了，还让爱国意识深埋于青少年及公众心田，逐步形成了独具档案特色的爱国主义教育"大基地"和革命传统教育的"大课堂"。[①] 美国国

[①] 《走进爱国主义教育基地 朝阳区档案馆让档案"活"起来》，首都文明网，http://www.bjwmb.gov.cn/xxgk/xcjy/t20190227_927687.htm。

家档案馆学习中心，设有专门为学生和教师开设的档案教学课程。课程设置几乎涵盖了美国历史发展的各重要阶段，综合运用文献、照片、海报、地图以及录音录像资料，让学生和教师们通过动手操作和互动体验，学会如何查找档案，从而获得最佳的学习体验，产生对档案馆和档案文化的热情。①

第二，重视档案文化创意服务，打造数字档案资源文化精品。档案文化创意服务是档案文化内涵的表征，是联系档案资源、档案馆与社会公众的文化磁场和无形纽带，具有提高社会档案意识、传播档案文化的重要意义。② 2016 年 5 月国务院转发的《关于推动文化文物单位文化创意产品开发的若干意见》（国办发〔2016〕36 号）指出，通过深入挖掘馆藏文化资源，发展文化创意产业，开发文化创意产品，弘扬中国优秀文化，传承中华文明，推动社会协调发展，提升国家软实力。国家软实力提升要"形于中"而"发于外"。③ 开发档案文化创意产品，开展档案文化创意服务，是国家软实力提升战略在新时期对档案工作提出的新要求。《中华人民共和国国家安全法》（2015 年 7 月 1 日颁布实施，简称《国家安全法》）第二章第二十三条明确规定，"国家坚持社会主义先进文化前进方向，继承和弘扬中华民族优秀传统文化，培育和践行社会主义核心价值观，防范和抵制不良文化的影响，掌握意识形态领域主导权，增强文化整体实力和竞争力"。数字档案资源既有传统档案载体数字化的成分，也有原生型数字档案资源的成分，将传统档案资源中蕴藏的经典文化与现代档案资源文化有机融合，开展档案文化创意服务，打造数字档案资源文化精品。借此，既能够抓住中华文化核心、掌握主流意识形态，又能继承和弘扬优秀传统文化，以文化人，向外传播中华文明。正如中国社会科学院法学所法治战略研究部主任李忠认为，我国的文化安全既不是文化锁国、限制言论自由，也不是不再对其他国家开展文化交流，而是要继续开展平等对话，在这个过程中丰富中华文明，为全人类做贡献。④

---

① 邓连：《面向社会公众的美国档案宣传》，《中国档案报》2015 年 10 月 15 日，第 3 版。
② 聂云霞、吴一诺：《公众视域下档案文创产品开发策略》，《档案与建设》2019 年第 5 期。
③ 转引自覃兆刿、孟月《档案与国家软权力》，《档案学研究》2019 年第 3 期。
④ 《中华人民共和国国家安全法专家解读》，中华人民共和国民政部，http://www.mca.gov.cn/article/zt_gjaqr2021/zjjd/202104/20210400033154.shtml。

　　当下，利用丰富的馆藏档案资源开展档案文化创意服务已经成为国内外一种崭新业态。如美国国家档案馆在文化创意产品开发时，着重开发与美国民主自由文化相关的档案资源，同时将目光投向签名文化、饮食文化等更为大众化的文化主题。澳大利亚国家档案馆则对国家文化意识和家族历史相关的主题格外重视，在档案馆官网上，用户可以从"探索你的家族史""案例研究""资源""关心你的家庭档案"等板块中查找有关祖先的信息，如参军记录、移民时间等①，具有家国文化融入性教育意义。近年来，故宫博物院在文化创意产品开发方面推出了不少力作，如故宫淘宝团队精心打造的动态版《雍正行乐图》一经推出就走红网络。据悉，故宫博物院还将推出《皇帝的一天》《韩熙载夜宴图》《清代皇帝服饰》等题材丰富、风格各异的一系列应用，更好地传播故宫文化。② 在我国浩繁的数字档案资源中，不乏进行文化创意的绝佳题材。中国第一历史档案馆开发出的乾隆福酒、五帝五福书法高仿条幅等档案文化纪念品颇受海外市场欢迎。③ 苏州中国丝绸档案馆不但公开出版图文并茂的精品图书，开展国际布展活动，还正在开发以丝绸档案为创作题材的视听文献。该馆还与丝绸企业合作开发贴近生活、满足实用需求的产品，如让古老的宋锦走出了档案库房，成为各国领导人身上的"新中装"，成为世界乒乓球锦标赛颁奖礼仪服装，成为纪念中国人民抗日战争暨世界反法西斯战争胜利 70 周年大阅兵上使用的福袋。④

　　可见，以数字档案资源这座"金矿"为基础，不仅能够提升文化创意产品开发水平、促进文化创意产品开发的跨界融合，还能在开发中增强公众的数字档案资源文化保护意识，向国内外传播优质档案文化，促进数字档案资源价值的全面实现。以优秀的数字档案资源文化精品丰富文化市场，滋养公众精神文化需求，提升公众审美能力，久而久之便能在全社会逐渐

① 陈洁、王玉珏：《文化创意服务：档案利用的新趋势——国外档案文化创意服务概览》，《中国档案报》2017 年 10 月 16 日，第 3 版。
② 《故宫动画版〈雍正行乐图〉蹿红网络》，人民网，http://culture.people.com.cn/n/2014/0806/c87423-25412661.html。
③ 覃兆刿、孟月：《档案与国家软权力》，《档案学研究》2019 年第 3 期。
④ 肖芄等：《如烟似水 摇曳多姿——漫谈近现代苏州丝绸样本档案》，转引自赵彦昌主编《中国档案研究（第二辑）》，辽宁大学出版社，2016，第 268 页。

形成崇尚传统文化、热爱中华文明之风，更会养成自觉抵制庸俗、低劣文化产品和外来意识形态侵蚀之能力，进而塑造更加健康和谐的文化安全环境。

第三，警惕科技发展暗藏的风险，加强数字档案资源文化安全保障。数字档案资源文化安全环境的培育离不开先进科技的助力与保障。一方面，数字档案资源终其一生都需要依赖相应的信息技术才能使其价值得以实现，其生成于数字环境、存储于数字载体、流转于数字空间和网络环境；另一方面，数字档案资源始终与安全隐患、安全风险相伴而行，除却人为的操作失误，数字档案资源形成的电子设备、办公自动化系统时常有病毒入侵和系统瘫痪的风险，数字档案资源保管的数字档案馆系统、云档案馆面临着网络攻击、网络窃密、网络篡改、长期保存、可持续利用等隐患，数字档案信息传播利用过程中数字档案信息侵犯知识产权、泄露数字档案用户个人信息等时有发生。

《国家安全法》第二章第二十五条明确规定，"国家建设网络与信息安全保障体系，提升网络与信息安全保护能力，加强网络和信息技术的创新研究和开发应用，实现网络和信息核心技术、关键基础设施和重要领域信息系统及数据的安全可控；加强网络管理，防范、制止和依法惩治网络攻击、网络入侵、网络窃密、散布违法有害信息等网络违法犯罪行为，维护国家网络空间主权、安全和发展利益"。当前，我国数字档案资源物质文化建设在馆舍建设、网络和信息核心技术、数字档案资源建设、关键信息基础设施建设方面已经取得较大成绩，也完全实现了国家档案馆数字档案资源及其信息系统的安全可控。然而，不可否认，信息技术的发展与利用信息技术从事违法活动是同步的，特别是病毒技术、黑客技术，有时甚至先于技术更新换代的步伐。因此，当前我国数字档案资源及其信息系统的安全可控不一定代表永远不会失控。此外，数字档案馆的出现为跨境档案信息流转提供了便捷，作为国家战略资源，数字档案资源跨境传播中的安全，则涉及网络空间主权的问题。而现阶段，对于网络空间主权、跨境信息流转，国际上还没有完全统一的、具可操作性的律法加以规制，但数字档案馆实践中不可阻挡的发展步伐不能因为网络传播风险而停滞。因此，作为数字档案资源相关主体，一方面需要正确合理利用信息技术开展档案工作、用道德伦理来约束自身，另一方面要警惕各种欺骗性信息陷阱、App窃取个人信息、不对称信息服务协议等现象，由此可见数字档案资源文化安全环境构筑的重要性和紧迫性。

然而，科技就是一个生命体，本身并无好与坏、善与恶之分。在数字化生存的时代，每个人都难免会成为"数字囚徒"，被各种信息牵引、塑形，看似掌握一切，实则时间、精力被榨干。[1] 破解"囚徒"困境，就是要与各种"数字巫师"展开博弈，对散布于网络空间的各种干扰信息、垃圾信息、不实信息进行及时纠偏、矫正、辟谣，澄清，此时数字档案资源无疑是最佳、最有力的工具乃至武器。既然信息技术发展的趋势不可逆，数字档案资源文化安全又不能脱离对其的依赖性，则只能在警惕技术风险的同时，依托信息技术加强对数字档案资源文化安全环境的保障。如在数字档案用户个人信息保护方面，加大对个人信息保护相关技术的研发和创新，包括数据匿名技术、数据水印技术、数据加密技术等关键技术，建立顺应大数据发展趋势的个人信息安全技术保障体系，为保障数字档案用户个人信息提供有效的技术支持。档案机构应优化其安全防护产品的反应能力、处理能力、升级能力和兼容能力，用以抵御网络空间中的高级持续性安全风险，防止数字档案用户个人信息泄露和遭到破坏。网络运营平台应建立起一个有效的网络安全体系结构，采用防火墙技术、入侵检测技术、网络隔离技术等，通过安全机制和安全管理为数字档案用户提供安全服务。档案用户应安装安全有效的防火墙和杀毒软件，定期或不定期地对所用电子设备进行监测杀毒，不同应用工具的登录密码尽量保持不一致，并定期更改密码。2018年8月8日，苏宁上线了一款基于区块链加密存储技术的区块链App"星际家园"，旨在为家园中的用户打造不可篡改的区块链身份，从而真正实现用户个人信息保护。[2] 数字档案用户个人信息保护或亦可通过区块链技术打造一个安全的"数字档案用户家园"，有力保障用户信息安全。

全方位审视科学技术发展，多方面利用信息技术优势构建数字档案资

---

① 胡艳丽：《警惕沦为数字时代的"囚徒"》，《新华日报》2017年3月9日，第18版。

② 《苏宁星际家园正式上线公测 区块链行业再次迎巨头领航》，凤凰网，http://tech.ifeng.com/a/20180809/45110707_0.shtml。

源文化安全环境，不仅表现在数字档案用户个人信息保护层面，还包括利用信息技术为数字档案资源的全生命周期保驾护航，为数字档案资源形成者、保管者、监管者、利用者等多元主体提供技术便利和安全保障。由于本书第五章对于技术安全做了详细论证，此处不再赘述。

第七章

总结与展望

一 研究总结

档案安全是档案工作的底线和生命线。我国自古就有保护档案的传统，新中国成立以来，档案保护得到了更多的重视，尤其体现在 1987 年 9 月《中华人民共和国档案法》的颁布和实施，使档案保护走上了法制化的轨道，形成了技术、管理和法制三维并重的档案安全保障体系。2010 年 5 月，全国档案安全体系建设工作会议提出："建立确保档案安全保密的档案安全体系，全面提升档案部门的安全保障能力，确保档案实体安全和信息安全，推动全国档案事业安全发展、协调发展、可持续发展。"[①] 至此，"档案安全体系"与 2008 年初全国档案工作会议上提出的建立"覆盖人民群众的档案资源体系"和"方便人民群众的档案利用体系"一道（以下简称"三个体系"）成为我国今后一个时期全国档案工作的指导思想和行动指南。

20 世纪 90 年代以来，随着电子文件、数字档案安全保护需求的出现，档案安全保障的范围变得更加宽泛，不但包括了实体档案的安全，而且覆盖了电子文件与数字档案的安全。2020 年 6 月 20 日颁布的新《档案法》还增设"档案信息化"专章，要求进一步加强档案信息化建设，特别是明确了电子档案的法律地位和凭证作用。当前各行各业的业务电子化和互联网化趋势明显，越来越多的文件正在以电子形式直接形成、管理与被利用，

---

① 王良城：《档案安全风险评估机制的建立与推行》，《中国档案》2011 年第 2 期。

电子档案"单套制"管理时代已然来临。在复杂多变的社会背景、技术背景和时代背景影响下，探讨档案安全就需要更加宏观、系统且关联的视角。引入生态学及其相关交叉分支学科的思想和理论，以"数字档案资源生态安全"为目进行系统、深入研究，既较好地观照了"三个体系"，又为数字档案安全研究提供了新视角与新探索，也是数字时代档案安全工作的题中之意。

本书在对信息生态、生态安全、数字档案安全等理论与实践系统进行梳理基础上，通过引入生态学相关理论和思想，立足数字档案资源生态安全，科学界定了数字档案资源生态安全及相关概念，全面考察和分析了数字档案资源生态系统的核心要素、数字档案生态安全核心内容及其相互之间的关系，围绕数字档案资源本体安全、主体安全、技术安全、环境安全四个核心安全内容，构建了数字档案资源生态安全的研究框架，并对每一项核心安全内容进行了深层次、多角度的审查和思考。

二 研究展望

数字档案资源生态安全是指在数字档案信息全生命周期内数字档案资源本体、主体、技术和环境等方面不受威胁，数字档案资源生态系统的核心要素之间和谐共处、协同发展的健康状态。在当前计算机和网络环境下，数字档案资源生态系统的形成和演变仍处于发展初期，该生态系统中的不协调、不适应、不平衡现象时有发生。信息技术的不断更新、管理方式的不断变革、法制建设的不断完善，决定了深受技术、管理和法制三维影响的数字档案资源生态系统的动态性、变化性。但不论变化程度如何、不论呈现怎样的动态变化，数字档案资源生态系统四个核心要素是不变的，由此而确定的数字档案资源生态安全四个核心内容也应是稳固的。

基于本研究中的对数字档案资源生态安全研究的张力及对数字档案资源生态安全建设的全面思考，笔者未来拟重点研究以下内容。

一是数字档案资源生态安全评价体系。随着各行各业数字转型的深入开展，电子档案"单套制""单轨制"管理的落地和推广，数字档案馆建设的不断推进和数字档案资源生态系统的智能化、可持续化发展态势的增强，数字档案资源生态安全每一项核心内容或多或少都会受到一定的影响，因此需要持续关注、科学评估。

数字档案资源生态安全评价是一项复杂的系统工程，涉及范围很广，几乎涵盖了电子文件、数字档案工作的所有内容和环节，在数字档案资源生态安全建设中弄清短板或缺项，发挥数字档案资源主体的主观能动性，需要把评价作为一种调控手段，且只有在对数字档案资源生态系统因子的全面了解和科学分析基础上才能有所掌握。数字档案资源生态安全评价体系构建需要有严谨的逻辑、科学的方法、整体的布局、系统的思考，需要全面分析评价体系中的各个构成要素，使整个评价体系有输入端、转化过程及输出结果，尤其是最后的评价结论要成为数字档案资源生态安全建设的战略、策略、活动程序的指导性意见。而无论是专家评价、用户评价、自我评价还是综合评价，均需要设计出科学的、可操作性强的评分标准来具体实施；无论是一级指标、二级指标、三级指标还是取值范围、权重设计，均需要征求专家意见，整体规划，并在数字档案资源生态安全评价试验中不断检验，方能用于评价实践。

构建数字档案资源生态安全评价体系，旨在最终获得量化的评分值来反映数字档案资源生态安全的总体评价结果和健康程度，进而开展适时有效的人为干预，以增强数字档案资源生态系统的整体协调能力，促进数字档案资源生态系统各要素之间更加和谐共处、协同发展。正是鉴于数字档案资源生态安全评价体系建构的重要性、系统性和复杂性，建设一个科学、合理、可行的数字档案资源生态安全评价体系应作为下一阶段科学研究的重要内容和紧迫任务，既作为对本研究内容完整性、全面性的补充，也是在新时期、新环境下对数字档案资源生态安全持续性、延展性的研究。

二是数字档案资源生态安全实证研究。当前，在社会科学领域实证研究较受关注，并被广泛应用于多主题研究。实证研究是指研究者亲自收集观察资料，为提出理论假设或检验理论假设而展开的研究。实证研究具有鲜明的直接经验特征，强调知识必须建立在全面观察和科学实验的事实基础上。随着数字档案资源生态系统的发展，实证研究在数字档案资源生态安全研究领域中将变得更加重要且必要。这就需要结合数字档案资源生态安全建设实际，进行具体而深入的分析，研究数字档案资源本体，如电子数据、社交媒介信息等；考察数字档案资源主体，如综合档案馆、私营企业等；跟踪数字档案技术，如区块链技术、人工智能技术等；剖析数字档案资源环境，如数字档案工作法制环境、经济环境等。此外，还需要就数字档案资源生态位宽度、重叠、分离等进行量化分析，制定相关量化指标，为数字档案资源生态位量化研究奠定基础；需要依据数字档案馆建设实际，不断修改和完善数字档案资源生态安全评价指标体系，提高评价指标设置的科学性、指导性和可操作性。

三是数字档案技术生态研究。技术是数字档案工作的第一外驱力。数字档案是信息技术的产物，数字档案工作、数字档案资源生态安全离不开现代信息技术的支撑。从技术生态层面考量技术伦理、技术与环境等在数字档案资源生态系统中的表现，关注新兴信息技术的发展和应用，开展数字档案技术嵌入式研究，是数字档案资源生态安全研究与时俱进的内在要求。未来可在本书基础上，从技术生态层面加强技术安全的全面性、系统性、关联性研究。

数字档案资源生态安全研究学术张力巨大，未来研究题域必然众多，上述三个方面或并不能代表未来研究的所有问题和方向，但可以肯定的是，其必然能为数字档案资源生态安全研究提供一个批评与评鉴的对象，这未尝不是一种贡献！

参考文献

1. 著作类文献

［1］ 中国档案学会对外联络部、档案学通讯编辑部：《外国档案法规选编》，中国档案出版社，1983。

［2］ 丁文进：《英汉法荷德意俄西档案术语词典国际档案理事会》，中国档案出版社，1988。

［3］《辞海》，上海辞书出版社，1989。

［4］《现代汉语新辞典》，广西人民出版社，1991。

［5］ 丁鸿富等：《社会生态学》，高等教育出版社，1993。

［6］ 李燕：《文化释义·前言》，人民出版社，1996。

［7］〔美〕尼古拉·尼葛洛庞蒂：《数字化生存》，胡泳、范海燕译，海南出版社，1997。

［8］ 刘家真：《电子文件管理导论》，武汉大学出版社，1999。

［9］ 张斌：《档案价值论》，中央文献出版社，2000。

［10］ 霍国庆：《企业战略信息管理》，科学出版社，2001。

［11］ 刘国能：《体系论：中国档案事业体系》，中国档案出版社，2001。

［12］ 曹凑贵：《生态学概论》，高等教育出版社，2002。

［13］ 蒋录全：《信息生态与社会可持续发展》，北京图书馆出版社，2003。

［14］ 齐爱民主编《个人资料保护法原理及其跨国流通法律问题研究》，武汉大学出版社，2004。

［15］ 冯天瑜等：《中华文化史》，世纪出版集团，2005。

［16］ 黄晓斌：《网络信息过滤原理与应用》，北京图书馆出版社，2005。

［17］冯惠玲、张辑哲：《档案学概论》，中国人民大学出版社，2006。

［18］覃兆刿：《中国档案事业的传统与现代化》，中国档案出版社，2006。

［19］党跃武、谭详金：《信息管理导论》，高等教育出版社，2006。

［20］陈潭：《单位身份的松动——中国人事档案制度研究》，南京大学出版社，2007。

［21］钟义信：《社会动力学与信息化理论》，广东教育出版社，2007。

［22］张斌：《新经济时代的企业档案管理》，中国档案出版社，2007。

［23］冯惠玲等：《电子文件风险管理》，中国人民大学出版社，2008。

［24］冯惠玲：《中国电子文件管理与对策》，中国人民大学出版社，2009。

［25］冯惠玲等：《电子文件管理国家战略》，中国人民大学出版社,2011。

［26］张文显：《法理学（第四版）》，高等教育出版社，2011。

［27］周耀林等：《档案文献遗产保护》，武汉大学出版社，2012。

［28］王改娇：《公民利用档案权利研究》，世界图书出版公司，2012。

［29］陈忠海等：《档案法立法研究》，世界图书出版公司，2013。

［30］荆绍福：《沈阳市家庭档案工作纪实》，沈阳出版社，2013。

［31］冯惠玲主编《电子文件管理100问》，中国人民大学出版社，2014。

［32］金波等：《数字档案馆生态系统研究》，学习出版社，2014。

［33］娄策群等：《信息生态系统理论及其应用研究》，中国社会科学出版社，2014。

［34］曹凑贵、展茗：《生态学概论》，高等教育出版社，2015。

［35］刘越男：《地方政府数字档案集中管理模式研究》，中国人民大学出版社，2016。

［36］丁华东：《档案与社会记忆研究》，人民出版社，2016。

［37］冯惠玲等：《中国信息资源产业发展与政策》，中国人民大学出版社，2017。

［38］冯惠玲、刘越男：《电子文件管理教程（第二版）》，中国人民大学出版社，2017。

［39］靖继鹏、张向先主编《信息生态理论与应用》，科学出版社，2017。

［40］国家档案局政策法规研究司编译《境外国家和地区档案法律法规选编》，中国政法大学出版社，2017。

［41］ 周耀林、赵跃：《面向公众需求的档案资源建设与服务研究》，武汉大学出版社，2017。

［42］ 徐拥军：《档案记忆观的理论与实践》，中国人民大学出版社，2017。

［43］ 周长发等：《生态学精要（第二版）》，科学出版社，2017。

［44］〔美〕尤金・P. 奥德姆：《生态学：科学与社会之间的桥梁》，何文珊译，高等教育出版社，2017。

［45］〔美〕安妮・伯迪克等：《数字人文：改变知识创新与分享的游戏规则》，马林青、韩若画译，中国人民大学出版社，2018。

［46］《国家电子文件管理知识与政策干部读本》编委会：《国家电子文件管理知识与政策干部读本》，人民出版社，2019。

［47］ 谢永宪：《中国数字档案信息长期保存的策略体系研究》，研究出版社，2019。

［48］ Costanza, R., Norton, B. G., Haskell, B. D., *Ecosystem Health：New Goal for Environmental Management*, Washington DC：Island Press, 1992.

［49］ Newman, M. C. and Strojan, C. L., eds., *Risk Assessment：Logic and Measurement*, Michigan：Ann Arbor Press, 1998.

［50］ Malhotra, Y., *Information Ecology and Knowledge Management：Toward Knowledge Ecology for Hyperturbulent Organizational Environments*, Oxford UK：UNESCO/Eolss Publisher, 2002.

［51］ Charles H. Zastrow, Karen Kirst Ashman, *Understanding Human Behavior and Social Environment*, Thomson Brooks/Cole, 2004.

［52］ Ernst, W., *Digital Memory and the Archive*, University of Minnesota Press, 2013.

2. 学位论文、 会议论文集

［1］ 张勇：《数字档案信息安全保障体系研究》，苏州大学硕士学位论文，2007。

［2］ 胡星火：《基于 OAIS 的数字信息长期保存研究》，南京航空航天大学硕士学位论文，2008。

［3］ 马翀：《濒危档案文献遗产保护策略研究》，中国人民大学博士学位论

文，2008。

[4] 王茹熠：《数字档案信息安全防护对策分析》，黑龙江大学硕士学位论文，2009。

[5] 付裕：《数字档案系统及其安全机制研究与实现》，东华大学硕士学位论文，2011。

[6] 李键菲：《基于信息生态链的信息污染防控研究》，山西大学硕士学位论文，2011。

[7] 周承聪：《信息服务生态系统运行与优化机制研究》，华中师范大学博士学位论文，2011。

[8] 果越：《我国电子文件管理法规建设的现状及对策研究》，苏州大学硕士学位论文，2012。

[9] 姜亚超：《数字档案信息安全评估研究》，郑州大学硕士学位论文，2012。

[10] 马淑桂主编《新情况 新热点 新方法：2009 档案工作透视》，中国档案出版社，2009。

[11]《回顾与展望——中国档案事业发展研究报告》，中国档案学会，2010。

[12] 赵彦昌主编《中国档案研究（第二辑）》，辽宁大学出版社，2016。

[13] 中国档案学会、浙江省档案学会编《档案安全体系建设理论与实践》，中国文联出版社，2016。

[14] 中国档案学会编《2018 年全国档案工作者年会论文集——新时代档案工作者的使命：融合与创新》，中国文史出版社，2018。

3. 期刊、报纸

[1] 董丁诚：《略论文化环境》，《西北大学学报》（哲学社会科学版）1986 年第 4 期。

[2] 李伯聪：《论记忆》，《自然辩证法通讯》1991 年第 1 期。

[3] 邱五芳：《信息污染、信息服务业与图书馆的功能定位》，《图书馆杂志》1995 年第 2 期。

[4] 黄项飞：《设置私人档案管理中心的设想》，《山西档案》1995 年第 3 期。

[5] 陈曙：《信息生态的失调与平衡》，《情报资料工作》1995 年第 4 期。

[6] 盛明华、芮国强：《档案管理自动化系统安全管理的原则和结构初探》，

《档案与建设》1996 年第 4 期。

[7] 程卫东:《跨境数据流动的法律监管》,《政治与法律》1998 年第 3 期。

[8] 丁华东:《私人档案的社会性及其管理》,《档案与建设》1999 年第 11 期。

[9] 蒋卫荣:《档案司法实践中适用法律不均衡现象及其成因》,《中国档案》2000 年第 11 期。

[10] 黄萃:《档案利用者需求特征研究》,《上海档案》2001 年第 1 期。

[11] 项文新:《关于电子文件定义之我见》,《档案学研究》2001 年第 2 期。

[12] 郭嗣平:《对全国首例档案行政诉讼案的思考》,《档案与建设》2001 年第 3 期。

[13] 任汉中:《中国传统档案文化问题研究》,《档案学研究》2001 年第 3 期。

[14] 冯伯群:《利用档案引发的一场官司——〈陈寅恪的最后二十年〉出版以后》,《北京档案》2003 年第 1 期。

[15] 薛四新、王玉、孙宇华:《数字档案安全应用研究》,《档案学研究》2003 年第 5 期。

[16] 陈琼:《各国私人档案管理法规研究》,《档案学通讯》2003 年第 6 期。

[17] 任汉中:《论档案的文化价值》,《档案学研究》2005 年第 2 期。

[18] 娄策群:《信息生态位理论探讨》,《图书情报知识》2006 年第 5 期。

[19] 杨红卫:《从一起纠纷案例析档案行政裁决权限的设定》,《山西档案》2006 年第 6 期。

[20] 韩刚、覃正:《信息生态链:一个理论框架》,《情报理论与实践》2007 年第 1 期。

[21] 陈永生:《档案信息资源地区分布状况分析——我国档案信息资源分布状况及均衡配置研究之一》,《浙江档案》2008 年第 8 期。

[22] 吴江华:《美国"建国时代"文献遗产保护历程研究》,《档案学通讯》2011 年第 4 期。

[23] 王兴娅、颜祥林:《基于 LISA 数据库的国外数字档案资源保存与安全研究动向分析》,《档案与建设》2012 年第 2 期。

[24] 冯惠玲:《档案记忆观、资源观与"中国记忆"数字资源建设》,《档案学通讯》2012 年第 3 期。

［25］ 张江珊：《政府信息公开司法解释对档案信息公开司法救济探析》，《档案学通讯》2012 年第 4 期。

［26］ 吕红、林伟宏：《论档案与电子文件登记备份的战略意义与实施策略》，《档案学研究》2012 年第 4 期。

［27］ 刘红：《信息生态理论研究评价》，《图书馆学研究》2012 年第 14 期。

［28］ 刘东斌：《对〈档案法〉"软法"说的思考》，《档案管理》2013 年第 1 期。

［29］ 吕元智：《数字档案资源体系的语义互操作实现研究》，《档案学通讯》2013 年第 5 期。

［30］ 金波：《论数字档案信息资源建设》，《档案学通讯》2013 年第 5 期。

［31］ 刘东斌：《论档案行政司法》，《档案管理》2013 年第 6 期。

［32］ 马素萍：《谈敬畏法律——以〈档案法〉为例》，《中国档案》2013 年第 8 期。

［33］ 安小米、白文琳、钟文睿、孙舒扬：《数字转型背景下的我国数字档案资源整合与服务研究框架》，《图书情报工作》2013 年第 24 期。

［34］ 陈忠海、刘东斌：《论档案行政执法与刑事司法的衔接》，《档案学研究》2014 年第 2 期。

［35］ 雷春蓉：《档案用户信息隐私权保护研究》，《档案学研究》2014 年第 5 期。

［36］ 罗锐华：《论文化发展视域中文化环境的要素构成形态》，《中华文化论坛》2014 年第 7 期。

［37］ 施瑞婷：《国家综合档案馆"官微"传播行为分析——基于新浪微博和微信平台的实证研究》，《档案学研究》2015 年第 2 期。

［38］ 陈永生、苏焕宁、杨茜茜、侯衡：《电子政务系统中的档案管理：安全保障》，《档案学研究》2015 年第 4 期。

［39］ 钱毅：《档案数据库质量控制的内涵与策略》，《档案学通讯》2015 年第 6 期。

［40］ 孙爱萍、王巧玲、徐云：《国家层面私人档案信息资源建设的思考》，《档案学研究》2015 年第 6 期。

［41］ 王晰巍、李嘉兴、郭宇、杨梦晴：《移动网络团购 App 信息采纳行为

影响因素研究——基于信息生态视角的分析》，《图书情报工作》2015年第7期。

[42] 赵跃：《挑战与应对：我国政务新媒体文件归档若干问题思考》，《档案学通讯》2016年第3期。

[43] 唐义：《文化部和国家档案局合作：加强公共数字文化资源整合力度的迫切需求》，《图书情报知识》2016年第4期。

[44] 黄永勤：《档案社会化媒体信息资源整合框架设计研究》，《档案学通讯》2016年第4期。

[45] 王新才、徐欣欣：《国外个人数字存档的实践经验及其启示》，《信息资源管理学报》2016年第4期。

[46] 周文泓：《问题与挑战：web2.0环境中的文件与档案管理探析》，《档案学通讯》2016年第5期。

[47] 陈忠海、袁永：《论国家治理现代化视角下的档案守法》，《档案学通讯》2017年第1期。

[48] 高晨翔、黄新荣：《云计算环境下数字档案馆的安全评估体系研究》，《档案学研究》2017年第1期。

[49] 朱晓东、张宁：《基于证据视角的社交媒体档案管理——以微信为例》，《档案学研究》2017年第2期。

[50] 冯惠玲、刘越男、马林青：《文件管理的数字转型：关键要素识别与推进策略分析》，《档案学通讯》2017年第3期。

[51] 庞海涛、王红林、周传辉：《蓝光存储在电子档案长期存储中的应用研究》，《档案学研究》2017年第3期。

[52] 周文泓、张宁：《全球数字连续性的行动全景与启示——基于英国、新西兰、澳大利亚与美国国家政策的探讨》，《情报理论与实践》2017年第3期。

[53] 肖秋会、段斌斌：《我国电子文件证据地位及效力立法研究》，《图书情报知识》2018年第1期。

[54] 刘越男：《区块链技术在文件档案管理中的应用初探》，《浙江档案》2018年第5期。

[55] 张文亮：《个人数据保护立法的要义与进路》，《江西社会科学》2018

年第 6 期。

[56] 刘越男、吴云鹏：《基于区块链的数字档案长期保存：既有探索及未来发展》，《档案学通讯》2018 年第 6 期。

[57] 孙大东、杨晗：《电子档案单套制管理区块链模式应用研究》，《浙江档案》2018 年第 9 期。

[58] 徐拥军、张臻、任琼辉：《我国档案管理体制的演变：历程、特点与方向》，《档案学通讯》2019 年第 1 期。

[59] 马仁杰、沙洲：《基于联盟区块链的档案信息资源共享模式研究——以长三角地区为例》，《档案学研究》2019 年第 1 期。

[60] 王平、李沐妍、姬荣伟：《基于区块链技术的电子文件可信保护框架研究》，《档案学研究》2019 年第 1 期。

[61] 祁天娇：《美国数字档案资源长期保存战略的分析与启示》，《档案学研究》2019 年第 1 期。

[62] 徐拥军：《省级档案机构改革的特点、影响与展望》，《求索》2019 年第 2 期。

[63] 覃兆刿、孟月：《论档案与国家软权力》，《档案学研究》2019 年第 3 期。

[64] 许德斌、裴友泉：《运用量子通信技术实现档案（保密）信息传递的构想》，《档案学研究》2019 年第 5 期。

[65] 齐崇文：《论文化安全的法律治理》，《行政管理改革》2019 年第 8 期。

[66] 曾勤生：《江西省档案馆电子档案接收管理系统通过专家鉴定》，《中国档案报》2010 年 11 月 12 日，第 1 版。

[67] 岳跃国：《生态安全是国家安全重要组成》，《中国环境报》2014 年 4 月 17 日，第 1 版。

[68] 冯惠玲：《重视"信息资源"的战略价值》，《人民日报》2014 年 10 月 23 日，第 5 版。

[69] 宁宇龙：《中西部基层档案馆建设刻不容缓》，《中国档案报》2015 年 3 月 9 日，第 1 版。

[70] 杨冬权：《怎样认识档案工作新常态》，《中国档案报》2015 年 10 月 12 日，第 3 版。

［71］ 安小米：《加快制订政府数字连续性行动计划实现国家治理能力现代化》，《中国档案报》2016 年 1 月 28 日，第 3 版。

［72］ 李明华：《中国的数字档案资源建设》，《中国档案报》2016 年 9 月 15 日，第 3 版。

［73］ 李明华：《在全国档案局长馆长会议上的工作报告》，《中国档案报》2017 年 1 月 5 日，第 2 版。

［74］ 蔡盈芳：《企业电子文件归档管理工作纳入国家电子商务发展中长期规划》，《中国档案报》2017 年 2 月 13 日，第 1 版。

［75］ 胡艳丽：《警惕沦为数字时代的"囚徒"》，《新华日报》2017 年 3 月 9 日，第 18 版。

［76］ 杨太阳：《外国档案工作：为网络世界的记忆存档》，《中国档案报》2017 年 3 月 16 日，第 3 版。

［77］ 杨太阳：《为网络世界的记忆存档——访互联网网页档案馆创始人布鲁斯特·卡尔》，《中国档案报》2017 年 3 月 16 日，第 3 版。

［78］ 王昊魁：《国家档案局：加强维护档案安全的监查通报》，《光明日报》2017 年 6 月 6 日，第 3 版。

［79］ 丁德胜：《国家档案局召开数字档案室评价工作现场会》，《中国档案报》2017 年 7 月 17 日，第 1 版。

［80］ 程伟：《国家文化安全：增强文化辐射力》，《社会科学报》2017 年 8 月 17 日，第 6 版。

［81］ 陈洁、王玉珏：《文化创意服务：档案利用的新趋势——国外档案文化创意服务概览》，《中国档案报》2017 年 10 月 16 日，第 3 版。

［82］ 冯惠玲：《科技改变文件与档案管理》，《中国档案报》2017 年 12 月 28 日，第 3 版。

［83］ Rapport, D. J., "Evaluating Landscape: Integrating Social Goals and Biophysical Process," *Journal of Environment Management*, Vol. 53, 1998.

［84］ Boughton, D. A., Smith, E. R., O'Neill, R. V., "Regional Vulnerability: A Conceptual Framework," *Ecosystem Health*, Vol. 5, 1999.

［85］ Yu, K. J., "Landscape Ecological Security Patterns In Biological Conservation," *Acta Ecologica Sinica*, Vol. 19, No. 1, 1999.

[86] Smedinghoff, T. J. , "The New Law of Information Security: What Companies Need to Do Now," *Computer and Internet Lawyer*, Vol. 22, No. 11, 2005.

[87] Erwin, P. , "Building a Digital Commons for Cyber Security Resources," *The Grey Journal*, Vol. 2, No. 3, 2006.

[88] Chen, Chaomei, "Cite Space II: Detecting and Visualizing Emerging Trends and Transient Patterns Scientific Literature," *Journal of the American Society for Information Science and Technology*, No. 3, 2006.

[89] Duranti, L. , Thibodeau, K. , "The Concept of Record in Interactive, Experiential and Dynamic Environments: The View of InterPARES," *Archival Science*, Vol. 6, No. 1, 2006.

[90] Craig, G. R. , "Digital National Security Archives," *Current Reviews for Academic Libraries*, Vol. 44, No. 4, 2006.

[91] Mitteregger, P. , "Top Ten Tips to Data Security," *Records Management Bulletin*, Vol. 143, No. 5, 2008.

[92] Levack, K. , "By the Book: The Recovery Effort at Tulane University," *EContent*, Vol. 31, No. 5, 2008.

[93] Harris, S. , "Keeping Data Safe," *Research Information*, No. 38, 2008.

[94] Kulovits, H. , Rauber, A. , Brantl, M. , et al, "From TIFF to JPEG 2000? Preservation Planning at the Bavarian State Library Using a Collection of Digitized 16th Century Printings," *D – Lib Magazine*, No. 15, 2009.

[95] Albrechtsen, E. , Hovden, J. , "The Information Security Digital Divide Between Information Security Managers and Users," *Computers & Security*, Vol. 28, No. 6 , 2009.

[96] Eschenfelder, K. R. , Agnew, G. , "Technologies Employed to Control Access to or Use of Digital Cultural Collections: Controlled Online Collections," *D – Lib Magazine*, No. 16, 2010.

[97] Kruse, C. S. , Smith, B. , Vanderlinden, H. , et al, "Security Techniques for the Electronic Health Records," *Journal of Medical Systems*, Vol. 41, No. 8, 2017.

4. 国际国内标准

[1] 《GB/T 17678.1 - 1999 CAD 电子文件光盘存储、归档与档案管理要求 第 1 部分：电子文件归档与档案管理》，中国标准出版社，1999。

[2] IS/TR15489 - 2：2001. Information and Documentation - Records Management - Part 2：Guidelines，ISO，https://www. iso. org/standard/35845. html.

[3] 《GB/T 18894 - 2002 电子文件归档与管理规范》，中国标准出版社，2002。

[4] ISO 14721 Space Data and Information Transfer Systems - Open Archival Information System - Reference Model，IOS，https://www. iso. org/standard/24683. htm.

[5] 《GB/T 20988 - 2007 信息安全技术 信息系统灾难恢复规范》，中国标准出版社，2007。

[6] ISO 23081 - 2：2009. Information and Documentation - Managing Metadata for records - Part 2：Conceptual and Implementation Issues，ISO，https://www. iso. org/standard/50863. html.

[7] 《GB/T 26162.1 - 2010 信息与文献——文件管理第 1 部分：通则》，中国标准出版社，2011。

[8] 《GB/T 26163.1 - 2010 信息与文献——文件管理——文件元数据 第 1 部分：原则》，中国标准出版社，2011。

[9] ISO 15489 - 1：2016 Information and Documentation - Records Management - Part 1：Concepts and Principles，ISO，https://www. iso. org/standard/62542. html.

[10] ISO 23081 - 1：2017. Information and Documentation - Records Management Processes - Metadata for Records - Part 1：Principles，ISO，https://www. iso. org/standard/73172. html.

后 记

物换星移几度秋。从本书框架建构到书稿成形，整整跨越五载。五年时光在一个人的有生之年其实是漫长的，但对于我来说，却是弹指一挥间，有意无意间把研究时长一拖再拖。之所以这样，思来想去，或许是因为逝去的五年之中，云计算、大数据、区块链、人工智能、5G、VR等各种技术元年接踵而至，以至于"乱花渐欲迷人眼"，总感觉本研究需要跟上时代节拍，需要随着信息技术的发展而不断更新相关内容，以便尽量提高本书质量。因此有段时期，心理上曾经非常焦虑乃至焦躁。可是当我明白世界的变化是必然的，一味地焦虑、焦躁并不是问题的解决之道，仅而是需要在恒变现象之下找到一些普遍的、通识的内在规律之后，我彻底摒弃掉"唯技术论"的恐惧心理，开始重新梳理研究脉络，重构研究框架，重拾论证的决心和勇气。

就"数字档案资源"这一概念而言，本身就有多种界定，在研究过程中首先就需要对各种可能会产生歧义的相关概念进行解释、对比和说明，以最大限度保证本书研究对象的一致性。本书基于原生型数字档案资源和转化型数字档案资源两种基本类型，围绕数字档案资源生态安全内含的"数字档案资源本体安全、主体安全、技术安全、环境安全"四大核心要素展开论证，既对每个核心要素进行了深入、系统研究，也在整体上将生态安全理念贯穿其中，保证了全书在逻辑上不失严谨、在内容上较为丰富、在形式上完整有序。书中全面阐述了数字档案资源本体安全的内容和建设准则，将数字档案资源主体分为产生者、保管者、利用者和监管者，认为每一主体在一定条件下都是多角色扮演者；从供给侧、需求侧和传播中等层面针对相关主体安全分别给出了维护举措；指出应将数字档案资源生态安全应置于总体国家安全观视域，还提出新时代培养"5G＋AI＋大数据＋云化"思维，关注跨境数据流通，保障国家利益安全，保护档案用户信息安全等观点。这些构想和措施既有一定创新性，也为未来进一步的验证研究留下提升的空间。

　　"数字档案资源生态安全"本身就是跨学科视域下思考之产物，注定了其学术张力之大；加之数字时代发展的长期性，生态安全研究的时代性、全球性，数字档案资源的稀缺性、重要性，又进一步保障了数字档案资源生态安全研究的旺盛生命力。本书只是基于档案学视角进行了相对系统、深入的研究，书中的观点、相关策略的可行性论证、保障措施的实施效果评价等诸多问题尚待进一步具体、深入探讨。总之，本研究仅是探索性思考，加之作者自身学识、能力和时间有限，不足之处、谬误之点，敬请各位专家、学者不吝赐教。

附　录

关于个人云存储使用情况的调查问卷

尊敬的女士/先生：

您好！这是一份关于个人云存储使用情况的学术调查问卷。本问卷为匿名填写，所有信息均只作为学术研究使用。感谢您能在百忙之中填写本问卷，您的回答对本研究十分重要！此次问卷需要耽误您 2 分钟左右的时间。

本问卷所指"云存储"是在存储型云平台上为解决大规模非结构化数据（办公文档、图片、图像、音频、视频、XML、HTML 及各类报表等）的在线存储、查询、备份和归档应用而提供的存储服务。国内外常用的个人云存储产品或平台有百度网盘、360 云盘、腾讯微云/QQ 网盘、金山快盘、微软 SkyDriver、谷歌 GoogleDrive 等。

再次感谢您的支持与配合！

第一部分：个人信息

1. 您的性别 ［单选题］

A. 男　　　　　　　　B. 女

2. 您的年龄 ［单选题］

A. 18 岁以下　　　　　　B. 18 ~ 30 岁　　　　　　C. 31 ~ 40 岁

D. 41 ~ 60 岁　　　　　　E. 60 岁以上

3. 您的学历［单选题］

A. 高中及以下　　　　B. 大专　　　　　　C. 大学本科

D. 硕士研究生　　　　E. 博士研究生　　　　F. 其他

4. 您的职业［单选题］

A. 全日制学生　　　　B. 党政机关、事业单位人员

C. 国企人员　　　　　D. 民企人员

E. 外企人员　　　　　F. 离退休人员

G. 其他

5. 您所在省份（含中国各省、自治区、直辖市和港澳台地区以及海外，需填写）：

_____

6. 您所在地区为［单选题］

A. 农村　　　　　　　B. 乡镇　　　　　　C. 城市

第二部分：个人云存储使用情况调查

7. 您听说过云存储吗？［选择 A 则请继续往下答题；选择 B 则无须再答题］

A. 听说过　　　　　　B. 没有听说过

8. 您使用过云存储吗？［选择 A 则请继续往下答题；选择 B 则无须再答题］

A. 使用过　　　　　　B. 没有使用过

9. 您接触云存储的渠道是［单选题］

A. 自己了解　　　　　B. 亲友推荐

C. 网络推送广告　　　D. 其他

10. 您使用云存储的原因是［多选题］

A. 便捷　　　　　　　B. 安全　　　　　　C. 存储空间大

D. 便于信息共享　　　E. 上传/下载速度快　F. 其他

11. 您使用云存储的目的是［多选题］

A. 备份　　　　　　　B. 直接保存数据和信息

C. 信息共享　　　　　D. 其他

12. 您使用的是［单选题］云存储服务。

A. 公有　　　　　　　　　B. 私有

13. 您使用（过）的云存储产品或平台是［多选题］

A. 百度网盘　　　　　B. 360 云盘　　　　　C. 腾讯微云/QQ 网盘

D. 金山快盘　　　　　E. 微软 SkyDriver　　　F. 谷歌 GoogleDrive

G. 华为网盘　　　　　H. 其他

14. 您使用云存储的内容主要是［多选题］

A. 工作或学习文本资料　　　　　　　　　B. 个人相关照片

C. 个人相关音频/视频资料　　　　　　　　D. 账户密码

E. 身份信息　　　　　F. 其他

15. 您对云存储的安全性了解程度［单选题］

A. 非常了解　　　　　B. 比较了解　　　　　C. 一般了解

D. 比较不了解　　　　E. 非常不了解

16. 您在云存储时有没有采用过相应措施来保障存储内容的安全？［单选题］［选择 A 请继续回答第 17 题；选择 B 则无须回答第 17 题］

A. 有　　　　　　　　　B. 没有

17. 您云存储时采用的安全保障措施有［多选题］

A. 绑定手机号或邮箱　　　　　　　　　B. 加密存储资料

C. 开通会员加强隐私保护　　　　　　　　D. 网盘认证

E. 其他

18. 您是否会将涉及隐私的个人信息存储在云盘中？［单选题］

A. 会　　　　　　　　　B. 不会

19. 您在使用云存储时遇到过什么问题吗？［多选题］

A. 数据丢失　　　　　B. 信息泄露　　　　　C. 密码遗忘

D. 存储空间不足　　　E. 上传下载速度慢　　F. 其他

20. 您对于云存储的相关法律法规了解程度［单选题］

A. 非常了解　　　　　B. 比较了解　　　　　C. 一般了解

D. 比较不了解　　　　E. 非常不了解

21. 如果云存储的数据丢失了，您会怎么处理？

A. 不用管，因为有备份

B. 无所谓，因为不涉及隐私

C. 找云存储服务商追回

D. 想找回，但不知道怎么办

E. 其他

22. 您对云存储有何建议？

_____

_____

_____

图书在版编目(CIP)数据

数字档案资源生态安全研究 / 聂云霞著. -- 北京：
社会科学文献出版社，2021.9
ISBN 978 - 7 - 5201 - 8830 - 2

Ⅰ.①数… Ⅱ.①聂… Ⅲ.①数字技术 - 应用 - 档案
管理 - 安全管理 - 研究 Ⅳ.①G270.7

中国版本图书馆 CIP 数据核字（2021）第 162973 号

数字档案资源生态安全研究

著　　者 / 聂云霞

出 版 人 / 王利民
责任编辑 / 仇　扬
责任印制 / 王京美

出　　版 / 社会科学文献出版社·马克思主义出版分社 （010）59367004
　　　　　　地址：北京市北三环中路甲 29 号院华龙大厦　邮编：100029
　　　　　　网址：www.ssap.com.cn
发　　行 / 市场营销中心 （010）59367081　59367083
印　　装 / 三河市龙林印务有限公司

规　　格 / 开 本：787mm × 1092mm　1/16
　　　　　　印 张：20.75　字 数：330 千字
版　　次 / 2021 年 9 月第 1 版　2021 年 9 月第 1 次印刷
书　　号 / ISBN 978 - 7 - 5201 - 8830 - 2
定　　价 / 98.00 元

本书如有印装质量问题，请与读者服务中心（010 - 59367028）联系